準共有株式についての権利の行使に関する規律

事業承継の場面を中心に

仲 卓真
Takuma Naka

商事法務

はしがき

　本書『準共有株式についての権利の行使に関する規律——事業承継の場面を中心に』は、2018年1月に提出し、同年3月に京都大学から博士（法学）を授与された学位論文「株式の準共有関係と会社法106条に関する規律——主に事業承継の場面を中心に——」に、大幅なダウンサイジングおよび必要な加筆・修正を施したものである。

　本書の最終的な目的は、同族会社の大株主の死亡によって相続が開始して、当該会社の株式が複数の共同相続人によって準共有されることになったという場面において、その株式についての権利の行使に関する規律として、より円滑な事業承継を実現するためにはどのような規律が望ましいのか、その規律はどのような法的構成によって実現することができるのか、を明らかにすることである。

　現在、日本では、多くの中小企業が事業承継のタイミングを迎えようとしている。しかし、実際に事業承継の準備に着手している企業の割合は、70歳代または80歳代の経営者が経営する企業ですら半数に満たないともいわれている。このように事業承継対策を十分に行わずに大株主が死亡した場合には、その株式が複数の共同相続人によって準共有されることになり得る。そして、場合によっては、当該株式についての権利の行使に関して共同相続人間で争いが生じて、その争いは、会社ひいてはその従業員や取引先等の利害関係者にも大きな影響を及ぼし得る。

　準共有株式についての権利の行使を規律する会社法106条は、このような事案にも適用される。しかし、そもそも会社法106条が何のために設けられた規定であるのかは十分には明らかにされていない。その結果として、学説は説得的な解釈論や立法論を提示することができず、裁判所もこの規定を形式的に適用せざるを得なくなっている。そこで、本書は、①まず、会社法106条の目的を明らかにした上で、そこから解釈論や立法論を展開する。この検

討は、事業承継の場面に限らず、会社法106条が適用される全ての場面に妥当するものである。

　もっとも、準共有株式についての権利の行使に適用され得る規律は、会社法106条に限られない。株式の準共有関係には、民法の共有に関する規定も準用される（民法264条）。ところが、この民法の共有に関する規定が株式の準共有関係をどのように規律するべきなのかといった点について、十分には検討されていない。そこで、本書は、②このような点を検討し、その際に事業承継の場面を念頭に置いて、より円滑な事業承継を実現するためにはどのような規律が望ましいのか、その規律はどのような法的構成によって実現することができるのか、を検討する。

　これらの検討の結果として、まず、本書は、①について、会社法106条の目的が、準共有者による一体的な権利行使の確保、および、準共有者間の内部関係の不明確性からの会社の保護にあるということを明らかにする。そのうえで、これらの目的に照らして会社法106条の解釈論や立法論を展開する。次に、本書は、②について、より円滑な事業承継を実現するために、準共有者間の内部関係において、各準共有者による議決権の不統一行使の主張を認めるべきであると主張する。そのうえで、これを実現するための法的構成を提示する。

　本書では検討することができていない課題も多いが、本書が、会社法106条に関する議論や同族会社の事業承継に関する議論の発展、ひいてはより円滑な事業承継の実現に、少しでも貢献することができれば、筆者としてこの上ない喜びである。

　本書を完成させることができたのは、多くの先生方のご助力によるものである。特に、指導教授であった洲崎博史先生は、実務家の道を考えていた私に対して、研究者の道を強く勧めてくださり、また、事業承継という（上場会社に関わらないという意味では地味であるとも思われそうな）テーマに挑戦することを力強く後押ししてくださった。このような洲崎先生の下でなければ、本書が完成することは決してなかったであろう。心から御礼申し上げる。また、前田雅弘先生には、大学院の授業でご指導を賜り、博士論文に対しても大変貴重なご意見を頂いた。北村雅史先生にも、折に触れて私のことを気に

かけていただき、様々なご指導を賜った。さらに、齊藤真紀先生は、様々な国際交流の機会を用意してくださるなど私のことを温かく見守ってくださった。その他にも、京都大学や京都大学商法研究会をはじめとする各種研究会等でご指導いただいている多くの先生方に、感謝申し上げたい。

　また、山下徹哉（京都大学准教授）、髙橋陽一（京都大学准教授）、木原彩夏（京都大学特定助教）、安永祐司（京都大学特定助教）、角田美咲（弁護士）の各氏には、日頃から多くの学問的な刺激を頂いているとともに、博士論文または本書の原稿について大変有益なコメントを頂いた。改めて御礼申し上げる。

　本書の刊行にあたっては、刊行をお引き受けくださった株式会社商事法務書籍出版部の岩佐智樹部長、下稲葉かすみ主任、辻有里香氏に大変お世話になった。深く感謝申し上げる。なお、本研究は、JSPS科研費JP18H05650の助成を受けたものであって、本書は、図書出版費用の一部として、平成30年度京都大学総長裁量経費として採択された法学研究科若手研究者出版助成事業による補助を受けて刊行されるものである。

　最後に、この場を借りて、今日まで私を支えてくれている家族である義史・智子・雄真・陽奈子に心からの感謝を伝えたい。そして、ある同族会社の代表取締役であって、同族会社の事業承継というテーマに取り組む契機と支えを与えてくれ、また私を絶えず支援し続けてくれている祖父母である諄・將代に格別の感謝を捧げたい。

2018年12月

仲　卓真

準共有株式についての権利の行使に関する規律

事業承継の場面を中心に

目　次

第1章　本書の目的と構成
　一　本書の目的　2
　二　本書の検討対象　4
　　1　「準共有株式についての権利の行使に関する規律」　(4)
　　2　「事業承継の場面を中心に」　(6)
　三　本書の問題意識と具体的な検討課題　7
　　1　会社法106条の目的とその規律内容について　(8)
　　2　より円滑な事業承継を実現するために望ましい規律について　(9)
　四　本書の構成　10

第2章　日本法の現状と課題
第1節　序……14
第2節　会社法106条の目的……16
第3節　会社法106条の適用範囲──「株式についての権利」……19
　第1款　序　19
　第2款　全ての権利が含まれるという見解　20
　　一　基本的な考え方　20
　　二　特段の事情論　21
　第3款　株主が所有株式の数にかかわらず行使できる権利は含まれないという見解　22
　第4款　監督是正権は含まれないという見解　24
　第5款　分　析　25

第4節　権利行使者の指定 27
第1款　序　27
第2款　準共有者の準共有持分の過半数によって権利行使者を指定できるという見解　28
第3款　準共有者の全員一致によってのみ権利行使者を指定できるという見解　31
第4款　権利行使者を指定する際の準共有者間の協議の必要性　33
　一　裁判所による「妥当な解決」の模索　33
　二　学説の反応　34
第5款　分析　35
　一　議論の分岐点　35
　二　多数決説による会社法106条の目的の援用　36
　三　準共有者間の協議を要求することの適否についての検討の不十分さ　37

第5節　権利行使者の権限　38
第1款　序　38
第2款　一般的な考え方　38
第3款　分析　40
　一　権利行使者の指定の要件についての議論のより正確な分岐点　40
　二　権利行使者に対する指図の位置づけ　41

第6節　権利行使者に対する指図——議決権行使の場面を中心に　43
第1款　序　43
第2款　民法の共有に関する規律に従って指図しなければならないという考え方　43
　一　基本的な考え方　43
　二　組織再編等に関する議決権の行使に係る指図の決定方法　45
　三　取締役の選解任に関する議決権の行使に係る指図の決定方法　46
第3款　分析　48

第7節　会社の同意による会社法106条本文の例外　50
第1款　序　50
第2款　平成17年会社法制定前の一般的な見解　51
第3款　平成17年会社法制定後の議論　52
　一　準共有者全員が共同して権利を行使しなければならないという見解　52
　二　各準共有者が単独で準共有株式の全部についての権利を行使できるという見解　53

  三　民法の共有に関する規律に従って権利を行使しなければならないという見解
　　　　　54
 第4款　最判平成27年2月19日とその後の議論　55
  一　最判平成27年2月19日　55
  二　その後の学説における議論　56
 第5款　分　析　57
第8節　会社の同意以外の条件による会社法106条本文の例外 59
第9節　日本において検討すべき課題と検討の方法 61
 第1款　会社法106条の目的の探究とその目的に照らした会社法106条の規律内容の検討　61
 第2款　より円滑な事業承継を実現するために望ましい規律の探究　62
 第3款　検討の方法　64

第3章　ドイツ法の考察

 第1節　序 68
  第1款　本章の考察対象と構成　68
  第2款　本章の考察に通底する問題意識　70
   一　株式法69条1項および有限会社法18条1項の目的の探究　70
   二　共同権利者と会社の外部関係と共同権利者間の内部関係との関係の探究　72
 第2節　複数の共同権利者への株式・持分の帰属──株式法69条1項および有限会社法18条1項の適用場面 73
  第1款　序　73
  第2款　外的組合に対する適用の有無　74
   一　議論の状況　74
    1　支配的な見解とその変遷　（74）
    2　支配的な見解に対する懸念とそれに対する応答　（76）
   二　分　析　79
    1　議論の状況のまとめ　（79）
    2　支配的な見解の2つの理解の可能性　（79）
    3　支配的な見解の2つの理解それぞれの前提　（80）
   三　本款のまとめ　82
  第3款　共同相続関係に対する適用　83
   一　株式・持分の相続性　83

二　共同相続関係の法律関係　　84

第4款　小　括　　85

第3節　共同権利者と株式会社の関係の規律——株式法69条1項の規律　　87

第1款　序　　87

第2款　共同代理人の選任の方法　　88

第3款　共同代理人の権限の制限　　88

　一　議論の状況　　88

　二　若干の検討　　90

第4款　小　括　　91

第4節　共同権利者と有限会社の関係の規律——有限会社法18条1項の規律　　93

第1款　序　　93

第2款　共同権利者自身による共同の権利行使　　94

　一　序　　94

　二　直接的な一体的権利行使に限定する見解　　95

　三　間接的な一体的権利行使を許容する見解　　97

　四　分　析　　99

　　1　2つの見解の対立点　(99)

　　2　有限会社法18条1項の目的についての考え方の対立　(102)

　　3　共同権利者間の内部関係の不明確性からの会社の保護の手段　(103)

第3款　共同代理人による共同の権利行使　　104

　一　序　　104

　二　共同代理人に関する原則的規律　　105

　　1　共同代理人の選任の方法　(105)

　　2　共同代理人の選任の通知　(105)

　　3　共同代理人の権限　(107)

　　4　株式法69条1項との比較による分析　(108)

　三　共同代理人による権利行使を義務づける定款規定（代理人条項）　　110

　　1　有限会社法18条1項の下での代理人条項　(110)

　　2　日本における先行研究　(111)

　　3　義務的な集団的代理を規定する代理人条項　(113)

　　4　分　析　(124)

第 4 款　小　括　127
　　　　一　共同権利者自身による共同の権利行使に関する規律　127
　　　　二　共同代理人による共同の権利行使に関する規律　128
　　　　　1　共同代理人に関する原則的規律　（128）
　　　　　2　共同代理人による権利行使を義務づける定款規定（代理人条項）　（128）
　第 5 節　共同権利者間の内部関係の規律——共同相続関係の規律……… 131
　　　第 1 款　序　131
　　　第 2 款　共同相続関係に関する一般的な規律　133
　　　　一　序　133
　　　　二　共同管理の原則　133
　　　　三　多数決による通常の管理　134
　　　　　1　多数決による意思決定と実行　（134）
　　　　　2　「通常の管理」の意義　（135）
　　　　　3　多数決による意思決定の手続　（136）
　　　　四　各共同相続人の単独による保存行為　137
　　　第 3 款　共同相続関係における社員権行使の決定方法についての伝統的な考
　　　　　　　え方　138
　　　　一　序　138
　　　　二　議論の初期に展開された見解　138
　　　　　1　基本的な考え方　（138）
　　　　　2　分　析　（139）
　　　　三　相続法の規律をそのまま適用する見解　141
　　　　　1　学説の考え方　（141）
　　　　　2　具体的な社員権行使への適用——議決権行使の場面を念頭に　（142）
　　　　四　本款のまとめ　150
　　　第 4 款　共同相続関係における社員権行使の決定方法についての新たな考え
　　　　　　　方　151
　　　　一　序　151
　　　　二　企業指向的な解釈を採用する見解　152
　　　　　1　相続法の規律をそのまま適用する見解に対する批判　（152）
　　　　　2　企業指向的な解釈の基本的な考え方　（152）
　　　　　3　企業指向的な解釈の具体的な適用　（154）
　　　　三　企業指向的な解釈を採用する見解に対する批判　155
　　　　　1　共同相続関係と合名会社の類似性に対する疑問　（155）

        2　会社法の平面と相続法の平面の交錯に対する批判　（156）
　　四　本款のまとめ　157
　第5款　会社法の平面と相続法の平面の関係——共同権利者と会社の外部関
　　　　係と共同権利者間の内部関係との関係　158
　　一　序　158
　　二　会社法の平面にある規律が共同相続関係内部の意思決定に影響を与えること
　　　を認める見解　158
        1　基本的な考え方　（158）
        2　判例との整合性についての検討　（159）
        3　この見解の具体的な適用　（167）
　　三　会社法の平面と相続法の平面の関係についての分析　169
        1　会社法の平面と相続法の平面を厳格に区別する考え方　（170）
        2　会社法の平面と相続法の平面の厳格な区別の動揺　（170）
        3　会社法が相続法の平面に影響する際の態様　（171）
        4　まとめ　（173）
　第6款　小　括　173
第6節　ドイツ法の考察の総括——日本法への示唆　176
　第1款　序　176
　第2款　株式法69条1項および有限会社法18条1項の目的に関する示唆
　　　　176
　　一　問題意識　176
　　二　株式法69条1項および有限会社法18条1項の目的についての2通りの理解
　　　の可能性　177
　　三　株式法69条1項および有限会社法18条1項の目的に関する分析　178
        1　2通りの理解の可能性についての分析　（179）
        2　社員権の統一的な行使の確保の必要性についての分析　（180）
　　四　日本法への示唆　181
        1　株式法69条1項および有限会社法18条1項の目的についての3通りの理解　（181）
        2　単独所有の場合との比較という視点　（183）
　第3款　共同権利者と会社の外部関係と共同権利者間の内部関係との関係に
　　　　関する示唆　184
　　一　問題意識　184
　　二　会社法の平面と相続法の平面の厳格な区別とその動揺　185

三　会社法が相続法の平面に影響する際の態様　186
　　　四　日本法への示唆　187

第4章　日本における課題の検討
第1節　序　190
第2節　会社法106条の目的の探究　192
　第1款　序　192
　第2款　会社法106条の目的としてあり得る可能性　193
　第3款　前提としての準共有者による権利行使の態様についての2つの可能性　194
　　一　各準共有者による個別的な権利行使の可能性　194
　　二　準共有者間の内部関係における決定による拘束の可能性　195
　第4款　会社法106条の前身となった商法の規定の沿革　196
　　一　明治23年商法の起草過程　196
　　二　明治23年商法の下での学説　199
　　三　明治32年商法の起草過程　201
　　四　分　析　203
　第5款　検　討　206
　　一　準共有者による一体的な権利行使の確保　207
　　　1　1株の株式の実質的な分割の防止という側面　(207)
　　　2　会社の負担増加の防止という側面　(208)
　　　3　まとめ　(210)
　　二　準共有者間の内部関係の不明確性からの会社の保護　212
　　　1　準共有者間の内部関係の規律に基づかない権利行使の無効　(212)
　　　2　単独所有の場合との比較　(213)
　　　3　副次的な目的としての位置づけ　(214)
　　　4　まとめ　(216)
　　三　前提としての準共有者による権利行使の態様との関係　217
　第6款　小　括　219
第3節　会社法106条の目的に照らした同条の規律内容の検討　221
　第1款　序　221
　第2款　会社法106条の位置づけ　221
　　一　序　221
　　二　民法の共有に関する規律の2段階構造　222

三　会社法 106 条の目的と民法の共有に関する規律との関係　223
　　四　会社法 106 条本文の位置づけ　224
　　五　会社法 106 条に関する具体的な解釈論への反映　226
　　　1　権利行使者に対する指図に関する規律　（226）
　　　2　会社法 106 条ただし書に基づく会社の同意の意義　（226）
　　六　まとめ　227
　第 3 款　会社法 106 条の適用範囲――「株式についての権利」　228
　　一　序　228
　　二　準共有者による一体的な権利行使の確保という観点からの検討　228
　　三　準共有者間の内部関係の不明確性からの会社の保護という観点からの検討　229
　　四　株主として会社訴訟を提起する権利についての例外　231
　　五　少数派の準共有者自身による権利行使を認める必要性との比較衡量の可能性　233
　　六　結　論　236
　第 4 款　会社の同意による会社法 106 条本文の例外　237
　　一　序　237
　　二　会社法 106 条ただし書の意義　238
　　三　会社法 106 条ただし書に基づく会社の同意の限界　239
　　四　まとめ　240
　第 5 款　会社の同意以外の条件による会社法 106 条本文の例外　240
　　一　序　240
　　二　準共有者による一体的な権利行使の確保という観点からの検討　241
　　三　準共有者間の内部関係の不明確性からの会社の保護という観点からの検討　242
　　四　結　論　243
　第 6 款　小　括　244
第 4 節　権利行使者に関する一般的な規律の検討　246
　第 1 款　序　246
　第 2 款　権利行使者の指定に関する規律の検討　246
　　一　序　246
　　二　権利行使者の指定に関する規律への議論の集中　247
　　三　権利行使者の指定に関する規律についての議論の分岐点　248

四　Buchanan & Tullock による集団的意思決定ルールについての分析の考察　250
　　　　1　Buchanan & Tullock による分析の概要　（250）
　　　　2　外部費用および意思決定費用と意思決定ルールの内容との関係——権利行使者の指定に関する規律への示唆　（251）
　　五　権利行使者の指定に関する規律の検討　254
　　　　1　Buchanan & Tullock による分析の枠組みを用いた説明　（254）
　　　　2　検　討　（256）
　　　　3　結　論　（260）
　　六　本款のまとめ　260
　第3款　多数決説を採用した場合に生じ得る弊害の緩和策——従来の主な考え方の検討　262
　　一　序　262
　　二　権利行使者の権限についての検討——会社法 106 条の目的に照らして　262
　　三　会社が悪意である場合に準共有者の指図に基づかない権利行使者による権利行使を無効とする規律の限界　265
　　四　従来の議論の状況　266
　　五　取締役の選解任に関する議決権の行使に係る指図のために準共有者全員の同意が必要であるとする方策　267
　　　　1　基本的な考え方　（267）
　　　　2　検　討　（268）
　　六　権利行使者を指定する際に準共有者間の協議が必要であるとする方策　270
　　　　1　裁判所による「妥当な解決」の模索　（270）
　　　　2　検　討　（271）
　　　　3　結　論　（273）
　　七　本款のまとめ　274
　第4款　小　括　276
第5節　より円滑な事業承継を実現するための規律の検討——各準共有者による不統一行使の主張を認めるという規律……278
　第1款　序　278
　第2款　準共有株式についての議決権の不統一行使に関する従来の議論および問題の所在　279

- 一 序　279
- 二 議決権の不統一行使の許否　279
- 三 準共有株式についての議決権の不統一行使に対する会社による拒否の可否　281
    1 会社による拒否を認める見解　（281）
    2 会社による拒否を認めない見解　（282）
- 四 準共有者間の内部関係における各準共有者による不統一行使の主張の可否　284
    1 序　（284）
    2 各準共有者による不統一行使の主張を認めない見解　（285）
    3 各準共有者による不統一行使の主張を認める見解　（286）
    4 各準共有者による不統一行使の主張を認める見解に対する批判　（288）
- 五 問題の所在　289

第3款　各準共有者による不統一行使の主張を認める必要性についての検討　291

- 一 序　291
- 二 会社経営のリスク負担に応じた議決権配分の実現にとっての不統一行使の必要性　291
    1 序　（291）
    2 基本的な考え方　（292）
    3 この考え方に対する批判ないし疑問についての検討　（295）
    4 同族会社を念頭に置く場合におけるこの考え方の妥当性　（298）
    5 本項のまとめと結論　（302）
- 三 より円滑な事業承継の実現にとっての不統一行使の有用性　303
    1 序――問題の所在　（303）
    2 会社の価値を最大化することができる者の確定　（305）
    3 共同相続人間の利害関係の類型ごとの分析および検討　（307）
    4 本項のまとめ　（319）
- 四 相続人等に対する株式売渡請求制度の運用にとっての不統一行使の必要性　323
    1 序　（323）
    2 各共同相続人ごとに売渡請求がなされなければならないという解釈論の基礎づけ　（325）

        3　一部の共同相続人のみを相手方とする売渡請求を認めた場合に生じる技術的な困難　（328）
        4　技術的な困難の解決にとっての不統一行使の必要性　（329）
        5　本項のまとめ　（332）
    五　本款のまとめと結論　334
        1　会社経営のリスク負担に応じた議決権配分の実現にとっての不統一行使の必要性　（334）
        2　より円滑な事業承継の実現にとっての不統一行使の有用性　（335）
        3　相続人等に対する株式売渡請求制度の運用にとっての不統一行使の必要性　（336）
        4　結　論　（337）
第4款　各準共有者による不統一行使の主張を認めるための法的構成　337
    一　序――問題の所在　337
        1　理論構成の困難性　（337）
        2　従来の見解の法的構成についての検討　（339）
        3　問題の所在　（340）
    二　ドイツにおける各共同相続人による不統一行使の主張を認める見解の考察および分析　341
        1　序　（341）
        2　Bartholomeyczik の問題意識　（341）
        3　Bartholomeyczik の基本的な考え方　（343）
        4　Bartholomeyczik の考え方についての分析――日本法への示唆　（346）
    三　複数の株式についての議決権の集合的な取扱い――複数の株式についての具体的権利が同一の準共有関係の下で集合的に取り扱われるという法的構成　350
        1　序　（350）
        2　Bartholomeyczik の考え方からの示唆　（351）
        3　松田二郎が主張する考え方　（351）
        4　株式債権説に対する反論　（354）
        5　検　討　（356）
        6　本項のまとめと結論　（364）
    四　各準共有者による不統一行使の主張の法的根拠　366
        1　序　（366）
        2　従来の見解についての検討　（367）

         3　民法249条と民法252条の関係とその背景　　（370）
         4　議決権を行使する場合に対する民法の規定の「準用」　　（373）
         5　議決権以外の権利を行使する場合についての若干の検討　　（377）
         6　本項のまとめと結論　　（383）
      五　会社法との関係——会社に対する権利行使の実行に関わる規律　385
         1　基本的な考え方　　（386）
         2　議決権を行使する場合　　（386）
         3　議決権以外の権利を行使する場合　　（387）
         4　会社法の平面と民法の平面の関係　　（389）
      六　本款のまとめ　390
    第5款　小　括　393

第5章　本書の結論と残された課題
第1節　本書の結論　398
    第1款　会社法106条の目的およびその目的に照応した同条の規律内容　398
      一　会社法106条の目的　398
      二　その目的に照応した会社法106条の規律内容　399
    第2款　より円滑な事業承継を実現するために望ましい規律　401
      一　権利行使者に関する一般的な規律　401
      二　より円滑な事業承継を実現するために望ましい規律——各準共有者による不統一行使の主張を認めるという規律　402
    第3款　本書の目的に対する結論　405
第2節　本書の検討において十分に扱うことができていない事項　406
      一　共同相続以外の事由によって株式が準共有されている場合についての検討　406
      二　議決権以外の権利についての個別具体的な検討　408
      三　相続財産一般の管理に関する議論を包含した検討　409
第3節　残された課題　411

事項索引　415
判例索引（日本）　419
判例索引（ドイツ）　421

第 1 章

本書の目的と構成

一　本書の目的

本書は、そのタイトルに掲げたように、「事業承継の場面を中心に」、「準共有株式についての権利の行使に関する規律」について検討するものである。

この規律が適用される場面、つまり、株式が準共有されている場面のうち、特に問題が生じやすいものとして現在一般的に想定されているのは、次のような場面である[1]。すなわち、いわゆる同族会社において、その発行済株式総数のうちの大きな割合の株式を有している株主（同時にその経営者であることも多い）の死亡によって相続が開始して、当該株式が、遺産分割までの間、その複数の共同相続人によって準共有されることになった、という場面である。

この場面において、複数の共同相続人は、遺産分割までの間はその準共有関係の下で当該株式についての権利を行使することができ、その権利行使は、その会社[2]に大きな影響を与え得る。このような状況の下で、その権利行使に関して共同相続人間で争いが生じた場合には、その争いは、その会社にも大きな影響を与え得ることになり、さらにはその会社の従業員や取引先等の利害関係者にも大きな影響を及ぼし得る。

現在の日本において、このような場面が生じる可能性は決して低くないと思われる。現在の日本では、2015年に中小企業の経営者の年齢分布のピークが66歳になっており、今後5年から10年の間に、多くの中小企業が事業承継のタイミングを迎えようとしている[3]。このことを踏まえて、現在、国・地方公共団体や関係機関等が、円滑な事業承継を支援するための様々な施策を実施している[4]。これらは、中小企業の経営者が死亡する前に事業承継の計画を立てて実行することによって、円滑な事業承継を実現することを目指している。しかし、このような施策はまだ道半ばの状態にあるといわざるを得

---

[1]　例えば、神作裕之「会社訴訟における株式共有者の原告適格」神作裕之＝中島弘雅＝松下淳一＝阿多博文＝髙山崇彦編『会社裁判にかかる理論の到達点』（商事法務、2014年）229頁を参照。

[2]　本書では、「会社」として、株式会社を想定する。本書の検討が株式会社以外の会社にも妥当するのかについては検討の余地がある（第5章の注34）も参照）。

[3]　例えば、中小企業庁「事業承継ガイドライン」（2016年）6頁。

[4]　例えば、中小企業庁「会社を未来につなげる──10年先の会社を考えよう」（2017年）、中小企業庁編『2017年版中小企業白書』（2017年）255-258頁、同309-311頁を参照。

ず、また、様々な理由によって、経営者が死亡する前に事業承継の準備が十分になされていないこともまだ多いように思われる[5]。実際に、事業承継の準備に着手している企業の割合は、70歳代または80歳代の経営者が経営する企業ですら半数に満たないとも指摘されている[6]。したがって、このように事業承継対策を十分に行わずにその経営者が死亡して相続が開始した場合において、複数の共同相続人が存在するときには、前述のように、その経営者が有していた株式がその複数の共同相続人によって準共有されることになり得る[7]。そして、その中には、その経営者（被相続人）の遺産の価値が大きいこととも相俟って、共同相続人間で何らかの争いが生じて、当該株式についての権利の行使に関しても争いが生じることになる事案も一定数存在すると考えられる[8]。

　このような共同相続人間の争いが会社やその利害関係者に悪影響を与えて円滑な事業承継の実現を妨げることをできる限り回避するためには[9]、前述のような場面に適用される準共有株式[10]についての権利の行使に関する規律によって、その争いを適切に規律することが必要である。ところが、二や三で指摘するように、従来の議論において、そのような規律について十分な検討がなされているわけではないように思われる。

---

5) 例えば、中小企業庁編・前掲注4) 288頁、中小企業庁編『2017年版小規模企業白書』(2017年) 244頁を参照。

6) 中小企業庁・前掲注3) 11-12頁。また、別の調査結果として、中小企業庁編『2014年版中小企業白書』(2014年) 251-252頁も参照。

7) 「事業承継」の定義には様々なものがあり得るが、中小企業庁・前掲注3) 17頁によると、「事業承継」とは、「事業」そのものを「承継」する取組みである。後継者に承継するべき経営資源は、「人（経営）」、「資産」、「知的資産」の3要素に大別される。また、ここでいう後継者は、経営者の親族である場合とその親族以外の者である場合がある。このような多様な側面を有する事業承継のうち、本書が直接的に焦点を当てる側面は、ごく一部にすぎない。すなわち、本書は、経営者の死亡によって、その会社の株式という「資産」が、経営者の親族（共同相続人）に承継されるという場面を念頭に置いている。つまり、本書は、直接的には、経営者の親族への「資産」の承継という側面に焦点を当てている。

　もっとも、事業承継を円滑に行うためには、「人（経営）」、「資産」、「知的資産」の3要素の全てが、後継者になるべき者に承継される必要がある（中小企業庁・前掲注3) 17頁）。したがって、本書は、直接的には「資産」の承継に焦点を当てながらも、「人（経営）」や「知的資産」の承継にも配意して検討を進める（**第4章第5節第3款三2**を参照）。

8) 例えば、伊澤大介「準共有株式の権利行使をめぐる諸問題――最判平成27年2月19日民集69巻1号25頁の検討を中心として」判例タイムズ1443号（2018年）5頁を参照。

以上のことを踏まえて、本書は、事業承継の場面を中心に、準共有株式についての権利の行使に関する規律についての検討を行う。すなわち、本書の目的は、前述のような場面にも適用される会社法106条についての検討を行った上で、前述のような場面において、より円滑な事業承継を実現するためにはどのような規律が望ましいのか、その規律はどのような法的構成によって実現することができるのか、を検討して明らかにすることである。

二　本書の検討対象

1　「準共有株式についての権利の行使に関する規律」

　本書の検討対象は、「準共有株式についての権利の行使に関する規律」である。

　まず、会社法の規定のうち、準共有株式についての権利の行使に関する規律として主要なものは、会社法106条[11]である。すなわち、会社法106条は、「株式が二以上の者の共有に属するときは、共有者は、当該株式についての権利を行使する者一人を定め、株式会社に対し、その者の氏名又は名称を通知しなければ、当該株式についての権利を行使することができない。ただし、株式会社が当該権利を行使することに同意した場合は、この限りでない。」と

---

9)　本書は、円滑な事業承継を実現することが望ましいということを前提として検討を進める。なぜならば、本文で述べたように円滑な事業承継を支援するための様々な施策を実施されているということ等に鑑みると、円滑な事業承継を実現することが、株式の共同相続人だけではなくその会社の従業員や取引先等の利害関係者にとっても有益であって、社会全体にとって望ましいということについては、ある程度共通の認識があると考えられるからである。もっとも、その「円滑な事業承継」が具体的に何を意味するのかは難しい問題である。この点について、**第4章第5節第3款三1(1)**も参照。

10)　本書では、準共有されている株式や会社法106条にいう「二以上の者の共有に属する」株式を、原則として「準共有株式」という。なお、**第4章の注399**)も参照。

11)　会社法106条とほぼ同じ規定は、平成17年商法改正前には、商法203条2項として存在していた（また、有限会社については、会社法の施行に伴って廃止された有限会社法22条が、商法203条を準用していた）。したがって、本書で引用する文献や裁判例も、平成17年改正前商法203条2項（有限会社に関するものを含む）に関するものが多い。本書では、このような平成17年改正前商法203条2項（有限会社に関するものを含む）に関する文献や裁判例も、原則として、会社法106条の下で妥当するものとして、特に注記なく引用する。ただし、平成17年改正前後で区別が必要なものについては、その都度その旨を明示する。

規定している[12])。

　加えて、本書の検討対象である「準共有株式についての権利の行使に関する規律」には、この会社法106条だけではなく、準共有株式についての権利の行使に適用されるその他の規律も含まれる。従来の議論では、この会社法106条だけに焦点を当てて検討されることが多かったように思われる。しかし、株式が準共有されている場合に適用される規律は、会社法106条だけではない。株式の準共有者がその権利を行使する際には、その権利行使は、民法の共有に関する規律によっても規律される。よって、準共有者による株式についての権利の行使について検討する際には、会社法106条だけではなく、民法の共有に関する規律が、株式の準共有関係をどのように規律するのかを検討する必要がある。

　確かに、従来の議論において、民法の共有に関する規律に全く焦点が当てられてこなかったわけではない。従来も、権利行使者の指定に関する文脈では、民法の共有に関する規律を援用して議論がなされてきた。ところが、株式が準共有されている場合において、民法の共有に関する規律が関係する場面は、権利行使者の指定の場面に限られない。最高裁判所は、平成27年2月19日の判決[13])においてそのことを示した。また、この判決を受けて、学説も、民法の共有に関する規律に焦点を当てはじめた[14])。ところが、そのような学説も、民法の規律によると準共有者全員の同意が必要となる議決権行使がどのようなものであるのか、というような個別的な問題を論じているにすぎない[15])。

　しかし、このように会社法の規律と民法の規律が両方とも適用される場面において、準共有株式についての権利の行使を適切に規律するためには、会社法106条と民法の共有に関する規律との関係性や、民法の共有に関する規

---

12)　本書では、本条にいう「当該株式についての権利を行使する者」を「権利行使者」といい、「当該株式についての権利を行使する者一人を定め」ることを「権利行使者の指定」という。

13)　最判平成27年2月19日民集69巻1号25頁。

14)　このような学説の状況については、主として、**第2章第6節第2款、同章第7節第4款二**を参照。もっとも、本文で挙げた判決よりも前に、民法の共有に関する規律に焦点を当てていた論者が全く存在しなかったというわけではない。

15)　**第2章第6節第2款、同章第7節第4款二**を参照。

律が株式についてどのように準用されるべきなのかについても検討する必要がある。そして、民法の共有に関する規律を株式について適切に準用するためには、準共有の対象となる株式という財産権の権利構造がどのようになっているのかという株式の性質論にも関わる問題をも検討する必要がある。

以上のようなことを踏まえて、本書は、会社法106条だけではなく、「準共有株式についての権利の行使に関する規律」を対象として検討を行う。

2 「事業承継の場面を中心に」

また、本書は、準共有株式についての権利の行使に関する規律について、「事業承継の場面を中心に」検討する。この「事業承継の場面」は、一で述べたように、この規律が問題になる場面として現在一般的に想定されている場面である。実際に、このような場面において、準共有株式についての権利の行使に関する問題が顕在化することが多いと考えられる[16]。よって、そのような問題に適切に対処するためには、このような「事業承継の場面」を念頭に置いて、その規律についての検討を進めることが必要である。

もっとも、会社法106条が適用される場面は、そのような事業承継の場面に限られるわけではない[17]。すなわち、会社法106条は、「株式が二以上の者の共有に属するとき」に適用され、例えば、組合員が組合財産として株式を共有する場合にも適用される[18]。また、株式が共同相続によって準共有されている場合であっても、その株式が上場会社の株式であるようなときには、通常は、その会社の発行済株式総数に対する当該株式の割合はかなり小さいと考えられるところ、このような場合にも会社法106条は適用される。よって、会社法106条の解釈論は、事業承継の場面以外の場面においてもその規定の目的を達成することができるようなものでなければ説得的ではない。

そこで、本書では、前述のように「事業承継の場面を中心に」しつつも、

---

16) 前掲注8)も参照。
17) 例えば、伊藤靖史「判批（東京高決平成13年9月3日）」商事法務1731号（2005年）77頁は、会社法106条は、会社の事務処理上の便宜のための規定であって、そのような規定に「企業承継」問題の解決を期待するべきではない、と指摘する。本書も、会社法106条の目的が事業承継問題の解決であると主張するわけではない。
18) 例えば、上柳克郎＝鴻常夫＝竹内昭夫編集代表『新版 注釈会社法(3) 株式(1)』（有斐閣、1986年）49頁〔米津昭子〕、神作・前掲注1）236頁。

その他の場面にも留意して、会社法106条についての検討を行う[19]。したがって、会社法106条についての本書の検討は、事業承継の場面に限らず、会社法106条が適用される場面に一般的に妥当するものである。

三 本書の問題意識と具体的な検討課題

　本書は、二で挙げたような検討対象という点において、従来の議論とは異なる特徴を有している。もっとも、会社法106条に関する議論は、従来からなされており、一定の議論の蓄積が存在するので、この議論は、既に尽くされているようにも見える。ところが、会社法106条については、今なお議論の余地が残されていると指摘されている[20]。そして、要約すると[21]、本書は、次のように、従来の議論に対して2つの問題意識を有しており、それに対応する2つの具体的な課題を検討する。

　なお、本書の検討は、株式が共同相続された場合において、当該株式が複数の共同相続人によって準共有されて、そのことを会社に対抗することができる[22]ということを前提とする。

---

[19] ただし、本書は、特に会社法106条以外の規律についての検討においては、共同相続以外の事由によって株式が準共有されている場合について、十分には検討することができていない。この点について、**第5章第2節一**を参照。

[20] 神作・前掲注1）225頁。また、岩原紳作＝坂本三郎＝三島一弥＝斎藤誠＝仁科秀隆「〔座談会〕改正会社法の意義と今後の課題（下）」商事法務2042号（2014年）18頁〔岩原発言〕は、「会社法106条の共有株式の権利行使等も、判例が苦慮しているようにみえる問題で、学説がより合理的なルールのあり方を考える必要があるのではないでしょうか。〔略〕共有株式の権利行使の問題も閉鎖会社において特に問題になりますが、閉鎖会社法制の問題が取り残されていると思います。〔略〕このように考えていくと、学者がきちんと立法の方向を検討しきれていないために、それを受けて立案担当当局や関係者等がなかなか立法の議論ができないでいるところが多いと思います。そういう意味では学者の責任は非常に大きいかなと思っています。」と指摘している。さらに、神田秀樹『会社法入門〔新版〕』（岩波書店、2015年）228-230頁も参照。

[21] 本項で述べる問題意識とそれに対応する具体的な検討課題は、**第2章**において従来の議論を整理した結果として導出されるものである。したがって、本項で述べる内容について、詳しくは、**第2章**を参照。

1 会社法 106 条の目的とその規律内容について

　第 1 に、会社法 106 条の目的である会社の事務処理上の便宜がどのようなものであるのかは、必ずしも明らかではない[23]。それにもかかわらず、この会社の事務処理上の便宜という目的は、本条の解釈論の根拠としてしばしば援用されている[24]。しかし、このように会社の事務処理上の便宜の内実を明らかにしないままに、会社法 106 条の解釈論の根拠としてそれを援用することは、次のように、説得的ではなく疑問もある。

　まず、株主の権利行使に対する制約の理由として会社の事務処理上の便宜という目的を援用すると、あらゆる権利行使が制約されることにもなりかねない[25]。また、建設的な議論をするためには、会社の事務処理上の便宜として想定するものを明らかにする必要があり、それによって初めて説得的な議論を展開することができる[26]。さらに、会社法 106 条の目的が曖昧である結果として、会社法 106 条がその他の規律との関係で果たすべき役割の範囲も曖昧になっている[27]。

　このような問題意識の下で、説得的な議論を展開するための基盤を創出するために、まず、本書は、従来あまり注目されてこなかった会社法 106 条の目的に焦点を当てて、それを探究する[28]。そのうえで、その検討の結果として明らかになった会社法 106 条の目的に照らして、会社法 106 条の規律内容を検討する[29]。すなわち、本書における第 1 の検討課題は、会社法 106 条の目的は何であるのか、そして、その目的に照らすと会社法 106 条の規律内容はどのようなものと理解されるべきなのか、である[30]。

---

22) 相続による株式の取得を会社に対抗するために株主名簿の名義書換が必要であるのかについての検討は、仲卓真「株式が相続された場合における株主名簿の名義書換の要否（一）・（二・完）」民商法雑誌 155 巻 1 号・同 2 号（2019 年）掲載予定で行っている。これは、本書の基になった博士学位論文の第 2 章第 3 節第 1 款を基にして本格的な検討を行い、大幅な加筆・修正を施したものである。
23) **第 2 章第 2 節**。
24) **第 2 章第 3 節第 5 款、同章第 4 節第 5 款二、同章第 7 節第 5 款、同章第 8 節**を参照。
25) 例えば、**第 2 章第 4 節第 5 款二**を参照。
26) 例えば、**第 2 章第 3 節第 5 款、同章第 8 節**を参照。
27) 例えば、**第 2 章第 7 節第 5 款**を参照。
28) **第 4 章第 2 節**。
29) **第 4 章第 3 節。同章第 4 節**も参照。
30) この 1 の内容について、詳しくは、**第 2 章第 9 節第 1 款**を参照。

2　より円滑な事業承継を実現するために望ましい規律について

　第2に、より円滑な事業承継を実現するためにどのような規律が望ましいのかについては、次のように、十分に検討されていない。

　一部の裁判例や多くの論者は、権利行使者を指定する際にその指定の手続への準共有者全員の参加の機会または協議を保障することによって、「妥当な解決」を図ろうとしていると考えられる[31]。また、特に取締役の選任または解任が議題である場合には、その議決権の行使についての準共有関係内部における意思決定の際に、準共有者の少数派の保護という「妥当な解決」のために、準共有者全員の同意を要求する論者も少なくない[32]。

　しかし、これらの規律が望ましいのか、他により望ましい規律が存在するのかについては検討の余地がある。すなわち、権利行使者の指定の手続への参加の機会または協議の保障が適切な解決策であるのかについては、十分に検討されていない[33]。また、取締役の選任または解任が議題である場合に準共有関係内部における意思決定の際に準共有者全員の同意を要求することが、準共有者の少数派の保護に資するのかについても、十分に検討されていない[34]。

　このような問題意識の下で、まず、本書は、これらの規律が、準共有者の少数派の保護や円滑な事業承継の実現のような「妥当な解決」のために望ましいものであるのか、を検討する。そして、その検討によって、本書は、これらの規律が、準共有者の少数派の保護ひいては円滑な事業承継の実現のために望ましいものであるということはできない、ということを明らかにする[35]。

　そのうえで、本書は、より円滑な事業承継を実現するための規律として、各準共有者による不統一行使の主張を認めるという規律について、議決権行使の場面を中心に検討する。このような各準共有者による不統一行使の主張を認めるべきであるという見解は、従来から存在している[36]。しかし、従来

---

31) 第2章第4節第4款。
32) 第2章第6節第2款三。
33) 第2章第4節第5款三を参照。
34) 第2章第6節第3款を参照。
35) 第4章第4節第3款。
36) 第4章第5節第2款を参照。

の見解は、各準共有者による不統一行使の主張を認める必要性について十分に検討しているわけではない[37]。また、従来の見解は、各準共有者による不統一行使の主張を認めるための法的構成についても十分に検討しているわけではない[38]。そこで、本書は、各準共有者による不統一行使の主張を認める必要性について検討した上で[39]、各準共有者による不統一行使の主張を認めるための法的構成について検討する[40]。

　以上のような検討を通じて、本書の目的である、より円滑な事業承継を実現するためにはどのような規律が望ましいのか、その規律はどのような法的構成によって実現することができるのか、を明らかにする。すなわち、本書における第2の検討課題は、抽象的には、より円滑な事業承継を実現するために望ましい規律はどのようなものであるのか、である[41]。

四　本書の構成

　本書は、一で掲げた目的を達成するために、次のような構成で検討を行う。
　まず、**第2章**において、日本における準共有株式についての権利の行使に関する規律についての議論の現状を整理した上で、検討すべき課題を提示する。本書の問題意識と具体的な検討課題は、本章三で要約して述べた通りである。**第2章**では、従来の議論を整理することによって、そのような問題意識が形成される過程を明らかにして、それら具体的な検討課題を提示する。

　次に、その課題を検討する上での示唆を得るために、**第3章**において、ドイツ法を対象として比較法的考察を行う。具体的には、ドイツにおいて株式法69条1項および有限会社法18条1項が適用される場合、つまり、1個の株式・持分が複数の共同権利者に帰属する場合における規律を考察する。なお、本書がドイツ法を対象として比較法的考察を行う理由は、**第2章第9節第3款**において説明する。

---

37)　第4章第5節第2款五。
38)　第4章第5節第4款一、同款四2。
39)　第4章第5節第3款。
40)　第4章第5節第4款。
41)　この2の内容については、**第2章第9節第2款**を参照。

そのうえで、**第4章**において、**第3章**におけるドイツ法の考察から得ることができた日本法への示唆を参考にしつつ、**第2章**で提示した課題を検討する。具体的には、次のような順序で検討する。

　まず、第1の検討課題である、会社法106条の目的および会社法106条の規律内容について検討する。まず、第2節において、会社法106条の目的は何であるのかという課題を検討する。そのうえで、第3節において、第2節で明らかにされた会社法106条の目的に照らして、会社法106条の規律内容がどのようなものと理解されるべきなのかを検討する。

　次に、第2の検討課題である、より円滑な事業承継を実現するために望ましい規律について検討する。その前提として、第4節において、準共有者の権利行使と密接に関連する権利行使者に関する一般的な規律について検討する。そのうえで、第5節において、第4節で検討したような権利行使者に関する一般的な規律を採用した場合に生じ得る弊害を緩和して、より円滑な事業承継を実現するための規律として、各準共有者による不統一行使の主張を認めるという規律について、議決権行使の場面を中心に検討する。

　最後に、**第5章**において、**第2章**で提示した課題に対する結論および本書の目的に対する結論を示すとともに、本書の検討において十分に扱うことができていない事項および残された課題を指摘する。

第 2 章

日本法の現状と課題

第1節

序

　本章では、次のような構成によって、日本における準共有株式についての権利の行使に関する規律についての議論の現状を整理した上で、検討すべき課題を提示する。

　まず、準共有株式についての権利の行使に関する規律についての議論の現状を、次のような構成によって整理する。

　最初に、会社法106条の総論的な事項を扱う。具体的には、第2節において、会社法106条の目的についての現在の一般的な理解を確認する。そして、第3節において、会社法106条の適用範囲についての議論を整理する。

　次に、従来の議論が集中している権利行使者の指定に関する規律を扱う。すなわち、第4節において、会社法106条が要求する権利行使者の指定についての議論を整理する。

　そのうえで、その権利行使者による権利行使に関する規律を扱う。すなわち、第5節において、権利行使者の権限についての議論を整理する。そして、第6節において、準共有者が権利行使者に対して指図するための要件についての議論を整理する。

　最後に、会社法106条本文の例外を扱う。まず、第7節において、会社の同意による例外についての議論を整理する。そして、第8節において、会社の同意以外の条件による例外についての議論を整理する。

　以上の各節では、従来の議論を分析することによって、第9節で提示する課題につながる問題意識を示す。具体的には、第2節において、会社法106条の目的が会社の事務処理上の便宜であると説明されているが、その意味するところは必ずしも明らかではない、ということを示す。そのうえで、第3節、第4節、第7節および第8節において、そのように不明確な会社法106

条の目的を同条の解釈論の根拠として援用することが説得的ではなく疑問もある、ということを指摘する。また、第4節および第6節において、より円滑な事業承継を実現するためにどのような規律が望ましいのかについて十分に検討されていない、ということを指摘する。

　以上のような整理および分析によって示された問題意識を踏まえた上で、第9節において、日本において検討すべき課題を提示するとともに、それを検討するために本書が採用する検討の方法を説明する。

第 2 節

会社法 106 条の目的

　本節では、会社法 106 条の目的についての現在の一般的な理解を確認する。
　一般的には、会社法 106 条が権利行使者を指定することを要求する目的は、会社の事務処理上の便宜のためであると説明される[1]。例えば、もう少し詳しく説明する論者は、「会社が共有株式について株主に権利を行使させる際の取扱いについて法的不明確性が生じ、事後的に紛争を惹起することなどにより安定的な運用を害しないようにするための規定」であると説明する[2]。そして、この基礎にあるのは、会社法 106 条の前身である明治 32 年制定当時の商法 146 条 1 項についての次のような立法理由であると考えられる[3]。す

---

1) 例えば、八木弘「株式の共有」末川博編集代表『民事法学辞典 上巻〔増補〕』（有斐閣、1964 年）238 頁、大森忠夫「株式・株券」大森忠夫＝星野孝＝西原寛一『株主 経営法学全集 4』（ダイヤモンド社、1966 年）23 頁、上柳克郎＝鴻常夫＝竹内昭夫編集代表『新版 注釈会社法(3) 株式(1)』（有斐閣、1986 年）51 頁〔米津昭子〕、大隅健一郎＝今井宏『会社法論 上巻〔第 3 版〕』（有斐閣、1991 年）334 頁、篠原勝美「判解（最判平成 2 年 12 月 4 日）」『最高裁判所判例解説民事篇 平成 2 年度』（法曹会、1992 年）446 頁、田中誠二＝山村忠平『五全訂 コンメンタール 会社法』（勁草書房、1994 年）417 頁、酒巻俊雄＝龍田節編集代表『逐条解説会社法 第 2 巻 株式・1』（中央経済社、2008 年）35 頁〔森淳二朗〕、江頭憲治郎＝中村直人編著『論点体系 会社法 1 総則、株式会社 I』（第一法規、2012 年）264 頁〔江頭憲治郎〕、前田庸『会社法入門〔第 13 版〕』（有斐閣、2018 年）273 頁、田中亘『会社法〔第 2 版〕』（東京大学出版会、2018 年）126-127 頁、最判平成 2 年 12 月 4 日・後掲注 23）、最判平成 3 年 2 月 19 日判時 1389 号 140 頁、最判平成 9 年 1 月 28 日・後掲注 37）、大阪高判平成 20 年 11 月 28 日・後掲注 55）。
2) 神作裕之「会社訴訟における株式共有者の原告適格」神作裕之＝中島弘雅＝松下淳一＝阿多博文＝髙山崇彦編『会社裁判にかかる理論の到達点』（商事法務、2014 年）226 頁。
3) 例えば、篠原・前掲注 1) 445 頁、青竹正一「株式・有限会社持分の共同相続と社員権の行使(2)」判例評論 492 号（2000 年）4-5 頁〔青竹正一『閉鎖会社紛争の新展開』（信山社、2001 年）3 頁所収〕、神作・前掲注 2) 225-226 頁は、この立法理由を主に引用して、この規定の目的を考えている。

なわち、明治32年商法の審議の参考資料として帝国議会に提出された商法修正案参考書は、「株式ノ数人共有ヲ許スモノトセハ株主總會ニ於ケル議決權ノ數ヲ計算シ利益ヲ配當シ又解散ノ際殘餘財産ヲ分配スルニ當リテ錯雜ヲ來スノミナラス其他各般ノ場合ニ於テ種々ノ不都合ヲ生スルヲ免レス」という理由を挙げる[4]。そして、ここでいう「種々ノ不都合ヲ生スル」ことを防止するということから、会社の事務処理上の便宜のためという目的が導出されていると考えられる。

もっとも、この会社の事務処理上の便宜の内実、つまり、ここでいう「種々ノ不都合」の内容として何を想定しているのかは、論者によって異なっているように思われる。例えば、竹田省は、この規定が「共有者の一人が右せんとし他の一人が左せんとするが如き不統一状態を避ける爲め」のものである、という[5]。大森忠夫は、この規定が「共有者のすべてがその共有株式の全部について各別に議決権を行使する場合の混乱を避けるため」のものである、という[6]。龍田節も、「各共有者が持分に応じて株主としての権利を行使したのでは、会社の事務処理がきわめて複雑になるので」、本条が規定されている、という[7]。近時においても、河内隆史は、この規定を、「仮に株式の共同相続人がそれぞれ権利行使するとなると、会社の事務処理上の負担が急増し、その対応が大変であるため、株式の準共有者による株主権行使の窓口を一本化させて会社の事務処理上の便宜を図った規定」であると理解する[8]。稲葉威雄も、会社の便宜を図る趣旨が「共有株式の権利行使は、持分に応じた分割行使を許さない」点にある、という[9]。また、青竹正一は、この規定の立法理由が「主として、会社側にわかりにくい共有者の持分、相続分の割合・数が問題となる権利、の行使についての一本化を念頭に置いていたのではないか」という[10]。青木英夫は、「ドイツ法の解釈を参考に」して、この規定の趣旨が、

---

4) 『商法修正案参考書』（東京専門學校出版部、1898年）132-133頁。
5) 竹田省「株主の議決権の不統一行使」法学論叢22巻5号（1929年）56頁。
6) 大森忠夫「議決権」田中耕太郎編『株式會社法講座 第三巻』（有斐閣、1956年）918頁。
7) 大隅健一郎＝戸田修三＝河本一郎編『判例コンメンタール11 上 商法Ⅰ上（会社(1)）』（三省堂、1977年）457頁〔龍田節〕。
8) 河内隆史「判批（大阪高判平成20年11月28日）」判例評論611号（2010年）22頁。
9) 稲葉威雄『会社法の解明』（中央経済社、2010年）332頁。
10) 青竹・前掲注3)「株式・有限会社持分の共同相続と社員権の行使(2)」4-5頁。

「準共有者相互間の関係に関係なく、会社のために、株式に基づく権利の行使の明確さを確立するにある」という[11]。最近、江頭憲治郎も、本条が規定されている理由を、「共有一般の規定（民252条・670条1項等）に従って権利行使が行われると、それが適法に行われているかを会社が個々に確認することは、煩に堪えないことになるからである」と明示した[12]。さらに、吉本健一は、会社の事務処理上の便宜の内容として、「単に事務処理の煩雑を避けることだけでなく、会社が相続争いなど共有者間の紛争に巻き込まれることの防止」という点も含まれる、という[13]。

このように、会社法106条の目的は、一般的には、会社の事務処理上の便宜であると説明されるが、その意味するところは必ずしも明らかではない[14]。そして、このように会社法106条の目的についての認識が論者間で必ずしも一致しないままに、第3節以降で整理する議論が展開されている。

---

11) 青木英夫「判批（最判平成3年2月19日）」金融・商事判例883号（1992年）42-43頁。
12) 江頭憲治郎『株式会社法〔第7版〕』（有斐閣、2017年）122頁。もっとも、稲葉威雄＝江頭憲治郎＝大谷禎夫＝中西敏和＝森本滋＝柳田幸三＝吉戒修一『条解・会社法の研究2 株式(1)（別冊商事法務124号）』（商事法務研究会、1990年）52頁〔江頭発言〕においては、江頭は、本条の目的について、株式の単位を引き上げたにもかかわらず、準共有という形でそれが無力化されるという弊害を防止するために、権利行使者1人を定めることが要求されている、と説明している。
13) 吉本健一「株式の共同相続と対抗要件」岸田雅雄先生古稀記念『現代商事法の諸問題』（成文堂、2016年）1126頁。
14) なお、山下眞弘は、会社法106条の目的として、本文で確認した会社の事務処理上の便宜という目的以外に、株式の準共有者の保護を挙げる（山下眞弘「判批（東京高判平成24年11月28日）」金融・商事判例1447号（2014年）18頁、山下眞弘「非公開会社の株式相続と会社法106条の法意――円滑な事業承継に向けて」『名古屋学院大学 法学部開設記念論文集』（名古屋学院大学法学部、2014年）210頁、山下眞弘『会社事業承継の実務と理論――会社法・相続法・租税法・労働法・信託法の交錯』（法律文化社、2017年）127頁）。すなわち、非公開・同族会社では、株主数がわずかであるので、必ずしも事務処理が煩雑になるということはできず、株式の準共有者の保護という趣旨を付加することによって、この規定の説明が成り立つ。そして、具体的には、権利行使者の指定および通知を要件として、会社が都合よく任意に議決権行使者を指定することを防止することは、共有者の保護、とりわけ少数派の保護になる、という。しかし、そもそも会社法106条が存在しない場合に、権利を行使する者を会社が任意に指定することができるのかについては疑問がある（本章第7節も参照）。

第 3 節

会社法 106 条の適用範囲
——「株式についての権利」

第 1 款　序

　本節では、会社法 106 条の適用範囲についての議論を整理する。この会社法 106 条の適用範囲についての議論とは、株式の準共有者がどのような権利を権利行使者を通じて行使しなければならないのかについての議論である。

　会社法 106 条は、準共有されている「株式についての権利」について、権利行使者を指定して会社に通知することを要求している。したがって、株式の準共有者が権利行使者を通じて行使しなければならない権利は、「株式についての権利」である。そして、ここでいう「株式についての権利」にどのような権利が含まれるのかについては議論がある。

　この議論の背景には、次のような懸念がある[15]。すなわち、準共有者の多数派[16]等が違法な会社運営等を行った場合であっても、会社法 106 条が適用されると、その他の準共有者は、そのような会社運営等を是正するためには、権利行使者を通じてしか、株主として会社訴訟[17]を提起することができない。そこで、特にこのような株主として会社訴訟を提起する権利が、会社法 106

---

15)　篠原・前掲注 1) 442 頁を参照。神作・前掲注 2) 256 頁も参照。
16)　本書において、「準共有者の多数派」または「準共有者の少数派」等という場合には、基本的に、準共有者の頭数ではなく準共有持分の割合を基準とした多数派または少数派を意味する。
17)　本書では、「会社訴訟」とは、会社法に規定された訴訟をいう。また、ここでいう「株主として提起する会社訴訟」の中に、原告適格が株主に認められることが会社法によって規定されていない訴訟（例えば、株主総会等の決議の不存在または無効の確認の訴え）が含まれると考えるべきなのかについては、見解が分かれている。本書では、この点については検討しない。

条の適用範囲に含まれるのか、が議論されている。したがって、本節で確認する見解も、この株主として会社訴訟を提起する権利を念頭に置いて展開されているものが多い、ということに留意する必要がある。

本節では、第2款において、全ての権利が含まれるという見解を、第3款において、株主が所有株式の数にかかわらず行使できる権利は含まれないという見解を、第4款において、監督是正権は含まれないという見解を、それぞれ確認する。そのうえで、第5款において、これらの見解についての分析を行う。

なお、この議論において、一般的に、「株式についての権利」には、株式の譲渡や担保権の設定のような株式の処分権は含まれない、と考えられており[18]、本書もこのことを前提とする。このように考えられている理由は、次の2点にある。第1に、株式の譲渡や担保権の設定は、株式に基づく権利ではなく、処分の対象である株式自体に対する権利行使であって、「株式についての権利」とは異なる[19]。第2に、会社法106条は、準共有者と会社との関係を規律するものであるから、準共有者と第三者との関係には及ばない[20]。

第2款　全ての権利が含まれるという見解

一　基本的な考え方

多くの論者は、会社法106条にいう「株式についての権利」には、株式についての全ての権利が含まれる、という[21]。その理由として、会社法106条が会社の便宜のために設けられた規定である、ということが挙げられる[22]。

---

18) 例えば、八木・前掲注1) 238頁、内海健一「判批（東京地判昭和45年11月19日）」商事法務677号（1974年）37頁、上柳ほか編集代表・前掲注1) 51頁〔米津〕、小林俊明「判批（東京地判昭和60年6月4日）」ジュリスト921号（1988年）100頁、大隅＝今井・前掲注1) 334頁、神作・前掲注2) 241頁、東京地判昭和60年6月4日判時1160号145頁。
19) 神作・前掲注2) 241頁。
20) 東京地判昭和60年6月4日・前掲注18)、上柳ほか編集代表・前掲注1) 51頁〔米津〕、小林・前掲注18) 100頁。

二 特段の事情論

　最高裁判所は、会社法106条の適用が否定される権利が存在するのかを明らかにしていない。しかし、株主として会社訴訟を提起する権利について、最高裁判所は、会社法106条が適用されることを明示すると同時に、「特段の事情」が存在する場合には、会社法106条の例外を認めている[23]（以下「特段の事情論」という）。

　判例の射程を最も厳格に捉えると、ここでいう「特段の事情」が存在する場合とは、次のような場合である[24]。すなわち、会社が、一方において、権利行使者の指定および通知が存在しなければ（当該準共有株式についての議決権の行使も存在しないはずであるから、定足数を満たすことができないので）成立し得ない株主総会決議の成立（つまり、権利行使者の指定および通知があったこ

---

21)　岡野敬次郎『會社法』（岡野奬學會、1929年）309頁（日本立法資料全集 別巻549（信山社、2009年）所収）、松田二郎＝鈴木忠一『条解 株式会社法 上〔第4版〕』（弘文堂、1954年）113頁、八木・前掲注1）238頁、大森・前掲注1）23頁、西島梅治「判批（徳島地判昭和46年1月19日）」判例評論152号（1971年）41頁、大野正道「判批（東京地判昭和45年11月19日）」ジュリスト547号（1973年）115頁（大野正道『企業承継法の理論Ⅱ（中小企業法研究第二巻）——判例・立法』（第一法規、2011年）53頁所収）、内海・前掲注18）37頁、早川勲「判批（最判昭和52年11月8日）」法律のひろば31巻5号（1978年）76頁、上柳ほか編集代表・前掲注1）51頁〔米津〕、小林・前掲注18）100頁、大野・前掲『企業承継法の理論Ⅱ』37頁（初出：大野正道「株式の共同相続に伴う権利行使方法と名義書換手続き上の留意点」証券代行ニュース218号（1989年）2頁）（大野正道『中小会社法の研究』（信山社、1997年）139頁所収）、大隅＝今井・前掲注1）334頁、出口正義『株主権法理の展開』（文眞堂、1991年）343頁（初出：出口正義「株式の共同相続と商法203条2項の適用に関する一考察」筑波法政12号（1989年）67頁）、畑肇「判批（最判平成2年12月4日）」私法判例リマークス4号（1992年）104頁、服部榮三編『基本法コンメンタール・会社法1〔第7版〕』（日本評論社、2001年）177頁〔蓮井良憲〕、名島利喜「判批（東京高決平成13年9月3日）」法律論叢75巻2・3号（2002年）252頁、大隅健一郎＝今井宏＝小林量『新会社法概説〔第2版〕』（有斐閣、2010年）78-79頁、淺木愼一『商法学通論Ⅱ』（信山社、2011年）193頁、神作・前掲注2）247-250頁（特に、会社訴訟を提起する権限について検討した上で、この見解を支持していると理解することができる）、東京地判昭和45年11月19日下民集21巻11・12号1447頁。なお、この注で挙げたものの中には、「全ての」株主権と明示しているわけではないが、特に限定を付していないものも含まれている。
22)　西島・前掲注21）41頁、上柳ほか編集代表・前掲注1）51頁〔米津〕、出口・前掲注21）343頁、名島・前掲注21）252頁、淺木・前掲注21）193頁。神作・前掲注2）250頁も参照。なお、篠原・前掲注1）445頁は、この見解の根拠として、会社法106条の文理解釈も挙げている。

と）を主張しつつ、他方において、権利行使者の指定または通知がないことを理由に準共有者が当該決議の瑕疵を争うための原告適格を否定する、というような矛盾した主張をしている場合である。

第3款　株主が所有株式の数にかかわらず行使できる権利は含まれないという見解

　このような全ての権利が含まれるという見解に対して、1株以上の株式を有する株主であればその有する株式の数にかかわらず行使することができる権利は、会社法106条にいう「株式についての権利」には含まれないという見解もある[25]。なお、この見解の論者の多くは、その権利を行使する準共有

---

23) 最判平成2年12月4日民集44巻9号1165頁、最判平成3年2月19日・前掲注1)、最判平成9年1月28日・後掲注37)。なお、下級審裁判例でこの考え方を採用したものとして、大阪高決平成3年4月11日判時1400号117頁、東京地判平成21年10月27日Westlaw Japan文献番号2009WLJPCA10278007、東京地判平成22年3月3日Westlaw Japan文献番号2010WLJPCA03038007、東京地判平成22年9月15日Westlaw Japan文献番号2010WLJPCA09158006、東京地判平成25年6月12日Westlaw Japan文献番号2013WLJPCA06128006、東京地判平成26年10月21日Westlaw Japan文献番号2014WLJPCA10218011、東京地判平成26年11月26日Westlaw Japan文献番号2014WLJPCA11268018、東京高判平成28年1月21日判例集未登載（東京高等裁判所平成27年(ネ)第5122号ほか）（東京地判平成28年7月6日Westlaw Japan文献番号2016WLJPCA07068004において、その概要が認定されている）、東京地判平成28年5月16日Westlaw Japan文献番号2016WLJPCA05168002、東京地判平成28年6月8日Westlaw Japan文献番号2016WLJPCA06088001、東京地判平成28年7月6日・前掲、東京地判平成29年10月20日Westlaw Japan文献番号2017WLJPCA10208008、東京地判平成30年2月23日Westlaw Japan文献番号2018WLJPCA02238013、東京高判平成30年7月10日Westlaw Japan文献番号2018WLJPCA07106002。

24) 大杉謙一「判批（最判平成2年12月4日）」法学協会雑誌109巻5号（1992年）191-196頁、伊藤靖史＝伊藤雄司＝大杉謙一＝齊藤真紀＝田中亘＝松井秀征『事例で考える会社法〔第2版〕』（有斐閣、2015年）135頁〔田中亘〕（初出：田中亘「相続は争いの始まり」法学教室338号（2008年）53頁）、荒谷裕子「判批（最判平成2年12月4日）」岩原紳作＝神作裕之＝藤田友敬編『会社法判例百選〔第3版〕』（有斐閣、2016年）25頁を参照。なお、岡野谷知広「判批（最判平成2年12月4日）」法学研究65巻3号（1992年）115-116頁も参照。もっとも、裁判例の中でも、東京地判平成22年9月15日・前掲注23)、東京地判平成25年6月12日・前掲注23)は、本文で挙げた事情以外の事情も考慮した上で「特段の事情」の存在を認めている。また、判例のいう「特段の事情」の理解として本文で挙げたものとは異なる理解を提示する論者もいるが、本書では紙幅の関係で紹介を省略する。

者の準共有持分が1株以上の株式に相当している、ということを前提とする[26]。

　この見解の理由として、青竹正一は、次のような点を挙げる[27]。すなわち、会社法106条の前身である明治32年制定当時の商法146条1項の立法理由の中で、株式の共有を認めた場合の不都合として、「議決権ノ数ヲ計算」するに当たっての錯雑が挙げられている。このことに着目すると、会社法106条が念頭に置いているのは、会社にとって分かりにくい準共有者の準共有持分の割合が問題となる権利の行使についての一本化である。したがって、権利

---

25)　田中誠二『三全訂 会社法詳論（上巻）』（勁草書房、1993年）305頁（株主総会決議取消訴訟を主に念頭に置いている）、谷口知平＝久貴忠彦編『新版 注釈民法(27) 相続(2)』（有斐閣、1989年）106頁〔本間輝雄〕、永井和之「閉鎖的株式会社である一人株式会社の承継」酒巻俊雄先生還暦記念『公開会社と閉鎖会社の法理』（商事法務研究会、1992年）452-454頁（株主として提起する会社訴訟を主に念頭に置いている）、込山芳行「同族的小規模閉鎖会社における株式の共同相続」保住昭一先生古稀記念『企業社会と商事法』（北樹出版、1999年）163頁（株主として提起する会社訴訟について述べている）、青竹正一「判批（最判平成9年1月28日）」ジュリスト1164号（1999年）148頁（青竹・前掲注3）『閉鎖会社紛争の新展開』83頁所収）（株主総会決議取消訴訟を主に念頭に置いている）、青竹・前掲注3）「株式・有限会社持分の共同相続と社員権の行使(2)」3-6頁、青竹正一「株式・有限会社持分の共同相続と社員権の行使再論（上）――最高裁平成11年12月14日判決の検討」判例評論496号（2000年）5頁（青竹・前掲注3）『閉鎖会社紛争の新展開』59頁所収）、中村信男「判批（最判平成11年12月14日）」判例タイムズ1048号（2001年）186-187頁、河内隆史「株式の共同相続に伴う株主権の行使」中村一彦先生古稀記念『現代企業法の理論と課題』（信山社、2002年）267頁、青竹正一『新会社法〔第4版〕』（信山社、2015年）125-126頁、青竹正一「会社の権利行使の同意と共同相続株式の議決権行使の決定方法――最高裁平成27年2月19日判決の検討」商事法務2073号（2015年）27頁。伊藤敦司「相続株式の帰属と権利行使に関する若干の考察」杏林社会科学研究32巻1号（2016年）6頁も参照。

　また、稲葉ほか・前掲注12）63-64頁〔稲葉発言〕は、会社法106条が対象としている権利は、会社の便宜のために必要な範囲の権利であって、本条は、それが問題にならない権利については規定していない、という理解もあり得るという。これを受けて、稲葉ほか・前掲注12）64頁〔森本発言〕は、本条にいう「株式についての権利」とは、少数株主権および議決権である、という。

　なお、吉本健一「株式の共同相続と会社訴訟の原告適格――共同相続株式の権利行使に関する判例法理の検討(2)」神戸学院大学法学部開設50周年記念『企業関係法の新潮流』（中央経済社、2018年）186頁は、本文で挙げた見解とは異なって、会社訴訟の提起についてのみ、会社の事務処理上の便宜のために準共有者による権利行使を一本化する必要はなく、権利行使者の指定または通知がなくても、準共有者が、保存行為として会社訴訟を提起することができる、という（吉本健一「準共有株式の権利行使と会社法106条但書――最高裁平成27年2月19日判決の検討」神戸学院法学45巻4号（2016年）42-43頁も参照）。

行使の一本化がなされなくても特に会社の事務処理が煩雑にならない権利については、会社法106条を厳格に適用する必要はない。よって、1株以上の株式を有する株主であればその有する株式の数にかかわらず行使することができる権利については、その行使の際に準共有者の準共有持分の割合が問題にならないので、会社法106条を適用する必要はない、という。

第4款　監督是正権は含まれないという見解

また、同様に会社法106条の適用範囲を限定するものとして、監督是正権は、会社法106条にいう「株式についての権利」に含まれないという見解がある[28]。なお、この見解の論者も、前提として、その権利を行使する準共有者の準共有持分が1株以上の株式に相当している、ということが必要である、という[29]。

この見解の理由として、次の3点が挙げられる。第1に、監督是正権につ

---

26) 田中・前掲注25) 305頁、谷口＝久貴編・前掲注25) 106頁〔本間〕、永井・前掲注25) 453頁、込山・前掲注25) 163頁、青竹・前掲注3)「株式・有限会社持分の共同相続と社員権の行使(2)」5頁、青竹・前掲注25)「株式・有限会社持分の共同相続と社員権の行使再論（上）」5頁、中村・前掲注25) 187頁。

27) 青竹・前掲注25)「判批」148頁、青竹・前掲注3)「株式・有限会社持分の共同相続と社員権の行使(2)」5頁、青竹・前掲注25)「株式・有限会社持分の共同相続と社員権の行使再論（上）」5頁。永井・前掲注25) 453頁、中村・前掲注25) 187頁も参照。

28) 山田泰彦「株式の共同相続と相続株主の株主権」早稲田法学69巻4号（1994年）185頁、坂田桂三『現代会社法〔第4版〕』（中央経済社、1999年）197頁、河内・前掲注25) 269頁、菊地雄介「株式の共同相続と監督是正権」法学新報109号9・10号（2003年）248-251頁、山下・前掲注14)『会社事業承継の実務と理論』138頁。山田・前掲185頁は、監督是正権として、株主総会決議の取消しの訴えを提起する権利、株主総会決議の無効または不存在の確認の訴えを提起する権利、株主代表訴訟を提起する権利、取締役の行為の差止請求権、募集株式の発行の差止請求権、新株発行無効の訴えを提起する権利、資本減少無効の訴えを提起する権利、合併無効の訴えを提起する権利を挙げる。これに対して、その他の論者は、監督是正権の内容を明確に示しているわけではないが、少なくとも会社訴訟を提起する権利は、監督是正権に含まれると理解しているようである。

また、議決権、剰余金配当請求権、残余財産分配請求権（および累積投票請求権、株主提案権）に限定されるという見解もある（大杉・前掲注24) 197-199頁、泉田栄一『会社法の論点研究——附・国際金融法の論点』（信山社、2005年）60-63頁（初出：泉田栄一「株式・持分の相続と権利行使者の通知」法学新報109巻9・10号（2003年）49頁））。

29) 山田・前掲注28) 185頁、菊地・前掲注28) 251頁。

いては、会社法106条が対応する事務処理上の煩雑さが必ずしも問題にならない[30]。第2に、監督是正権について会社法106条が適用されると考えるならば、共同相続人間に紛争が生じて権利行使者を指定することができない場合には、問題のある株主総会決議または業務執行行為について最低限の対抗手段すら否定されることになり得る[31]。第3に、権利行使者が、準共有者の少数派の利益を無視して違法または不正な行為に加担したり、その是正を怠ったりしているような場合には、権利行使者による監督是正権の行使を期待することができない[32]。

第5款 分 析

以上の諸見解が、会社法106条にいう「株式についての権利」にどのような権利が含まれるのかについての議論で主張されている主な見解である。

この議論では、株式についての全ての権利が含まれるという見解が、多くの論者の支持を受けているが、その実質的な理由として挙げられるのは、会社法106条が会社の便宜のために設けられた規定であるということにとどまる。そして、ここでいう「会社の便宜」がどのようなものであるのかは、明らかにされていない。

これに対して、この見解に反対する見解も、その理由として、会社法106条が想定している会社の事務処理上の煩雑が生じない場合がある、ということを挙げる。確かに、この見解の論者の1人である青竹正一は、会社法106条の前身である明治32年制定当時の商法146条1項の立法理由に着目して、会社法106条が念頭に置いていることをより明確にしようとしている。しかし、そこで着目されているのは、その立法理由に記載されていることのみであって、その背景や会社法106条がなぜ必要であるのかという点にまで遡った検討がなされているわけではない。

このように、会社法106条の目的である「会社の便宜」の内実が明らかにされていないために、本節で整理した議論でも、この「会社の便宜」が、相

---

30) 山田・前掲注28) 185頁。
31) 山田・前掲注28) 185頁。菊地・前掲注28) 250-251頁も参照。
32) 河内・前掲注25) 269頁。

反する結論を導く見解の両方によって援用されている。特に、全ての権利が含まれるという見解は、多くの論者の支持を受けているにもかかわらず、その根拠として、この曖昧な「会社の便宜」を挙げるにとどまっている。どの見解を支持する場合であっても、この「会社の便宜」の内実を明らかにした上で自説を基礎づけなければ、その支持は説得的ではない。

第 4 節

権利行使者の指定

第 1 款　序

　本節では、会社法106条が要求する権利行使者の指定についての議論を整理する。

　会社法106条は、株式の準共有者が、権利行使者を指定して、その氏名等を会社に通知しなければ、当該株式についての権利を行使することができない、と規定している。すなわち、準共有株式についての権利を行使するためには、権利行使者の指定および通知が必要である。しかし、会社法は、この権利行使者の指定の要件を明示的には規定していない。したがって、準共有者がどのように権利行使者を指定することができるのかについて議論がある[33]。

　そこで、本節では、まず、第2款において、準共有者の準共有持分の過半数によって権利行使者を指定できるという見解を、第3款において、準共有者の全員一致によってのみ権利行使者を指定できるという見解を、それぞれ確認する[34]。そして、第4款において、権利行使者を指定する際に準共有者間の協議が必要であるという裁判例や学説の考え方を確認する。そのうえで、

33）　なお、権利行使者の指定解除の要件についても議論があるが、この議論については、権利行使者の指定の要件とも関係するので、権利行使者の指定の要件についての議論を整理する中で補足的に確認する（後掲注37）、後掲注46）を参照）。なお、権利行使者の資格についても議論があるが、この議論については、本書では紙幅の関係で紹介を省略する。

34）　この議論について、本文で取り上げる見解の他に、権利行使者の指定を民法252条ただし書にいう保存行為であるというものとして、上田明信「判批（最判昭和52年11月8日）」金融・商事判例547号（1978年）53頁がある。

第 5 款において、これらの議論の状況について分析する。

第 2 款　準共有者の準共有持分の過半数によって権利行使者を指定できるという見解

　比較的多くの論者および裁判例は、準共有者の準共有持分[35]の過半数[36]によって、権利行使者を指定することができる、という[37]（以下「多数決説」という）。

---

35)　共同相続によって株式が準共有された場合には、ここでいう準共有持分（の割合）とは、具体的相続分（の割合）ではなく、法定相続分（民法 900 条、同 901 条）（または指定相続分（民法 902 条））（の割合）である（谷口知平＝久貴忠彦編『新版 注釈民法(27) 相続(2)〔補訂版〕』（有斐閣、2013 年）111 頁〔宮井忠夫＝佐藤義彦〕。最判平成 12 年 2 月 24 日民集 54 巻 2 号 523 頁、潮見佳男「預金の共同相続」金融法務事情 2071 号（2017 年）53 頁も参照）。

36)　本書において、準共有者や共同相続人の「多数決」とは、原則として、その頭数ではなく、その準共有持分や相続分の割合の過半数で決する多数決を意味する。

37)　高松高判昭和 52 年 5 月 12 日民集 32 巻 3 号 609 頁、東京地判昭和 60 年 6 月 4 日・前掲注 18)、東京地判昭和 60 年 10 月 17 日 D1-Law.com 判例体系判例 ID28150759、名古屋地判平成 7 年 5 月 22 日判例集未登載（永井和之「商法 203 条 2 項の意義」戸田修三先生古稀記念『現代企業法学の課題と展開』（文眞堂、1998 年）206 頁がその概要を紹介している）、名古屋高判平成 8 年 1 月 31 日判例集未登載（永井・前掲 206-207 頁がその概要を紹介している）、最判平成 9 年 1 月 28 日判時 1599 号 139 頁、最判平成 11 年 12 月 14 日・後掲注 88)、東京地決平成 13 年 3 月 8 日金判 1140 号 49 頁、東京高決平成 13 年 9 月 3 日金判 1136 号 22 頁、東京地判平成 16 年 7 月 29 日 Westlaw Japan 文献番号 2004WLJPCA07290009、東京地判平成 18 年 3 月 28 日 Westlaw Japan 文献番号 2006WLJPCA03288002、京都地判平成 20 年 5 月 28 日金判 1345 号 53 頁（大阪高判平成 20 年 11 月 28 日・後掲注 55)の第一審判決）、東京地判平成 23 年 11 月 15 日 Westlaw Japan 文献番号 2011WLJPCA11158003、東京地判平成 27 年 12 月 25 日 Westlaw Japan 文献番号 2015WLJPCA12258019（最判平成 27 年 2 月 19 日・後掲注 104)の判示を引用して、権利行使者の指定について判示している）、東京地判平成 28 年 10 月 14 日 Westlaw Japan 文献番号 2016WLJPCA10146006（最判平成 27 年 2 月 19 日・後掲注 104)の判示を引用して、権利行使者の指定について判示している）、東京高判平成 29 年 3 月 8 日 Westlaw Japan 文献番号 2017WLJPCA03086006（東京地判平成 28 年 10 月 14 日・前掲の控訴審判決）、平手勇治「判批（最判昭和 52 年 11 月 8 日）」判例タイムズ 367 号（1978 年）60 頁、平田浩「判解（最判昭和 52 年 11 月 8 日）」『最高裁判所判例解説民事篇 昭和 52 年度』（法曹会、1981 年）311 頁、榎本恭博「判解（最判昭和 53 年 4 月 14 日）」『最高裁判所判例解説民事篇 昭和 53 年度』（法曹会、1982 年）175-176 頁、大森政輔「株式の相続に伴う法律問題（一）——株主の死亡から遺産の分割まで」商事法務 947 号（1982 年）6 頁〔稲葉威雄＝大森正輔＝岩城謙二＝橋本孝一＝藤原祥二＝小林栢弘＝松田重幸＝廣田俊夫『株式の相続に伴う法律と税務（別冊商事法務 67 号）』（商事法務研究

会、1983 年）7 頁所収）、上柳ほか編集代表・前掲注1）50 頁〔米津〕、小林・前掲注18）100-102 頁、出口・前掲注21）354-356 頁、稲葉ほか・前掲注12）53-54 頁〔森本発言〕（ただし、「一般論として上場会社の共有関係を前提にすると」という留保を付している部分があり、同族会社において共同相続人間に対立がある場合の対応策として、議決権の不統一行使を示唆する）、鷹巣信孝「株式の『共有』──共有と合有・補論二」佐賀大学経済論集 28 巻 3 号（1995 年）65-75 頁、片木晴彦「判批（最判平成 9 年 1 月 28 日）」判例評論 466 号（1997 年）61-62 頁、前田雅弘「判批（最判平成 9 年 1 月 28 日）」私法判例リマークス 17 号（1998 年）106-107 頁、青竹・前掲注25）「判批」149-150 頁、永井・前掲 212 頁、荒谷裕子「判批（最判平成 9 年 1 月 28 日）」ジュリスト 1135 号（平成 9 年度重要判例解説）（1998 年）102 頁、稲田俊信「共有株式・持分の権利行使に関する諸問題──共同相続を中心に」日本法学 63 巻 4 号（1998 年）84 頁、青竹正一「株式・有限会社持分の共同相続と社員権の行使(3)」判例評論 493 号（2000 年）2-5 頁（青竹・前掲注3）『閉鎖会社紛争の新展開』3 頁所収）、山田泰彦「株式の共同相続による商法 203 条 2 項の権利行使者の指定方法と『特段の事情』」早稲田法学 75 巻 3 号（2000 年）379-381 頁、河内隆史「判批（最判平成 11 年 12 月 14 日）」金融・商事判例 1101 号（2000 年）65 頁、加藤勝郎「判批（最判平成 11 年 12 月 14 日）」法律のひろば 53 巻 8 号（2000 年）75 頁、北沢正啓『会社法〔第 6 版〕』（青林書院、2001 年）135 頁、道野真弘「判批（最判平成 11 年 12 月 14 日）」私法判例リマークス 23 号（2001 年）89 頁、楠元純一郎「判批（最判平成 11 年 12 月 14 日）」佐賀大学経済論集 34 巻 1 号（2001 年）83 頁、河内・前掲注25）265-267 頁、泉田・前掲注28）59-60 頁、藤田祥子「判批（東京高決平成 13 年 9 月 3 日）」法学研究 77 巻 6 号（2004 年）130-132 頁、新里慶一「相続と商法 203 条 2 項」中京法学 40 巻 3・4 号（2006 年）230-237 頁、伊藤ほか・前掲注24）121-123 頁〔田中亘〕、江頭憲治郎＝門口正人編集代表『会社法大系 株式・新株予約権・社債 第 2 巻』（青林書院、2008 年）25 頁〔周剣龍〕、江頭憲治郎＝門口正人編集代表『会社法大系 機関・計算等 第 3 巻』（青林書院、2008 年）67 頁〔岡正晶〕、淺木・前掲注21）194 頁、武久征治「判批（最判平成 11 年 12 月 14 日）」龍谷法学 43 巻 3 号（2011 年）456-457 頁、神作・前掲注2）237-239 頁、青竹・前掲注25）『新会社法』127 頁、青竹・前掲注25）「会社の権利行使の同意と共同相続株式の議決権行使の決定方法」26 頁、高田晴仁＝久保田安彦編著『人間ドラマから会社法入門』（日本評論社、2015 年）70-72 頁〔横尾亘〕、松井秀征「株式の相続」ジュリスト 1491 号（2016 年）46-47 頁、柴田和史「判批（最判平成 9 年 1 月 28 日）」岩原紳作＝神作裕之＝藤田友敬編『会社法判例百選〔第 3 版〕』（有斐閣、2016 年）26-27 頁、吉本健一「株式の共同相続と権利行使者による議決権行使の効力──共同相続株式の権利行使に関する判例法理の検討(1)」神戸学院法学 47 巻 1 号（2017 年）18 頁、伊東尚美「権利行使者の指定・通知を欠く場合の共有株式についての議決権行使」大塚龍児先生古稀記念『民商法の課題と展望』（信山社、2018 年）85 頁、久保田安彦「共同相続株式に係る判例法理と残された問題」森淳二朗先生退職記念『会社法の到達点と展望』（法律文化社、2018 年）166 頁、前田・前掲注1）273-274 頁、田中・前掲注1）126-127 頁。

　また、この見解の論者の多くは、権利行使者の指定解除も、準共有者の準共有持分の過半数によってすることができると考えている。高松高判昭和 52 年 5 月 12 日・前掲、東京地判平成 27 年 12 月 25 日・前掲、榎本・前掲 176-177 頁、鷹巣・前掲 75 頁、青竹・前掲 5-6 頁、河内・前掲注25）267-268 頁、江頭＝門口編集代表・前掲『会社法大系 第 3 巻』67 頁〔岡〕、青竹・前掲注25）『新会社法』127 頁。東京高判平成 29 年 3 月 8 日・前掲も参照。

この見解の主な実質的な理由は、次のような3点にまとめることができる[38]。なお、形式的な理由として、この見解を支持するほとんどの論者および裁判例は、権利行使者の指定が民法252条にいう管理行為に該当するということを挙げるが、最高裁判所は、このことを理由として挙げていない[39]。

　第1に、権利行使者が指定された場合であっても、株主は準共有者全員であって、第三者との関係でも権利行使者が株式の処分権を有するわけではないので、準共有者の全員一致を要求する必要はない[40]。

　第2に、権利行使者は、その指定によって（当然に）包括的な権限が授与されるわけではない。もっとも、この場合に、その指定によって権利行使者に授与される権限として何を想定するのかは、論者によって異なる[41]。一方で、準共有株式の処分行為または変更行為に該当する権利行使以外の権利行使についての権限が、権利行使者に授与されるという考え方がある[42]。他方で、権利行使者は、実質的な権限を全く授与されておらず、単に会社との間をつなぐ窓口として指名されただけであって、その権利行使のたびに準共有者の指図を受けなければならないという考え方がある[43]。

　第3に、準共有者全員が一致しなければ権利行使者を指定することができないとすると、準共有者のうち1人でも反対すれば準共有者全員の権利行使が不可能になるのみならず、会社の運営にも支障を来すおそれがあり、会社

---

38) 本文で挙げたものの他にも、この見解の根拠として挙げられるものが存在するが、本書では紙幅の関係で紹介を省略する。
39) 最判平成9年1月28日・前掲注37)。
40) 平手・前掲注37) 60頁、平田・前掲注37) 311頁、東京地判昭和60年6月4日・前掲注18)、東京地判昭和60年10月17日・前掲注37)、名古屋地判平成7年5月22日・前掲注37)、名古屋高判平成8年1月31日・前掲注37)。
41) この点について具体的にどのようなものを想定しているのかが明らかでないものとして、東京地判昭和60年6月4日・前掲注18)（この裁判例は、権限の包括性について明示的には言及していないが、本文のような根拠を援用していると理解することができるように思われる）、道野・前掲注37) 89頁、江頭＝門口編集代表・前掲注37)『会社法大系 第3巻』67頁〔岡〕。
42) 名古屋地判平成7年5月22日・前掲注37)、名古屋高判平成8年1月31日・前掲注37)、山田・前掲注37) 381頁。
43) 前田・前掲注37) 106-107頁、青竹・前掲注25)「判批」150頁、青竹・前掲注37) 4頁、河内・前掲注37) 65頁、河内・前掲注25) 266-267頁、泉田・前掲注28) 59頁。伊東・前掲注37) 85頁も参照。

の事務処理の便宜を考慮して設けられた会社法 106 条の趣旨にも反する結果となる[44]。これらのうち特に前者の準共有者にとっての不利益については、裏を返せば、権利行使者の指定によって会社法 106 条による制約から解放されるという意味において、権利行使者の指定は、準共有者にとって利益になる[45]。

第 3 款　準共有者の全員一致によってのみ権利行使者を指定できるという見解

これに対して、準共有者の全員一致によってのみ権利行使者を指定することができるという見解がある[46]（以下「全員一致説」という）。

この見解の主な実質的な理由は、次の 2 点にまとめることができる。なお、形式的な理由として、権利行使者の指定が、管理行為ではなく処分行為（に

---

[44]　榎本・前掲注37）176 頁、小林・前掲注18）101 頁、片木・前掲注37）62 頁、荒谷・前掲注37）102 頁、道野・前掲注37）89 頁、河内・前掲注25）267 頁、藤田・前掲注37）132 頁、新里・前掲注37）236-237 頁、江頭＝門口編集代表・前掲注37）『会社法大系 第 3 巻』67 頁〔岡〕、高田＝久保田編著・前掲注37）71 頁〔横尾〕、吉本・前掲注37）18 頁、久保田・前掲注37）166 頁、最判平成 9 年 1 月 28 日・前掲注37）。稲葉ほか・前掲注12）53 頁〔森本発言〕、楠元・前掲注37）83 頁、伊藤ほか・前掲注24）122 頁〔田中亘〕、松井・前掲注37）47 頁も同旨であると思われる。

[45]　泉田・前掲注28）59-60 頁、淺木・前掲注21）194 頁、武久・前掲注37）457 頁。片木・前掲注37）62 頁も参照。

[46]　野津務『改正 會社法概要』（有斐閣、1941 年）129 頁、西島・前掲注21）41 頁、久留島隆「判批（徳島地判昭和 46 年 1 月 19 日）」法学研究 46 巻 4 号（1973 年）69-70 頁、久留島隆「会社持分の共同相続と権利行使者の選任・解任」法学研究 47 巻 3 号（1974 年）60-65 頁、内海・前掲注18）37 頁、大野正道「株式・持分の相続準共有と権利行使者の法的地位」鴻常夫先生還暦記念『八十年代商事法の諸相』（有斐閣、1985 年）257 頁（大野正道『企業承継法の研究』（信山社、1994 年）127 頁、大野正道『企業承継法の理論 I（中小企業法研究第一巻）——総論・学説』（第一法規、2011 年）77 頁所収）、木内宜彦「判批（東京地判昭和 60 年 6 月 4 日）」判例評論 326 号（1986 年）54-56 頁、大野・前掲注21）『企業承継法の理論 II』44 頁、稲葉ほか・前掲注12）53-55 頁〔江頭発言〕、畑・前掲注21）105 頁、青木・前掲注11）43-44 頁、尾崎安央「判批（最判平成 2 年 12 月 4 日）」法律のひろば 45 巻 11 号（1992 年）63 頁、蓮井良憲「判批（最判平成 4 年 1 月 24 日）」民商法雑誌 106 巻 6 号（1992 年）140-141 頁、田中・前掲注25）304-305 頁、尾崎安央「判批（最判平成 2 年 12 月 4 日・最判平成 3 年 2 月 19 日）」判例タイムズ 975 号（1998 年）30 頁、大杉謙一「判批（最判平成 11 年 12 月 14 日）」ジュリスト 1214 号（2001 年）90 頁、中村・前掲注25）188 頁、大久保拓也「判批（東京高決平成 13 年 9 月 3 日）」日本法学 69 巻 2 号（2003 年）195 頁、板村

準ずるもの）に該当するということが挙げられる[47]。

　第1に、権利行使者の指定は、重要かつ広範な権限を反復的および継続的に行使することについての包括的な授権である[48]。また、このことを前提とすると、権利行使者の指定は、準共有者の少数派の利益が完全に無視される結果につながり、常に準共有持分の本質に変更を生じさせてその財産的価値を減少させる危険を包含するものである[49]。また、同族会社の支配株式が共同相続された事案では、権利行使者の指定が、その会社の実質的な後継者の決定を意味する[50]。

　第2に、相続された株式についての権利が遺産分割まで棚ざらしになるとしても、それは、共同相続人の多数決によって会社の後継者が決定されることに比べると、むしろ害は少ない[51]。

丞二＝西尾幸夫「判批（大阪高判平成20年11月28日）」龍谷法学43巻3号（2011年）468-470頁、江頭・前掲注12）123頁、徳島地判昭和46年1月19日下民集22巻1・2号18頁、東京高判平成7年12月25日D1-Law.com判例体系判例ID28161630、大阪高判平成10年1月22日判例集未登載（最判平成11年12月14日・後掲注88）の原判決）（青竹・前掲注25）「株式・有限会社持分の共同相続と社員権の行使再論（上）」3頁が判旨の概要を紹介している）。

　なお、この見解を支持する論者の多くは、権利行使者の指定解除は、準共有者のうちの1人が単独ですることができると考えている。徳島地判昭和46年1月19日・前掲、西島・前掲注21）41頁、内海・前掲注18）37-38頁、青木・前掲注11）44頁、田中・前掲注25）304-305頁、大杉・前掲90頁。もっとも、このように考えない論者もいるが、本書では紙幅の関係で紹介を省略する。

[47]　西島・前掲注21）41頁、久留島・前掲注46）「判批」69-70頁、久留島・前掲注46）「会社持分の共同相続と権利行使者の選任・解任」63-64頁、稲葉ほか・前掲注12）55頁〔江頭発言〕、青木・前掲注11）44頁、江頭・前掲注12）123頁、大阪高判平成10年1月22日・前掲注46）、内海・前掲注18）37頁、尾崎・前掲注46）法律のひろば63頁も参照。これに対して、権利行使者の指定は、広範かつ重要な権限を包括的に委託する一種の財産管理委託行為（債権法の領域）であって、管理行為（物権法の領域）とは次元を異にするものである、と理解されることもある（徳島地判昭和46年1月19日・前掲注46））。

[48]　久留島・前掲注46）「判批」69-70頁、久留島・前掲注46）「会社持分の共同相続と権利行使者の選任・解任」63-64頁、内海・前掲注18）37頁、木内・前掲注46）55-56頁、青木・前掲注11）44頁、蓮井・前掲注46）140頁、尾崎・前掲注46）判例タイムズ30頁、中村・前掲注25）188頁、板村＝西尾・前掲注46）469頁。

[49]　西島・前掲注21）41頁、久留島・前掲注46）「判批」70頁、畑・前掲注21）105頁、尾崎・前掲注46）法律のひろば63頁、中村・前掲注25）188頁。

[50]　大久保・前掲注46）195頁、江頭・前掲注12）123頁。

[51]　稲葉ほか・前掲注12）53-54頁〔江頭発言〕、大久保・前掲注46）195頁、江頭・前掲注12）123頁。

第4款　権利行使者を指定する際の準共有者間の協議の必要性

一　裁判所による「妥当な解決」の模索

以上のように多数決説と全員一致説が対立する状況の下で、裁判所は基本的に多数決説を採用しているが[52]、裁判例の中には、多数決説を採用しつつ、全員一致説が重視するような準共有者の少数派の利益に配慮するために「妥当な解決」を模索するものが出てきている[53]。具体的には、権利行使者を指定する際に、準共有者全員がその指定の手続に参加する機会を与えられなければならない、または、準共有者間で協議しなければならない、とした上で[54]、このようなことがなされていない場合には、その権利行使者の指定（および通知）は無効である、という[55]。もっとも、裁判例の中には、このような準共

---

[52] 前掲注37）を参照。

[53] 裁判例の傾向をこのように理解するものとして、福島洋尚「〔研究報告〕オーナー経営者死亡に伴う共同相続株式の議決権行使を巡る争い――会社法106条ただし書に関する最高裁平成27年2月19日判決の考察」判例・先例研究 平成29年度版（2017年）30頁。

[54] なお、厳密に考えると、権利行使者の指定の手続に参加する機会を与えることと、権利行使者を指定する際に協議することとは、少し異なり得る。しかし、従来の議論では、このような両者の違いは意識されていないように思われる。よって、本書では、これらを厳密に区別せずに用いて、これらを合わせて「権利行使者を指定する際の準共有者全員の参加の機会または協議の保障」等という。

[55] 大阪地判平成9年4月30日判時1608号144頁、東京地決平成17年11月11日金判1245号38頁（もっとも、やむを得ない事情があるような場合には、参加の機会の保障は不要である、という）、大阪高判平成20年11月28日判時2037号137頁（ただし、権利濫用を基礎づける要素として、協議の有無を位置づけている）、東京地判平成21年2月10日 Westlaw Japan 文献番号2009WLJPCA02108005、東京地判平成28年5月31日 Westlaw Japan 文献番号2016WLJPCA05318031、東京地判平成28年5月31日 Westlaw Japan 文献番号2016WLJPCA05318032、東京地判平成28年7月6日・前掲注23（当該事案では、権利行使者の指定のための協議の実施が期待できる状況ではなかった等の理由から、当該指定が効力を有しない、という）、東京地判平成29年1月25日 Westlaw Japan 文献番号2017WLJPCA01258022（もっとも、やむを得ない事情があるような場合には、参加の機会の保障は不要であるということを前提としている）、東京高判平成29年2月22日 Westlaw Japan 文献番号2017WLJPCA02226014（もっとも、当該事案では、準共有者全員による協議がされなかったとしてもやむを得ない事情があった、という）、東京地判平成29年12月22日 D1-Law.com 判例体系判例ID29047512（もっとも、当該事案では、協議をしても全員一致に至っていたとは考えにくい等として、協議を伴わない権利行使者の指定が権

有者全員が参加する協議は不要であるというものもある[56]）。

二　学説の反応

このような裁判例の展開を受けて、学説でも、多くの論者は、権利行使者を指定する際に、準共有者全員に対して、その指定の手続への参加の機会を与えなければならない、という[57]）。もっとも、このような解決策に対して懐疑的な見解も存在する[58]）。すなわち、そのような見解の論者は、準共有者間

利濫用であると評価することはできない、という）、東京地判平成 30 年 1 月 30 日 Westlaw Japan 文献番号 2018WLJPCA01308009（ただし、権利濫用を基礎づける要素として、協議の有無を位置づけている）。東京地判平成 27 年 12 月 25 日・前掲注 37)、東京地判平成 30 年 4 月 26 日 D1-Law.com 判例体系判例 ID29048448 も参照。これらの他に、会社法 106 条ただし書に基づく同意があった場合においてもその権利行使の際に準共有者間での協議を要求するものとして、東京高判平成 24 年 11 月 28 日判タ 1389 号 256 頁がある。この判決は、会社法 106 条本文についても、株式の準共有者間で議決権の行使に関する協議が行われることを想定していると解し得る、という。なお、東京高判平成 28 年 1 月 21 日・前掲注 23）は、株式の準共有者が誰であるのかについての主張を場面によって使い分けるような権利行使者の指定が、会社法 106 条の趣旨に反してされたものとして権利の濫用に該当し、効力を有しない、という。権利行使者を指定する際の協議に関する主要な裁判例をまとめて分析したものとして、伊澤大介「準共有株式の権利行使をめぐる諸問題——最判平成 27 年 2 月 19 日民集 69 巻 1 号 25 頁の検討を中心として」判例タイムズ 1443 号（2018 年）16-21 頁を参照。

56)　名古屋地判平成 7 年 5 月 22 日・前掲注 37)、東京高判平成 15 年 3 月 12 日民集 58 巻 5 号 1263 頁、京都地判平成 20 年 5 月 28 日・前掲注 37)。東京地判平成 18 年 3 月 28 日・前掲注 37)（当該事案の事実関係を前提として、協議が不要である、という）も参照。

57)　永井・前掲注 37) 212 頁、稲田・前掲注 37) 85 頁、青竹・前掲注 37) 5 頁、河内・前掲注 25) 268 頁、菊地・前掲注 28) 246-248 頁、名島・前掲注 21) 253-254 頁、藤田・前掲注 37) 133 頁、江頭＝中村編著・前掲注 1) 265 頁〔江頭〕、山下友信編『会社法コンメンタール 3——株式(1)』（商事法務、2013 年）40-41 頁〔上村達男〕、青竹・前掲注 25)『新会社法』127 頁、山田泰弘「演習　商法」法学教室 417 号（2015 年）123 頁、飯田秀総＝白井正和＝松中学『会社法判例の読み方——判例分析の第一歩』（有斐閣、2017 年）35 頁〔松中学〕、山本爲三郎『会社法の考え方〔第 10 版〕』（八千代出版、2017 年）65 頁。小林・前掲注 18) 100 頁も参照。なお、民法上、共有物の管理の際にこのような協議が必要であるのかは明らかではない（第 4 章の注 204)）。また、会社法 106 条ただし書に基づく会社の同意があった場合における準共有者間の協議の要否についての議論については、本章第 7 節第 4 款二を参照。

58)　伊藤靖史「判批（東京高決平成 13 年 9 月 3 日）」商事法務 1731 号（2005 年）76 頁、王芳「判批（大阪高判平成 20 年 11 月 28 日）」ジュリスト 1396 号（2010 年）170 頁、板村＝西尾・前掲注 46) 467 頁、来住野究「判批（東京高判平成 24 年 11 月 28 日）」明治学院大学法

の対立に解消の見込みがなく、準共有持分の過半数を有する者の意思が明らかである事案において、権利行使者の指定の過程を重視することにはあまり意味はない、という。

第5款 分 析

一 議論の分岐点

本節で整理した多数決説と全員一致説の対立の主な分岐点は、次の2点にある。

第1に、権利行使者の権限をどのようなものと理解するのか、という点である[59]。すなわち、権利行使者の権限を包括的なものであると理解すると、そのような強い権限を有する権利行使者の指定は、民法上の処分行為に近く、全員一致によってなされなければならないという方向につながる。これに対して、権利行使者の権限を包括的なものではないと理解すると[60]、準共有者は権利行使者に対して指図する権限を留保していることになるので、権利行使者の指定は、準共有者の準共有持分の過半数によってすることができるという方向につながる。

このように、第1の分岐点についての結論を得るためには、権利行使者の権限がどのようなものであるのかを明らかにする必要がある。この意味では、

学研究 97 号（2014 年）113 頁、吉本・前掲注 37）16-17 頁、伊澤・前掲注 55）21-22 頁。出口・前掲注 21）355 頁、江頭＝門口編集代表・前掲注 37）『会社法大系 第 3 巻』68 頁〔岡〕、木下崇「共有株式に係る議決権の行使と会社による同意——会社法 106 条ただし書きに関する一考察」法学新報 122 巻 9・10 号（2016 年）125-126 頁、冨上智子「判解（最判平成 27 年 2 月 19 日）」『最高裁判所判例解説民事篇 平成 27 年度（上）（1 月～6 月分）』（法曹会、2018 年）39 頁（初出：冨上智子「判解（最判平成 27 年 2 月 19 日）」法曹時報 69 巻 5 号（2017 年）185 頁）も参照。

59) 木内・前掲注 46）55 頁、稲田・前掲注 37）81 頁、山田・前掲注 37）379 頁、河内・前掲注 37）65 頁、河内・前掲注 25）266 頁、河内・前掲注 8）21 頁、前嶋京子「判批（最判平成 27 年 2 月 19 日）」甲南法学 56 巻 3・4 号（2016 年）226 頁、吉本・前掲注 37）13 頁も参照。

60) なお、このように理解する場合であっても、準共有者が意図的に権利行使者に対して包括的な権限を与えることは妨げられないと考えられる。そして、多数決説を原則としつつ、そのような場合には全員一致が必要であると考えるものとして、田中啓一「判批（徳島地判昭和 46 年 1 月 19 日）」ジュリスト 554 号（1974 年）109-110 頁、前田・前掲注 37）107 頁、青竹・前掲注 25）「判批」150 頁、青竹・前掲注 37）4 頁。

この分岐点は、第5節で整理する権利行使者の権限に関する議論にも関係し得る。

　第2に、それぞれの見解を採用した場合に生じ得る弊害のうち、どちらの方をより防止するべきであると考えるのか、という点である。一方で、全員一致説を採用すると、準共有者のうちの1人の反対によって準共有者全員がその権利を行使することができなくなるという弊害が生じ得る。他方で、多数決説を採用すると、準共有者の多数派が、準共有株式の全部についての権利を行使することができ、準共有者の少数派の意見を無視することができるという弊害が生じ得る。前者の弊害をより防止するべきであると考えるならば、多数決説を採用する方向につながる。これに対して、後者の弊害をより防止するべきであると考えるならば、全員一致説を採用する方向につながる。

二　多数決説による会社法106条の目的の援用

　また、本節で整理した権利行使者の指定についての議論においても、多くの論者および裁判例が支持する多数決説は、その根拠として、会社法106条の目的を援用する。すなわち、全員一致説を採用すると、準共有者のうちの1人でも反対すれば、会社の運営にも支障を来すおそれがあり、会社の事務処理の便宜を考慮して設けられた会社法106条の趣旨にも反する結果になる、という。しかし、会社法106条の目的は、準共有者がその権利を行使することができなくなることによって生じる会社の運営上の支障を防止することではないはずである。確かに、会社法106条は、抽象的には会社のための規定であるということができる。しかし、そのような抽象的な目的からはあらゆることを説明することができるので、それによって多数決説を説得的に基礎づけることはできない。会社法106条の目的を援用して多数決説を説得的に基礎づけようとするのであれば、その前提として、会社法106条の目的をより具体的に明らかにする必要がある。

三 準共有者間の協議を要求することの適否についての検討の不十分さ

裁判例の中には、多数決説を原則としつつも、権利行使者を指定する際にその指定の手続への準共有者全員の参加の機会または協議を保障することを求めるものがある（第4款一）。そして、学説でも、多くの論者が、裁判例によるこのような解決策を支持している（第4款二）。

しかし、他方で学説ではこのような解決策に懐疑的な見解も存在するにもかかわらず、このような解決策が適切であるのかについては十分に検討されてこなかったように思われる。そこで、多数決説を採用する場合における例外的な救済手段として、権利行使者を指定する際にその指定の手続への準共有者全員の参加の機会または協議を保障することが適切であるのか、について検討する必要がある。そして、一部の裁判例や多くの論者は、これらの保障による「妥当な解決」の下に円滑な事業承継を意識しているように思われ、この検討は、本書の目的である、より円滑な事業承継を実現するためにはどのような規律が望ましいのか、という検討にもつながり得ると考えられる。

第 5 節

権利行使者の権限

第 1 款　序

　本節では、権利行使者の権限についての議論を整理する[61]。第 4 節第 5 款一で述べたように、この議論は、権利行使者の指定の要件についての議論にも関係し得る。

第 2 款　一般的な考え方

　一般的には、準共有者が、権利行使者に対して適法に権利行使に係る指図をした場合には、権利行使者は、少なくとも準共有者との関係では、その指図に拘束されると考えられている[62]。このことは、全員一致説の論者の多くも認めている[63]。そして、この指図が、権利行使者の指定行為の中に当然に含意されているのか、つまり、権利行使者が、その指定によって当然に、その指定とは別個の指図を受けずに権利を行使する権限を授与されているのか[64]は、その権利行使者の指定行為の解釈に依存する。

　もっとも、権利行使者が準共有者の指図に反して権利を行使した場合であっても、その権利行使は、会社との関係では有効である、とされている[65]。ただし、比較的多くの論者は、会社が、権利行使者による権利行使が準共有者の指図に反していることを知っていたときには、その権利行使は、会社との関係でも無効である、という[66]。

---

61)　なお、本文では、主に権利行使者の実体法上の権限についての議論を扱う。権利行使者の訴訟法上の権限については、神作・前掲注 2) 245-247 頁を参照。

このように権利行使者の指図違反について会社が悪意であった場合にその権利行使が会社との関係でも無効であると考える理由として、次の3点が挙げられる。第1に、議決権の代理行使の場合において、代理行使に係る委任状に記載された賛否に違反して議決権が行使されたときには、有力な見解によると、当該議決権行使は無効である[67]。特に、委任状に反する議決権行使であることを会社が知りながらそれに協力ないし推進せしめた場合等には、著しく不公正な決議（方法）として株主総会決議の取消事由に該当する。第2に、包括代理権が法律（会社法349条4項）で規定されている代表取締役の場合であっても、悪意の相手方に対しては内部的な権限の制約を対抗すること

---

62) 龍田節「判批（最判昭和53年4月14日）」民商法雑誌80巻1号（1979年）116-117頁、丸山秀平「判批（最判昭和53年4月14日）」法学新報86巻7・8・9号（1980年）364頁、片木・前掲注7）63頁、前田・前掲注37）106-107頁、青竹・前掲注25）「判批」150頁、青竹正一「株式・有限会社持分の共同相続と社員権の行使(4)・完」判例評論494号（2000年）8頁（青竹・前掲注3）『閉鎖会社紛争の新展開』3頁所収）、伊藤靖史「判批（大阪地判平成9年4月30日）」商事法務1586号（2001年）42頁、山田・前掲注37）381頁、道野・前掲注37）89頁、河内・前掲注25）268頁、河内・前掲注8）22頁、来住野・前掲注58）111-112頁、青竹・前掲注25）『新会社法』127頁、青竹・前掲注25）「会社の権利行使の同意と共同相続株式の議決権行使の決定方法」26頁。稲葉ほか・前掲注12）57-58頁、泉田・前掲注28）60頁も参照。これに対して、権利行使者は、共同相続人団体の代表者として自己の意思に基づいて権利を行使することができ、準共有者の意思に拘束されないというものとして、稲田・前掲注37）84頁、坂田・前掲注28）197頁。また、飯田ほか・前掲注57）32頁〔松中〕、同37頁〔松中〕も、本文のような考えとは異なって、権利行使者が自らの判断で権利行使の内容を決めることができると考えていると理解することができる。
63) 徳島地判昭和46年1月19日・前掲注46）、久留島・前掲注46）「会社持分の共同相続と権利行使者の選任・解任」60-65頁、大野・前掲注46）「株式・持分の相続準共有と権利行使者の法的地位」258頁、木内・前掲注46）55-56頁、大野・前掲注21）『企業承継法の理論Ⅱ』46頁、畑・前掲注21）105頁、青木・前掲注11）44-45頁、大杉・前掲注46）90頁、中村・前掲注25）188頁、板村＝西尾・前掲注46）469頁。もっとも、準共有者との関係でも権利行使者の権限が包括的であると考えていると理解することができるものとして、西島・前掲注21）41頁、内海・前掲注18）37頁、田中・前掲注25）304頁。
64) 稲葉ほか・前掲注12）57頁〔稲葉発言〕を参照。この点について明示的に言及するものは多くない。これを否定して、原則として個別の指図が必要であるというものとして、前田・前掲注37）106頁、青竹・前掲注25）「判批」150頁、青竹・前掲注62）8頁。これに対して、これを肯定して、権利行使者が準共有者の多数決によって指定されているので、同じく準共有者の多数派によって指図することができる管理行為については、権利行使者の指定によって権利行使者に委任されているというものとして、永井・前掲注37）219頁。また、準共有者の具体的な指図がない場合にこれを肯定するものとして、山田・前掲注37）381頁。

ができる（会社法349条5項）ので、権限について何らの規定も存在しない権利行使者がそれ以上に絶対的な権限を有すると解することには違和感がある[68]。第3に、同族会社でその支配株式が共同相続されたような場合には、会社も共同相続人間の事情を知っていることが通常であるところ、共同相続人の少数派の利益保護が必要である[69]。

第3款　分　析

一　権利行使者の指定の要件についての議論のより正確な分岐点

第4節第5款一における分析によると、権利行使者の指定の要件について

---

[65]　久留島・前掲注46)「会社持分の共同相続と権利行使者の選任・解任」61頁、龍田・前掲注62) 117頁、丸山・前掲注62) 364頁、榎本・前掲注37) 177-178頁、大野・前掲注21)『企業承継法の理論II』45-46頁、稲葉ほか・前掲注12) 57-58頁〔江頭発言〕、片木・前掲注37) 63頁、永井・前掲注37) 219-220頁、青竹・前掲注25)「判批」150頁、青竹・前掲注62) 9頁、山田・前掲注37) 383-386頁、河内・前掲注37) 67頁、道野・前掲注37) 89頁、河内・前掲注25) 268-269頁、江頭＝門口編集代表・前掲注37)『会社法大系　第3巻』69頁〔岡〕、河内・前掲注8) 22頁、王・前掲注58) 170頁、来住野・前掲注58) 111-112頁、青竹・前掲注25)『新会社法』127頁、久保田・前掲注37) 179頁。最判昭和53年4月14日民集32巻3号601頁も同旨であると理解されている（例えば、榎本・前掲注37) 178頁、伊澤・前掲注55) 9頁）。この判決と同様の判示をする裁判例として、東京地判平成16年7月29日・前掲注37)、東京高決平成17年6月28日判時1911号163頁。

[66]　片木・前掲注37) 63頁、山田・前掲注37) 383-386頁、泉田・前掲注28) 56頁、伊藤ほか・前掲注24) 126頁〔田中亘〕、江頭＝門口編集代表・前掲注37)『会社法大系　第3巻』69頁〔岡〕、同70頁、王・前掲注58) 170頁、神作・前掲注2) 244頁、吉本・前掲注37) 20-24頁、久保田・前掲注37) 179-180頁（ただし、会社が、権利行使者による権利行使が準共有者の指図に反していることを単に知っていただけではなく、そのような指図違反を証明することができる程度の証拠を有していた場合（またはそれについて重過失がある場合）に限って、会社は、信義則上、その権利行使が有効であることを主張することが許されない、という）。出口正義「判批（最判昭和53年4月14日）」鴻常夫＝竹内昭夫＝江頭憲治郎編『会社判例百選〔第5版〕』（有斐閣、1992年）201頁、京都地判平成20年5月28日・前掲注37)（権利行使者がその権限を濫用して議決権を行使した場合において、相手方（会社）がそれを認識していたときは、民法93条ただし書の規定を類推して、その議決権行使の法的効力は生じない、という）も参照。これに対して、この見解に反対するものとして、龍田・前掲注62) 117頁、河内・前掲注8) 22頁、来住野・前掲注58) 117頁、板村＝西尾・前掲注46) 469頁。

[67]　片木・前掲注37) 63頁、山田・前掲注37) 385-386頁。

[68]　伊藤ほか・前掲注24) 126頁〔田中亘〕。神作・前掲注2) 244頁も参照。

[69]　吉本・前掲注37) 21-22頁。久保田・前掲注37) 179-180頁も参照。

の多数決説と全員一致説の分岐点の1つは、権利行使者の権限をどのようなものと理解するのか、という点である。具体的には、権利行使者の権限を包括的なものであると理解すると、全員一致説につながり、逆に、権利行使者の権限を包括的なものではないと理解すると、多数決説につながる。

ところが、本節第2款で確認したように、全員一致説の論者も、少なくとも準共有者との関係では、権利行使者の権限を包括的なものであるとは理解していない。すなわち、全員一致説の論者も、多数決説と同様に、権利行使者が少なくとも準共有者との関係では準共有者の指図に拘束される、ということを認めている。

このことから、多数決説と全員一致説のより正確な分岐点は、両説が着目する次元の違いにあるということが分かる。すなわち、多数決説は、準共有者との関係では、権利行使者が準共有者の指図に拘束されるという点に着目して、権利行使者の権限が包括的でないと理解して、自説を基礎づけている。これに対して、全員一致説は、会社との関係では、権利行使者が準共有者の指図に反して有効に権利を行使することができるという点に着目して、権利行使者の権限が包括的であると理解して、自説を基礎づけている。よって、多数決説と全員一致説のより正確な分岐点は、準共有者との関係での権利行使者の権限に着目するのか、会社との関係での権利行使者の権限に着目するのか、という点にある。

二　権利行使者に対する指図の位置づけ

第2款で確認したように、一般的には、準共有者が権利行使者に対して適法に権利行使に係る指図をした場合には、権利行使者は、少なくとも準共有者との関係では当該指図に拘束されると考えられている。したがって、少なくとも準共有者との関係では、この権利行使者に対する指図の内容がどのように決定されるのかが重要である。また、権利行使者による権利行使が準共有者の指図に反していることを会社が知っていた場合には、その権利行使は、会社との関係でも無効であると考えられている。したがって、この場合には、会社との関係でも、権利行使者に対する指図の内容がどのように決定されるのかが重要になる。

そこで、このことも踏まえて、第6節において、権利行使者に対する指図の内容がどのように決定されるのかについての議論を整理する。

第 6 節

権利行使者に対する指図
―― 議決権行使の場面を中心に

第 1 款　序

本節では、準共有者が権利行使者に対する指図をするための要件についての議論を整理する。なお、この議論は、主に議決権行使に係る指図を念頭に置いて展開されているので、本節でも、議決権行使の場面を中心にその議論を整理する。

第 2 款　民法の共有に関する規律に従って指図しなければならないという考え方

一　基本的な考え方

数人で株式を有する場合には、民法 249 条以下の共有に関する規定が準用される[70]（民法 264 条）。それらの規定のうち、民法 252 条本文は、「共有物の管理に関する事項は、前条の場合を除き、各共有者の持分の価格に従い、その過半数で決する」と規定している。これに対して、共有物の処分または変更には、共有者全員の同意が必要である[71]（民法 251 条）。

この民法の共有に関する規律がそのまま権利行使者に対する指図にも妥当

---

70)　なお、相続財産の管理についても、相続財産の共同所有の性質を共有であると考えるのか合有であると考えるのかにかかわらず、共有に関する規定が適用ないし類推適用される（谷口知平編『注釈民法(25) 相続(2)』（有斐閣、1970 年）122 頁〔宮井忠夫〕）。

71)　川島武宜＝川井健編『新版 注釈民法(7) 物権(2)』（有斐閣、2007 年）452-453 頁〔川井健〕を参照。

すると考えるならば[72]、その指図が、ここでいう管理行為に該当するのか、処分行為または変更行為に該当するのかによって、その指図のために、準共有者の持分[73]の価格による多数決が必要であるのか、準共有者全員の同意が必要であるのかが決まる。そして、例えば、議決権行使に係る指図については、議決権の対象となる議題の内容等[74]によって、当該議決権の行使に係る指図が、管理行為に該当するのか、処分行為または変更行為に該当するのかが区別されると考えられる[75]。

　もっとも、このような考え方を明示している論者が多いわけではない。実際に、本款で引用する文献の多くは、最判平成27年2月19日[76]が出されたことを受けて、この判決の考え方を前提として、会社法106条ただし書に基づく会社の同意がある場合において、準共有者がどのように議決権行使の内容を決定することができるのかについて論じたものである[77]。

---

72) これに対して、このような民法の共有に関する規律にかかわらず、各準共有者がその準共有持分の割合に応じた議決権の不統一行使を主張することができるという見解もある。この見解については、**第4章第5節第2款四**において確認する。

73) 共同相続によって株式が準共有された場合には、ここでいう持分とは、具体的相続分ではなく、法定相続分（民法900条、同901条）（または指定相続分（民法902条））である（前掲注35）)。

74) 論者によっても異なるが、本文の区別の際に考慮される事項には、議決権の対象となる議題の内容だけではなく、発行済株式総数に占める準共有株式の割合等も含まれると考えられる（例えば、冨上・前掲注58）30-31頁、伊澤・前掲注55）15頁を参照）。

75) 最判平成27年2月19日・後掲注104）も参照。本文で述べたことに関するこの判決の判示を引用する裁判例として、東京地判平成27年12月25日・前掲注37）。もっとも、議題の内容にかかわらず、議決権行使に係る指図が管理行為に該当するというものとして、伊東・前掲注37）104頁（ただし、会社法106条ただし書に基づく会社の同意がある場合についての文脈での言及である）。また、議題の内容にかかわらず議決権行使に係る指図のためには、準共有者全員の同意が必要であるというものとして、大杉・前掲注46）89頁（ただし、準共有者が権利行使者を介さずに権利を行使することについての会社の同意がある場合についての文脈での言及である）、林孝宗「遺産分割と株式の相続——民法906条と会社法106条との関係」平成法政研究21巻1号（2016年）176頁（ただし、会社法106条ただし書に基づく会社の同意がある場合についての文脈での言及であると考えられる）。さらに、議決権行使に係る指図の要件はその議題の会社法上の決議要件に従うべきであるというものとして、新里・前掲注37）244-245頁。

76) 後掲注104）。

二　組織再編等に関する議決権の行使に係る指図の決定方法

　まず、議題の内容が、組織再編、事業譲渡、キャッシュ・アウト、解散等である場合には[78]、その議決権の行使に係る指図は、処分行為または変更行為であるとして、準共有者全員の同意が必要である、と主張される[79]。その理由として、議決権がどのように行使されるのかによって株式が重大な影響

---

[77] もっとも、このような会社法 106 条ただし書に基づく会社の同意がある場合における準共有者による議決権行使の決定方法と、本款のような権利行使者が指定されている場合における議決権行使に係る指図の決定方法とを同様に理解することができるのかについては明らかではないというものとして、福島洋尚「判批（最判平成 27 年 2 月 19 日）」金融・商事判例 1470 号（2015 年）7 頁、原弘明「判批（最判平成 27 年 2 月 19 日）」近畿大学法学 63 巻 2 号（2015 年）48 頁。

[78] もっとも、論者によっては、このような場合に準共有者全員の同意が必要であるのかどうかは、発行済株式総数に占める準共有株式の割合等によっても左右される、という（前掲注 74）、後掲注 79）を参照）。

[79] 片木・前掲注 37）63 頁、永井・前掲注 37）219 頁（本文で挙げたものの他に、特に有利な金額による募集株式の発行等も挙げる）、青竹・前掲注 25）「判批」150 頁、青竹・前掲注 62）8 頁、山田・前掲注 37）382 頁（本文で挙げたものの他に、株式に譲渡制限を付す定款変更も挙げる）、江頭＝門口編集代表・前掲注 37）『会社法大系　第 3 巻』70 頁〔岡〕（ただし、準共有株式が「経営支配株式」である場合を念頭に置いている）、稲葉・前掲注 9）332 頁（「株式買取請求に繋がるような重大事項についての議決権行使」は、変更行為に属すると見る余地がある、という）、来住野・前掲注 58）112 頁。

　準共有者が権利行使者を介さずに権利を行使することについての会社の同意がある場合における準共有者による議決権行使について、本文の見解と同じく準共有者全員の同意が必要であるというものとして、青竹正一「株式・有限会社持分の共同相続と社員権の行使再論（下）——最高裁平成 11 年 12 月 14 日判決の検討」判例評論 497 号（2000 年）10 頁（青竹・前掲注 3）『閉鎖会社紛争の新展開』59 頁所収）、青竹・前掲注 25）『新会社法』126 頁、青竹・前掲注 25）「会社の権利行使の同意と共同相続株式の議決権行使の決定方法」24 頁（もっとも、会社の発行済株式の大部分が共同相続された場合という限定を付している）、福島・前掲注 77）6-7 頁、中村信男「判批（最判平成 27 年 2 月 19 日）」法律のひろば 68 巻 9 号（2015 年）59 頁（本文で挙げたものの他に、全部取得条項付種類株式への転換および会社による当該株式の取得の決議、株式併合の決議ならびに募集株式の発行等の承認決議も挙げる）、福島洋尚「権利行使者の指定・通知を欠く準共有株式の権利行使」法学新報 122 巻 9・10 号（2016 年）394 頁（本文で挙げたものの他に、支配権の異動を伴う募集株式の発行等も挙げる）、岩淵重広「判批（最判平成 27 年 2 月 19 日）」同志社法学 67 巻 7 号（2016 年）120-121 頁（本文で挙げたものの他に、募集株式の発行等も挙げる）、鳥山恭一「判批（最判平成 27 年 2 月 19 日）」私法判例リマークス 52 号（2016 年）101 頁（ただし、株主が別法人の株主にならない組織再編、募集株式の発行等および事業譲渡は、個別の事案の実態に即して判断される、という）、脇田将典「判批（最判平成 27 年 2 月 19 日）」法学協会

を受ける可能性がある、という点が挙げられる[80]。すなわち、解散決議が成立した場合には、株式は、剰余金の配当を受けることができず（会社法509条1項2号）、残余財産の分配を受けるだけのものとなる。また、合併等の株主総会決議が成立した場合には、合併等の対価として、合併相手方等の株式、社債または金銭等の交付を受けることになる。

三　取締役の選解任に関する議決権の行使に係る指図の決定方法

これに対して、議題の内容が取締役の選任または解任である場合には、その議決権の行使に係る指図のために、準共有者の持分の価格による多数決で

雑誌133巻8号（2016年）259-260頁（より詳細に、株式の処分に該当する議決権行使として、合併の消滅会社における合併に賛成する議決権行使、株式交換・株式移転完全子会社における株式交換・株式移転に賛成する議決権行使、全部取得条項付種類株式の取得に賛成する議決権行使、解散に賛成する議決権行使を挙げて、その理由として、これらの場合には、その決議が成立したときに株主は有していた株式を失うことになるということを挙げる。また、株式の内容の変更に該当する議決権行使として、定款変更によって普通株式を種類株式に変更することまたは種類株式の内容を変更することに賛成する議決権行使を挙げる。なお、これらに反対する議決権の行使は、それによって決議が成立しない場合には株式の変更または内容の変更がなされないので、多数決によってすることができる、という。これに対して、会社分割および事業譲渡に関する議決権の行使については、株式の処分や内容の変更を伴わない、という）、久保田安彦「ロー・クラス　株式会社法の基礎［第14回］株式の準共有」法学セミナー742号（2016年）96頁（久保田安彦『会社法の学び方』（日本評論社、2018年）44頁所収）（本文で挙げた場合において、準共有株式についての議決権の行使によって当該議案が可決されることになるときには、準共有者全員の同意が必要である、という）、福島・前掲注53）29頁、伊澤・前掲注55）15頁（本文で挙げた場合において、準共有株式が発行済株式の全部または大部分を占め、当該決議事項に賛成の議決権を行使するときには、準共有者全員の同意が必要である、という）、門口正人「判批（最判平成27年2月19日）」金融法務事情2092号（2018年）70頁（具体的には、準共有者が発行済株式を多数有する場合において株式の内容を変更する事案に賛成するときや組織再編等によって株式の買取りを強いられるとき、を挙げる。これに対して、準共有者全員の同意が必要ではない場合として、準共有者が発行済株式を支配する場合で議案が株式の内容を変更するときであっても、それに反対の議決権を行使するときや、組織再編等によって事業価値に変更がもたらされることによって株式の内容が間接的に変更されるとき、を挙げる）。なお、これらは、最判平成27年2月19日・後掲注104）の考え方を前提としているものが多い。

80)　青竹・前掲注62）8頁。会社法106条ただし書に基づく会社の同意がある場合における準共有者による議決権行使について言及したものとして、青竹・前掲注25）「会社の権利行使の同意と共同相続株式の議決権行使の決定方法」24頁も参照。

足りるのか、準共有者全員の同意が必要であるのかについて、次のように見解が分かれている。

　一方で、この場合には、準共有者の持分の価格による多数決で足りるという見解がある[81]。その理由として、次の２点が挙げられる[82]。第１に、ある者が取締役に選任されることが直ちに会社の価値の毀損に当たるということは通常想定し難い。第２に、株主構成、株主の属性や意思、背景事情等を考慮して、議決権の行使が処分行為または変更行為に該当するかどうかが判断されるとすることは、会社法が予定する組織法上の法律関係の規律としては適当ではない。

　他方で、この場合には、一定の場面では、準共有者全員の同意が必要であるという見解がある[83]。すなわち、例えば、会社の発行済株式の多くが共同相続されて、その議決権の行使の結果が共同相続人の支配権の帰趨を左右す

---

[81]　永井・前掲注37）220頁（取締役の選任および解任の他に、計算書類の承認、剰余金の配当も挙げる）、来住野・前掲注58）112頁（取締役の選任の他に、剰余金の配当も挙げる）、東京地判平成27年12月25日・前掲注37）。会社法106条ただし書に基づく会社の同意がされた場合における準共有者による議決権行使について、本文の見解と同じく多数決で足りるとするものとして、最判平成27年２月19日・後掲注104）、脇田・前掲注79）260頁（ただし、最判平成27年２月19日・後掲注104）の立場を前提とした検討である）、冨上・前掲注58）37頁、伊澤・前掲注55）15頁。

[82]　冨上・前掲注58）37頁、伊澤・前掲注55）15頁。

[83]　青竹・前掲注25）「判批」150頁、青竹・前掲注62）8頁、江頭＝門口編集代表・前掲注37）『会社法大系 第３巻』70頁〔岡〕、大阪高判平成19年８月８日判例集未登載（大阪高等裁判所平成19年(ラ)第673号）（大阪高判平成20年11月28日・前掲注55）において当該事案の関連決定として認定されている）。

　準共有者が権利行使者を介さずに権利を行使することについての会社の同意がある場合における準共有者による議決権行使について、本文の見解と同じく一定の場面で準共有者全員の同意が必要であるというものとして、青竹・前掲注79）10頁、青竹・前掲注25）『新会社法』126頁、青竹・前掲注25）「会社の権利行使の同意と共同相続株式の議決権行使の決定方法」24頁、林孝宗「判批（最判平成27年２月19日）」新・判例解説Watch17号（2015年）141頁、前嶋・前掲注59）230頁、松元暢子「判批（最判平成27年２月19日）」ジュリスト1492号（平成27年度重要判例解説）（2016年）92頁。藤原俊雄「判批（最判平成27年２月19日）」金融・商事判例1480号（2015年）18頁、松井智予「判批（最判平成27年２月19日）」判例評論690号（2016年）22頁、林・前掲注75）180頁、山﨑邦夫「会社法106条ただし書の法意——平成27年２月19日最高裁判決」月刊登記情報671号（2017年）71-72頁、北村信義「〔研究報告〕オーナー経営者死亡に伴う共同相続株式の議決権行使を巡る争い——会社法106条ただし書に関する最高裁平成27年２月19日判決の考察」判例・先例研究 平成29年度版（2017年）14頁も参照。

第６節　権利行使者に対する指図

るような場合には、相続分の価値に影響を及ぼす可能性があるので、共同相続人全員の同意が必要である、という。その理由として、次のような点を挙げる[84]。まず、このような場合には、その議決権がどのように行使されるのかが、株主総会決議の結果に対して直接的に影響を及ぼす。そして、同族会社では、誰が取締役になるのかによって、共同相続人間の信頼関係が破綻したり、共同相続人の少数派が相続分に対応する株式を有している者としての利益を失ったりするおそれがある。なぜならば、同族会社では、剰余金の配当を行わず、会社の利益が取締役の報酬として引き出されることがあるからである。

第3款　分　析

　第2款で確認したように、一般的には、権利行使者に対する指図の要件は、その指図が管理行為に該当するのか、処分行為または変更行為に該当するのかによって区別される。そのうえで、取締役の選任または解任に関する議決権の行使に係る指図については、特にそれが同族会社の支配権の帰趨に関わるような場面において、その要件として、準共有者全員の同意が必要であるのかについて見解が分かれている。最高裁判所は、平成27年2月19日の判決において、このような取締役の選任に係る指図についても、管理行為として準共有者の準共有持分の過半数によってすることができると判断したと理解することができる。これに対して、学説では、同族会社の株主が取締役の選任または解任について大きな利害を有しているということを念頭に置いて、このような最高裁判所の考え方を全面的に支持することを躊躇するものが多い。すなわち、少なくとも一定の場合には、取締役の選任または解任に係る指図の要件として、準共有者全員の同意が必要であるということを示唆するものが少なくない。

　しかし、このような見解のように取締役の選任または解任に係る指図の要件として準共有者全員の同意を要求することが、この見解の論者が想定する

---

[84]　準共有者が権利行使者を介さずに権利を行使することについての会社の同意がある場合における準共有者による議決権行使について言及したものとして、青竹・前掲注79) 10頁、青竹・前掲注25)「会社の権利行使の同意と共同相続株式の議決権行使の決定方法」24頁。

問題を解決することに資するのかについては十分に検討されていないように思われる。すなわち、この見解を採用することによって、同族会社の株主が取締役の選任または解任について有する大きな利益を十分に保護することができるのかについては、なお検討の余地があるように思われる。

第7節

会社の同意による会社法106条本文の例外

第1款　序

　本節では、会社の同意による会社法106条本文の例外についての議論を整理する。この議論の主な争点は、会社法106条ただし書に基づく会社の同意がある場合に、準共有者がどのように準共有株式についての権利を行使することができるのか、という点である[85]。

　会社法106条ただし書は、「株式会社が当該権利を行使することに同意した場合は、この限りでない。」と規定している。この規定は、平成17年改正前商法203条2項には存在せず、平成17年会社法制定時に新たに設けられたものである。よって、会社の同意による会社法106条本文の例外についての議論も、平成17年会社法制定の前後で少し異なっている。

　そこで、本節では、まず、第2款において、平成17年会社法制定前の一般的な見解を確認する。次に、第3款において、平成17年会社法制定後から最判平成27年2月19日までになされていた議論を整理する。そのうえで、第4款において、この議論に関する判断を示した最判平成27年2月19日の判示を確認して、その後の議論を整理する。最後に、第5款において、以上の議論について分析を加える。

---

[85] この他に、会社の同意による会社法106条本文の例外に関する問題として、会社の中の誰がその同意を与える権限を有するのか（例えば、株主総会の議長なのか、代表取締役なのか）という問題もある（福島・前掲注53）29頁）。例えば、伊藤ほか・前掲注24）130頁〔田中亘〕は、そのような権限を有する者は株主総会の議長である（会社法315条参照）、という。本書では、この点については検討しない。

第 2 款　平成 17 年会社法制定前の一般的な見解

　平成 17 年会社法制定前には、会社法 106 条の前身である当時の商法 203 条 2 項に、現在の会社法 106 条ただし書に相当する規定は存在しなかった。しかし、一般的には、準共有者が権利行使者を指定して会社に対して通知していない場合であっても、会社は、準共有者による権利行使を認めることができると考えられていた[86]。その理由として、平成 17 年改正前商法 203 条 2 項は、会社の事務処理上の便宜を考慮して定められたものであるから、会社の側からそのような事務処理上の負担を引き受けることを認めることは差し支えない、ということが挙げられていた[87]。

　そのうえで、多くの論者および最高裁判所は、会社が準共有者による権利行使を認める場合には、準共有者全員がその権利を共同して行使しなければならないと考えていた[88]。その理由は、一般的には明確に示されていたわけではなかったが、ある論者は、理由として、株式が準共有されている以上、共有物全体について単一の意思の表れとして議決権が行使されるということ、

---

[86] 八木・前掲注 1) 238 頁、田中・前掲注 60) 108 頁、榎本・前掲注 37) 178 頁、上柳ほか編・前掲注 1) 52 頁〔米津〕、谷口＝久貴編・前掲注 25) 106 頁〔本間〕、大隅＝今井・前掲注 1) 334 頁、畑・前掲注 21) 105 頁、青木・前掲注 11) 46 頁、永井・前掲注 37) 211 頁、青竹・前掲注 79) 9-10 頁、北沢・前掲注 37) 135 頁、服部編・前掲注 21) 177 頁〔蓮井〕、中村・前掲注 25) 185-186 頁、大杉・前掲注 46) 88 頁、楠元・前掲注 37) 85 頁、新里・前掲注 37) 246-248 頁、最判平成 11 年 12 月 14 日・後掲注 88)。ただし、本文の見解に反対していると理解することができるものとして、小室直人＝上野泰男「判批（最判昭和 45 年 1 月 22 日）」民商法雑誌 63 巻 4 号（1971 年）97 頁、田中＝山村・前掲注 1) 418 頁も参照。

[87] 八木・前掲注 1) 238 頁、田中・前掲注 60) 108 頁、上柳ほか編集代表・前掲注 1) 52 頁〔米津〕、大隅＝今井・前掲注 1) 334 頁、畑・前掲注 21) 105 頁、永井・前掲注 37) 211 頁、青竹・前掲注 79) 9-10 頁、中村・前掲注 25) 185-186 頁、新里・前掲注 37) 247-248 頁。

[88] 八木・前掲注 1) 238 頁、榎本・前掲注 37) 178 頁、上柳ほか編集代表・前掲注 1) 52 頁〔米津〕、谷口＝久貴編・前掲注 25) 106 頁〔本間〕、大隅＝今井・前掲注 1) 334 頁、畑・前掲注 21) 105 頁、青木・前掲注 11) 46 頁、永井・前掲注 37) 211 頁、加藤・前掲注 37) 75-76 頁、服部編・前掲注 21) 177 頁〔蓮井〕、楠元・前掲注 37) 86-87 頁、最判平成 11 年 12 月 14 日判時 1699 号 156 頁。もっとも、これらの中には、本文の見解を主張しているのかが明確でないものも少なくない。これに対して、本文の見解とは異なる見解も主張されていたが、本書では紙幅の関係で紹介を省略する。なお、東京高判平成 7 年 12 月 25 日・前掲注 46) も参照。

および、当時の商法 203 条 2 項の趣旨は、会社に対して株主の権利を行使し得る人格を 1 個に集約して混乱を避けるという点にあるということを挙げていた[89]。

第 3 款　平成 17 年会社法制定後の議論

このような状況の下で、平成 17 年に制定された会社法は、その 106 条ただし書において、新たに、「株式会社が当該権利を行使することに同意した場合は、この限りでない。」と規定した。しかし、この規定には、平成 17 年会社法制定前の一般的な見解、つまり、会社が準共有者による権利行使を認める場合には準共有者全員がその権利を共同して行使しなければならないという考え方が明示されていない。また、この規定の新設は、法制審議会により採択された『会社法制の現代化に関する要綱』に含まれておらず、この改正の趣旨および目的について公に議論されたわけではなかった[90]。したがって、この会社法 106 条ただし書について、会社が準共有者による権利行使に同意した場合に、準共有者がどのように権利を行使することができるのかについて見解が分かれている[91]。そして、この点について、最高裁判所は、平成 27 年 2 月 19 日の判決[92]においてその判断を示した。そこで、本款では、この点についてこの判決までになされてきた議論を整理する。

一　準共有者全員が共同して権利を行使しなければならないという見解

まず、会社法 106 条ただし書は、平成 17 年会社法制定前の一般的な見解の趣旨を実定法化したものであるとして、会社が同意する場合には、準共有者

---

89) 匿名記事「判批（最判平成 11 年 12 月 14 日）」判例タイムズ 1024 号（2000 年）164 頁。本文で挙げたものの他にも、他の論者によって挙げられている理由もあるが、本書では紙幅の関係で紹介を省略する。

90) 例えば、伊藤ほか・前掲注 24) 131 頁〔田中亘〕を参照。

91) 本文で挙げた見解の他にも主張されていた見解があるが、本書では紙幅の関係で紹介を省略する。

92) 最判平成 27 年 2 月 19 日・後掲注 104)。

全員が共同してその権利を行使しなければならないという見解がある[93]。その理由として、ある権利行使について共同相続人の全員一致を得ることができずに会社の運営に支障が生じる場合であっても、それは、共同相続人間の早期の遺産分割協議によって解決されるべきであって、ある共同相続人が過半数の相続分を有しているときにも、会社の同意によってその一部の共同相続人による権利行使を認めることは妥当ではない、ということが挙げられる[94]。

この見解に対しては、最判平成11年12月14日[95]の立場は会社法106条ただし書によって否定されているという批判がある[96]。この批判は、その判決の趣旨を実定法化するならば、それを明確にするような規定が採用されたはずであるが、そうなっていないということを重視する。

二 各準共有者が単独で準共有株式の全部についての権利を行使できるという見解

平成17年会社法の立案担当者は、「〔権利行使者〕の通知がない場合であっても、株式会社が自らのリスクにおいて共有者の1人に権利行使を認めることができる」とした上で、「会社が、〔共有株主間の協議内容〕の確認を怠って、協議内容と異なる議決権の行使を許したとしても、共有者の議決権の行使自体には瑕疵がないので、決議取消事由には該当しない」という[97]。この記述

---

93) 大野・前掲注21)『企業承継法の理論Ⅱ』158頁(初出：大野正道「会社法の制定と企業承継法」商工金融55巻9号(2005年)30頁)、山下友信＝神田秀樹編『商法判例集〔第2版〕』(有斐閣、2006年)46頁、大野正道「非公開会社と準組合法理」江頭憲治郎先生還暦記念『企業法の理論(上巻)』(商事法務、2007年)63頁(大野正道『非公開会社と準組合法理(中小企業法研究第四巻)──総論・各論』(第一法規、2012年)49頁所収)、林孝宗「判批(東京高判平成24年11月28日)」早稲田法学89巻4号(2014年)190頁。東京高判平成24年11月28日・前掲注55)も、結論としてこの見解と同じであると理解することもできる。
94) 林・前掲注93)190頁。
95) 前掲注88)。
96) 松嶋隆弘「会社法における株主の地位と企業承継」小野幸二教授古稀記念『21世紀の家族と法』(法学書院、2007年)542頁、酒巻＝龍田編集代表・前掲注1)42頁〔森〕、河内・前掲注8)20頁、江頭＝中村編著・前掲注1)268頁〔江頭〕、神作・前掲注2)227頁、脇田・前掲注79)261頁。

の理解については見解が分かれているが、1つの理解として、この記述は、権利行使者が指定されていない場合において、会社が同意したときに、その同意を受けた準共有者が、単独で（他の準共有者との協議等にかかわらず）準共有株式の全部についての権利を行使することができるという趣旨であるという理解がある[98]。そして、裁判例の中には、この理解と同様の見解を採用するものがある[99]。

　この見解に対しては、次のような批判がある[100]。第1に、この見解によると、準共有者の一部が、他の準共有者を無視して、準共有株式の全部についての権利を行使することができることになる[101]。第2に、この見解によると、会社が、決議事項に関して自らにとって好都合な意見を有する準共有者に、議決権の行使を認めることができることになる[102]。

三　民法の共有に関する規律に従って権利を行使しなければならないという見解

　これに対して、会社が同意する場合には、準共有者が民法の共有に関する

---

97)　相澤哲＝葉玉匡美＝郡谷大輔編著『論点解説　新・会社法──千問の道標』（商事法務、2006年）492頁。もっとも、立案担当者の1人は、会社が準共有者の一部による不当な議決権行使を認めた場合には、決議取消事由が生じる、という（葉玉匡美「共有株式と議決権の行使」葉玉匡美『〔ブログ〕会社法であそぼ。』（2015年11月22日）、http: //blog.livedoor.jp/masami_hadama/archives/50055534.html、2018年12月31日）。

98)　伊藤ほか・前掲注24）131頁〔田中亘〕、梅村悠「判批（東京高判平成24年11月28日）」ジュリスト1469号（2014年）109-110頁。
　　本文で挙げた理解に対して、この記述を次のように理解する見解もある。すなわち、準共有者間で協議が全くなされていないにもかかわらず会社が同意するということは想定されておらず、権利行使者は指定されているが会社に通知されていない場合を想定しているという理解である（弥永真生「判批（東京高判平成24年11月28日）」ジュリスト1460号（2013年）3頁、加藤貴仁「判批（東京高判平成24年11月28日）」ジュリスト1466号（平成25年度重要判例解説）（2014年）107頁）。

99)　横浜地川崎支判平成24年6月22日金判1464号37頁（最判平成27年2月19日・後掲注104）の第一審判決）。

100)　伊藤ほか・前掲注24）131頁〔田中亘〕。

101)　山下編・前掲注57）38頁〔上村〕。

102)　加藤・前掲注98）107頁、東京高判平成24年11月28日・前掲注55）（横浜地川崎支判平成24年6月22日・前掲注99）の控訴審判決）。

規律に従ってその権利を行使しなければならないという見解がある[103]。すなわち、この場合には、民法の共有に関する規律がそのまま適用される。したがって、例えば、議決権の行使が、管理行為に該当するのか、処分行為または変更行為に該当するのかによって、その議決権の行使のために、準共有者の持分の価格による多数決が必要であるのか、準共有者全員の同意が必要であるのかが決定される。この見解を採用した場合に、ある議決権の行使が管理行為に該当するのか処分行為または変更行為に該当するのかの区別については、本章第6節第2款で整理した議論が妥当すると考えられる。

第4款　最判平成27年2月19日とその後の議論

一　最判平成27年2月19日

以上のような議論状況の下で、最高裁判所は、会社が準共有者による権利行使に同意した場合に、準共有者がどのように権利を行使することができるのかについて、平成27年2月19日の判決において、次のように判示した[104]。

「〔会社法106条本文〕は、共有に属する株式の権利の行使の方法について、民法の共有に関する規定に対する『特別の定め』（同法264条ただし書）を設けたものと解される。その上で、会社法106条ただし書は、『ただし、株式会社が当該権利を行使することに同意した場合は、この限りでない。』と規定しているのであって、これは、その文言に照らすと、株式会社が当該同意をした場合には、共有に属する株式についての権利の行使の方法に関する特別の定めである同条本文の規定の適用が排除されることを定めたものと解される。そうすると、共有に属する株式について会社法106条本文の規定に基づく指定及び通知を欠いたまま当該株式についての権利が行使された場合において、当該権利の行使が民法の共有に関する規定に従ったものでないときは、株式会社が同条ただし書の同意をしても、当該権利の行使は、適法となるもので

---

[103]　後述する最判平成27年2月19日・後掲注104）より前にこの見解を主張していたものとして、青竹・前掲注25）『新会社法』126頁、稲葉・前掲注9）332頁、淺木・前掲注21）194頁、来住野・前掲注58）113頁。

[104]　最判平成27年2月19日民集69巻1号25頁。この判決の判断を引用する裁判例として、東京地判平成27年10月13日 Westlaw Japan 文献番号2015WLJPCA10138005。東京地判平成28年5月16日・前掲注23）、東京地判平成28年6月8日・前掲注23）も同旨である。

はない」。

　最高裁判所判例解説によると、この判示は、本節第3款三で確認した見解と基本的な考え方を同じくするものであると理解されている[105]。そして、この判示の理由づけについては、会社法106条ただし書の立法趣旨が明確ではないので、本判決は、規定の文言から客観的に読み取ることができる意味を基礎として解釈したものであると理解されている[106]。

二　その後の学説における議論

　学説において、この判示自体を明示的に批判するものは見当たらない。そして、学説の関心は、議決権の行使のうち、どのようなものが管理行為に該当し、どのようなものが処分行為または変更行為に該当するのかという点に移ったようである。この点についての議論は、本章第6節第2款で整理した議論と同様のものになると考えられる[107]。

　また、この判示に従って議決権行使の内容を決定する際に、権利行使者を指定する場合[108]のように準共有者間の協議が必要であるのかについては、見解が分かれている。岩淵重広は、この場合には準共有者間の協議は不要である、という[109]。その理由として、次のような点を挙げる。すなわち、権利行使者を指定する際に協議が要求されている理由は、指定された権利行使者が、準共有者の指図に違反しても、会社との関係では有効に権利を行使することができるからである。これに対して、会社の同意がある場合に権利行使の内容を決定するときには、権利行使ごとにその決定がなされるので、準共有者の意図に反するような事態が生じる危険性が少ない。このような見解に対して、多くの論者は、この場合にも準共有者間の協議が必要である、という[110]。その理由として、遺産分割において適切な分割を追求することが先決であるにもかかわらず、相続分の過半数を有する準共有者が一方的に議決権

---

105)　冨上・前掲注58）29頁。
106)　冨上・前掲注58）29頁。
107)　もっとも、前掲注77）も参照。
108)　本章第4節第4款を参照。
109)　岩淵・前掲注79）115-119頁。

を行使することを認めることは、場合によっては、準共有を前提とした議決権行使によって生じた結果を既成事実化し、遺産分割の円滑な遂行を阻害するおそれがある、ということが挙げられる[111]。

さらに、民法264条ただし書にいう「特別の定め」としての会社法106条（本文）の位置づけについて、脇田将典は、この判示を前提として、次のように少なくとも2通りの理解があり得ることを指摘する[112]。第1の理解は、会社法106条本文が、準共有株式についての権利の行使については、民法の共有に関する規律の適用を一切排除している、という意味での「特別の定め」である、というものである。第2の理解は、準共有者が、民法の共有に関する規律に基づいて権利行使の内容を決定することができるところ、会社法106条本文は、その決定に従って権利を行使する方法について規律しており、その限りにおいて民法の共有に関する規律の適用を排除している、という意味での「特別の定め」である、というものである[113]。また、川島いづみは、会社法106条本文だけではなく同条ただし書も含めて会社法106条全体が「特別の定め」であると理解することができないのはなぜなのかについて積極的な理由は示されていない、ということを指摘する[114]。

第5款　分　析

会社の同意による会社法106条本文の例外について、第2款で確認したように、平成17年会社法制定前は、会社が準共有者による権利行使を認める場

---

110) 原・前掲注77) 46-47頁、鳥山恭一「判批（最判平成27年2月19日）」法学セミナー727号（2015年）119頁、吉川信among「権利行使者の通知がない準共有株式にかかる議決権行使方法について」法学研究89巻1号（2016年）113頁、福島・前掲注79) 396-397頁、鳥山・前掲注79) 101頁、脇田・前掲注79) 262-263頁、北村・前掲注83) 16頁。山田・前掲注57) 123頁、木下・前掲注58) 124-126頁、福島・前掲注53) 30頁も参照。
111) 脇田・前掲注79) 263頁、北村・前掲注83) 16頁。
112) 脇田・前掲注79) 257-258頁。松元・前掲注83) 92頁、吉本・前掲注25)「準共有株式の権利行使と会社法106条但書」31-34頁、久保田・前掲注37) 175-176頁も参照。
113) 冨上・前掲注58) 27-28頁は、この第2の理解に立って本判決を理解していると考えられる。
114) 川島いづみ「判批（最判平成27年2月19日）」Monthly Report 77号（2015年）36頁。吉川・前掲注110) 111-112頁、福島・前掲注79) 387頁、鳥山・前掲注79) 100頁も参照。

合には、準共有者全員がその権利を共同して行使しなければならないと考えられていた。しかし、その理由は、必ずしも明確に示されていたわけではなかった。

そして、そのような状況の下で、平成17年に制定された会社法においては、十分な議論がなされることなく、その106条ただし書に、その本文の例外を認める場合の規律が新設された。しかし、第3款で整理したように、このような経緯で設けられた会社法106条ただし書の規律内容や趣旨は必ずしも明らかではなく、それらについての議論も錯綜していた。

さらに、このような状況の下で、最高裁判所は、平成27年2月19日の判決において、会社法106条ただし書についての自らの立場を明らかにした。しかし、この判決も、会社法106条ただし書の立法趣旨が明確ではないので、規定の文言から客観的に読み取ることができる意味を基礎として解釈したものであると理解されている。すなわち、この判決の判断の背後には、規定の文言という形式的なものしかないのである。そして、その規定の文言は、立案過程においても特に議論されていたわけではなく、理論的な裏付けを有しているのかも明らかではない。また、学説においても、この判決が出された後、会社法106条本文、同条ただし書と民法の共有に関する規律との関係について様々な理解が提示されている。

このように、最高裁判所が示した、会社法106条本文、同条ただし書と民法の共有に関する規律との関係は、必ずしも理論的に裏付けられたものであるということはできない。これらの規律それぞれの位置関係が明らかではない原因は、民法の共有に関する規律との関係で会社法106条がどのような意義を有するのか、また有するべきなのかについて十分に分析されてこなかったことにあると考えられる。このように、会社法106条の目的が曖昧であることの結果として、会社法106条がその他の規律との関係で果たすべき役割の範囲も曖昧になっている。

第 8 節

会社の同意以外の条件による
会社法 106 条本文の例外

　本節では、会社の同意以外の条件による会社法 106 条本文の例外についての議論を整理する。

　多くの論者は、会社の同意以外の条件による会社法 106 条本文の例外を認めていない[115]。もっとも、その理由が明示されているわけではない。

　これに対して、会社の同意がなくても一定の条件を満たすときには、会社法 106 条本文の例外を認めて、権利行使者を指定していなくても、準共有者がその権利を行使することを認めるという見解もある。具体的には、準共有者全員が同時に同一内容の権利行使をする場合に、権利行使者を指定していなくても、その権利行使を認める見解がある[116]。

　その理由として、大野正道は、会社法 106 条の趣旨が、準共有者の権利行使を統一的に行わせる点にあるので、会社法 106 条が、準共有者が全員一致して権利を行使することを妨げるわけではない、という[117]。また、青竹正一は、この場合には、各準共有者の準共有持分を問題にする必要はなく、会社

115）　例えば、準共有者全員が共同して権利を行使した場合であっても、会社はその権利行使を認める必要がないというものとして、八木・前掲注 1) 238 頁、榎本・前掲注 37) 178 頁、上柳ほか編集代表・前掲注 1) 52 頁〔米津〕、谷口＝久貴編・前掲注 25) 106 頁〔本間〕、大隅＝今井・前掲注 1) 334 頁、永井・前掲注 37) 211 頁、加藤・前掲注 37) 75 頁、服部編・前掲注 21) 177 頁〔蓮井〕。東京地判平成 28 年 9 月 14 日 Westlaw Japan 文献番号 2016WLJPCA09148009 も参照。

116）　徳島地判昭和 46 年 1 月 19 日・前掲注 46)、西島・前掲注 21) 42 頁、大野・前掲注 21)『企業承継法の理論Ⅱ』42-43 頁、青竹・前掲注 37) 5 頁、青竹・前掲注 79) 6 頁、大杉・前掲注 46) 90 頁、泉田・前掲注 28) 64 頁、江頭＝門口編集代表・前掲注 37)『会社法大系 第 3 巻』71-72 頁〔岡〕（同一内容の権利行使だけではなく、特定の割合による不統一行使も認められる、という）、大野・前掲注 93)『企業承継法の理論Ⅱ』159 頁、吉本・前掲注 25)「準共有株式の権利行使と会社法 106 条但書」36 頁。片木・前掲注 37) 63 頁、泉田・前掲注 28) 66 頁も参照。その他の見解については、本書では紙幅の関係で紹介を省略する。

の事務処理が煩雑になることもない、という[118]。その他にも、この見解の理由として、次のような点も挙げられる。すなわち、準共有者の全員一致を要求する場合には、準共有者の少数派が不利益を受けるおそれもない[119]。また、準共有者が、敢えて権利行使者を指定せずに、議題ごとに議決権を行使するという途を選ぶことができるようにするべきである[120]。

このように、会社の同意以外の条件による会社法106条本文の例外を認める見解も存在する。しかし、この見解の論者の中でも、会社法106条の目的の理解が必ずしも一致しているわけではないと考えられる。その結果として、この見解の理由として挙げられることも、各論者の考える「会社の事務処理」が害されないということになっており、その意味で説得力が減殺されているように思われる。

---

117) 大野・前掲注21)『企業承継法の理論Ⅱ』42頁。吉本・前掲注25)「準共有株式の権利行使と会社法106条但書」36頁も参照。
118) 青竹・前掲注37) 5頁、青竹・前掲注79) 6頁。吉本・前掲注25)「準共有株式の権利行使と会社法106条但書」36頁も参照。
119) 青竹・前掲注79) 6頁。
120) 大杉・前掲注46) 90頁。

第 9 節

日本において検討すべき課題と検討の方法

　本節では、まず、第 1 款および第 2 款において、前節までの整理および分析によって示された問題意識を踏まえた上で、日本において検討すべき課題を提示する。そのうえで、第 3 款において、本書が採用する検討の方法を説明する。

第 1 款　会社法 106 条の目的の探究とその目的に照らした会社法 106 条の規律内容の検討

　第 2 節で確認したように、会社法 106 条の目的である会社の事務処理上の便宜がどのようなものであるのかは、必ずしも明らかではない。それにもかかわらず、この会社の事務処理上の便宜という目的は、第 3 節以降で整理した本条の解釈論の根拠としてしばしば援用されている[121]。しかし、このように会社の事務処理上の便宜の内実を明らかにしないままに、会社法 106 条の解釈論の根拠としてそれを援用することは、次のように、説得的ではなく疑問もある。
　第 1 に、会社の事務処理上の便宜という目的は、その内実が明らかにされないままに援用されることによって、株主の権利行使に対するあらゆる制約の正当化に用いられている可能性がある[122]。株主の権利行使は、その株主が単独株主（株式を準共有していない株主）であったとしても、必然的に、会社に対して何らかの事務処理上の負担を発生させる。したがって、株主の権利行使に対する制約の理由として会社の事務処理上の便宜という目的を援用する

---

121)　本章第 3 節第 5 款、同章第 4 節第 5 款二、同章第 7 節第 5 款、同章第 8 節を参照。
122)　例えば、本章第 4 節第 5 款二を参照。

と、あらゆる権利行使が制約されることにもなりかねない。

　第2に、会社の事務処理上の便宜として想定するものが論者によって異なるために、議論が嚙み合っていないこともあると考えられる。実際に、この目的が、相反する見解の両方によって自説を基礎づけるものとして援用されていることもある[123]。したがって、建設的な議論をするためには、会社の事務処理上の便宜として想定するものを明らかにする必要があり、それによって初めて説得的な議論を展開することができる[124]。

　第3に、会社法106条の目的が曖昧である結果として、会社法106条がその他の規律との関係で果たすべき役割の範囲も曖昧になっている[125]。すなわち、民法の共有に関する規律との関係で会社法106条がどのような意義を有するのか、また有するべきなのかについては十分に分析されていない。その結果として、会社法106条本文、同条ただし書と民法の共有に関する規律との関係を十分に意識した議論がなされていない。

　よって、以上のような疑問を解消して説得的な議論を展開するための基盤を創出するために、まず、本書は、従来あまり注目されてこなかった会社法106条の目的に焦点を当てて、それを探究する[126]。そのうえで、その検討の結果として明らかになった会社法106条の目的に照らして、会社法106条の規律内容を検討する[127]。すなわち、本書における第1の検討課題は、会社法106条の目的は何であるのか、そして、その目的に照らすと会社法106条の規律内容はどのようなものと理解されるべきなのか、である。

第2款　より円滑な事業承継を実現するために望ましい規律の探究

　第4節第4款で考察したように、一部の裁判例や多くの論者は、権利行使者を指定する際にその指定の手続への準共有者全員の参加の機会または協議

---

[123]　例えば、本章第3節第5款を参照。
[124]　本章第8節も参照。
[125]　例えば、本章第7節第5款を参照。
[126]　**第4章第2節**。
[127]　**第4章第3節**。同章第4節も参照。

を保障することによって、「妥当な解決」を図ろうとしていると考えられる。また、第6節第2款三で考察したように、特に取締役の選任または解任が議題である場合には、その議決権の行使についての準共有関係内部における意思決定の際に、準共有者の少数派の保護という「妥当な解決」のために、準共有者全員の同意を要求する論者も少なくない。

しかし、これらの規律が適切であるのか、他により適切な規律が存在するのかについては検討の余地がある。すなわち、権利行使者の指定の手続への参加の機会または協議の保障が適切な解決策であるのかについては、十分に検討されていない[128]。また、取締役の選任または解任が議題である場合に、準共有関係内部における意思決定のために準共有者全員の同意を要求することが、「妥当な解決」に資するのかについても、十分に検討されていない[129]。

そこで、まず、本書は、「妥当な解決」のために、これらの規律が望ましいものであるのか、を検討する。前提として、ここで目指されている「妥当な解決」の内容には、円滑な事業承継という観点も含まれると考えられる[130]。そして、この検討によって、本書は、これらの規律が、準共有者の少数派の保護ひいては円滑な事業承継の実現のために望ましいものであるということはできない、ということを明らかにする[131]。

そのうえで、本書は、より円滑な事業承継を実現するための規律として、各準共有者による不統一行使の主張を認めるという規律について、議決権行使の場面を中心に検討する。このような各準共有者による不統一行使の主張を認めるべきであるという見解は、従来から存在している[132]。しかし、従来の見解は、各準共有者による不統一行使の主張を認める必要性について十分に検討しているわけではない[133]。また、従来の見解は、各準共有者による不統一行使の主張を認めるための法的構成についても十分に検討しているわけではない[134]。そこで、本書は、各準共有者による不統一行使の主張を認める

---

128) 本章第4節第5款三を参照。
129) 本章第6節第3款を参照。
130) 第4章第5節第3款三1(1)。
131) 第4章第4節第3款。
132) 第4章第5節第2款を参照。
133) 第4章第5節第2款五。
134) 第4章第5節第4款一、同款四2。

必要性について検討した上で[135]、各準共有者による不統一行使の主張を認めるための法的構成について検討する[136]。

これらの検討を通じて、本書の目的である、より円滑な事業承継を実現するためにはどのような規律が望ましいのか、その規律はどのような法的構成によって実現することができるのか、を明らかにする。すなわち、本書における第2の検討課題は、抽象的には、より円滑な事業承継を実現するために望ましい規律はどのようなものであるのか、である。

第3款　検討の方法

以上のような課題を検討するために、本書は、主に比較法的考察によって、その検討の手がかりを得ることを試みる。この比較法的考察の対象は、ドイツ法である[137]。その理由は、次の3点にある。

第1に、ドイツの民法上の共同相続財産の管理に関する規律が、日本の規律と比較的類似している[138]。本書は、主に株式が共同相続された場合を念頭に置いて会社法上の規律を検討するところ、そのような検討は、民法上の共同相続財産の管理に関する規律を前提とする。このような場合に比較法的考

---

135)　第4章第5節第3款。
136)　第4章第5節第4款。
137)　なお、ドイツ法の他に、フランス法、イタリア法およびスペイン法における日本の会社法106条と類似する規律を紹介するものとして、泉田・前掲注28) 22頁以下を参照。また、フランス法を紹介するものとしてその他に、木下崇「共有株式に係る議決権の行使と権利行使者の指定に関する一考察」永井和之先生古稀記念『企業法学の論理と体系』（中央経済社、2016年) 249頁、木下・前掲注58) 109頁も参照。さらに、アメリカ法においても、日本の会社法106条に対応する、株式が共有されている場合についての規律が存在するが（例えば、デラウェア州一般会社法217条(b)項、ニューヨーク州事業会社法612条(h)項、カリフォルニア州一般会社法704条)、この規律に関する議論はあまり充実していないようであり、比較法的考察の対象としては十分ではないと考えられる。また、アメリカの相続法の規律は、日本のものとは相当異なっているので、株式の共有が問題とされる状況も、アメリカと日本とでは異なっている。
138)　第3章第5節第2款を参照。日本の共同所有理論がドイツ法を参照して形成されてきているというものとして、例えば、伊藤栄寿「ドイツにおける共有者間の法律関係」名古屋大学法政論集254号（2014年) 185頁。また、上河内千香子「共有物の使用管理に関する規定の制定過程（一)——ドイツ法を中心に」広島法学22巻4号（1999年) 141-142頁も参照。

察を行う際には、比較法的考察の対象と日本法とで、その前提となる規律が類似していることが望ましい。なぜならば、比較対象の前提が日本法の前提と類似していることによって、前提となる民法上の規律に起因する差異や類似点ではなく、会社法上の規律に起因する差異や類似点を見出して考察することができるからである。ドイツの民法上の共同相続財産の管理に関する規律は、日本の規律と比較的類似しているので、このような観点から、ドイツ法は、比較法的考察の対象として適当である。

　第2に、ドイツ法には、会社法106条と類似している規律が存在する。すなわち、ドイツの株式法69条1項は、株式が複数の共同権利者に帰属する場合に、共同代理人の選任を要求する。また、ドイツの有限会社法18条1項は、有限会社の持分が複数の共同権利者に帰属する場合に、その複数の共同権利者が共同してその権利を行使することを要求する。このように、これらの規定は、株式が準共有されているという会社法106条が規律する場面と同じ場面を規律するものである。したがって、ドイツにおけるこれらの規定が適用される場面についての議論を考察することが、会社法106条を含む準共有株式についての権利の行使に関する規律について検討する上で有益である可能性が高い。

　第3に、ドイツ法は、株式法と有限会社法とで異なった内容の規律を置いている。すなわち、前の段落で述べたように、ドイツの株式法69条1項は、会社法106条と同様に、共同代理人の選任を要求しているのに対して、ドイツの有限会社法18条1項は、複数の共同権利者による共同の権利行使を要求している。このように、ドイツ法の中でも、同じ場面に対する規律が、株式法と有限会社法とで異なっている。このことによって、ドイツ法の中でも、株式法と有限会社法とを比較することができ、両者を相対的に考察することができる。そして、これらと会社法106条とを比較することによって、実質的に3種類の規律についての議論を相対化して考察ないし検討することができる。これによって比較法的考察の厚みが増し、会社法106条について検討する上で有益な示唆を得ることができる可能性が高くなる。

　以上のような理由から、本書は、**第3章**において、ドイツ法を対象として比較法的考察を行い、それによって、本節第1款および同節第2款で提示した課題を検討するための手がかりを得ることを試みる。そのために具体的に

どのような問題意識に基づいてこの比較法的考察を行うのかについては、**第3章第1節第2款**において述べる。

　もっとも、本書が採用する検討の方法は、比較法的考察のみにとどまらない。その他にも、**第4章**で日本における課題の検討を行う際には、必要に応じて、規定の沿革にまで遡った歴史的な考察や経済分析的な考察にも依拠して、本節第1款および同節第2款で提示した課題を検討する。

第 3 章

ドイツ法の考察

第 1 節

序

第 1 款　本章の考察対象と構成

　株式法[1]69 条 1 項は、「1 株の株式が複数の権利者に帰属する場合には、それらの者は、1 人の共同代理人によってのみ、その株式から生じる権利を行使することができる。(Steht eine Aktie mehreren Berechtigten zu, so können sie die Rechte aus der Aktie nur durch einen gemeinschaftlichen Vertreter ausüben.)」と規定している[2]。また、有限会社法[3]18 条 1 項は、「1 個の持分が分割されずに複数の共同権利者に帰属する場合には、それらの者は、共同してのみ、その持分から生じる権利を行使することができる。(Steht ein Geschäftsanteil mehreren Mitberechtigten ungeteilt zu, so können sie die Rechte aus demselben nur gemeinschaftlich ausüben.)」と規定している[4]。

　本章では、これらの規定が適用される場合、つまり、1 個の株式・持分が複数の共同権利者に帰属する場合における規律を、次のような構成によって考

---

1) 本書では、ドイツの 1965 年株式法（Aktiengesetz）を、原則として「株式法」という。
2) 本書における株式法の日本語訳については、早川勝「1965 年ドイツ株式法の改正と展開」同志社法学 63 巻 6 号（2012 年）165 頁を参考にしている。なお、株式法 69 条 1 項では、1 株の株式が複数の権利者に帰属する場合におけるその権利者が、単に「権利者（Berechtigten）」と表記されているが、本書では、株式法 69 条 1 項におけるこの意味での「権利者」を、有限会社法 18 条 1 項と同様に、「共同権利者」という。
3) 本書では、ドイツの有限会社法（Gesetz betreffend die Gesellschaften mit beschränkter Haftung）を、原則として「有限会社法」という。
4) 本書における有限会社法の日本語訳については、早川勝「有限会社法の現代化と濫用をなくすための法律（MoMiG）（BGBl. I S. 2026）（2008 年 10 月 23 日）による改正有限会社法」同志社法学 61 巻 5 号（2009 年）261 頁を参考にしている。

察する。これによって、日本において準共有株式についての権利の行使に関する規律について検討する上での示唆を得ることを試みる。

まず、第2節において、どのような場合にこれらの規定が適用されると考えられているのかを考察する。これによって、これらの規定の目的を帰納的に分析する。それと同時に、第3節以降で念頭に置かれる共同相続関係がこれらの規定の適用範囲に入ることおよびその法律関係の概要を確認することによって、第3節以降の前提を示す。

これらのことを確認した上で、第3節において、共同権利者と株式会社の関係を規律する株式法69条1項の規律内容を概観する。これによって、本章第4節における株式法69条1項と有限会社法18条1項との比較の前提、および、**第4章第5節第4款**における日本法の検討の際に参照するドイツの議論を理解するための前提を示しておく。

続いて、第4節において、共同権利者と有限会社の関係を規律する有限会社法18条1項に関する規律内容や議論を考察する。有限会社法18条1項は、日本の会社法106条と同じような場面に適用されるが、日本の会社法106条とは異なる規律をしている。そこで、有限会社法18条1項に関する規律内容や議論を考察することによって、日本の会社法106条を相対化して検討するための材料を得ることを試みる。また、日本におけるドイツ法に関する主要な先行研究は、有限会社法18条1項に関する規律内容や議論を参考にしている。そこで、この先行研究を、第4節で考察する内容に照らして検討する。なお、有限会社法18条1項は、有限会社法において共同相続関係が関わる問題を考える上で出発点になる条文であるので、この第4節で考察する内容は、第5節における考察の基礎にもなる。

そして、それまでの第3節および第4節における考察を踏まえて、第5節において、共同権利者間の内部関係の規律として、共同相続関係の規律を考察する。第3節および第4節における考察の対象が、共同権利者と会社の関係の規律であるのに対して、第5節における考察の対象は、共同権利者間の内部関係の規律である。この規律のあり方については、それが有限会社やその関係者に与える影響に鑑みて、一定の議論がなされている。特に、最近になって、有限会社の持分の共同相続に関して従来よりも比較的多くの裁判例が公表されてきていることから、それに呼応して、学説における議論も少な

いながらも以前よりは増えつつある。そこで、第5節において、これらの裁判例や学説における議論を考察する。これによって、日本法への示唆を得ることを試みる。

　最後に、第6節において、本章の総括として、本節第2款で述べる本章の考察に通底する問題意識に関する示唆を確認する。

第2款　本章の考察に通底する問題意識

　以上のような本章の構成は、株式法69条1項および有限会社法18条1項に関するある種の体系的な順序に沿ったものである。しかし、本章の目的は、このような体系的な紹介によって株式法69条1項および有限会社法18条1項に関する規律を示すということだけにあるわけではない。本章では、日本法の検討につながり得るであろう問題意識として、次の2つの観点を意識して考察を進める。これらの問題意識に関する示唆は、本章の総括として、第6節においてそれぞれまとめて確認する。

一　株式法69条1項および有限会社法18条1項の目的の探究

　第1の観点は、株式法69条1項および有限会社法18条1項の目的は何であるのか、という観点である。この観点に関係する考察は、主に本章の前半（第2節、第3節および第4節）において行う。このような観点についての考察によって、日本の会社法106条の目的が何であるのかを検討する上での示唆を得ることができ、それが、日本の会社法106条の解釈論にもつながり得ると考えられる。

　一般的には、株式法69条1項および有限会社法18条1項の目的は、会社の保護であって、より具体的には、株式・持分についての複数の共同権利者の存在によって会社の立場が悪化させられまたは阻害されないということを保障することである、と説明される[5]。しかし、これらの抽象的な説明だけでは、これらの規定が具体的にどのような弊害から会社を保護しようとしているのかは明らかではない。

　実際に、どのような弊害を想定しているのかは、論者によって異なってい

るように思われる。例えば、Löbbe や Reichert/Weller は、有限会社法 18 条 1 項によって、1 個の持分から生じる社員権の割合的な行使、つまり、有限会社法 46 条 4 号による持分分割のための社員決議の必要性を潜脱する持分の事実上の分割が防止される、という[6]。この説明では、脱法的な事実上の持分分割を防止することに重点が置かれている。また、Seibt は、有限会社法 18 条 1 項が、社員権の一体的な行使を確保し、共同権利者間の紛争から会社を保護し、同時に、会社の法律関係の明確性を保障しようとしている、という[7]。この説明は、前述の Löbbe らが言及する事実上の持分分割の防止だけではなく、共同権利者間の内部関係からの会社の保護にまで言及している[8]。これらは有限会社法 18 条 1 項の目的の説明であるが、株式法 69 条 1 項の目的の説明は、前で見たような、株式についての複数の共同権利者の存在による会社の不利益の防止というような説明以上には具体化されていない[9]。

このように、ドイツにおいても、株式法 69 条 1 項および有限会社法 18 条 1 項が具体的にどのような弊害から会社を保護しようとしているのか、という点は意識的に議論されているわけではない。よって、この問いに対する答

---

5) Zum AktG：*Lutter/Drygala*, in：Kölner Kommentar zum Aktiengesetz, 3. Aufl., 2011, § 69 Rdn. 3；*Bayer*, in：Münchener Kommentar zum Aktiengesetz, 4. Aufl., 2016, § 69 Rdn. 2；*Merkt*, in：Aktiengesetz, Großkommentar, 5. Aufl., 2018, § 69 Rdn. 1. Zum GmbHG：Entwurf eines Gesetzes betreffend die Gesellschaften mit beschränkter Haftung nebst Begründung und Anlagen, 1891, S. 66；*Seibt*, in：Scholz Kommentar zum GmbH-Gesetz, 11. Aufl., 2012, § 18 Rdn. 1；*Löbbe*, in：Ulmer/Habersack/Löbbe（Hrsg.）, Gesetz betreffend die Gesellschaften mit beschränkter Haftung（GmbHG）, Großkommentar, 2. Aufl., 2013, § 18 Rdn. 1；*Reichert/Weller*, in：Münchener Kommentar zum Gesetz betreffend die Gesellschaften mit beschränkter Haftung（GmbHG）, 2. Aufl., 2015, § 18 Rdn. 1-2.

6) *Löbbe*, a. a. O.（Fn. 5）, § 18 Rdn. 18；*Reichert/Weller*, a. a. O.（Fn. 5）, § 18 Rdn. 50. もっとも、Reichert/Weller は、別の箇所では、複数人に持分が帰属した場合に生じる問題の例として、誰が社員権を行使する権限を有するのか、という問題を挙げる（*Reichert/Weller*, a. a. O.（Fn. 5）, § 18 Rdn. 1）。

7) *Seibt*, a. a. O.（Fn. 5）, § 18 Rdn. 17.

8) *Wiedemann*, GmbH-Anteile in der Erbengemeinschaft, GmbHR 1969, 247, 249 も、この両方に言及する。

9) Z. B. *Lutter/Drygala*, a. a. O.（Fn. 5）, § 69 Rdn. 3；*Bayer*, a. a. O.（Fn. 5）, § 69 Rdn. 2；*Merkt*, a. a. O.（Fn. 5）, § 69 Rdn. 1. なお、株式法 69 条のその他の趣旨として、分割されない形での株式の共同関係が株式の分割禁止（株式法 8 条 5 項）に抵触しないということを明らかにするということが挙げられている（*Lutter/Drygala*, a. a. O.（Fn. 5）, § 69 Rdn. 2；*Bayer*, a. a. O.（Fn. 5）, § 69 Rdn. 1）。

えを探究するためには、株式法69条および有限会社法18条の解釈論を考察した上で、その解釈論が（暗黙の裡に）前提としているこれらの規定の目的がどのようなものであるのかを帰納的に明らかにするしかない。そこで、本章では、このような観点を意識しつつこれらの規定の解釈論を考察する。

二　共同権利者と会社の外部関係と共同権利者間の内部関係との関係の探究

　第2の観点は、共同権利者と会社の外部関係と共同権利者間の内部関係とがどのような関係にあるのか、という観点である。この観点に関係する考察は、主に本章の後半（第5節）において行う。このような観点についての考察によって、日本において会社法が民法の規律との関係で果たす役割の範囲等を理解する上での示唆を得ることができると考えられる。

　一般的には、両者は厳格に区別されて[10]、それぞれが独立に規律されると考えられている。そこで、本章でも、まずは、共同権利者と会社の外部関係（第3節および第4節）と共同権利者間の内部関係（第5節）とを厳格に区別して考察する[11]。もっとも、このように両者を厳格に区別するという考え方が当然のものであるのかについては、近時、ドイツにおいて若干の議論がなされている。したがって、本章では、この議論を考察することによって、共同権利者と会社の外部関係と共同権利者間の内部関係との関係のあり得る姿を類型化する（特に第5節を参照）。

10）　この「厳格に区別する」ということの意味については、後掲注298）を参照。
11）　本節第1款を参照。

第 2 節

複数の共同権利者への株式・持分の帰属
―― 株式法 69 条 1 項および有限会社法 18 条 1 項の適用場面

第 1 款　序

　株式法 69 条 1 項および有限会社法 18 条 1 項が適用される場面は、それらの条文によると、複数の（共同）権利者に 1 個の株式・持分が帰属する場合である[12]。したがって、これらの規定の具体的な適用場面を考えるために重要なことは、「複数の（共同）権利者に 1 個の株式・持分が帰属する場合」の意義である。有限会社法 18 条 1 項における「共同権利者（Mitberechtigten）」という用語は、民法[13]の施行前の時期に遡るものなので、民法の用語には対応していない[14]。この点は、日本の会社法 106 条が「共有」という民法上の概念を用いている点とは対照的である。このような背景もあって、ドイツにおいては、「複数の（共同）権利者に 1 個の株式・持分が帰属する場合」とはどのような場合であるのか、について一定の議論がある。

　この議論において結論を得るためには、株式法 69 条 1 項および有限会社法 18 条 1 項の趣旨が妥当するのはどのような場合であるのかというような、それらの規定の存在意義にまで遡った検討が必要になる。よって、この議論を分析することによって、株式法 69 条 1 項および有限会社法 18 条 1 項の目的についての手がかりを得ることができる可能性がある。

---

12)　なお、有限会社法 18 条 1 項には、適用場面を画する部分に「分割されずに」という文言もあるが、この文言は、適用場面の画定にとって意味を有しない（*Seibt*, a. a. O.（Fn. 5）, § 18 Rdn. 4；*Löbbe*, a. a. O.（Fn. 5）, § 18 Rdn. 2；*Reichert/Weller*, a. a. O.（Fn. 5）, § 18 Rdn. 12）。

13)　本章では、ドイツの民法（Bürgerliches Gesetzbuch）を、原則として「民法」という。

14)　*Seibt*, a. a. O.（Fn. 5）, § 18 Rdn. 3；*Löbbe*, a. a. O.（Fn. 5）, § 18 Rdn. 1.

「複数の（共同）権利者に1個の株式・持分が帰属する場合」とは、大きくは、共有（Bruchteilsgemeinschaft）および合有（Gesamthandsgemeinschaft）の場合である[15]。このうち、本節で取り上げる対象は、外的組合（Außen-Gesellschaft bürgerlichen Rechts）（第2款）および共同相続関係（Erbengemeinschaft）（第3款）である[16]。外的組合については、特に一定の議論が存在していたので、その議論を分析するために取り上げる。また、共同相続関係は、株式法69条1項および有限会社法18条1項が適用される主要な事案であると考えられており[17]、次節以降でも主に共同相続関係を念頭に置いて議論を進めるので、その前提としてその法律関係を確認しておくために取り上げる。

第2款　外的組合に対する適用の有無

本款では、外的組合に対する株式法69条および有限会社法18条の適用の有無に関する議論を分析することによって[18]、株式法69条1項および有限会社法18条1項の目的に関する手がかりを得ることを試みる。

一　議論の状況

1　支配的な見解とその変遷

外的組合が1個の株式・持分を有している状態が「複数の（共同）権利者に1個の株式・持分が帰属する場合」に該当するのかについての議論状況は、連

---

15)　Zum AktG：*Lutter/Drygala*, a. a. O.（Fn. 5），§ 69 Rdn. 5；*Bayer*, a. a. O.（Fn. 5），§ 69 Rdn. 5；*Merkt*, a. a. O.（Fn. 5），§ 69 Rdn. 8. Zum GmbHG：*Seibt*, a. a. O.（Fn. 5），§ 18 Rdn. 4；*Löbbe*, a. a. O.（Fn. 5），§ 18 Rdn. 2；*Reichert/Weller*, a. a. O.（Fn. 5），§ 18 Rdn. 7.

16)　なお、これら以外の場合も含めて株式法69条1項の適用対象を紹介して、日本の平成17年改正前商法203条2項の適用範囲を論じたものとして、青木英夫「判批（最判平成3年2月19日）」金融・商事判例883号（1992年）41頁がある。

17)　Zum AktG：*Merkt*, a. a. O.（Fn. 5），§ 69 Rdn. 8. Zum GmbHG：*Löbbe*, a. a. O.（Fn. 5），§ 18 Rdn. 7；*Reichert/Weller*, a. a. O.（Fn. 5），§ 18 Rdn. 31.

18)　なお、この議論については、株式法に関する文献では結論のみを述べるものが多いのに対して、有限会社法に関する文献では一定の議論がされていることが多い。そこで、本款では、主に有限会社法に関する議論を参照する。実際に、株式法に関する文献においても、この議論については、株式法に関する文献に加えて有限会社法に関する文献が引用されている。S. etwa *Bayer*, a. a. O.（Fn. 5），§ 69 Rdn. 8.

邦通常裁判所の2001年1月29日判決[19]の前後で異なる。

　この判決の前は、多くの論者が、外的組合が1個の株式・持分を有している状態は、「複数の（共同）権利者に1個の株式・持分が帰属する場合」に該当する、と考えていた[20]。その理由としては、次の3点が挙げられていた。第1に、外的組合は、自己の名で権利を取得することができない。合名会社および合資会社の場合も、外的組合の場合と同様に、その会社財産の帰属者は、合有的な拘束の下における社員である。しかし、合名会社および合資会社には、有限会社法18条が適用されないのに対して、外的組合には、有限会社法18条が適用される。この違いの理由は、合名会社および合資会社が、外的組合とは異なり、自己の商号の下で権利を取得することができる（商法[21]124条、同161条2項）というところにある[22]。第2に、外的組合における代理に関する規律および責任に関する規律には、広範で多様な任意的な規律の可能性がある[23]。第3に、外的組合では、代理権の公示性が欠けている[24]。

　このような議論状況であったところ、連邦通常裁判所は、2001年1月29日の判決において、外的組合の権利能力を肯定した[25]。そして、現在では、

---

19) BGH, Urteil vom 29.01.2001-Ⅱ ZR 331/00, BGHZ 146, 341.
20) Zum AktG : *Barz*, in : Aktiengesetz, Großkommentar, 3. Aufl., 1973, § 69 Anm. 3 ; *Lutter*, in : Kölner Kommentar zum Aktiengesetz, 2. Aufl., 1988, § 69 Rdn. 7. Zum GmbHG : *Zutt*, in : Ulmer（Hrsg.）, Gesetz betreffend die Gesellschaften mit beschränkter Haftung（GmbHG）, Großkommentar, 8. Aufl., 1992, § 18 Rdn. 5-6 ; *Winter*, in : Scholz Kommentar zum GmbH-Gesetz, 9. Aufl., 2000, § 18 Rdn. 3a ; BGH, Beschluss vom 03.11.1980-Ⅱ ZB 1/79, BGHZ 78, 311, 316 f. ; OLG Hamm, Beschluss vom 18.12.1995-15 W 413/95, GmbHR 1996, 363, 364. なお、これらの見解に対して、外的組合は、合名会社および合資会社と同様に、共同の権利義務の部分的権利能力のある独立した帰属主体であるとして、有限会社法18条の適用を否定する見解も既に存在した。*Koch*, Die Beteiligung einer Gesellschaft bürgerlichen Rechts an der GmbH-Gründung, ZHR 146（1982）118, 127 ff.
21) 本章では、ドイツの商法典（Handelsgesetzbuch）を、原則として「商法」という。
22) *Zutt*, a. a. O.（Fn. 20）, § 18 Rdn. 11.
23) *Winter*, a. a. O.（Fn. 20）, § 18 Rdn. 3a.
24) Ebenda, § 18 Rdn. 3a. 第2および第3の点も、合名会社および合資会社の場合とは異なる点である。すなわち、合名会社および合資会社の場合には、会社の代表権を各社員に与えるか、複数の社員の共同代表制とするかは、定款の定めによらなければならない（商法125条、同161条2項。同170条も参照）。そして、その代表権は、商業登記簿に登記される（商法106条2項4号、同162条1項）。さらに、その代表権は、全ての裁判上および裁判外の業務および法的行為に及び、その制限は、第三者に対して効力を有しない（商法126条、同161条2項）。

商法124条のような法律の規定を欠いているにもかかわらず、外的組合が、組合財産および組合債務の独立した帰属主体であるということは、一般的に認められている[26]。

この外的組合の性質についての考え方の変化を背景として、現在では、支配的な見解によると、外的組合に対する株式法69条および有限会社法18条の適用は否定されている[27]。すなわち、外的組合が1個の株式・持分を有している状態は、「複数の（共同）権利者に1個の株式・持分が帰属する場合」に該当しないと考えられている。その理由は、単に、外的組合が組合財産および組合債務の独立した帰属主体であるので、外的組合によって所有されている社員持分は、外的組合自体に帰属しており、株式法69条および有限会社法18条にいう複数の共同権利者には帰属していない、ということに求められる[28]。すなわち、（株式法69条1項および）有限会社法18条1項が防止しようとしている個別的ないし不統一的な権利行使は、外的組合においてはそもそも不可能である、という[29]。

2 支配的な見解に対する懸念とそれに対する応答

この考え方に対しては、前述の2001年の連邦通常裁判所の判決が出された直後、一部の論者から、次のような懸念が示されていた[30]。すなわち、外的組合に権利能力が認められる場合であっても、外的組合が、全ての組合員によって共同代理されるのか、個別代理されるのか、制限的な共同代理がなされるのかが、明らかではないので、株式法69条1項および有限会社法18条1項が（類推）適用されるべきである。この懸念は、より具体的には次の3

---

25) BGH, Urteil vom 29.01.2001, a. a. O. (Fn. 19). この判決については、福瀧博之「ドイツ法における民法上の組合の権利能力（一）・（二・完）——BGHの判決とKarsten Schmidtの見解」関西大学法学論集54巻1号（2004年）1頁・同2号（2004年）21頁による紹介がある。
26) *Schäfer*, in：Münchener Kommentar zum Bürgerlichen Gesetzbuch, 7. Aufl., 2017, § 705 Rdn. 296 ff.
27) Zum AktG：*Merkt*, a. a. O.（Fn. 5），§ 69 Rdn. 12-13. Zum GmbHG：*Seibt*, a. a. O.（Fn. 5），§ 18 Rdn. 4；*Löbbe*, a. a. O.（Fn. 5），§ 18 Rdn. 6；*Reichert/Weller*, a. a. O.（Fn. 5），§ 18 Rdn. 24.
28) *Merkt*, a. a. O.（Fn. 5），§ 69 Rdn. 12；*Löbbe*, a. a. O.（Fn. 5），§ 18 Rdn. 6；*Seibt*, a. a. O.（Fn. 5），§ 18 Rdn. 7.
29) *Seibt*, a. a. O.（Fn. 5），§ 18 Rdn. 7；*Löbbe*, a. a. O.（Fn. 5），§ 18 Rdn. 6.

点にある[31]。第 1 に、外的組合の代理権および受領権は、組合契約によって任意に規律することができる[32]（民法 709 条、同 710 条、同 714 条）。第 2 に、合名会社および合資会社の場合[33]とは異なって、外的組合の業務執行者の代理権は、無制限でも制限不可能でもない[34]。第 3 に、合名会社および合資会社の場合[35]とは異なって、これらの事項は商業登記簿に登記されないので、有限会社の側からは、これらの代理権の不確実性は、商業登記簿を確認しても解消されない。

このような懸念に対して、支配的な見解の論者は、次の 3 点を主張する。第 1 に、外的組合は、合名会社の場合と同様に、業務執行者という形で、組合員から区別されるべき帰属主体としての法的取引への参加を可能にする機関を有している。その点で、有限会社法 18 条に服する共同相続関係とは決定的に区別される[36]。すなわち、共同相続関係の場合には、法律が、内部関係における業務執行と外部関係における代理を区別することなく、合有財産の「管理」を規律している（民法 2038 条参照）。これに対して、外的組合の場合には、外的組合の代理権の規律について様々な任意的な規律の可能性が存在するとしても、常に代理権および受領権が存在する。

第 2 に、外的組合の場合には、有限会社法 18 条 1 項の目指す社員権の一体的[37]（einheitlich）な行使が保障される[38]。すなわち、組合契約に特別の規定

---

30) *Bayer*, in：Münchener Kommentar zum Aktiengesetz, 2. Aufl., 2003, § 69 Rdn. 8；*Ebbing*, in：Michalski (Hrsg.), Kommentar zum Gesetz betreffend die Gesellschaften mit beschränkter Haftung (GmbH-Gesetz), 1. Aufl., 2002, § 18 Rdn. 18-19. もっとも、これらの論者も、現在は、外的組合に対する株式法 69 条および有限会社法 18 条の適用を否定している。*Bayer*, a. a. O.（Fn. 5）, § 69 Rdn. 8；*Ebbing*, in：Michalski/Heidinger/Leible/Schmidt (Hrsg.), Kommentar zum Gesetz betreffend die Gesellschaften mit beschränkter Haftung (GmbH-Gesetz), 3. Aufl., 2017, § 18 Rdn. 18. しかし、その議論自体は、これらの規定の存在意義を考える上で参考になるので、ここで取り上げる。
31) S. *Reichert/Weller*, a. a. O.（Fn. 5）, § 18 Rdn. 25.
32) *Schäfer*, in：Münchener Kommentar zum Bürgerlichen Gesetzbuch, 7. Aufl., 2017, § 714 Rdn. 24 ff. u. 68.
33) 前掲注 24) を参照。
34) *Schäfer*, a. a. O.（Fn. 32）, § 714 Rdn. 24 u. 68.
35) 前掲注 24) を参照。
36) *Seibt*, a. a. O.（Fn. 5）, § 18 Rdn. 7；*Löbbe*, a. a. O.（Fn. 5）, § 18 Rdn. 6；*Reichert/Weller*, a. a. O.（Fn. 5）, § 18 Rdn. 26.

がない場合には、共同の業務執行および代理の規定が適用される（民法709条、同714条）。組合契約が代理権および受領権について規定する場合には、その契約によって、同様に社員権の一体的な行使が保障される。また、有限会社法18条3項[39]の目指す目的も同時に達成される。なぜならば、共同代理人が存在しているのか、外的組合がその組合員の1人または複数人によって代理されているのかにかかわらず、各代理人が有限会社による意思表示の受領権を与えられている[40]からである。

　第3に、外的組合が、全ての組合員によって共同代理されるのか、個別代理されるのか、制限的な共同代理がなされるのかが、明らかではないということは、会社にとって原則として関係のない外的組合の内部関係のみに関係する[41]。むしろ、会社は、外部関係においては、外的組合の代理人と直面することになり、その代理人の行動は、少なくとも権利外観法理によって外的組合に帰属させられなければならない。この場合には、人的会社の場合の状況と比較して、特別な不利益は会社に生じない。

---

37) 本書では、「一体的」と「統一的」という用語を厳密に区別する。すなわち、「一体的」という用語は、複数の共同権利者が統一体としてその権利を行使する（その権利行使の内容が共同権利者間で同じであるかどうかは問わない）ことを指す意味で用いる。そして、この「一体的」という用語の対義語は、「個別的」という用語とする。これに対して、「統一的」という用語は、共同権利者間で権利行使の内容が同じである（各共同権利者が各自でその権利を行使するか統一一体として行使するかは問わない）ことを指す意味で用いる。そして、「統一的」という用語の対義語は、「不統一的」という用語とする。なお、ドイツにおいても、これらの用語は、両者ともに「einheitlich」という語で表現されているように思われ、このように厳密に区別されているようには思われない（したがって、ドイツ法の考察における用語法の区別は、筆者の理解によるものである）。

38) *Löbbe*, a. a. O.（Fn. 5），§ 18 Rdn. 6 ; *Reichert/Weller*, a. a. O.（Fn. 5），§ 18 Rdn. 27.

39) 有限会社法18条3項は、「会社が持分の所有者に対して行わなければならない法的行為は、共同権利者の共同の代理人が存在しない限り、共同権利者の1人のみに対してなされた場合であっても、有効である。社員の複数の相続人については、相続の開始から1カ月を経過した後になされた法的行為に関してのみ、本項の規定を適用する。」と規定している。

40) *Schäfer*, a. a. O.（Fn. 32），§ 714 Rdn. 27.

41) *Merkt*, a. a. O.（Fn. 5），§ 69 Rdn. 13.

二　分　析

1　議論の状況のまとめ

一で見たように、2001 年 1 月 29 日連邦通常裁判所判決の前は、多くの論者が、外的組合に対する株式法 69 条および有限会社法 18 条の適用を肯定していた。その理由は、(a)株式・持分が複数の組合員に帰属していること、(b)外的組合の代理権の多様なアレンジの可能性、(c)その代理権の規律の公示性の欠如であった。その後、同判決によって外的組合の権利能力が認められたことによって、これらの理由のうち、(a)の理由が妥当しなくなった。これによって、支配的な見解は、外的組合に対する株式法 69 条および有限会社法 18 条の適用を否定する方向へと転換した。このことから、外的組合に対する株式法 69 条および有限会社法 18 条の適用の有無を考える際には、これらの規定の文言に従って、株式・持分が複数の者に帰属しているのかという形式的な側面が重視されている、ということが分かる。

これに対して、(b)外的組合の代理権の多様なアレンジの可能性、(c)その代理権の規律の公示性の欠如という実質的な側面の理由について、支配的な見解がどのように考えているのかは明らかではない。(b)および(c)のような外的組合の内部関係の不明確性に関する懸念に対して、支配的な見解の側からは、外的組合の恒常的な機関の存在や社員権の一体的行使の保障が主張される。

2　支配的な見解の 2 つの理解の可能性

このような支配的な見解の理解として、次の 2 つの可能性があり得る。

第 1 の理解は、支配的な見解が、①株式法 69 条および有限会社法 18 条の目的を、共同権利者間の内部関係の不明確性からの会社の保護であると考えた上で、外的組合の場合には、その恒常的な機関の存在によって、その内部関係の不明確性が一定程度解消されると考えているという理解である。実際に、支配的な見解は、権利能力なき社団について、その機関の存在等を理由として、株式法 69 条および有限会社法 18 条の適用を否定する[42]。ただし、この恒常的な機関の存在によって外的組合の内部関係の不明確性が十分に解

---

[42] *Seibt*, a. a. O. (Fn. 5), § 18 Rdn. 3a；*Löbbe*, a. a. O. (Fn. 5), § 18 Rdn. 14；*Reichert/Weller*, a. a. O. (Fn. 5), § 18 Rdn. 41. S. auch *Merkt*, a. a. O. (Fn. 5), § 69 Rdn. 14.

消されると評価することができるのかについては疑問もあり得る。すなわち、そもそもこの恒常的な機関である業務執行者が常に存在するとは限らない[43]。また、業務執行者であると主張する者が適法に代理権を有する業務執行者であるのかを、会社が確認することは難しい[44]。もっとも、このような疑問に対して、支配的な見解は、組合という1個の権利帰属主体の代理は、1人の株主の代理と同視することができるとして、前者の場合も、後者の場合と同様に、権利外観法理によって会社が保護されることで足りると考えているのかもしれない。

　第2の理解は、支配的な見解が、②株式法69条および有限会社法18条の目的を、一体的な社員権行使の確保であると考えた上で[45]、外的組合の場合には外的組合の規律によって既に一体的な社員権行使が確保されていると考えているという理解である[46]。実際に、支配的な見解の中には、外的組合の規律によって、株式法69条および有限会社法18条が適用された状態と同じ状態が結果的に実現されるということを指摘するものもある[47]。

3　支配的な見解の2つの理解それぞれの前提

　これら2つの理解は、次のように、その前提において、共同権利者の権利の理解を異にしていると考えられる。

---

43) 少なくとも法文上は、外的組合が業務執行者を置いているとは限らないように思われる（民法709条、同710条参照）。

44) 外的組合の代理人が有限会社に対して自己の代理権を証明しなければならないというものとして、Ebbing, a. a. O.（Fn. 30), 2017, § 18 Rdn. 19.

45) このように考える場合に、株式法69条および有限会社法18条の目的として、一体的な社員権行使の確保だけではなく、統一的な社員権行使の確保も含まれるのかについては、ここでは結論を留保しておく。この点については、第4節第3款三4(2)において分析する。したがって、本文のように考える場合には、さしあたり株式法69条および有限会社法18条の目的を、一体的な社員権行使の確保であるとした上で議論を進める。

46) この他に、共同権利者間の内部関係の不明確性からの会社の保護を目的とした上で（第1の理解)、その手段として、一体的な社員権行使が要求されているという理解もあり得る。しかし、社員権が一体的に行使される場合であっても、会社にとって共同権利者間の内部関係が明確になるわけではない（その一体的な行使が共同権利者間の内部関係の規律に基づいて適法なものであるかは会社にとっては分からない）ので、このような理解は説得的ではない。

47) Löbbe, a. a. O.（Fn. 5), § 18 Rdn. 6.

第 2 の理解、つまり、一体的な社員権行使の確保を重視しているという理解が前提としているのは、②株式法 69 条および有限会社法 18 条が存在しなければ、各共同権利者が、共同権利者全員に帰属する株式・持分から生じる社員権を、各自で個別的に行使することができる、という理解である[48]。なぜならば、この理解とは逆の理解を前提とした場合、つまり、仮に株式法 69 条および有限会社法 18 条が存在しなくても、各共同権利者が、共同権利者間の内部関係における決定を得なければ、その社員権を行使することができない、という理解を前提とした場合には、株式法 69 条および有限会社法 18 条が存在しないときであっても、各共同権利者はその社員権を個別的に行使することはできないはずであるので、株式法 69 条および有限会社法 18 条は必要ないからである[49]。

　これに対して、第 1 の理解、つまり、共同権利者間の内部関係の不明確性からの会社の保護を重視しているという理解が前提としているのは、①株式法 69 条および有限会社法 18 条が存在しない場合であっても、各共同権利者が、共同権利者全員に帰属する株式・持分から生じる社員権を、共同権利者間の内部関係における決定に従って行使しなければならない、という理解である。なぜならば、そのような理解を前提としない場合には、そもそも各共同権利者がその社員権を個別的に行使することができるので、株式法 69 条および有限会社法 18 条が存在しないときであっても、共同権利者間の内部関係が不明確であることによって会社が害されることはないからである[50]。

---

[48] このような理解を前提としていると考えられる有限会社法 18 条 1 項に関する記述として、次のようなものがある。すなわち、*Reichert/Weller*, a. a. O. (Fn. 5) § 18 Rdn. 50 は、有限会社法 18 条 1 項は、共同権利者にその社員権の個別的な行使を許容した場合に生じるであろう、有限会社法 46 条 4 号の要件の潜脱の下での持分の事実上の分割を防止する、という。もっとも、この記述は、後掲注 50) 記載の理解を前提としている可能性もある。
　なお、株式・持分が共同関係の下にありながら社員権を「各自で個別的に」行使することができるということは、矛盾であって成り立ち得ないようにも思われる。しかし、共同関係の場合における株式・持分の帰属先と社員権の帰属先の関係は必ずしも明らかではなく、両者を別々に考えることもあり得るので、そのように考える場合には、ここで述べたことが全く成り立ち得ないというわけではない。よって、少なくともそのような可能性もあるという意味で、この理解を取り上げる。

[49] 同様の指摘をするものとして、*Bettecken*, Die Gesellschafterstellung von Miterben an GmbH-Geschäftsanteilen, 2016, S. 51.

三　本款のまとめ

　本款では、外的組合に対する株式法 69 条および有限会社法 18 条の適用の有無に関する議論を分析することによって、株式法 69 条 1 項および有限会社法 18 条 1 項の目的に関する手がかりを得ることを試みた。そして、その分析によって、外的組合に対する株式法 69 条および有限会社法 18 条の適用を否定する支配的な見解の理解として、株式法 69 条 1 項および有限会社法 18 条 1 項の目的を、①共同権利者間の内部関係の不明確性からの会社の保護であると捉えているという理解と、②一体的な社員権行使の確保であると捉えているという理解があり得る、ということが明らかになった。さらに、これ

50）　もっとも、株式法 69 条および有限会社法 18 条の目的が、①共同権利者間の内部関係の不明確性からの会社の保護、および、②一体的な社員権行使の確保の両方であると考える可能性もある。その場合には、次のような 2 通りの説明が考えられる。

　　第 1 に、株式法 69 条および有限会社法 18 条が存在しなければ、各共同権利者が、その権利行使のために共同権利者間の内部関係における決定を得なければならないということ（①）を前提とする場合であっても、各共同権利者が、個別的に権利を行使するという内部決定を得た上で個別的に権利を行使すること（②）が想定される。このときには、会社にとって、①共同権利者間の内部関係が不明確であると同時に、②一体的な社員権行使も確保されていない。このような場合を想定すると、株式法 69 条および有限会社法 18 条は、①共同権利者間の内部関係の不明確性からの会社の保護および②一体的な社員権行使の確保の 2 つを同時に達成しようとしていると理解することもあり得る。

　　第 2 に、株式法 69 条および有限会社法 18 条が存在しなければ、各共同権利者が社員権を個別的に行使することができる（②）ところ、②そのような個別的行使からの会社の保護のために、株式法 69 条および有限会社法 18 条によって、一体的な権利行使が要求される。そして、その場合には、その一体的な権利行使について共同権利者間の内部関係における決定が必要になって、①共同権利者間の内部関係が不明確になるので、そのような不明確性からの会社の保護のためにも、共同代理人による権利行使または共同の権利行使が必要になる。このように考える場合にも、株式法 69 条および有限会社法 18 条の目的が、①共同権利者間の内部関係の不明確性からの会社の保護、および、②一体的な社員権行使の確保の両方であると考えることになる。

　　このように、本文で述べた 2 通りの理解の他に、これら 2 通りの理解もあり得る。これらの理解は、本文で述べた第 1 理解および第 2 の理解の両方を重畳的に問題にするものである。したがって、これらの理解は、本文で述べた第 1 の理解と第 2 の理解に分けて分析する中でも、分析することができるように思われる。そこで、本書では、さしあたり本文で述べた第 1 の理解と第 2 の理解に分けて分析を行って、その分析の中で必要に応じてこの注で述べたこれらの理解にも言及することとする（特に、後掲注 130）および本章第 6 節第 2 款四 1 を参照）。

ら2つの理解は、その前提を異にしていると考えられる。すなわち、①の理解は、これらの規定がなくても各共同権利者がその内部関係における決定に従って社員権を行使しなければならないという前提に立っている。これに対して、②の理解は、これらの規定がない場合には各共同権利者が社員権を個別的に行使することができるという前提に立っている。

　ドイツにおいて、これら2つの理解のうちどちらが適切であるのかについては、意識的に議論がなされているわけではない。よって、ドイツにおいてこれら2つの理解のうちどちらが前提とされているのかを探究するためには、更に株式法69条および有限会社法18条の解釈論を考察した上で、どちらの理解を（暗黙の裡に）前提として解釈論が組み立てられているのかを帰納的に明らかにするしかない。そこで、本章第3節以下では、このような観点も意識しつつ、株式法69条および有限会社法18条の解釈論を考察する。

第3款　共同相続関係に対する適用

　本款では、次節以降で主に共同相続関係を念頭に置いて議論を進めるための前提として、共同相続関係の法律関係等を確認しておく。なお、株式・持分の相続に関しても、株式法に関する文献ではほとんど言及されることがないのに対して、有限会社法に関する文献では一定の言及がなされていることが多いので、本款では、有限会社法に関する文献を中心として参照する。

一　株式・持分の相続性

　株式法には、株式の相続性について明示した規定は存在しないが、株式は、包括承継によって相続されることができると考えられている[51]（株式法69条3項2文参照）。

　これに対して、有限会社法には、有限会社の持分の相続性を肯定する規定

---

51)　*Schörnig*, Die gesellschaftsrechtliche Zulässigkeit einer obligatorischen Gruppenvertretung bei Personen‐und Kapitalgesellschaften durch eine sog. Vertreterklausel, ZEV 2002, 343, 344；*Raiser/Veil*, Recht der Kapitalgesellschaften, 6. Aufl., 2015, S. 126. S. auch *Ann*, Die Erbengemeinschaft, 2001, S. 372.

が存在する。すなわち、有限会社法 15 条 1 項は、「持分は、譲渡しかつ相続することができる。」と規定している。有限会社の持分は、当該有限会社の社員の死亡によって、包括承継の形で、当然に遺言上または法律上の相続人に移転する[52)]（民法 1922 条）。相続による移転のために、会社または他の社員の承認は不要である[53)]。この有限会社の持分の相続性は、有限会社の定款[54)]によっても直接的には排除することができない[55)]。

二　共同相続関係の法律関係

　複数の相続人が存在する場合には、遺産の対象についての所有権は、全ての共同相続人に、その合有的な拘束の下に帰属する[56)]（民法 2032 条）。共同相続関係の法的性質を確定する規定は存在しないが、民法 2033 条 2 項から合有的拘束の要請が導出される。すなわち、共同相続人は、遺産の個々の対象についての自己の持分を自由に処分することができない[57)]（民法 2033 条 2 項）。むしろ、各共同相続人は、遺産の対象を共同して処分しなければならない（民法 2040 条 1 項）。このように、各共同相続人は、相続財産について権利を有し

---

52)　*Löbbe*, a. a. O. (Fn. 5), § 18 Rdn. 6 ; *Raiser/Veil*, a. a. O. (Fn. 51), S. 517 ; *Reichert/Weller*, in : Münchener Kommentar zum Gesetz betreffend die Gesellschaften mit beschränkter Haftung (GmbHG), 2. Aufl., 2015, § 15 Rdn. 442.

53)　*Löbbe*, in : Ulmer/Habersack/Löbbe (Hrsg.), Gesetz betreffend die Gesellschaften mit beschränkter Haftung (GmbHG), Großkommentar, 2. Aufl., 2013, § 15 Rdn. 6 ; *Reichert/Weller*, a. a. O. (Fn. 52), § 15 Rdn. 442.
　　なお、株式・持分を相続によって取得した場合に株主名簿・社員名簿への相続人の登録が必要であるのかについては議論がある。この議論については、仲卓真「株式が相続された場合における株主名簿の名義書換の要否（一）・（二・完）」民商法雑誌 155 巻 1 号・同 2 号（2019 年）掲載予定において考察している。

54)　有限会社や人的会社の定款は、会社契約（Gesellschaftsvertrag）といわれることも多いが、本書では、原則として「定款」という。

55)　*Seibt*, in : Scholz Kommentar zum GmbH-Gesetz, 11. Aufl., 2012, § 15 Rdn. 27 ; *Löbbe*, a. a. O. (Fn. 53), § 15 Rdn. 11 ; *Raiser/Veil*, a. a. O. (Fn. 51), S. 517 ; *Reichert/Weller*, a. a. O. (Fn. 52), § 15 Rdn. 438. 一部で異説が唱えられていたことについて、*Seibt*, a. a. O. § 15 Rdn. 27 を参照。

56)　この段落の記述は、*Lange*, Erbengemeinschaft an einem GmbH-Geschäftsanteil, GmbHR 2013, 113, 113 f. を参考にしている。

57)　これに対して、各共同相続人は、遺産全体についての各共同相続人個人の持分を処分することはできる（民法 2033 条 1 項 1 文）。

ているが、同時に、その他の共同相続人の権利によって制約を受けている。よって、遺産の対象についての所有権は、全ての共同相続人に、その合有的な拘束の下で帰属する。すなわち、合有によって、遺産の対象（物、土地、有限会社の持分、債権、債務等）は、物権的に拘束された特別財産に統合される。また、共同相続関係には、外的組合とは異なり、権利能力または当事者能力は認められていない[58]。

このように、複数の相続人が存在する場合には、株式・持分は、その複数の相続人に合有的に帰属する[59]。この状態は、株式法69条・有限会社法18条にいう「複数の共同権利者に1個の株式・持分が帰属する場合」に該当する[60]。そして、この共同相続関係は、株式法69条および有限会社法18条の主要な適用事例である[61]。

第4款　小　括

本節では、まず、第2款において、外的組合に対する株式法69条および有限会社法18条の適用の有無に関する議論を分析することによって、株式法69条1項および有限会社法18条1項の目的についての手がかりを得ることを試みた。そして、その分析の結果として、次のことが明らかになった。まず、外的組合に対する株式法69条および有限会社法18条の適用を否定する支配的な見解の理解として、株式法69条および有限会社法18条の目的を、①共同権利者間の内部関係の不明確性からの会社の保護であると捉えているという理解と、②一体的な社員権行使の確保であると捉えているという理解があり得る。そして、これら2つの理解は、その前提を異にしている。すなわち、①の理解は、これらの規定がなくても各共同権利者がその内部関係における決定に従って社員権を行使しなければならないという前提に立ってい

---

[58] BGH, Beschluss vom 17.10.2006-Ⅷ ZB 94/05, NJW 2006, 3715, 3715 f.
[59] *Bayer/Sarakinis*, Der gemeinschaftliche Vertreter der Erbengemeinschaft im Aktienrecht, NZG 2018, 561, 561；*Seibt*, a. a. O. (Fn. 55), § 15 Rdn. 24；*Reichert/Weller*, a. a. O. (Fn. 52), § 15 Rdn. 443.
[60] LG München I, Beschluss vom 30.05.2018-5 HK O 10044/16, juris, Rdn. 57；*Löbbe*, a. a. O. (Fn. 5), § 18 Rdn. 7；*Reichert/Weller*, a. a. O. (Fn. 52), § 15 Rdn. 443.
[61] Fn. 17.

るのに対して、②の理解は、これらの規定がない場合には各共同権利者が社員権を個別的に行使することができるという前提に立っている。ドイツにおいてこれら2つの理解のうちどちらが前提とされているのかを探究するためには、株式法69条および有限会社法18条の解釈論を考察した上で、どちらの理解を前提として解釈論が組み立てられているのかを帰納的に明らかにする必要がある。そこで、第3節以下では、このような観点も意識しつつ、株式法69条および有限会社法18条の解釈論を考察する。

　次に、第3款において、次節以降で主に共同相続関係を念頭に置いて議論を進めるための前提として、次のように、株式・持分が相続された場合の法律関係を確認した。すなわち、株式・持分は、相続されることができて、複数の相続人が存在する場合には、その複数の相続人に合有的に帰属する。この共同相続関係は、株式法69条および有限会社法18条の主要な適用事例である。

第 3 節

共同権利者と株式会社の関係の規律
——株式法 69 条 1 項の規律

第 1 款　序

　本節では、共同権利者と株式会社の関係を規律する株式法 69 条 1 項の規律内容を概観する。これによって、本章第 4 節における株式法 69 条 1 項と有限会社法 18 条 1 項との比較の前提、および、**第 4 章第 5 節第 4 款における日本法の検討の際に参照する株式法 69 条 1 項に関するドイツの議論を理解するための前提**を示しておく。本書で株式法 69 条 1 項の規律内容を概観するだけにとどめる理由は、株式法 69 条 1 項が適用される事例が実務上それほど多くないので[62]、株式法 69 条 1 項に関する議論もそれほど活発になされているわけではないからである。もっとも、日本の会社法 106 条の規律内容を検討する上で、それと類似する株式法 69 条 1 項の規律内容と日本の会社法 106 条の規律内容を比較することにも全く意味がないというわけではないと思われ、その限りにおいて、本節で概観する株式法 69 条 1 項の規律内容から日本の会社法 106 条に関する示唆を得ることも試みる。

　株式法 69 条 1 項によると、共同権利者は、株式から生じる権利を、共同代理人（gemeinschaftlichen Vertreter）によってのみ行使することができる[63]。この株式法 69 条 1 項の規律内容を概観するために、本節では、まず、第 2 款に

---

62) *Merkt*, a. a. O.（Fn. 5），§ 69 Rdn. 5. この文献でも、株式法 69 条 1 項に関係する第二次世界大戦後の裁判例としては、BayObLG, Beschluss vom 25.04.1968-2 Z 56/67, AG 1968, 330、KG, Beschluss vom 20.11.1971-1 W 1990/71, AG 1972, 49 および OLG Rostock, Beschluss vom 15.05.2013-1 AktG 1/13, AG 2013, 768 が挙げられているだけである。
63) *Merkt*, a. a. O.（Fn. 5），§ 69 Rdn. 23.

おいて、共同代理人の選任の方法に関する規律を概観する。次に、第3款において、共同代理人の権限に関する規律を概観する。

第2款　共同代理人の選任の方法

　共同代理人は、原則として、共同権利者による代理権授与によって選任される[64]。株式法69条1項は、共同代理人の代理権の授与またはその方式に関する規律を含んでいない[65]。よって、共同代理人の代理権は、民法167条以下の代理に関する一般規定に従って、共同権利者によって授与される[66]。その際には、共同権利者は、その内部関係の規律に従って、その代理権を授与しなければならない[67]。

　共同相続関係の場合には、共同代理人に対する代理権授与は、民法2040条にいう遺産の対象の処分ではなく、民法2038条にいう通常の管理（ordnungsmäßige Verwaltung）に該当する[68]。よって、共同相続人は、共同代理人に対する代理権授与を、民法2038条2項1文が適用を規定する民法745条1項1文に従って、持分割合を基準とする過半数で決定して実行することができる[69]。

第3款　共同代理人の権限の制限

一　議論の状況[70]

　共同権利者は、共同代理人の代理権を、その対象（行使される権利の種類）または内容（行使される権利の行使内容）について制限することができない[71]。

---

64)　*Merkt*, a. a. O.（Fn. 5), § 69 Rdn. 32.
65)　Ebenda, § 69 Rdn. 34.
66)　*Bayer*, a. a. O.（Fn. 5), § 69 Rdn. 20；*Merkt*, a. a. O.（Fn. 5), § 69 Rdn. 34.
67)　*Bayer*, a. a. O.（Fn. 5), § 69 Rdn. 20；*Merkt*, a. a. O.（Fn. 5), § 69 Rdn. 32.
68)　*Merkt*, a. a. O.（Fn. 5), § 69 Rdn. 32；BayObLG, Beschluss vom 25.04.1968, a. a. O.（Fn. 62) S. 331.
69)　*Bayer*, a. a. O.（Fn. 5), § 69 Rdn. 20；*Merkt*, a. a. O.（Fn. 5), § 69 Rdn. 32；BayObLG, Beschluss vom 25.04.1968, a. a. O.（Fn. 62) S. 331.
70)　なお、この議論を紹介して、日本の平成17年改正前商法203条2項にいう権利行使者の代理権の制限の可否を論じたものとして、青木・前掲注16) 44-45頁がある。

このような制限は、会社との関係においては効力を有さず、共同代理人と共同権利者との間の内部関係において損害賠償請求権を生じさせる可能性があるにすぎない[72]。

これに対して、これとは異なる主張をする見解もある。すなわち、まず、対象についての制限に関して、個々の権利に制限された代理権を許容する見解がある[73]。その理由として、次のような点が挙げられる[74]。一方で、代理権が個々の権利に制限されている場合であっても、共同代理人によってその権利が一体的または統一的に行使されるときには、その権利については行使の一体化または統一化ができているので、会社の利益は害されない。他方で、共同権利者には、共同権利者が複数の権利行使については合意することができない場合に、合意することができる権利に対象を限定した代理権を利用する正当な利益がある。

また、内容についての制限に関しても、共同代理人が、その権利行使の内容について共同権利者の指図に拘束されるという見解がある[75]。その理由として、共同権利者が、単独所有者よりも強い制限を受ける理由がない、ということが挙げられる[76]。すなわち、権利行使の内容についての制限によって

---

71) *Hefermehl/Bungeroth*, in：Geßler/Hefermehl/Eckardt/Kropff（Hrsg.), Aktiengesetz Kommentar, 1973, § 69 Rdn. 31 f.；*Bayer*, a. a. O.（Fn. 5), § 69 Rdn. 21；*Merkt*, a. a. O.（Fn. 5), § 69 Rdn. 39；*Bayer/Sarakinis*, a. a. O.（Fn. 59), S. 564 u. 567；*Lutter/Drygala*, a. a. O.（Fn. 5), § 69 Rdn. 24（ただし、内容についての制限に限る）。もっとも、代理権の期間については制限することができ、この期間の制限（例えば、直近の株主総会の終了時までという制限）によって、対象または内容についての制限と同じ効果を得ることができると考えられている（*Bayer*, a. a. O.（Fn. 5), § 69 Rdn. 22；*Merkt*, a. a. O.（Fn. 5), § 69 Rdn. 40)。

72) *Hefermehl/Bungeroth*, a. a. O.（Fn. 71), § 69 Rdn. 32；*Bayer*, a. a. O.（Fn. 5), § 69 Rdn. 23；*Merkt*, a. a. O.（Fn. 5), § 69 Rdn. 39；*Bayer/Sarakinis*, a. a. O.（Fn. 59), S. 567；*Lutter/Drygala*, a. a. O.（Fn. 5), § 69 Rdn. 24（ただし、内容についての制限に限る）。

73) *Lutter/Drygala*, a. a. O.（Fn. 5), § 69 Rdn. 22；*Cahn*, in：Spindler/Stilz（Hrsg.), Kommentar zum Aktiengesetz, 3. Aufl., 2015, § 69 Rdn. 15. なお、必ずしも明らかではないが、この見解は、このような制限が会社との関係でも効力を有すると考えていると思われる。なぜならば、そうでなければ、結局、一般的な見解と同じ結論となってしまい、この見解を主張する意味はないからである。

74) *Lutter/Drygala*, a. a. O.（Fn. 5), § 69 Rdn. 22；*Cahn*, a. a. O.（Fn. 73), § 69 Rdn. 15.

75) *Cahn*, a. a. O.（Fn. 73), § 69 Rdn. 15. なお、必ずしも明らかではないが、この見解は、このような制限が会社との関係でも効力を有すると考えていると思われる。なぜならば、そうでなければ、結局、一般的な見解と同じ結論となってしまい、この見解を主張する意味はないからである。

生じる不明確性は、委任状によって回避することができる[77]（株式法134条3項参照）。

これらの見解に対しては、次のような反論がされる[78]。第1に、会社が共同代理人による権利行使の前にその代理権の範囲を調査しなければならないとするならば、それは、会社にとっては受け入れがたい困難になる[79]。第2に、共同代理人が「株式から生じる諸権利（die Rechte aus der Aktie）」を無制限に行使することができるという株式法69条1項の文言にも反する。

二　若干の検討

本項では、日本の会社法106条についての検討を見据えて、以上の議論について若干の検討をしておく。反対説（代理権制限許容説）に対する実質的な反論は、会社が共同代理人による権利行使の前にその代理権の範囲を調査しなければならないとするならば、それは、会社にとっては受け入れがたい困難になる、ということである。しかし、これが反対説に対する批判として説得的であるのかについては、疑問の余地がある。特に、内容に関する制限を許容する見解が、共同権利者が単独所有者よりも強い制限を受ける理由がないと主張して、なぜ共同権利者が単独所有者よりも不利な取扱いを受けなければならないのかという疑問を提起しているのに対して、それに対する反論は、ただ会社にとって「受け入れがたい困難」になるとしか答えていない。反対説に対して説得的に反論するためには、反対説が提起するこの疑問に対して正面から答えて、この「受け入れがたい困難」が単独所有者による権利行使の場合とは異なるのか、異なるとしてそれが共同権利者の負担で解決されるべきなのかを示す必要がある。

本書の目的はドイツの株式法の議論における答えを探究することではないので、この議論についてこれ以上詳細に立ち入って検討することはしないが、

76）　Ebenda.
77）　なお、委任状に代理権の制限が記載されていない場合には、会社がその制限を認める必要はなく、認容代理および表見代理に関する法理が適用されるにすぎない。
78）　*Bayer*, a. a. O.（Fn. 5），§ 69 Rdn. 21.；*Bayer/Sarakinis*, a. a. O.（Fn. 59），S. 564
79）　S. auch *Hefermehl/Bungeroth*, a. a. O.（Fn. 71），§ 69 Rdn. 31.

この議論からは日本の会社法106条についての検討に際しても有益となり得る視点を得ることができる。すなわち、準共有に関する特別な規律である会社法106条について検討する際には、単独所有の場合との比較という視点が有益である可能性がある。つまり、前述のように、株式が準共有されている場合には会社の不利益が単独所有の場合と異なるのか、異なるとしてそれが準共有者の負担で解決されるべきなのか、という視点である。

第4款　小　括

本節では、共同権利者と株式会社の関係を規律する株式法69条1項の規律内容を概観した。その目的は、本章第4節における株式法69条1項と有限会社法18条1項との比較の前提、および、**第4章第5節第4款における日本法の検討の際に参照する株式法69条1項に関するドイツの議論を理解するための前提を示しておくこと**であった。また、その過程において、議論が少ないことによる制約があったものの、株式法69条1項の規律内容から日本の会社法106条に関する示唆を得ることも試みた。株式法69条1項は、共同権利者が、共同代理人によってのみその権利を行使することができるということを規定しているところ、本節での概観の結果は、次のように要約することができる。

第1に、その共同代理人は、共同権利者間の内部関係の規律に従って選任される。共同相続関係の場合には、共同代理人の選任は、民法2038条にいう通常の管理に該当する。よって、共同相続人は、共同代理人の選任を、民法2038条2項1文が適用を規定する民法745条1項1文に従って、持分割合を基準とする過半数で決定して実行することができる（第2款）。

第2に、共同権利者は、共同代理人の代理権をその対象または内容について制限することができず、このような制限は、会社との関係においては効力を有さず、共同権利者との間の内部関係において損害賠償請求権を生じさせる可能性があるにすぎない。もっとも、この見解に対しては、反対説も存在しており、その反対説は、共同権利者が単独所有者よりも強い制限を受ける理由がないと主張して、なぜ共同権利者が単独所有者よりも不利な取扱いを受けなければならないのかという疑問を提起している。この疑問からは、日

本の会社法106条についての検討に際しても有益となり得る視点を得ることができる。すなわち、準共有に関する特別な規律である会社法106条について検討する際には、単独所有の場合との比較、つまり、株式が準共有されている場合には会社の不利益が単独所有の場合と異なるのか、異なるとしてそれが準共有者の負担で解決されるべきなのか、という視点が有益である可能性がある（第3款）。

第 4 節

共同権利者と有限会社の関係の規律
—— 有限会社法 18 条 1 項の規律

第 1 款　序

　本節では、共同権利者と有限会社の関係を規律する有限会社法 18 条 1 項に関する規律内容や議論を考察する。有限会社法 18 条 1 項は、日本の会社法 106 条と同じような場面に適用されるが、日本の会社法 106 条とは異なる規律をしている。そこで、有限会社法 18 条 1 項に関する規律内容や議論を考察することによって、日本の会社法 106 条を相対化して検討するための材料を得ることを試みる。また、日本におけるドイツ法に関する主要な先行研究は、有限会社法 18 条 1 項に関する規律内容や議論を参考にしている。そこで、この先行研究を、本節で考察する内容に照らして検討する。なお、有限会社法 18 条 1 項は、有限会社法において共同相続関係が関わる問題を考える上で出発点になる条文であるので、本節で考察する内容は、第 5 節における考察の基礎にもなる。

　有限会社法 18 条 1 項によると、共同権利者は、「共同してのみ（nur gemeinschaftlich）」その持分から生じる権利を行使することができる。この共同の権利行使の方法としては、①共同権利者自身が行う方法と②共同代理人が行う方法の両方が認められている[80]。これに対して、株式法 69 条 1 項の下では、共同代理人が権利行使をするという②の方法しか認められておらず、この点が有限会社法 18 条 1 項との差異である[81]。

　また、有限会社法 18 条 1 項は強行規定ではないので、会社は、定款によっ

---

80) *Seibt*, a. a. O. (Fn. 5), § 18 Rdn. 20；*Löbbe*, a. a. O. (Fn. 5), § 18 Rdn. 18；*Reichert/Weller*, a. a. O. (Fn. 5), § 18 Rdn. 51；*Ebbing*, a. a. O. (Fn. 30), 2017, § 18 Rdn. 41.

て、有限会社法 18 条 1 項と異なる規律を定めることができる[82]。そのような定款による規律の中でも、特に、共同代理人による権利行使を要求する代理人条項（Vertreterklausel）は、会社にとっての不明確性が生じることや会社の活動が阻害されることを防止するために合理的なものであると考えられている[83]。

そこで、本節では、まず、第 2 款において、共同権利者自身が（共同代理人によることなく）権利行使を行う場合における規律を考察する。次に、第 3 款において、共同代理人が権利行使を行う場合における規律を考察する。この第 3 款の中で、定款の代理人条項によって共同代理人による権利行使が強制される場合についても考察する（三 1）。また、この代理人条項とは異なるもう 1 つの代理人条項に関する議論も考察する（三 3）。このような別の種類の代理人条項を考察することによって、日本におけるドイツ法に関する主要な先行研究の検討を行うとともに、有限会社法 18 条 1 項を相対化して分析する。

第 2 款　共同権利者自身による共同の権利行使

一　序

本款では、共同権利者自身が（共同代理人によることなく）権利行使を行う場合における規律を考察する。この場合には、有限会社法 18 条 1 項によると、

---

81)　*Löbbe*, a. a. O.（Fn. 5），§ 18 Rdn. 19；*Reichert/Weller*, a. a. O.（Fn. 5），§ 18 Rdn. 51；*Ebbing*, a. a. O.（Fn. 30），2017, § 18 Rdn. 41. なお、1971 年有限会社法政府草案および 1973 年有限会社法政府草案の 56 条 1 項（Begr. RegE GmbHG, BT-Drucks. 6/3088, S. 16；Begr. RegE GmbHG, BT-Drucks. 7/253, S. 16）は、株式法 69 条 1 項と同様に、共同権利者がその権利を共同代理人によってのみ行使することができると規定することを予定していた（もっとも、その理由書 115 頁では、これは現行法を本質的に変更するものではないと説明されている）。しかし、この改正が全体として実現しなかったので、このような改正はなされず、その後の 1980 年有限会社法改正においても、この規律は取り上げられなかった（*J. Schmidt*, Die gemeinschaftliche Ausübung von Rechten aus einem GmbH-Anteil, NZG 2015, 1049, 1054.）。

82)　*Seibt*, a. a. O.（Fn. 5），§ 18 Rdn. 19；*Löbbe*, a. a. O.（Fn. 5），§ 18 Rdn. 20；*Reichert/Weller*, a. a. O.（Fn. 5），§ 18 Rdn. 52；BGH, Urteil vom 17. 10. 1988 - II ZR 18/88, GmbHR 1989, 120, 121；OLG Jena, Urteil vom 18. 04. 2012 - 2 U 523/11, DB 2012, 1322, 1323.

83)　*Seibt*, a. a. O.（Fn. 5），§ 18 Rdn. 19. S. auch *Löbbe*, a. a. O.（Fn. 5），§ 18 Rdn. 20；*Reichert/Weller*, a. a. O.（Fn. 5），§ 18 Rdn. 53.

共同権利者は、その持分から生じる権利を、「共同して（gemeinschaftlich）」行使しなければならない。ここでいう共同の権利行使がどのような態様での権利行使であるのかについて、次のように2つの見解がある。一方で、直接的な一体的権利行使に限定する見解（Lehre von der unmittelbar einheitlichen Rechtsausübung）は、ここでいう共同の権利行使とは、実際に共同権利者全員が会社に対して行為することである、という（二）。他方で、間接的な一体的権利行使を許容する見解（Lehre von der mittelbar einheitlichen Rechtsausübung）は、ここでいう共同の権利行使とは、共同権利者間の内部関係の規律に基づいて共同権利者間で一体的に決定された権利行使であって、その権利行使を実際に共同権利者全員が行うか共同権利者の一部が行うかは問わない、という（三）。

二　直接的な一体的権利行使に限定する見解

　直接的な一体的権利行使に限定する見解[84]（Lehre von der unmittelbar einheitlichen Rechtsausübung）は、ここでいう共同の権利行使とは、実際に共同権利者全員が会社に対して行為することである、という。すなわち、共同権利者の一部が、共同権利者間の内部関係の規律に基づいて、会社に対して権利を行使することは許されない。例えば、共同相続関係の場合において、通常の管理は、多数決によって決定することができると規定されているが（民法2038条2項が適用を規定する民法745条1項）、この場合であっても、多数派の共同相続人は、少数派の共同相続人の承認なしには、会社に対して権利を行使することができない。よって、共同権利者は、常に全員で会社に対して権利を行使しなければならない（直接的な一体的権利行使）。したがって、共同権利者間の内部関係の規律によると多数決で決定することができる権利行使であるにもかかわらず、少数派の共同権利者がその権利行使の実行を承認しない場合には、多数派の共同権利者は、当該少数派の共同権利者に対して裁

---

[84]　*Staub*, Kommentar, Gesellschaften mit beschränkter Haftung, 1903, § 18 Rdn. 9 ; *Zutt*, a. a. O. (Fn. 20), § 18 Rdn. 20 ff. ; *Seibt*, a. a. O. (Fn. 5), § 18 Rdn. 20 ; *Zöllner/Noack*, in : Baumbach/Hueck, GmbHG, 21. Aufl., 2017, § 47 Rdn. 38 ; *Ebbing*, a. a. O. (Fn. 30), 2017, § 18 Rdn. 42 ff.

判によってその承認の意思表示を請求して、その請求認容判決を得ることによって、会社に対して権利を行使することになる[85]。

　この見解の理由として、このように解さない場合には（間接的な一体的権利行使を許容する見解（三）を採用する場合には）、有限会社法18条1項の文言にも、会社にとっての法的安定性の確保という目的にも反する結果になる、ということが挙げられる[86]。すなわち、このように解さない場合には、会社は、共同権利者全員のために権利を行使すると主張する一部の共同権利者が、その内部関係の規律に基づいてそのような権限を有しているのかを、確認しなければならないことになる。

　ただし、この見解の論者の一部は、一部の共同権利者が会社に対する訴訟を提起する場合に例外を認める[87]。なぜならば、この場合には、その一部の共同権利者がその内部関係の規律に基づいて訴訟提起の権限を有しているのかを、裁判所が判断する義務を負っているのであって、有限会社法18条1項が防止しようとしている会社の負担は生じないからである。よって、この場合には、共同権利者間の内部関係の規律に基づいて権限を有する共同権利者は、全員でなくても、会社に対する訴訟を提起することができる。

　以上のような直接的な一体的権利行使に限定する見解に対しては、次のような批判がなされる。すなわち、内部関係の規律によると多数決で負けたはずの少数派の共同権利者が、この見解の下では、会社に対する権利行使を承認しないことによって、多数派の共同権利者による権利行使を妨害することができ、これは、有限会社法18条の目的によっては正当化されない[88]。もっとも、この批判に対する反論として、Seibtは、有限会社法18条1項は任意規定であるから、この批判が挙げるような弊害を避けることを望むのであれば、社員が、定款によって有限会社法18条1項とは異なる規律を導入するこ

---

85) *Ebbing*, a. a. O.（Fn. 30), 2017, § 18 Rdn. 43.
86) *Zutt*, a. a. O.（Fn. 20), § 18 Rdn. 21 ; *Seibt*, a. a. O.（Fn. 5), § 18 Rdn. 20 ; *Ebbing*, a. a. O.（Fn. 30), 2017, § 18 Rdn. 44. S. auch *Zöllner/Noack*, a. a. O.（Fn. 84), § 47 Rdn. 38.
87) *Ebbing*, a. a. O.（Fn. 30), 2017, § 18 Rdn. 45.
88) *Löbbe*, a. a. O.（Fn. 5), § 18 Rdn. 23 ; *Reichert/Weller*, a. a. O.（Fn. 5), § 18 Rdn. 60 ; *J. Schmidt*, a. a. O.（Fn. 81), S. 1051. もっとも、このような弊害が生じることは、この見解の論者も認めている（*Seibt*, a. a. O.（Fn. 5), § 18 Rdn. 20 ; *Ebbing*, a. a. O.（Fn. 30), 2017, § 18 Rdn. 43）。

とができる、という[89]。また、Zöllner/Noack は、この批判が挙げるような少数派の共同権利者による妨害の可能性は、会社が関係しない共同権利者間の内部関係において解決されるべき問題にすぎない、という[90]。

三　間接的な一体的権利行使を許容する見解

このような批判をも踏まえて、支配的な見解である間接的な一体的権利行使を許容する見解[91]（Lehre von der mittelbar einheitlichen Rechtsausübung）は、ここでいう共同の権利行使とは、共同権利者間の内部関係の規律に基づいて共同権利者間で決定された一体的な権利行使であって、その権利行使を実際に共同権利者全員が行うか一部の共同権利者が行うかは問わない、という。すなわち、一部の共同権利者は、共同権利者間の内部関係の規律に基づいて、共同権利者全員のための効力を伴って、会社に対して権利を行使することができる（間接的な一体的権利行使）。例えば、共同相続関係の場合には、通常の管理は、多数決によって決定することができるので（民法 2038 条 2 項が適用を規定する民法 745 条 1 項）、この場合には、多数派の共同相続人は、少数派の

---

89) *Seibt*, a. a. O.（Fn. 5），§ 18 Rdn. 20.
90) *Zöllner/Noack*, a. a. O.（Fn. 84），§ 47 Rdn. 38.
91) *Wiedemann*, a. a. O.（Fn. 8），S. 249；*Bayer*, in：Lutter/Hommelhoff, GmbH-Gesetz, Kommentar, 18. Aufl., 2012, § 18 Rdn. 3；*Löbbe*, a. a. O.（Fn. 5），§ 18 Rdn. 23；*Pentz*, in：Rowedder/Schmidt-Leithoff, Gesetz betreffend die Gesellschaften mit beschränkter Haftung（GmbHG), Kommentar, 5. Aufl., 2013, § 18 Rdn. 8；*K. Schmidt*, in：Münchener Kommentar zum Bürgerlichen Gesetzbuch, 7. Aufl., 2017, §§ 744, 745, Rdn. 10；*Lange*, a. a. O.（Fn. 56), S. 115；*Kaya*, Erbengemeinschaft und Gesellschafterversammlung, ZEV 2013, 593, 596；*Altmeppen*, in：Altmeppen/Roth, Gesetz betreffend die Gesellschaften mit beschränkter Haftung, Kommentar, 8. Aufl., 2015, § 18 Rdn. 13；*Reichert/Weller*, a. a. O.（Fn. 5), § 18 Rdn. 60；*J. Schmidt*, a. a. O.（Fn. 81), S. 1051；*Schürnbrand*, Die Ausübung von Gesellschafterrechten in der GmbH durch Erbengemeinschaften, NZG 2016, 241, 242；*Fastrich*, in：Baumbach/Hueck, GmbHG, 21. Aufl., 2017, § 18 Rdn. 4. BGH, Urteil vom 12.06.1989－ⅡZR 246/88, BGHZ 108, 21, 31；OLG Karlsruhe, Urteil vom 15.04.1994－15 U 143/93, GmbHR 1995, 824, 826（ただし、この事案は、共同相続人全員が社員総会に出席している中で、共同相続人間の多数決によって、多数派の共同相続人が議決権を行使したという事案であって、その限りにおいて、会社も、共同相続人間の多数決の結果を認識することができる事案であった）；OLG Jena, Urteil vom 18.04.2012, a. a. O.（Fn. 82), S. 1324；OLG Karlsruhe, Beschluss vom 16.12.2013－7 W 76/13, GmbHR 2014, 254, 255 f.

共同相続人の承認なしに、会社に対して権利を行使することができる[92]。

　この見解の理由として、次の4点が挙げられる。第1に、この見解が、有限会社法18条1項の文言に反するわけではない[93]。すなわち、有限会社法18条1項は、「共同の（gemeinschaftlich）」権利行使を規定しているだけであって、その共同の権利行使が、直接的な一体的権利行使だけではなく、間接的な一体的権利行使を含むと解する余地は十分にある。第2に、二で挙げた直接的な一体的権利行使に限定する見解に対する批判がある[94]。すなわち、直接的な一体的権利行使に限定する見解を採用した場合には、少数派の共同権利者が、共同権利者間の内部関係の規律に基づく多数派の共同権利者による権利行使を妨害することができることになる。有限会社法18条1項は、このような少数派保護という目的を有していない。第3に、間接的な一体的権利行使を許容する見解を採用した場合であっても、有限会社法18条1項の目的には反しない[95]。すなわち、有限会社法18条1項は、単に有限会社のために、各共同権利者が異なる方法で（in unterschiedlicher Weise）その権利を行使することを防止しようとしているだけである。そして、そのような異なる権利行使（unterschiedliche Ausübung）は、一部の共同権利者が共同権利者間の内部関係の規律に基づいてその権利を行使する場合には生じない。なぜならば、その場合には、その一部の共同権利者による権利行使は、共同権利者全員に対して効力を有しているからである。第4に、有限会社法18条1項は、

---

92)　本文の見解の下で権利を行使することができる一部の共同権利者は、本節第3款二で考察する共同代理人と必ずしも同じであるわけではない。すなわち、例えば、共同相続関係の場合には、本節第3款二で考察する共同代理人は、多数決によって選任されると考えられている（本節第3款二1）。これに対して、本文の見解の下で権利を行使することができる者は、必ずしも多数派の共同相続人に限られるわけではない。なぜならば、例えば、保存行為に該当する権利行使については、共同相続人間の内部関係の規律によると各共同相続人が単独で行うことができるので（例えば、後掲注255）を参照）、多数派の共同相続人以外の者も、本文の見解の下で権利を行使することができる者に該当し得るからである。

93)　*Pentz*, a. a. O.（Fn. 91），§ 18 Rdn. 8；*Lange*, a. a. O.（Fn. 56），S. 115.

94)　*Löbbe*, a. a. O.（Fn. 5），§ 18 Rdn. 23；*Lange*, a. a. O.（Fn. 56），S. 115；*Kaya*, a. a. O.（Fn. 91），S. 596；*Reichert/Weller*, a. a. O.（Fn. 5），§ 18 Rdn. 60；*J. Schmidt*, a. a. O.（Fn. 81），S. 1051；*Schürnbrand*, a. a. O.（Fn. 91），S. 242.

95)　BGH, Urteil vom 12. 06. 1989, a. a. O.（Fn. 91），S. 31；*Löbbe*, a. a. O.（Fn. 5），§ 18 Rdn. 23；*Pentz*, a. a. O.（Fn. 91），§ 18 Rdn. 8；*Lange*, a. a. O.（Fn. 56），S. 115；*Reichert/Weller*, a. a. O.（Fn. 5），§ 18 Rdn. 60；*J. Schmidt*, a. a. O.（Fn. 81），S. 1051.

会社と共同権利者の関係だけを規律する[96]。したがって、有限会社法18条1項は、共同権利者間の関係を規律するべきではなく、直接的な一体的権利行使に限定する見解は、共同権利者間の内部関係の規律を無効化するという結果を伴うので、採用されるべきではない。

この見解に対する批判としては、二で挙げた直接的な一体的権利行使に限定する見解の理由が挙げられる。すなわち、間接的な一体的権利行使を許容する見解の下では、会社は、共同権利者全員のために権利を行使すると主張する一部の共同権利者が、その内部関係の規律に基づいてその権限を有しているのかを、確認しなければならないことになる。この批判に対する反論としては、会社は、一般的な規律によって十分に保護されるということが挙げられる。このような会社の保護の手段については、本款四3において取り上げる。

四　分　析

本項では、まず、1および2において、これらの2つの見解の対立点についての分析を行う。その後、3において、支配的な見解である間接的な一体的権利行使を許容する見解を採用した場合の弊害である、共同権利者間の内部関係の不明確性に対する対応策を分析する。これらの分析を通じて、日本の会社法106条を相対化して検討するための材料を得ることを試みる。

1　2つの見解の対立点

まず、これら2つの見解の実質的な対立点を明らかにする。

直接的な一体的権利行使に限定する見解（二）は、共同権利者間の内部関係の不明確性からの会社の保護を重視する。すなわち、共同権利者間の内部関係の規律に基づく一部の共同権利者による権利行使を認める場合には、会社は、その権利行使をする一部の共同権利者がそのような権限を有しているかどうかを確認しなければならないという負担を負うことになる、というこ

---

[96] OLG Karlsruhe, Beschluss vom 16.12.2013, a. a. O. (Fn. 91), S. 255；*Reichert/Weller*, a. a. O. (Fn. 5), § 18 Rdn. 60；*J. Schmidt*, a. a. O. (Fn. 81), S. 1051；*Schürnbrand*, a. a. O. (Fn. 91), S. 242.

とを重視する。

　これに対して、間接的な一体的権利行使を許容する見解（三）は、その理由として、三で考察した4点を挙げるが、実質的には第2および第3の点を重視していると考えられる。すなわち、第1の点は、「共同」の権利行使という有限会社法18条1項の文言の解釈としては、どちらの見解もあり得るということを指摘しているだけであって、この見解を積極的に基礎づけるものではない。また、第4の点は、有限会社法18条1項が共同権利者間の内部関係を規律するものではないということを指摘するものである。しかし、直接的な一体的権利行使に限定する見解も、あくまでも会社との関係においては直接的な一体的権利行使しか認められないと主張しているのであって[97]、この点についてそれぞれの見解に決定的な違いがあるわけではない[98]。したがって、間接的な一体的権利行使を許容する見解が重視している点は、第2の点、つまり、直接的な一体的権利行使に限定する見解を採用した場合には、少数

---

[97]　実際に、直接的な一体的権利行使に限定する見解の論者も、有限会社法18条1項が、共同権利者と会社との関係のみを規律しているということを前提としている（*Seibt*, a. a. O. (Fn. 5), § 18 Rdn. 24；*Zöllner/Noack*, a. a. O. (Fn. 84), § 47 Rdn. 38；*Ebbing*, a. a. O. (Fn. 30), 2017, § 18 Rdn. 42）。少数派の共同権利者の承認が得られない場合には、二でも述べたように、多数派の共同権利者は、当該少数派の共同権利者の承認を求める訴えを提起して、その訴訟の請求認容判決を当該少数派の共同権利者の承認に代わるものとして、会社に対する権利行使をすることになる（S. auch *J. Schmidt*, a. a. O. (Fn. 81), S. 1051）。このように、直接的な一体的権利行使に限定する見解を採用した場合であっても、有限会社法18条1項は、共同権利者間の内部関係の規律（多数決）に基づいて多数派の共同権利者が少数派の共同権利者に対してその多数決の結果の実行への協力を求める権利を否定しているわけではない。よって、直接的な一体的権利行使に限定する見解も、有限会社法18条1項が、共同権利者間の内部関係を規律していると考えているわけではない。

[98]　もっとも、この第4の点で指摘されている懸念は、直接的な一体的権利行使に限定する見解が、結果として、共同権利者間の内部関係の規律を事実上無効化するという効果を伴うという懸念であるのかもしれない。しかし、共同権利者と会社の関係と共同権利者間の関係との区別という形式論自体は、前掲注97）で述べたように、形式的には維持されている。そのうえでこのような事実上の効果を問題視する理由は、そのような形式論自体を維持する必要があるというところにあるのではない。その理由は、共同権利者間の内部関係の規律によると権利を行使することができるはずの共同権利者が、一部の共同権利者の反対によって、権利を行使することが事実上できなくなるという実際上の弊害にあるように思われる。そして、これは、共同権利者間の内部関係の規律によると権利を行使することができるはずの共同権利者にとっての不利益であるという点においては、間接的な一体的権利行使を許容する見解が挙げる第2の根拠と同じである。よって、第4の点が独自に意味を有しているというわけではない。

派の共同権利者が多数派の共同権利者による権利行使を不当に妨害することができるということ、および、第3の点、つまり、一部の共同権利者が共同権利者間の内部関係の規律に基づいてその権利を行使する場合には、有限会社法18条1項が防止しようとする異なる権利行使が生じないということであると考えられる。

　以上の分析によると、これら2つの見解の実質的な対立点は、次の2点にあると考えられる。第1に、有限会社法18条1項の目的についての考え方である。すなわち、直接的な一体的権利行使に限定する見解は、共同権利者間の内部関係の不明確性からの会社の保護を重視するのに対して、間接的な一体的権利行使を許容する見解は、一体的でない社員権行使からの会社の保護を重視する。第2に、少数派の共同権利者による不当な妨害に対する考え方である。すなわち、直接的な一体的権利行使に限定する見解は、少数派の共同権利者による妨害に対して、多数派の共同権利者が裁判によって対処することができ、それで十分であると考えている。これに対して、間接的な一体的権利行使を許容する見解は、そのような裁判による対処では十分ではないと考えて、少数派の共同権利者による不当な妨害を防止することをより重視する。

　これらの実質的な対立点のうち、本書では、次のような理由から、特に第1の対立点に焦点を当てる。まず、本章の考察における大きな問題意識の1つは、株式法69条1項および有限会社法18条1項の目的の探究である[99]。第1の対立点はこの問題意識に関連するものである。また、第2の対立点を検討するためには、まず第1の対立点を検討する必要がある。なぜならば、第2の対立点は、第1の対立点において共同権利者間の内部関係の不明確性からの会社の保護を重視する場合に、そのような保護の要請と少数派の共同権利者による不当な妨害を防止する必要性を比較検討するものであるので、第1の対立点の結果を前提としていると考えられるからである。よって、2では、第1の対立点に焦点を当てて、分析を進める。

---

99) 本章第1節第2款一。

2 有限会社法18条1項の目的についての考え方の対立

　この第1の対立点である有限会社法18条1項の目的についての考え方の対立とは、有限会社法18条1項の目的についての理解の対立である。すなわち、有限会社法18条1項の目的についての理解が異なるために、その目的をどのように達成するのかという点にも対立が生まれて、それが見解の対立につながっていると考えられる。

　直接的な一体的権利行使に限定する見解（二）は、有限会社法18条1項の目的を、共同権利者間の内部関係の不明確性からの会社の保護であると考えている。そのため、この見解は、会社が認識することのできない共同権利者間の内部関係の規律に基づく一部の共同権利者による権利行使を原則として認めない。

　これに対して、間接的な一体的権利行使を許容する見解（三）は、有限会社法18条1項の目的を、一体的でない社員権行使からの会社の保護（一体的な社員権行使の確保）であると考えている[100]。そのため、この見解は、一部の共同権利者による権利行使が共同権利者間の内部関係の規律に基づいて共同権利者全員のための効力を伴う場合には、会社にとっては一体的な権利行使が確保されているので、そのような間接的な一体的権利行使を認める。

　このような有限会社法18条1項の目的の内容についての2つの理解は、外的組合に対する株式法69条および有限会社法18条の適用の有無についての支配的な見解の分析（第2節第2款二2）で示した2つの理解に対応する。そして、その分析（第2節第2款二3）で示したように、これら2つの理解が前提とする共同権利者の権利についての理解も異なっていると考えられる。すなわち、直接的な一体的権利行使に限定する見解は、①有限会社法18条1項の目的が共同権利者間の内部関係の不明確性からの会社の保護であると考える前提として、有限会社法18条1項が存在しない場合であっても、各共同権利者がその内部関係における決定に従って権利を行使しなければならないという前提に立っている[101]。これに対して、間接的な一体的権利行使を許容する見解は、②有限会社法18条1項の目的が一体的でない社員権行使からの会社の保護であると考える前提として、有限会社法18条1項が存在しな

---

100) 後掲注231) も参照。
101) 詳しくは、本章第2節第2款二3における第1の理解に関する説明を参照。

い場合には、各共同権利者が個別的に（一体的にではなく）権利を行使することができるという前提に立っている[102]。

3 共同権利者間の内部関係の不明確性からの会社の保護の手段

間接的な一体的権利行使を許容する見解（三）を採用する場合には、共同権利者間の内部関係の不明確性からの会社の保護は達成されないことになる。すなわち、この見解によると、一部の共同権利者は、共同権利者間の内部関係の規律に基づいて権利を行使することができ、会社は、その権利行使を認めなければならない。もしその一部の共同権利者が共同権利者間の内部関係の規律に基づく権限を有していなかった場合には、原則として、その一部の共同権利者による権利行使は無効である[103]。よって、会社がこのような権利行使の無効による影響を受けないようにするためには、会社は、一部の共同権利者が共同権利者間の内部関係の規律に基づく権限を有しているのかを確認しなければならない[104]。

このような会社の負担に対して、間接的な一体的権利行使を許容する見解の論者は、次のような3つの方法によって会社が十分に保護されると主張する。第1に、特に一部の共同権利者が議決権を行使する場面を念頭に置くと、共同権利者間の内部関係の規律に基づく多数決に疑いがある場合には、社員総会の議長は、そのような多数決に基づいて行使された議決権を社員決議の議決の算定に含める必要はない[105]。第2に、実際に権利を行使した共同権利者が共同権利者間の内部関係の規律に基づいて権限を有していなかった場合には、無権代理として民法177条以下が適用されるので、その権利行使は、他の共同権利者の追認によって遡及的に有効になる[106]（民法184条）。第3に、特に議決権行使（単独行為）の場合には、会社は、代理権証書を提示しない単

---

102) 詳しくは、本章第2節第2款二3における第2の理解に関する説明を参照。
103) *Löbbe*, a. a. O.（Fn. 5），§ 18 Rdn. 24；*Reichert/Weller*, a. a. O.（Fn. 5），§ 18 Rdn. 56；*J. Schmidt*, a. a. O.（Fn. 81），S. 1051.
104) このような会社の負担を軽減して共同権利者の側に全員での行動という負担を求める考え方が、直接的な一体的権利行使に限定する見解（二）である。
105) *Pentz*, a. a. O.（Fn. 91），§ 18 Rdn. 8；*K. Schmidt*, a. a. O.（Fn. 91），§§ 744, 745, Rdn. 10.
106) *Löbbe*, a. a. O.（Fn. 5），§ 18 Rdn. 24；*Reichert/Weller*, a. a. O.（Fn. 5），§ 18 Rdn. 56；*J. Schmidt*, a. a. O.（Fn. 81），S. 1051.

独行為を拒むことができ（民法174条）、有限会社法47条3項も、議決権についての代理権は書面によらなければならないと規定しているので、会社は、このような一般的規律によって十分に保護される[107]。

第3款　共同代理人による共同の権利行使

一　序

本款では、共同代理人が権利行使を行う場合における規律を考察する。

有限会社法18条1項の下では、原則として、共同権利者は、共同代理人による権利行使を義務づけられているわけではなく、共同代理人を選任するかどうかを自由に決定することができる[108]。そこで、まず、二において、このような任意の共同代理人に関する規律を考察する。その規律は、本章第3節で概観した株式法69条1項が適用される場合の規律と類似している。もっとも、株式法69条1項とは異なる点も存在するので、そのような点についての分析を通じて、株式法69条1項や日本の会社法106条の規律を相対化して検討する手がかりを得ることを試みる。

次に、三において、共同代理人による権利行使を義務づける定款の規定（代理人条項）に関する考察を行う。この中では、有限会社法18条1項の下での代理人条項とは異なるもう1つの代理人条項（義務的な集団的代理を規定する代理人条項）に関する議論も考察する。このような別の種類の代理人条項を考察することによって、日本におけるドイツ法に関する主要な先行研究についての検討を行うとともに、有限会社法18条1項を相対化して分析する。

---

107)　*J. Schmidt*, a. a. O.（Fn. 81), S. 1051.
108)　*Seibt*, a. a. O.（Fn. 5), § 18 Rdn. 20 ; *Reichert/Weller*, a. a. O.（Fn. 5), § 18 Rdn. 69. もっとも、有限会社法18条3項は、「会社が持分の所有者に対して行わなければならない法的行為は、共同権利者の共同の代理人が存在しない限り、共同権利者の1人のみに対してなされた場合であっても、有効である。」と規定しており、その限りにおいて、共同権利者は、共同代理人の選任を求められていると評価することもできる。

二　共同代理人に関する原則的規律

1　共同代理人の選任の方法

　共同代理人は、共同権利者間の内部関係の規律に従って選任される[109]。よって、共同権利者が多数決によって共同権利者全員のための代理権を授与することができる場合には、共同権利者は、多数決によって共同代理人を選任することができる。また、共同代理人の選任のための特別の方式も必要ではない[110]。ただし、議決権行使のための共同代理人の選任は、有限会社法47条3項に従って、書面によらなければならない[111]。

　共同相続関係の場合には、共同代理人の選任は、共同相続人全員の利益になるので、民法2038条にいう通常の管理に該当する。よって、共同相続人は、共同代理人の選任を、民法2038条2項1文が適用を規定する民法745条1項1文に従って、持分割合を基準とする過半数で決定して実行することができる[112]。

2　共同代理人の選任の通知

　共同権利者が会社に対して共同代理人の選任を通知しなければならないの

---

[109]　*Seibt*, a. a. O. (Fn. 5), § 18 Rdn. 21；*Löbbe*, a. a. O. (Fn. 5), § 18 Rdn. 26；*Reichert/Weller*, a. a. O. (Fn. 5), § 18 Rdn. 76. なお、*Wiedemann*, a. a. O. (Fn. 8), S. 250 は、会社が、定款によって共同権利者間の内部関係における意思決定の方法を規律することは許されず、そのような条項は無効である、という。

[110]　*Seibt*, a. a. O. (Fn. 5), § 18 Rdn. 21；*Löbbe*, a. a. O. (Fn. 5), § 18 Rdn. 26；*Reichert/Weller*, a. a. O. (Fn. 5), § 18 Rdn. 75.

[111]　*Seibt*, a. a. O. (Fn. 5), § 18 Rdn. 21；*Löbbe*, a. a. O. (Fn. 5), § 18 Rdn. 26；*Reichert/Weller*, a. a. O. (Fn. 5), § 18 Rdn. 75.

[112]　*Seibt*, a. a. O. (Fn. 5), § 18 Rdn. 8；*Reichert/Weller*, a. a. O. (Fn. 5), § 18 Rdn. 77；*Bettecken*, a. a. O. (Fn. 49), S. 198；BGH, Urteil vom 14. 12. 1967 - II ZR 30/67, BGHZ 49, 183, 191 ff.；OLG Nürnberg, Urteil vom 16. 07. 2014 - 12 U 2267/12, GmbHR 2014, 1147, 1149.
　　なお、*Wiedemann*, a. a. O. (Fn. 8), S. 251 は、共同相続関係における共同代理人の選任の要件は、その選任によって共同代理人にどのような権限が授与されるのかに依存する、という。Wiedemann は、共同代理人の「選任」の意義を、共同代理人に対する代理権授与を含むものとして理解していると考えられる（株式法69条1項における共同代理人の選任の意義について、本章第3節第2款を参照）。これに対して、本文で挙げた見解が、共同代理人の「選任」の意義をどのように理解しているのかは明らかではない。日本におけるこの点に関する論者間の相違については、**第2章第4節第2款**を参照。

かについては、見解の対立がある。

このような通知が必要であるという見解[113]は、共同代理人が自己の権限を証明することができる場合、または、共同権利者が会社に対して共同代理人の選任を通知した場合にのみ、共同代理人の選任が会社に対して効力を有する、という。その理由づけとして、有限会社法18条1項の目的および有限会社法16条1項の類推に言及する。

これに対して、共同代理人の選任の通知が不要であるという見解[114]は、有限会社法16条が社員自身に関する規定であって代理人に関する規定ではなく、また、会社が民法174条によって十分に保護される、という。すなわち、民法174条は、代理権証書の提示がない場合には、代理人による単独行為の相手方が、当該単独行為を拒絶することができると規定している。したがって、会社は、民法174条に基づいて、共同代理人による単独行為についての代理権の証明を要求することができる。

この見解の対立には、第2款四2で考察した有限会社法18条1項の目的についての理解の対立が反映されていると考えられる。すなわち、EbbingおよびSeibtは、直接的な一体的権利行使に限定する見解を主張しており、その前提として、有限会社法18条1項の目的を、共同権利者間の内部関係の不明確性からの会社の保護であると考えている。したがって、ここでも、この目的を重視して、共同代理人の選任の通知を要求する。これに対して、他の論者は、間接的な一体的権利行使を許容する見解を主張しており、その前提として、有限会社法18条1項の目的を、一体的でない社員権行使からの会社の保護であると考えた上で、共同権利者間の内部関係の不明確性からの会社の保護は、一般的規律によって確保されると考えている。したがって、ここでも、共同代理人の選任の通知は不要であって、会社は一般的規律によって保護されると考えている。

---

113) *Seibt*, a. a. O.（Fn. 5），§ 18 Rdn. 21；*Ebbing*, a. a. O.（Fn. 30），2017，§ 18 Rdn. 51. なお、Ebbing は、この通知に加えて、後述する民法174条に基づく代理権の証明も要求する（*Ebbing*, a. a. O.（Fn. 30），2017，§ 18 Rdn. 52）。

114) *Löbbe*, a. a. O.（Fn. 5），§ 18 Rdn. 26；*Reichert/Weller*, a. a. O.（Fn. 5），§ 18 Rdn. 78；*J. Schmidt*, a. a. O.（Fn. 81），S. 1055.

3 共同代理人の権限
(1) 共同代理人の代理権の制限
　共同代理人の代理権は、個別の社員権の行使に限定される必要はなく、包括的代理権として授与されることができる[115]。もっとも、共同権利者は、共同代理人の代理権を、その対象または期間について制限することができる[116]。ただし、共同権利者が共同代理人の権限を制限することを防止するために、会社は、定款によって、そのような制限的な権限しか有しない共同代理人による権利行使を全く認めないと規定することができる[117]。これに対して、共同代理人が常に無制限の代理権を有するということを規定する定款の規定は、無効である[118]。なぜならば、会社は、共同権利者間の内部関係における意思決定に介入することができないからである[119]。

(2) 多数派により選任された共同代理人の代理権の限界
　また、共同相続関係の場合には、共同相続人は多数決によって共同代理人を選任することができるところ[120]、そのように多数派によって選任された共同代理人は、通常の管理に該当しない権利行使、つまり、多数決で決定することのできない権利行使をすることができない[121]。その理由は、次の2点にある[122]。

　第1に、共同相続人の多数派は、共同代理人に対して、当該多数派がすることができる行為をするための代理権しか与えることができない。よって、多数派によって選任された共同代理人の権限は、通常の管理に該当する行為

---

115) *Löbbe*, a. a. O.（Fn. 5），§ 18 Rdn. 26；*Reichert/Weller*, a. a. O.（Fn. 5），§ 18 Rdn. 81.
116) *Seibt*, a. a. O.（Fn. 5），§ 18 Rdn. 21；*Löbbe*, a. a. O.（Fn. 5），§ 18 Rdn. 27；*Reichert/Weller*, a. a. O.（Fn. 5），§ 18 Rdn. 81.
117) *Löbbe*, a. a. O.（Fn. 5），§ 18 Rdn. 20；*Reichert/Weller*, a. a. O.（Fn. 5），§ 18 Rdn. 69.
118) *Löbbe*, a. a. O.（Fn. 5），§ 18 Rdn. 20.
119) Ebenda.
120) 本款二1。
121) *Raue*, Die ordnungsgemäße Verwaltung eines GmbH-Anteils durch eine Erbengemeinschaft, GmbHR 2015, 121, 128；*Bettecken*, a. a. O.（Fn. 49），S. 208 ff. もっとも、この点は、ドイツでは、ほとんど議論されていないようである（*Raue*, a. a. O. S. 128）。
122) なお、本文で挙げたような理由が株式法69条1項の下でも妥当しないのかという点についても分析の余地があるが、本書では紙幅の関係で分析を省略する。

に限定される。その共同代理人が通常の管理に該当しない行為をする場合には、共同相続人の全員一致の決定を得なければならない[123]。

第2に、確かに、このように共同代理人の代理権が会社との関係で包括的なものではない場合には、会社は、共同代理人が共同相続関係の内部関係の規律に基づいて代理権を有しているかどうかを確認しなければならない。すなわち、会社は、共同代理人が行使しようとする権利が共同相続関係の内部関係の規律によると通常の管理に分類されるのか、および、共同代理人がその権利行使にとって必要な権限を有しているのかを、確認しなければならない。しかし、このことは、共同代理人ではなく共同相続人自身が共同の権利行使をする場合も同じである。すなわち、共同相続人自身が共同の権利行使をする場合も、支配的な見解である間接的な一体的権利行使を許容する見解[124]によると、会社は、共同代理人が権利行使をする場合と同様に、ここで挙げた事項を確認しなければならない[125]。

4　株式法69条1項との比較による分析

株式法69条1項が適用される場合も、共同代理人が、株式から生じる権利を行使することになる。したがって、この場合における状況は、有限会社法18条1項が適用される場合において共同代理人によって共同の権利行使がなされるときにおける状況と類似する。しかし、株式法69条1項の下における規律と有限会社法18条1項の下における規律とでは異なる点も存在する。特に、3で挙げた共同代理人の権限に関する規律が異なる。具体的には、共同権利者が共同代理人の権限を制限することができるのかという点が異なる。すなわち、株式法69条1項の下では、共同権利者は、共同代理人の権限を制限することができない[126]のに対して、有限会社法18条1項の下では、共同権利者は、共同代理人の権限を制限することができる[127]。

このような差異が生じる理由は、株式法69条1項が重視する目的と有限

---

[123]　*Raue*, a. a. O.（Fn. 121）, S. 128; *Bettecken*, a. a. O.（Fn. 49）, S. 209 f.
[124]　本節第2款三。
[125]　*Bettecken*, a. a. O.（Fn. 49）, S. 210 f.
[126]　本章第3節第3款一。
[127]　本款二3(1)。

会社法18条1項が重視する目的が異なるからであると考えられる[128]。すなわち、株式法69条1項は、①共同権利者間の内部関係の不明確性からの会社の保護を重視している。実際に、支配的な見解は、次のように、共同代理人の権限の制限を認める見解の主張を斥けている。すなわち、代理権の内容が個々の権利の行使に制限されている場合であっても、その権利が一体的に行使されるときには、その権利については行使の一体化ができているので会社の利益は害されない、という主張を斥けている[129]。このように、支配的な見解は、株式法69条1項の目的を、②一体的でない社員権行使からの会社の保護（だけ[130]）であるとは捉えていない。したがって、支配的な見解は、①共同権利者間の内部関係の不明確性からの会社の保護を重視して、共同権利者による共同代理人の権限の制限を否定していると考えられる。

これに対して、有限会社法18条1項は、②一体的でない社員権行使からの会社の保護を重視している。実際に、共同権利者自身による共同の権利行使の場合における支配的な見解である、間接的な一体的権利行使を許容する見解は、そのように考えている[131]。そして、この見解は、①共同権利者間の内部関係の不明確性からの会社の保護は、有限会社法18条1項ではなく一般的規律によってなされる、という[132]。したがって、共同権利者による共同代理人の権限の制限も否定されない。

以上の分析によると、株式法69条1項が重視する目的は、①共同権利者間

---

128) もっとも、株式法69条1項と有限会社法18条1項は、そもそも共同代理人による権利行使を明示的に要求しているかどうかという点で異なっている。したがって、このことが、本文で述べた共同代理人の権限の制限の可否の違いにもつながっていると考えられる。その意味では、このような違いが生じる理由は、株式法69条1項の規定と有限会社法18条1項の規定が異なるからであるということになる。しかし、本章で探究しようとしていることは、このような株式法69条1項の規定と有限会社法18条1項の規定の違いが生じている理由である。その理由を探究するために、本文では、その違いが顕在化する共同代理人の権限の制限の可否の違いに着目して分析を進める。
129) 本章第3節第3款一。
130) もっとも、支配的な見解は、②一体的でない社員権行使からの会社の保護という目的を明確に否定しているというわけではない。したがって、株式法69条1項の目的には、本文で述べたような①共同権利者間の内部関係の不明確性からの会社の保護に加えて、②一体的でない社員権行使からの会社の保護も含まれる、と考える可能性もある。これは、前掲注50)で述べた理解である。
131) 本節第2款四2。

の内部関係の不明確性からの会社の保護であるのに対して、有限会社法18条1項が重視する目的は、②一体的でない社員権行使からの会社の保護であると考えられる。

三　共同代理人による権利行使を義務づける定款規定（代理人条項）

本項では、共同代理人による権利行使を義務づける定款の規定（代理人条項（Vertreterklausel））についての考察を行う。まず、1において、有限会社法18条1項の下で一般的に言及されている代理人条項を紹介する。次に、2において、ドイツ法における代理人条項に関する議論を参考にした日本の先行研究の内容を確認する。そして、3において、2で確認した日本の先行研究が参照していた代理人条項に関する議論を考察する。そのうえで、4において、日本の先行研究についての検討を行うとともに、有限会社法18条1項を相対化して分析する。

1　有限会社法18条1項の下での代理人条項

一で述べたように、有限会社法18条1項の下では、原則として、共同権利者は、その共同の権利行使の方法として、①共同権利者自身が行う方法と②共同代理人が行う方法とを自由に選択することができる[133]。しかし、有限会社法18条1項は強行規定ではないので、会社は、定款によって、共同代理人による権利行使を要求することができる[134]（本書では、この意味での代理人条項を「有限会社法18条1項の下での代理人条項」という）。この条項は、会社にとっての不明確性が生じることや会社の活動が阻害されることを防止するために合理的なものであると考えられている[135]。この条項の実効性を確保す

---

132) 本節第2款四3。この見解は、有限会社法18条1項の目的として、①共同権利者間の内部関係の不明確性からの会社の保護を明確に否定している。したがって、有限会社法18条1項の目的に、本文で述べたような②一体的でない社員権行使からの会社の保護に加えて、①共同権利者間の内部関係の不明確性からの会社の保護も含まれる、と考える余地はない。これは、前掲注130) で指摘した株式法69条1項の場合とは異なる。
133) *Seibt*, a. a. O. (Fn. 5), § 18 Rdn. 20 ; *Reichert/Weller*, a. a. O. (Fn. 5), § 18 Rdn. 69.
134) *Seibt*, a. a. O. (Fn. 5), § 18 Rdn. 19 ; *Löbbe*, a. a. O. (Fn. 5), § 18 Rdn. 20 ; *Reichert/Weller*, a. a. O. (Fn. 5), § 18 Rdn. 53.

るために、会社は、共同権利者が共同代理人を選任するまでは、当該共同権利者の持分から生じる議決権が停止される、ということを定款によって規定することができる[136]。ただし、会社は、共同権利者間の内部関係における意思決定の方法を、定款によって規律することはできない[137]。

以上が、有限会社法 18 条 1 項の下で一般的に言及されている代理人条項の概要である。

2　日本における先行研究

ドイツ法を参考にして日本の会社法 106 条（平成 17 年改正前商法 203 条 2 項）の検討を行った大野正道は、「西独法を参考にして、〔権利行使者の〕選任は共同相続人の全員一致を要求する」と主張する[138]。この大野の見解は、権利行使者の指定のために準共有者の全員一致を要求する有力説として今日でも引用される[139]。そこで、ここでは、この見解についての検討を行う。まずは、この見解が、ドイツ法における議論をどのように理解した上で主張されているのかを確認する。

大野は、前述のように、「ドイツ法を参考にして」権利行使者の指定に準共有者の全員一致を要求する。大野がどのようにドイツ法を参考にしたのかは必ずしも明らかではないが、その根拠として、直接的には、Hueck の見解[140]

---

135)　*Seibt*, a. a. O. (Fn. 5), § 18 Rdn. 19. S. auch *Löbbe*, a. a. O. (Fn. 5), § 18 Rdn. 20 ; *Reichert/Weller*, a. a. O. (Fn. 5), § 18 Rdn. 53.

136)　*Löbbe*, a. a. O. (Fn. 5), § 18 Rdn. 20 ; *Reichert/Weller*, a. a. O. (Fn. 5), § 18 Rdn. 69.

137)　*Wiedemann*, a. a. O. (Fn. 8), S. 250 ; *Löbbe*, a. a. O. (Fn. 5), § 18 Rdn. 20 ; *Reichert/Weller*, a. a. O. (Fn. 5), § 18 Rdn. 69.

138)　大野正道「株式・持分の相続準共有と権利行使者の法的地位」鴻常夫先生還暦記念『八十年代商事法の諸相』（有斐閣、1985 年）257 頁（大野正道『企業承継法の理論 I（中小企業法研究第一巻）——総論・学説』（第一法規、2011 年）77 頁所収）。

139)　例えば、伊藤靖史＝伊藤雄司＝大杉謙一＝齊藤真紀＝田中亘＝松井秀征『事例で考える会社法〔第 2 版〕』（有斐閣、2015 年）121-122 頁〔田中亘〕（初出：田中亘「相続は争いの始まり」法学教室 338 号（2008 年）53 頁）、柴田和史「判批（最判平成 9 年 1 月 28 日）」岩原紳作＝神作裕之＝藤田友敬編『会社法判例百選〔第 3 版〕』（有斐閣、2016 年）27 頁、江頭憲治郎『株式会社法〔第 7 版〕』（有斐閣、2017 年）123 頁（この見解に賛同している）を参照。

140)　*Hueck*, Der gemeinschaftliche Vertreter mehrerer Erben in einer Kommanditgesellschaft, ZHR 125（1962）, 1.

を引用する[141]。また、日本法の検討の前提とされているドイツ法の分析では、この Hueck の見解の他に、Wiedemann の見解[142]も紹介している[143]。そして、大野は、これらの見解の説明として、特別の定めがない場合には、「通説は、共同相続人の全員一致を要求する」という[144]。したがって、大野は、Hueck の見解および Wiedemann の見解を参考にして、権利行使者の指定のために準共有者の全員一致を要求していると考えられる。

しかし、日本の会社法106条にいう権利行使者の指定のために準共有者の全員一致を要求することを基礎づけるために、これらの見解を引用することが適切であるのかについては疑問がある。なぜならば、これらの見解が対象としているのは、3で考察する義務的な集団的代理を規定する代理人条項であって、有限会社法18条の下での代理人条項ではないからである[145]。すなわち、3で考察する義務的な集団的代理を規定する代理人条項に関する議論が、そのまま有限会社法18条の下での代理人条項に関する議論に妥当するのかについては疑問がある。実際に、Wiedemann は、大野が引用している著作[146]とは別に、1969年に発表した論文[147]の中で、有限会社法18条における共同代理人に関する検討を行っている。

そこで、3において、義務的な集団的代理を規定する代理人条項に関する議論を考察する。そのうえで、4において、日本の先行研究がこの議論に関する見解を引用することが適切であるのかを検討する。また、この代理人条項と有限会社法18条1項との比較を通じて、有限会社法18条1項の目的についての分析を行う。

---

141) 大野・前掲注138) 259頁注85。
142) *Wiedemann*, Die Übertragung und Vererbung von Mitgliedschaftsrechten bei Handelsgesellschaften, 1965, S. 385 ff.
143) 大野・前掲注138) 254頁注59。
144) 大野・前掲注138) 249頁。
145) 大野がこのことを認識していたのかは明らかではないが、大野は、「合資会社の場合、複数の共同相続人が各自社員となる点が有限会社の場合と異なっているが、有限会社の共同代理人と大筋において異ならないであろう」として（大野・前掲注138) 253頁注56)、これらの見解を参照している。
146) Fn. 142.
147) *Wiedemann*, a. a. O.（Fn. 8), S. 250 f.

3　義務的な集団的代理を規定する代理人条項
(1)　意　義
　義務的な集団的代理を規定する代理人条項とは、人的会社および有限会社において、会社の持分が分散所有されている場合に、社員のある集団（eine Gruppe）（例えば、1つの家族）に対して、その社員権を共同代理人によってのみ行使することを義務づける条項である[148]。ここでいう義務的な集団的代理（obligatorische Gruppenvertretung）とは、このような代理人条項によって社員の集団に義務づけられた共同代理人による代理をいう[149]。

　このような義務的な集団的代理を規定する代理人条項と有限会社法18条1項の下での代理人条項との相違点は、それぞれの代理人条項が想定している場面にある[150]。すなわち、有限会社法18条1項の下での代理人条項が想定している場面は、有限会社法18条1項が適用されるような場面、つまり、1個の持分が分割されずに複数の共同権利者に属する場面である。これに対して、義務的な集団的代理を規定する代理人条項が想定している場面は、ある集団に属する各社員がそれぞれ完全な（有限会社の）持分を有している、つまり、複数の社員で持分を共有ないし合有しているわけではない場面である。

(2)　目　的
ア　相続による社員数の増加に対する対応
　義務的な集団的代理を規定する代理人条項の目的は、このようにある集団に属する各社員がそれぞれ完全な持分を有している場合において、各社員が、それぞれの社員権を個別的に、そして不統一的に行使することを防止する、ということである[151]。このような目的を有するこの代理人条項が必要にな

---

[148]　*K. Schmidt*, Die obligatorische Gruppenvertretung im Recht der Personengesellschaften und der GmbH-Probleme der sog. Vertreterklausel, ZHR 146（1982）, 525, 526. なお、このような代理人条項の有効性についても議論があるが、本書では扱わない。なぜならば、この議論は、主に人的会社の場合を念頭に置いて展開されているので、そこで検討されている内容も、本書の考察対象である有限会社法18条1項等に関して検討すべき内容とは異なっているように思われるからである。この議論については、例えば、*K. Schmidt*, a. a. O., S. 530 ff.；*Schörnig*, a. a. O.（Fn. 51）, S. 345 ff. を参照。また、後掲注154）も参照。
[149]　*K. Schmidt*, a. a. O.（Fn. 148）, S. 528.
[150]　*Hueck*, a. a. O.（Fn. 140）, S. 5 f. u. 13.
[151]　*K. Schmidt*, a. a. O.（Fn. 148）, S. 526 ff.；*Schörnig*, a. a. O.（Fn. 51）, S. 344 f.

る場合として特に念頭に置かれているのは、社員の死亡によって会社の持分が複数の相続人にそれぞれの単独所有として承継された場合である[152]。この場合に代理人条項が必要になる理由は、この場合には当該承継によって社員の数が増えることになるからである。

連邦通常裁判所も、社員の相続人が有限責任社員として合資会社に入社した事案において、代理人条項の必要性について次のように判示する[153]。「人的会社の社員が、定款において、社員の死亡によって相続人が有限責任社員として会社に入社するものとすると規定するならば、社員は、これによって、社員の数が、予測不可能な、場合によっては大きな数の相続人有限責任社員に増加する、という可能性を甘受する。その相続人は、その企業に対して、しばしば部外者として、対立する利益および請求を、十分な専門知識なしに要求しようとするであろうが、資本的には、場合によっては少ししか〔その会社に〕参加していない。彼ら〔(相続人)〕それぞれが、その権利について、個別的に業務執行社員と話をつけるならば、それは、容易に業務執行を妨げ、様々な観点において事務処理を妨げ得るであろう。社員数の増加によって、しばしば異なる意見や利益が増える。有限責任社員が参加権を有する決定および議論は、会社において非常に困難になる。できる限りこのような不利益による支障を業務執行に及ぼさないということは、相続人有限責任社員に対して共同代理人を要求する契約規定の根底にある本質的な実務上の需要である。」

このように、義務的な集団的代理を規定する代理人条項の具体的な目的は、社員の死亡によって会社の持分が複数の相続人にそれぞれの単独所有として承継された場合において、その承継に伴う社員数の増加によって会社の意思決定や業務執行に支障が生じることを防止するということである。

イ 人的会社における必要性

このような代理人条項の必要性が高いのは、特に人的会社の場合である[154]。その理由は、次の2点にあると考えられる。

第1に、人的会社の場合には、社員に複数の相続人が存在するときに、当

---

152) *Hueck*, a. a. O. (Fn. 140), S. 2 f.；*K. Schmidt*, a. a. O. (Fn. 148), S. 526 ff.；*Schörnig*, a. a. O. (Fn. 51), S. 344 f.
153) BGH, Urteil vom 12. 12. 1966 - Ⅱ ZR 41/65, BGHZ 46, 291, 293.

該社員の死亡によって直ちに社員数の増加が発生する[155]。なぜならば、人的会社の持分は、社員の死亡によって特定相続されるので、遺産（共同相続関係）に属さないからである[156]。すなわち、合名会社および合資会社の無限責任社員の場合には、定款に承継条項が規定されているときに限って、その条項で指定された者が、社員の死亡によって当該社員の持分を承継して社員になる。この場合には、承継される持分は、遺産を介さずに（共同相続関係の合有的な拘束に服さずに）、承継条項で定められた特定の者に特定承継の形で移転する。また、合資会社の有限責任社員の場合には、社員の死亡によって、当該社員の相続人が、有限責任社員持分を承継して社員になる。この場合にも、当該有限責任社員持分は、その相続人に特定承継の形で、つまり、遺産を介さずに、移転する。したがって、これらの場合には、社員の死亡によって直ちに社員数の増加が発生する。

　これに対して、有限会社の場合には、社員の死亡によって直ちに社員数の増加が発生するわけではない。なぜならば、会社の持分は、社員の死亡によって、包括承継されて共同相続関係に服することになるからである[157]。この場合には、社員の死亡によって直ちに社員数の増加が発生することにはならず、その後の遺産分割によって、最終的に複数の共同相続人に対して会社の持分が分割されることが決定された場合に初めて、社員数の増加が確定的に発生する。また、死亡した社員が有していた持分が1個であった場合には[158]、その持分を遺産分割によって複数の共同相続人に対して分割するためには、有

---

154) もっとも、*K. Schmidt*, a. a. O.（Fn. 148）, S. 526 は、合名会社および合資会社の無限責任社員についての代理人条項の許容性は、一部の学説によってしか認められていないとして（実際に、*Hueck*, a. a. O.（Fn. 140）, S. 4 は、合資会社の有限責任社員の場合にのみ代理人条項が許容される、という）、その後の検討では、合資会社の有限責任社員および有限会社に検討の対象を限定している。しかし、*Schörnig*, a. a. O.（Fn. 51）, S. 345 ff. は、合名会社および合資会社の無限責任社員についての代理人条項の許容性を認めている。なお、Schörnigも、代理人条項が、合資会社の有限責任社員の場合に特に適切である、ということは認めている（*Schörnig*, a. a. O.（Fn. 51）, S. 347）。このような許容性に関する議論については、本書では考察しない（前掲注148）を参照）。

155) *K. Schmidt*, a. a. O.（Fn. 148）, S. 527 f.；*Schörnig*, a. a. O.（Fn. 51）, S. 343 f.

156) *Schörnig*, a. a. O.（Fn. 51）, S. 343 f.；*Roth*, in：Baumbach/Hopt, Handelsgesetzbuch, 38. Aufl., 2018, § 139 Rdn. 14；*Roth*, in：Baumbach/Hopt, Handelsgesetzbuch, 38. Aufl., 2018, § 177 Rdn. 3.

157) 本章第2節第3款一。

限会社法46条4号に基づく社員総会の決議が必要である[159]。これによって、会社は、社員数の増加を防止することができる[160]。

　第2に、人的会社の場合には、社員数の増加が、社員による決議の成否に大きな影響を及ぼし得る[161]。すなわち、人的会社における社員による決議の要件は、原則として全員一致である（商法119条1項）。また、定款の定めによって社員による決議が多数決で決定されるとされた場合には、その多数決は、原則として、社員の頭数に従って計算される（商法119条2項）。したがって、このような決議要件を前提とする場合には、社員数の増加が、社員による決議の成否に大きな影響を及ぼし得る[162]。これに対して、有限会社の場合には、社員数の増加は、社員による決議の成否に直ちに大きな影響を及ぼし得るわけではない。なぜならば、社員決議の要件は、原則として議決権の過半数であって（有限会社法47条1項）、持分1ユーロごとに1個の議決権が与えられるからである（有限会社法47条2項）。

　以上のことから、特に人的会社の場合には、代理人条項の必要性が高いと考えられる。もっとも、有限会社の場合にも、代理人条項が全く不要であるというわけではなく、この場合における代理人条項の必要性は、遺産分割によって社員数が増加した後も、つまり、有限会社法18条1項が適用されなくなった後も、その増加による弊害を抑える、というところにある[163]。

---

158) ドイツの有限会社法は、持分不均一主義を採用しており（有限会社法5条2項、同条3項）、基本的に1人の社員が1個の持分を有していることが多いと思われる。
159) *Löbbe*, a. a. O.（Fn. 53），§ 15 Rdn. 39.
160) *K. Schmidt*, a. a. O.（Fn. 148），S. 528；*Schörnig*, a. a. O.（Fn. 51），S. 344；*Raiser/Veil*, a. a. O.（Fn. 51），S. 517. ただし、これらの文献は、2008年のMoMiG（Gesetz zur Modernisierung des GmbH-Rechts und zur Bekämpfung von Missbräuchen vom 23. 10. 2008, BGBl. I S. 2026.（有限会社法の現代化および濫用対処のための法律））による改正前の有限会社法17条を前提としている。2008年改正前の有限会社法17条は、1個の持分の一部の譲渡のためには会社の承認が必要であると規定していた。この規定は、2008年のMoMiGによる改正によって削除されたが、現在の有限会社法46条4号は、社員が決定する事項として持分の分割を挙げている。よって、現在でも、本文で述べたことが妥当すると考えられる。
161) S. BGH, Urteil vom 12. 12. 1966, a. a. O.（Fn. 153），S. 293 f.
162) もっとも、そもそも合資会社の有限責任社員の会社に対する影響力はそれほど大きくはない。しかし、逆にだからこそ代理人条項によってその権利行使を制限することにもそれほど問題はなく、むしろ、有限責任社員を含む社員全員の一致が要求される場面において、会社や他の社員の不利益を防止するために、代理人条項が必要である、と指摘されている（*Schörnig*, a. a. O.（Fn. 51），S. 348）。

(3) 解　釈

　義務的な集団的代理を規定する代理人条項は、一定の社員の集団について、その権利行使は共同代理人によるものしか認めない、という趣旨のものである[164]。この条項から直接的に明らかになる要求は、共同代理人を通じた一体的な権利行使である。しかし、連邦通常裁判所は、代理人条項が要求しているのは、このような共同代理人を通じた・一・体・的な権利行使だけではなく、社員権の・統・一・的な行使も含まれる、という[165]。その理由は、要約すると、次の通りである[166]。

　確かに、共同代理人を通じた一体的な権利行使の要求によって、会社は、多数の社員ではなく１人の者のみを相手にすれば足りることになる。すなわち、多数の社員による個別的な権利行使は防止される。しかし、この要求によっては、各社員が共同代理人に対して別々の指図を与えることまでは防止されない。すなわち、共同代理人は、各社員からの別々の指図に基づいて、不統一的に権利を行使することができる。

　ところが、これでは代理人条項の目的を達成することはできない。代理人条項の目的は、社員数の増加によって異なる意見や利益が増えることで、会

---

163)　*Schörnig*, a. a. O. (Fn. 51), S. 349. また、*K. Schmidt*, a. a. O. (Fn. 148), S. 528 は、持分の相続の場合だけではなく、一般的に社員が集団を形成する場合にも代理人条項が利用されることを示唆する。なお、株式会社の場合には、定款の厳格性（株式法 23 条 5 項）から、このような代理人条項は許容されておらず無効であると考えられている（*K. Schmidt*, a. a. O. (Fn. 148), S. 527；*Schörnig*, a. a. O. (Fn. 51), S. 349 f.）。

164)　例えば、BGH, Urteil vom 12. 12. 1966, a. a. O. (Fn. 153) の事案において問題になった代理人条項は、「有限責任社員は、その者に帰属する権利を、共同の、できる限りその集団に属する、代理人によって……行使しなければならない。」というものであった。また、OLG München, Urteil vom 11. 10. 1991-23 U 2812/91, OLGR München 1993, 7 の事案において問題になった代理人条項は、「有限責任社員が死亡した場合には、その相続人が、当該社員に代わって会社に入社する。……有限責任社員が複数の相続人または受贈者によって相続される場合には、これらの者は、……１人の者を、死亡した社員の権利承継者全員の共同代理人として文書で指定することを義務づけられる。権利承継者の各人による社員権の行使は、許されない。……」というものであった。

165)　BGH, Urteil vom 12. 12. 1966, a. a. O. (Fn. 153), S. 293 f. *K. Schmidt*, a. a. O. (Fn. 148), S. 528 も、このことは、決して自明ではないが、事態に即していて定款解釈の基礎となる、という。なお、「一体的」という用語と「統一的」という用語の本書における使い分けについては、前掲注 37) を参照。

166)　BGH, Urteil vom 12. 12. 1966, a. a. O. (Fn. 153), S. 293 f.

社の意思決定が困難になることを防止することである[167]。共同代理人が各社員からの別々の指図に基づいて不統一的に権利を行使することができる場合には、結局、共同代理人を通じて、増加した社員数に対応する数の異なる意見や利益が、会社の意思決定に影響することになる。したがって、このような事態を防止するためには、代理人条項は、共同代理人を通じた一体的な権利行使だけではなく、社員権の統一的な行使をも要求している、と解釈する必要がある。

　以上のことから、義務的な集団的代理を規定する代理人条項は、別段の定めがない限り、共同代理人を通じた一体的な権利行使に加えて、社員権の統一的な行使をも要求するものであると解釈される。

(4) 集団構成員間の法律関係
ア　問題の所在

(1)で確認したように、義務的な集団的代理を規定する代理人条項が想定している場面は、ある集団に属する各社員がそれぞれ完全な持分を有している、つまり、複数の社員で持分を共有ないし合有しているわけではないという場面である。このような場面では、代理人条項によって規律される前は、その集団に属する社員間には、同じ会社の社員であるという以外に法律関係は存在していない[168]。したがって、そのような社員は、代理人条項によって初めて、集団として結びつけられて、相互に何らかの法律関係を有することになる。

　そこで、その法律関係とはどのような関係であるのかについて議論がある[169]。この法律関係をどのように理解するのかによって、集団内部における意思決定の方法等の集団の内部関係の規律も異なることになる。そこで、以

---

167) 本款三3(2)ア。
168) Hueck, a. a. O. (Fn. 140), S. 13；K. Schmidt, a. a. O. (Fn. 148), S. 538.
169) これに対して、有限会社法18条1項の下での代理人条項が想定している場面は、1個の持分が分割されずに複数の共同権利者に属するという場面である。この場合には、既に共同権利者間に共有関係ないし合有関係というような法律関係が存在することが前提となっており、その法律関係に適用される規律によって共同権利者間の関係が規律されることになる。よって、この場合には、本文で考察するような、共同権利者間の法律関係をどのように理解するのかという議論は（有限会社法18条1項やその下での代理人条項自体が直接的にその関係を規律しているという考え方を前提としない限り）成立しない。

下では、この集団構成員間の法律関係に関する主要な見解を考察する。その中で、それぞれの見解から導かれる集団内部における意思決定の方法や共同代理人の選任の方法についても考察する。

イ　定款によって規律されるという見解

Wiedemannは、集団構成員間の法律関係が会社の定款によって規律される、という[170]。義務的な集団的代理の下における集団は、代理人条項によって形成されるものであって、集団構成員の自由意思に基づくものではない。したがって、集団構成員間の法律関係も、会社の定款によって規律されて、原則として、集団構成員が自由に形成することはできない。例外的に、会社の定款が認めた場合に限り、集団構成員が集団構成員間の規律を決定することが許される。もっとも、この場合であっても、集団構成員間の法律関係は、会社の定款によって既に規定されており、集団構成員は、その中でどのような規律を定めるのかを決定することができるにすぎない。

このように考える場合には、共同代理人は、会社の機関として位置づけられて、義務的な集団的代理の下における集団は、会社の全体構造の一部として位置づけられる[171]。したがって、集団内部における意思決定の方法は、原則として会社の議決方法に従う[172]。もっとも、Wiedemannは、共同代理人の選任の方法は、定款に定めがない場合には、集団構成員の全員一致によらなければならない、という[173]。なぜならば、共同代理人は、各社員の利益代表者であって、選任権限を有する社員全員の信任を得ている必要があるからである。

この見解に対しては、共同代理人を会社の機関として位置づけるというその前提について、次のような批判がある[174]。すなわち、代理人条項が、会社組織法の対象であること、その意味で定款の構成要素であることは否定できないが、だからといって、社員権を意のままにする追加的な会社機関の設置を意味するということはできない。定款は、代理人条項によって、どのよう

---

170)　*Wiedemann*, a. a. O.（Fn. 142), S. 388.
171)　Ebenda.
172)　Ebenda, S. 393.
173)　Ebenda, S. 394 f.
174)　*K. Schmidt*, a. a. O.（Fn. 148), S. 537 f.

な条件の下で社員権が行使されることができるのかということを規定するにすぎない。この条件をどのように満たすかは、集団構成員自身の問題である。

　　ウ　組合（類似）関係を認める見解
　Hueck は、集団構成員が、組合関係または組合類似の関係（gesellschafts-ähnliches Verhältnis）に統合される、という[175]。確かに、この場合に、組合契約は存在しない。しかし、社員間の契約に基づいている代理人条項は、集団構成員である社員に対して、そのような統合を義務づけている。そして、集団構成員がこの義務を履行する場合には、つまり、集団構成員が共同代理人の選任に参加する場合には、組合契約の黙示的な締結が生じる[176]。
　このように考える場合には、集団内部における意思決定の方法は、組合の規律に従う。すなわち、異なる合意がされない限り、集団内部における意思決定は、集団構成員の全員一致によってなされる[177]（民法 709 条）。したがって、共同代理人の選任も、集団構成員の全員一致によってなされる[178]。
　この場合において、共同代理人の選任について集団構成員の意見が一致しないときの対処法として、そのようなときには、集団構成員は、その組合関係から生じる誠実義務を根拠として、他の集団構成員に対して、適当な共同

---

[175]　*Hueck*, a. a. O.（Fn. 140), S. 13. この他に、*Westermann*, Vertragsfreiheit und Typengesetzlichkeit im Recht der Personengesellschaften, 1970, S. 348 および *Immenga*, Die Minderheitsrechte des Kommanditisten, ZGR 1974, 385, 396 は、集団構成員の会社への入社または相続の承認によって、集団構成員間で組合的な集団形成がなされると考える。S. auch *Flume*, Allgemeiner Teil des Bürgerlichen Rechts, Erster Band, Erster Teil, Die Personengesellschaft, 1977, S. 225.
　　　連邦通常裁判所も、共同代理人の選任によって「特別な組合類似の関係（besonderes gesellschaftsähnliches Verhältnis）」が発生して、それは組合の規律に従う、という（BGH, Urteil vom 12. 12. 1966, a. a. O.（Fn. 153), S. 295）。もっとも、その後の判例まで含めて考察すると、連邦通常裁判所の態度は、必ずしも一貫していないように思われる。すなわち、BGH, Beschluss vom 06. 10. 1992‐KVR 24/91, BGHZ 119, 346, 354 において、連邦通常裁判所は、集団構成員がその意思決定を組合法的に規律することに合意しない限り、集団内部における意思決定には共同関係の規律が適用される、と判示した。このような考え方は、本文で考察している組合（類似）の関係を認める見解ではなく、3(4)エで考察する共同関係類似の関係を認める見解に属すると考えられる。実際に、連邦通常裁判所は、この判示の部分において、その見解を主張する *K. Schmidt*, a. a. O.（Fn. 148), S. 541 を引用している。
[176]　*Hueck*, a. a. O.（Fn. 140), S. 13.
[177]　Ebenda；*Flume*, a. a. O.（Fn. 175), S. 225.
[178]　*Flume*, a. a. O.（Fn. 175), S. 225. S. auch *Hueck*, a. a. O.（Fn. 140), S. 13 f.

代理人の選任に協力する義務を負う、と主張される[179]。したがって、多数派により共同代理人として指名された者に対して取り上げるに値する懸念が存在せず、また、少数派の集団構成員が客観的に見て共同代理人として適当である他の者を提案することができない限り、少数派の集団構成員は、多数派により共同代理人として指名された者の選任に賛成する義務を負う[180]。この義務は、必要であれば、訴訟によってその履行を請求することができ、その訴訟の確定した請求認容判決は、共同代理人の選任に反対している集団構成員の承認に代わるものとして扱われる[181]（ドイツの民事訴訟法（Zivilprozessordnung）894条）。

この見解に対しては、次のような２つの批判がなされている。

第１に、代理人条項の下で形成される集団は、個々の集団構成員の自由意思による集団への参加に基づくものではない。したがって、代理人条項の下で形成される集団について、組合契約の成立を擬制することはできない[182]。

第２に、共同代理人の選任について集団構成員の意見が一致しない場合におけるこの見解の対処法は適切ではない[183]。まず、実務上このような対処法が実際に実行されているわけではない。また、訴訟の確定した判決を待つ必要があるということは、集団構成員にとって耐えがたい負担になる。さらに、共同代理人の選任について集団構成員の意見が一致しない場合に、各集団構成員が、それぞれ自分が共同代理人として指名する者の選任に対する承認を求めて訴えを提起するときには、そのような訴訟が複数併存することになって、そのうちのどの訴訟が最終的な拘束力を有するのかが明らかでないことになる。その結果として、この見解も決して意図していないであろう社員権の麻痺という結果につながる。このような結果を回避するための合理的な方法として、多数派の集団構成員のみがこのような訴訟を提起することができ

---

179) *Hueck*, a. a. O.（Fn. 140）, S. 14；BGH, Urteil vom 12. 12. 1966, a. a. O.（Fn. 153）, S. 298；*Flume*, a. a. O.（Fn. 175）, S. 225.
180) *Hueck*, a. a. O.（Fn. 140）, S. 14；BGH, Urteil vom 12. 12. 1966, a. a. O.（Fn. 153）, S. 298.
181) *Hueck*, a. a. O.（Fn. 140）, S. 14；BGH, Urteil vom 12. 12. 1966, a. a. O.（Fn. 153）, S. 298.
182) *K. Schmidt*, a. a. O.（Fn. 148）, S. 540. *Wiedemann*, a. a. O.（Fn. 142）, S. 388 も、３(4)イで考察した観点から、組合（類似）関係の成立に反対する（S. auch *Wiedemann*, a. a. O.（Fn. 8）, S. 250）。
183) *K. Schmidt*, a. a. O.（Fn. 148）, S. 544.

ることとするという方法が考えられる[184]。しかし、このような方法による場合には、この訴訟は、多数派の集団構成員が、自らによる指名に少数派の集団構成員を従わせることを執行するという意味しか有しない無益なものであるということになる。そのような方法を認めるのであれば、最初から全員一致による意思決定を放棄して、多数決による意思決定を採用すれば足りる。

  エ　共同関係類似の関係を認める見解

 これらの見解に対して、Karsten Schmidt は、集団構成員間には、特別な法定の関係としての共同関係類似の関係（gemeinschaftsähnliches Verhältnis）が存在する、という[185]。なぜならば、代理人条項の趣旨および法的効果は、複数の持分所有者を、権利行使に関しては共同関係の構成員の立場に置くという点にあるからである[186]。すなわち、複数の権利主体に 1 個の権利が共同して帰属する場合には、この状況は、民法 742 条以下が適用される民法 741 条の意味における共同関係を基礎づける[187]。義務的な集団的代理の下における集団の構成員は、代理人条項によって、その権利が共同して帰属する状況と同じ状況に置かれることになる。よって、このような状況によって、共同関係類似の関係が基礎づけられる。

 このように考える場合には、集団内部における意思決定の方法は、共同関係の規律に従う[188]。すなわち、集団内部における意思決定は、持分割合に基づく多数決でなされることができる[189]（民法 745 条類推適用）。この民法 745 条類推適用の根拠として、共同関係における多数決原則の次のような意義が挙げられる[190]。すなわち、多数決原則は、共同関係の構成員間の特別な結合

---

184)　実際に、*Immenga*, a. a. O.（Fn. 175）, S. 397 は、このように主張する。そして、多数派の集団構成員がこのような訴えを提起した場合には、被告が多数派の「提案に反対する相当な論拠を挙げることができない」ときに、その請求が認容される、という。

185)　*K. Schmidt*, a. a. O.（Fn. 148）, S. 540 f. もっとも、Karsten Schmidt も、集団構成員が任意に組合契約の締結によって組合関係を成立させることを否定するわけではない（ebenda, S. 541）。

186)　Ebenda, S. 540 f.

187)　S. *K. Schmidt*, in：Münchener Kommentar zum Bürgerlichen Gesetzbuch, 7. Aufl., 2017, § 741, Rdn. 1.

188)　*K. Schmidt*, a. a. O.（Fn. 148）, S. 541；BGH, Beschluss vom 06. 10. 1992, a. a. O.（Fn. 175）, S. 354. この判例については、前掲注 175) も参照。

189)　*K. Schmidt*, a. a. O.（Fn. 148）, S. 545.

190)　Ebenda, S. 546.

の表れであって、組合のような結合が存在しなくても共同関係の構成員の下において適切な管理規律が必要になることの帰結である。多数決原則は、契約なしに結合している権利者間の意見対立を克服するために導入されている。そして、それは、同様に、義務的な集団的代理の場合にも問題になる。すなわち、その場合における集団の内部関係は、法律上の規律がなく、そのような管理規律を必要としている。

　もっとも、このような多数決による意思決定に限界がないわけではない。Karsten Schmidt も、共同代理人の選任について、まずは全員一致が目指されるべきであって、もし多数派の集団構成員が最初から共同代理人の選任を紛争の対象にするならば、それは誠実に反して行為していることになる、という[191]。また、連邦通常裁判所は、有限合資会社に関する事案において、このような集団内部における多数決による意思決定は、少数派から剥奪するためにその少数派の同意が必要になるような社員権の核心領域に属する権利を侵害することはできない、と判示する[192]。

　　オ　まとめ

　以上のように、義務的な集団的代理の下における集団の構成員間の法律関係については、次の3つの見解が存在する。すなわち、集団構成員間の法律関係が定款によって規律されるという見解（イ）、集団構成員間の法律関係を組合（類似）の関係と捉える見解（ウ）、共同関係類似の関係と捉える見解（エ）である。これらのうち、イの見解によると、集団内部における意思決定の方法は、会社の議決方法に従うことになり、人的会社の場合には、原則として全員一致によることになる（商法119条1項）。また、この見解の論者は、共同代理人の選任は全員一致による、という。ウの見解によると、集団内部における意思決定および共同代理人の選任は、全員一致によることになる。これに対して、エの見解によると、集団内部における意思決定および共同代理人の選任は、持分割合に基づく多数決によることになる。

---

191)　Ebenda, S. 545.
192)　BGH, Beschluss vom 06.10.1992, a. a. O.（Fn. 175), S. 354 f.

4　分　析
(1)　日本における先行研究の検討

　2で確認したように、ドイツ法を参考にして日本の会社法106条（平成17年改正前商法203条2項）の検討を行った大野正道は、Wiedemannの見解（3(4)イ）およびHueckの見解（3(4)ウ）を参考にして、日本の会社法106条にいう権利行使者の指定のために準共有者の全員一致を要求していると考えられる。

　しかし、これらの見解が対象としているのは、3で考察した義務的な集団的代理を規定する代理人条項である。そして、この意味での代理人条項が想定している場面は、複数の社員で持分を共有ないし合有しているわけではないという場面である。だからこそ、これらの見解は、この代理人条項によって形成された集団の構成員間の法律関係やその規律を独自に探究して、それが定款によって規律されると主張したり[193]、組合（類似）の関係であると主張したり[194]しているのである。これらの見解を主張するWiedemannおよびHueckも、（集団を構成する）複数の社員間に既に共同相続関係のような法律関係が存在する場合には、その法律関係の規律が適用されると考えている[195]。したがって、これらの見解は、複数の社員で持分を共有ないし合有しているという場面とは異なった場面について検討したものである。

　さらに、集団内部における意思決定は全員一致によらなければならないというこれらの見解の帰結に対しても、3(4)ウで考察したような実質的な批判がある。すなわち、共同代理人による社員権の行使のために集団内部において全員一致を要求する場合には、そのような社員権の行使が著しく困難になり、それに伴って弊害が生じることもあり得る。

　これらのことに鑑みると、日本の会社法106条にいう権利行使者の指定のために準共有者の全員一致を要求するということの根拠として、Wiedemannの見解およびHueckの見解を援用することは説得的ではない[196]。

---

193)　本款三3(4)イ。
194)　本款三3(4)ウ。
195)　S. *Hueck*, a. a. O. (Fn. 140), S. 13；*Wiedemann*, a. a. O. (Fn. 8), S. 250 f.
196)　泉田栄一『会社法の論点研究――附・国際金融法の論点』（信山社、2005年）57-58頁（初出：泉田栄一「株式・持分の相続と権利行使者の通知」法学新報109巻9・10号（2003年）49頁）も同旨。

(2) 有限会社法 18 条 1 項との比較

　3(3)で考察した解釈から明らかになるように、義務的な集団的代理を規定する代理人条項の目的は、共同代理人を通じた一体的な権利行使の確保だけではなく、社員権の統一的な行使の確保をも含んでいる[197]。これに対して、本章におけるここまでの考察[198]によると、有限会社法 18 条 1 項は、一体的でない社員権行使からの会社の保護を重視している。それに加えて、有限会社法 18 条 1 項が社員権の統一的な行使についてどのような態度を採用しているのかは、明らかではない[199]。そこで、この(2)で、義務的な集団的代理を規定する代理人条項との比較を通じて、有限会社法 18 条 1 項が社員権の統一的な行使の確保をも目的としているのかについての分析を行う。

　義務的な集団的代理を規定する代理人条項が一体的な権利行使に加えて社員権の統一的な行使をも要求するものであると解釈される理由は、この代理人条項の目的が、社員数の増加によって異なる意見や利益が増えることで会社の意思決定が困難になることを防止することである、というところにある[200]。すなわち、共同代理人が各社員からの別々の指図に基づいて不統一的に権利を行使することができる場合には、結局、共同代理人を通じて、増加した社員数に対応する数の異なる意見や利益が、会社の意思決定に影響し得ることになる。このような不統一的な権利行使による異なる意見の増加は、特に人的会社の場合には、その意思決定に対して深刻な影響をもたらす[201]。なぜならば、人的会社では、社員による決議の要件が、原則として全員一致であるからである（商法 119 条 1 項）。また、定款の定めによって社員による決議が多数決で決定されると規定されている場合であっても、その多数決は、原則として、社員の頭数に従って計算される（商法 119 条 2 項）。したがって、社員の頭数が増加すると、それに応じて意思決定が困難になる。

　これに対して、有限会社の場合には、このような社員の頭数の増加を防止するという観点はそれほど重要ではないと考えられる[202]。なぜならば、社員

---

197) 「一体的」という用語と「統一的」という用語の本書における使い分けについては、前掲注 37) を参照。
198) 本款二 4 。
199) 前掲注 45) も参照。
200) 本款三 3 (3)。
201) 本款三 3 (2)イも参照。

決議の要件は、原則として議決権の過半数であって（有限会社法47条1項）、持分1ユーロごとに1個の議決権が与えられるからである（有限会社法47条2項）。この場合には、社員の頭数が増加したとしても、それだけで直ちに会社の意思決定が困難になるとまではいうことができない。このような状況に鑑みると、有限会社法18条1項が一体的な権利行使に加えて社員権の統一的な行使をも要求していると解釈する理由は乏しいと考えられる。

　もっとも、伝統的な見解は、有限会社法18条1項を、一般的に1個の持分から生じる複数の議決権の不統一行使が許されないことの根拠として援用する[203]。すなわち、有限会社法18条1項によって既に、1個の持分を有する複数の共同権利者が不統一的に権利を行使することは許されないので、同様に、1個の持分を有する単独所有者が不統一的に権利を行使することも許されない、という。この見解は、有限会社法18条1項が社員権の不統一行使を許容していないという解釈を前提としている。しかし、なぜ有限会社法18条1項をこのように解釈する必要があるのかは明らかにされていない。そして、この見解の論者は、有限会社法18条1項の援用以外の理由づけも挙げていない[204]。したがって、この見解は、有限会社法18条1項を形式的に援用しているだけであって、この見解を基礎づける実質的な理由は、有限会社法18条1項以外に存在すると考えられる。よって、有限会社法18条1項がこの見解によって援用されているということから直ちに、有限会社法18条1項が社員権の統一的な行使を要求しているということはできない[205]。

　以上の分析によると、有限会社法18条1項の目的には、社員権の統一的な

---

202)　本款三3(2)イも参照。

203)　*Heckelmann*, Die uneinheitliche Abstimmung bei Kapitalgesellschaften, AcP 170（1970), 306, 340 f.；*Hüffer*, in：Ulmer/Habersack/Winter (Hrsg.), Gesetz betreffend die Gesellschaften mit beschränkter Haftung (GmbHG), Großkommentar, 1. Aufl., 2005, § 47 Rdn. 59. これに対して、これに反対する近時の見解として、後掲注205）を参照。

204)　Z. B. *Heckelmann*, a. a. O. (Fn. 203), S. 339 f.；*Hüffer*, a. a. O. (Fn. 203) § 47 Rdn. 59.

205)　S. *Römermann*, in：Michalski/Heidinger/Leible/Schmidt (Hrsg.), Kommentar zum Gesetz betreffend die Gesellschaften mit beschränkter Haftung (GmbH-Gesetz), 3. Aufl., 2017, § 47 Rdn. 463；*Armbrüster*, Zur uneinheitlichen Stimmrechtsausübung im Gesellschaftsrecht, in：Festschrift für Gerold Bezzenberger zum 70. Geburtstag, 2000, S. 17 f.；*J. Schmidt*, a. a. O. (Fn. 81), S. 1051 f.；*Blasche*, Die uneinheitliche Angabe der Stimmen aus GmbH-Geschäftsanteilen, GmbHR 2016, 99, 100.

行使の確保は含まれないと考えられる。

第4款　小　括

本節では、共同権利者と有限会社の関係を規律する有限会社法18条1項に関する規律内容や議論を考察した。

一　共同権利者自身による共同の権利行使に関する規律

まず、第2款において、共同権利者自身が権利行使を行う場合における規律を考察した。そこでは、有限会社法18条1項にいう共同の権利行使がどのような態様での権利行使であるのかについて争いがあり、直接的な一体的権利行使に限定する見解（二）と間接的な一体的権利行使を許容する見解（三）の対立がある。

これら2つの見解の主要な対立点は、有限会社法18条1項の目的を、①共同権利者間の内部関係の不明確性からの会社の保護であると捉えるのか、②一体的でない社員権行使からの会社の保護であると捉えるのか、という点にある（四2）。さらに、このような目的についての理解の違いの背景には、共同権利者の権利をどのように理解するのかという前提の違いがあると考えられる（四2）。すなわち、有限会社法18条1項が存在しない場合において、①各共同権利者がその内部関係における決定に従って権利を行使しなければならないという前提に立つのか、②各共同権利者が個別的に（一体的にではなく）権利を行使することができるという前提に立つのかという違いである。これらの対立は、第2節第2款二で分析したものと同じである。

なお、間接的な一体的権利行使を許容する見解によると、会社は、有限会社法18条1項によっては共同権利者間の内部関係の不明確性からは保護されないところ、この見解の論者は、一般的な規律によって、会社は共同権利者間の内部関係の不明確性から十分に保護されると主張する（四3）。

二 共同代理人による共同の権利行使に関する規律

次に、第3款において、共同代理人が権利行使を行う場合における規律を考察した。

1 共同代理人に関する原則的規律

まず、二において、任意の共同代理人に関する規律を考察した。その際には、株式法69条1項と異なる点についての分析を通じて、株式法69条1項や日本の会社法106条の規律を相対化して検討する手がかりを得ることを試みた。その結果として、次のような知見を得ることができた。すなわち、有限会社法18条1項の下では、共同権利者は、共同代理人の代理権をその対象または期間について制限することができる（3(1)）。この点は、株式法69条1項の場合とは異なる（4）。その理由は、株式法69条1項が、共同権利者間の内部関係の不明確性からの会社の保護を重視している[206]のに対して、有限会社法18条1項が、一体的でない社員権行使からの会社の保護を重視しているからである。このように、株式法69条1項が重視する目的と有限会社法18条1項が重視する目的は異なっている。

2 共同代理人による権利行使を義務づける定款規定（代理人条項）

次に、三において、共同代理人による権利行使を義務づける定款規定（代理人条項（Vertreterklausel））についての考察を行った。そこでは、有限会社法18条1項の下での代理人条項（1）と義務的な集団的代理を規定する代理人条項（3）とを区別して考察した。そのうえで、日本の先行研究がこの議論を引用していることが適切であるのかを検討した（4(1)）。また、この代理人条項と有限会社法18条1項との比較を通じて、有限会社法18条1項の目的についての分析を行った（4(2)）。

---

[206] もっとも、株式法69条1項の目的には、本文で述べたような①共同権利者間の内部関係の不明確性からの会社の保護に加えて、②一体的でない社員権行使からの会社の保護も含まれる、と考える可能性もあることについては、前掲注130）を参照。

(1) 日本における先行研究の検討

　有限会社法 18 条 1 項の下での代理人条項が想定している場面は、1 個の持分が分割されずに複数の共同権利者に属するという場面であるのに対して、義務的な集団的代理を規定する代理人条項が想定している場面は、複数の社員で持分を共有ないし合有しているわけではないという場面である（3(1)）。ドイツ法を参考にして日本の会社法 106 条（平成 17 年改正前商法 203 条 2 項）の検討を行った大野正道は、後者を対象とする見解を参考にして、日本の会社法 106 条にいう権利行使者の指定のために準共有者の全員一致を要求している。

　しかし、この後者を対象とするドイツの見解は、代理人条項によって形成される集団の構成員間にそれ以前に法律関係が存在しないことを前提として、その法律関係を探究するものである。すなわち、この見解は、1 個の持分が分割されずに複数の共同権利者に属するというように複数の社員間に既に共同相続関係のような法律関係が存在する場面に妥当するものではない。よって、この見解を引用することによっては、株式が準共有されている場面を想定している日本の会社法 106 条にいう権利行使者の指定のために準共有者の全員一致を要求することを説得的に基礎づけることはできない（4(1)）。

(2) 有限会社法 18 条 1 項の目的についての一分析

　また、義務的な集団的代理を規定する代理人条項の目的は、共同代理人を通じた一体的な権利行使の確保だけではなく、社員権の統一的な行使の確保をも含んでいる（3(3)）。そこで、この代理人条項との比較を通じて、有限会社法 18 条 1 項が社員権の統一的な行使の確保をも目的としているのかについての分析を行った（4(2)）。

　この代理人条項が一体的な権利行使に加えて社員権の統一的な行使をも要求するものであると解釈される理由は、特に人的会社の場合には、社員の頭数が増加することによって、それに応じて意思決定が困難になるからである。これに対して、有限会社の場合には、社員の頭数が増加した場合であっても、それだけで直ちに会社の意思決定が困難になるわけではない。このような観点からは、有限会社法 18 条 1 項が一体的な権利行使に加えて社員権の統一的な行使をも要求していると解釈する理由は乏しい。

もっとも、伝統的な見解は、有限会社法18条1項が社員権の統一的な行使を要求している（社員権の不統一行使を許容していない）という解釈を前提にして、有限会社法18条1項を、一般的に1個の持分から生じる複数の議決権の不統一行使が許されないことの根拠として援用する。しかし、この見解は、なぜ有限会社法18条1項をこのように解釈する必要があるのかを明らかにしておらず、有限会社法18条1項を形式的に援用しているだけである。よって、有限会社法18条1項がこの見解によって援用されているということから直ちに、有限会社法18条1項が社員権の統一的な行使を要求しているということはできない。

　以上の分析によると、有限会社法18条1項の目的には、社員権の統一的な行使の確保は含まれないと考えられる。

第 5 節

共同権利者間の内部関係の規律
―― 共同相続関係の規律

第1款 序

　本節では、共同権利者間の内部関係の規律として、共同相続関係の規律を考察する。

　ここまで第3節および第4節において、共同権利者と株式会社ないし有限会社の関係の規律として、株式法69条1項および有限会社法18条1項の規律を考察してきた。これらの規律は、専ら共同権利者と株式会社ないし有限会社の関係のみを規律するものであって、共同権利者間の関係を規律するものではないと考えられている[207]。そして、株式法69条1項および有限会社法18条1項の下における共同代理人の選任および共同代理人に対する指図、ならびに、有限会社法18条1項の下における共同権利者自身による共同の権利行使の内容は、共同権利者間の内部関係の規律に基づいて決定されると考えられている[208]。このように考える場合には、共同相続された株式・持分から生じる権利がどのように行使されるのかは、共同相続関係の規律に基づいて決定される。

---

[207]　Zum AktG：*Bayer*, a. a. O.（Fn. 5），§ 69 Rdn. 2；*Merkt*, a. a. O.（Fn. 5），§ 69 Rdn. 1. Zum GmbHG：*Seibt*, a. a. O.（Fn. 5），§ 18 Rdn. 2 u. 24；*Löbbe*, a. a. O.（Fn. 5），§ 18 Rdn. 19；*Reichert/Weller*, a. a. O.（Fn. 5），§ 18 Rdn. 54；BGH, Urteil vom 14. 12. 1967, a. a. O.（Fn. 112），S. 191.

[208]　株式法69条1項の下における共同代理人の選任について、本章第3節第2款。株式法69条1項の下における共同代理人に対する指図について、本章第3節第3款。有限会社法18条1項の下における共同代理人の選任および共同代理人に対する指図について、本章第4節第3款二1および同3。有限会社法18条1項の下における共同権利者自身による共同の権利行使の内容の決定について、本章第4節第2款三。

この規律のあり方については、それが有限会社やその関係者に与える影響に鑑みて、一定の議論がなされている。特に、最近になって、有限会社の持分の共同相続に関して従来よりも比較的多くの裁判例が公表されてきていることから、それに呼応して、学説における議論も少ないながらも以前よりは増えつつある。そこで、本節では、これらの裁判例や学説における議論を考察する。それによって日本法への示唆を得ることを試みる[209]。具体的には、その考察によって、共同権利者と会社の外部関係と共同権利者間の内部関係との関係のあり得る姿を類型化する。

　そのために、まず、第2款において、共同相続関係に関する一般的な規律を確認する。そして、そこで確認した規律を踏まえて、第3款において、共同相続関係における社員権行使の決定方法についての伝統的な考え方を考察する。その中で、共同相続関係における社員権行使の決定方法について判断した裁判例も考察する。次に、第4款において、第3款で考察した伝統的な考え方とは異なるアプローチを試みる見解を考察する。その後、これら第3款および第4款で考察した考え方を踏まえて、第5款において、会社法の平面と相続法の平面の関係についての分析を行う。その分析によって、共同権利者と会社の外部関係と共同権利者間の内部関係との関係のあり得る姿を類型化する。

　なお、有限会社法18条1項が適用される場面は、持分が共同相続された場面に限定されるわけではない。しかし、この共同相続の場面が有限会社法18条1項の適用される主要な場面であるので[210]、有限会社法18条1項に関連する議論も、共同相続の場面を念頭に置いてなされることが多い。そこで、本節では、この共同相続の場面に対象を限定して考察を行う。また、株式会社における共同権利者間の内部関係の規律に関する議論はほとんど存在しないので、本節でも、有限会社における共同権利者間の内部関係の規律に関する議論を考察する。しかし、本節で考察する規律は、原則として株式会社の場合にも妥当すると考えられる。

---

[209]　日本法への示唆については、第6節第3款で確認する。
[210]　Fn. 17.

第2款　共同相続関係に関する一般的な規律

一　序

　本款では、次款以降の考察の前提として、共同相続関係に関する一般的な規律を確認する。共同相続関係における遺産の共同管理に関する規律は、民法2038条に規定されている。そこでは、3種類の規律が規定されている[211]。すなわち、第1に、民法2038条1項1文が、共同管理の原則を規定している（二）。第2に、民法2038条2項1文が、民法745条1項の適用を規定することによって、多数決による通常の管理を規定している（三）。第3に、民法2038条1項2文後段が、各共同相続人の単独による保存行為を規定している（四）。そこで、本款では、これら3種類それぞれの規律の内容を確認する。

　なお、ここでいう「管理（Verwaltung）」は、内部関係だけではなく、第三者に対する外部関係における代理や処分をも包含している[212]。

二　共同管理の原則

　民法2038条1項1文は、「遺産の管理権は、相続人に共同して帰属する。」と規定している[213]。ここでいう「共同して」とは、全員一致によるということである[214]。すなわち、遺産の管理に関する決定のためには、共同相続人全

---

211) *Wiedemann*, a. a. O. (Fn. 8), S. 248；*Ann*, a. a. O. (Fn. 51), S. 17；*Gergen*, in：Münchener Kommentar zum Bürgerlichen Gesetzbuch, 7. Aufl., 2017, § 2038 Rdn. 8.
212) *Wiedemann*, a. a. O. (Fn. 8), S. 247 f.；*Löhnig*, in：Staudingers Kommentar zum Bürgerlichen Gesetzbuch, 2016, § 2038 Rdn. 6；*Gergen*, a. a. O. (Fn. 211), § 2038 Rdn. 14. ここでいう「管理」には、本文で言及したように、譲渡等の処分も含まれると考えられている（*Gergen*, a. a. O. (Fn. 211), § 2038 Rdn. 7）。そのうえで、処分行為の場合には、場合によっては特別の管理に分類されて、または、民法2040条1項に基づいて、全員一致による決定が必要とされることになる（本款二、本款三2も参照）。このような「管理」の概念は、日本の共有に関する規律が、処分行為および変更行為と管理行為を区別する場合における「管理行為」の概念とは異なっている。すなわち、日本における「管理行為」は、日本の民法252条本文に基づいて多数決で決定することができるものであって、処分行為を含むものではない。なお、ドイツの遺産の共同管理の文脈における「管理」の概念について、*Wiedemann*, a. a. O. (Fn. 8), S. 247 f.；*Löhnig*, a. a. O. § 2038 Rdn. 6 f.；*Gergen*, a. a. O. (Fn. 211), § 2038 Rdn. 14 ff. も参照。

員の同意が必要である。

　もっとも、この共同管理の原則は、あらゆる管理に適用されるというわけではない。この共同管理の原則の適用範囲は、通常の管理（ordnungsmäßige Verwaltung）に該当しないもの、つまり、特別の管理（nichtordnungsmäßige Verwaltung）に限定される[215]。したがって、この共同管理の原則の適用範囲を画定するためには、「通常の管理」の意味を明らかにする必要がある。

三　多数決による通常の管理

1　多数決による意思決定と実行

　民法2038条2項1文が適用を規定する民法745条1項1文は、「共同関係の対象の性質に応じた通常の管理および利用（eine der Beschaffenheit des gemeinschaftlichen Gegenstands entsprechende ordnungsmäßige Verwaltung und Benutzung）は、多数決によって決定することができる。」と規定している[216]。よって、ある行為が通常の管理（ordnungsmäßige Verwaltung）に該当する場合には、その行為は、多数決によって決定して実行することができる[217]。この場合における多数決は、頭数ではなく相続分に応じて算定される[218]（民法745条1項2文）。

　この規律の下では、多数決によって内部関係における意思決定をすること

---

213)　この条文の日本語訳については、太田武男＝佐藤義彦編『注釈ドイツ相続法』（三省堂、1989年）367頁を参考にした。
214)　Löhnig, a. a. O. (Fn. 212), § 2038 Rdn. 9 f.; Gergen, a. a. O. (Fn. 211), § 2038 Rdn. 24. もっとも、ここでいう全員一致は、共同相続人全員が同時に行為しなければならないという意味ではなく、共同相続人の1人が他の全ての共同相続人の同意を得てから行為することで足りる（Löhnig, a. a. O. (Fn. 212), § 2038 Rdn. 9a; Gergen, a. a. O. (Fn. 211), § 2038 Rdn. 24）。
215)　Gergen, a. a. O. (Fn. 211), § 2038 Rdn. 23.
216)　この条文の日本語訳については、右近健男編『注釈ドイツ契約法』（三省堂、1995年）631-632頁〔上谷均〕を参考にした。
217)　Löhnig, a. a. O. (Fn. 212), § 2038 Rdn. 27; Gergen, a. a. O. (Fn. 211), § 2038 Rdn. 34. さらに、民法2038条1項2文前段は、各共同相続人が通常の管理のために必要な措置に協力する義務を負うと規定している。Dazu s. Löhnig, a. a. O. (Fn. 212), § 2038 Rdn. 11 ff.; Gergen, a. a. O. (Fn. 211), § 2038 Rdn. 41 ff.
218)　Löhnig, a. a. O. (Fn. 212), § 2038 Rdn. 31; Gergen, a. a. O. (Fn. 211), § 2038 Rdn. 35.

ができるだけではなく、多数派の共同相続人は、少数派の共同相続人の反対にかかわらず、外部関係においてその決定を実行することができる[219]。その理由として、Wiedemann は、少数派の共同相続人に保護を与える必要がない、ということを挙げる[220]。すなわち、コンツェルン法で考えられるような他の企業の利益を目的とする多数派に起因する危険は、偶然に形成される共同相続関係の場合には生じない、という。また、（少数派の）共同相続人は、遺産分割を請求することによって、いつでも共同相続関係を解消することができる（民法2042条）。したがって、少数派の共同相続人の保護は、後述する民法745条3項1文による多数決の制約および損害賠償請求権等で十分である、という。

2　「通常の管理」の意義

ここでいう「通常の管理」とは、衡平な判断に照らして遺産の性質および共同相続人全員の利益に適合するものをいう[221]。この「通常の管理」の該当性は、合理的で経済的に思考する判断者の客観的な立場に立って判断される[222]。

このような多数決による通常の管理の限界は、民法745条3項1文[223]によって規定されている。その規定によると、対象の本質的な変更（wesentliche Veränderung des Gegenstands）は、多数決によって決定することができない。ここでいう「対象（Gegenstands）」とは、共同相続関係における遺産の管理の場合においては、遺産全体を意味しており、遺産の個々の構成物を意味

---

[219]　*Wiedemann*, a. a. O.（Fn. 8), S. 248 ; *Lange*, a. a. O.（Fn. 56), S. 116 ; *Löhnig*, a. a. O.（Fn. 212), § 2038 Rdn. 27 ; BGH, Urteil vom 29.03.1971 - Ⅲ ZR 255/68, BGHZ 56, 47, 51 f. ; BGH, Urteil vom 11.11.2009 - Ⅻ ZR 210/05, BGHZ 183, 131, 138 ; OLG Stuttgart, Beschluss vom 09.09.2014 - 14 U 9/14, GmbHR 2015, 192, 193. 債務設定行為について、*Gergen*, a. a. O.（Fn. 211), § 2038 Rdn. 51.

[220]　*Wiedemann*, a. a. O.（Fn. 8), S. 248.

[221]　*Löhnig*, a. a. O.（Fn. 212), § 2038 Rdn. 29 ; *Gergen*, a. a. O.（Fn. 211), § 2038 Rdn. 30. 具体的にどのような行為がここでいう「通常の管理」に該当するのかについては、*Gergen*, a. a. O.（Fn. 211), § 2038 Rdn. 32 f. を参照。

[222]　*Löhnig*, a. a. O.（Fn. 212), § 2038 Rdn. 29.

[223]　この規定も、民法2038条2項1文によって、共同相続関係の遺産の管理への適用が規定されている。

するわけではない[224]。よって、共同相続関係における遺産の管理の場合に「対象の本質的な変更」に該当するためには、「その行為によって遺産〔全体〕の目的または形態が決定的に変更されるであろう」ということが必要である[225]。このように遺産全体を基準とする理由は、遺産の小規模な構成物ごとに各共同相続人がその本質的な変更を阻止することができることとする場合には、民法 2038 条 2 項 1 文、同 745 条が目的とする機能的な通常の管理をすることができなくなるからである[226]。

3 多数決による意思決定の手続

この規律の下での多数決による意思決定の手続は、法によって特に規定されているわけではなく、共同相続人が自由に行うことができる[227]。ただし、共同相続人の中で意思決定に参加する機会を与えられなかった者が存在する場合に、その意思決定が有効であるのかについては争いがある[228]。

支配的な見解は、取引安全および第三者の保護を理由として、この場合であっても、意思決定は有効であって、意思決定に参加する機会を与えられなかった共同相続人は、損害賠償請求をすることができるにとどまる、という[229]。

これに反対する見解は、意思決定に参加する機会を与えられなかった少数派の共同相続人の保護を理由として、この場合における意思決定は無効である、という[230]。その理由として、次の 2 点が挙げられる[231]。第 1 に、取引安

---

224) *Löhnig*, a. a. O.（Fn. 212），§ 2038 Rdn. 21；*Gergen*, a. a. O.（Fn. 211），§ 2038 Rdn. 30.
225) BGB, Urteil vom 28.09.2005-Ⅳ ZR 82/04, BGHZ 164, 181, 187.
226) *J. Schmidt*, a. a. O.（Fn. 81），S. 1052. S. auch OLG Thüringen, Urteil vom 25.04.2012-2 U 520/11, GmbHR 2013, 149, 150.
227) *Gergen*, a. a. O.（Fn. 211），§ 2038 Rdn. 38.
228) 近時、BGH, Urteil vom 19.09.2012-ⅩⅡ ZR 151/10, NJW 2013, 166 Rdn. 15 は、この点についての判断を留保している。
229) *Gergen*, a. a. O.（Fn. 211），§ 2038 Rdn. 38；BGH, Urteil vom 29.03.1971, a. a. O.（Fn. 219），S. 55 f.；OLG Thüringen, Urteil vom 25.04.2012, a. a. O.（Fn. 226），S. 150；OLG Karlsruhe, Beschluss vom 16.12.2013, a. a. O.（Fn. 91），S. 256 f.
230) *Muscheler*, Der Mehrheitsbeschluß in der Erbengemeinschaft, ZEV 1997, 169, 174；*Werkmüller*, Die Mitwirkungsbefugnisse der Bruchteilsminderheit bei Beschlußfassungen in der ungeteilten Erbengemeinschaft, ZEV 1999, 218, 219 ff.；*Ann*, a. a. O.（Fn. 51），S. 87；*K. Schmidt*, a. a. O.（Fn. 91），§ § 744, 745, Rdn. 19；*Schürnbrand*, a. a. O.（Fn. 91），S. 243.

全は、絶対的なものではなく、既に表見代理に関する規律によって考慮されている。第2に、損害賠償は、被った損害を常に補填することができるというわけではなく、少数派の共同相続人の保護にとって不十分である場合がある[232]。

四　各共同相続人の単独による保存行為

民法2038条1項2文後段は、「各共同相続人は、他の共同相続人の協力なしに、保存に必要な行為（die zur Erhaltung notwendigen Maßregeln）を行うことができる。」と規定している[233]。よって、ある行為が「保存に必要な行為」[234]に該当する場合には、各共同相続人が、単独でその行為をすることができる[235]。

ここでいう「保存に必要な行為」に該当するための要件は、概ね次の3点に整理することができる[236]。第1に、その行為が、「通常の管理」の範囲内の行為でなければならない[237]。第2に、その行為が、共同関係の構成物の保存のために必要な措置でなければならない[238]。すなわち、その行為を行わなければ、遺産またはその構成物に損害が生じ、または、少なくともその重大な

---

231) S. *Schürnbrand*, a. a. O.（Fn. 91）, S. 243. さらに、このようにこの場合に意思決定を無効にすることは、有限会社法18条の目的とも矛盾しない、という。その理由として、間接的な一体的権利行使を許容する見解（本章第4節第2款三）は、このような共同相続関係内部の意思決定の瑕疵が会社に影響することを容認している、ということを挙げる。このことは、この間接的な一体的権利行使を許容する見解が、有限会社法18条1項の目的を、共同権利者間の内部関係の不明確性からの会社の保護であるとは捉えていない、という本書の分析（本章第4節第2款四2）と整合的である。
232) *Muscheler*, a. a. O.（Fn. 230）, S. 174；*Werkmüller*, a. a. O.（Fn. 230）, S. 219 f.
233) この条文の日本語訳については、太田＝佐藤編・前掲注213) 367頁を参考にした。この規定は、民法744条2項と比較することができると指摘されている（*Gergen*, a. a. O.（Fn. 211）, § 2038 Rdn. 56）。民法744条2項は、通常の共同関係の場合についての保存行為を規律している。
234) 本章では、ここでいう「保存に必要な行為」を「保存行為」ということがある。
235) *Löhnig*, a. a. O.（Fn. 212）, § 2038 Rdn. 30a；*Gergen*, a. a. O.（Fn. 211）, § 2038 Rdn. 55.
236) 具体的にどのような行為がここでいう「保存に必要な行為」に該当するのかについては、*Gergen*, a. a. O.（Fn. 211）, § 2038 Rdn. 59 f. を参照。
237) Ebenda, § 2038 Rdn. 56.
238) *Löhnig*, a. a. O.（Fn. 212）, § 2038 Rdn. 22；*Gergen*, a. a. O.（Fn. 211）, § 2038 Rdn. 56.

おそれがあるということが必要であって、その行為が単に有益であるというだけでは足りない。第3に、その行為は、他の共同相続人の同意を得ることができないほどに急を要するものでなければならない[239]。

このように保存行為の要件が厳格である理由は、保存行為を単独で行うことができるということが、共同相続関係の合有構造からの重大な逸脱であると考えられているからである[240]。したがって、保存行為を単独で行う権限は、狭く理解されるべきであると考えられている[241]。

第3款　共同相続関係における社員権行使の決定方法についての伝統的な考え方

一　序

第2款で確認した共同相続関係に関する一般的な規律を踏まえて、まず、本款では、共同相続関係における社員権行使の決定方法についての伝統的な考え方を考察する。この考察によって、第4款で考察する新たな考え方と対比される伝統的な考え方を確認する。

本款では、まず、二において、議論の初期に展開された見解を考察する。次に、三において、近時に多く主張されている、相続法の規律をそのまま適用する見解を考察する。

二　議論の初期に展開された見解

1　基本的な考え方

共同相続関係における社員権行使の決定方法に関する議論がまだほとんどなされていなかった頃に[242]、Wiedemann は、この問題を詳細に検討した[243]。その中で、Wiedemann は、原則として、有限会社の持分の管理は多数決によってすることができる、という[244]。ただし、Wiedemann も、一定の場合には、その例外を認める[245]。すなわち、社員権の内容または範囲を変更する場合、

---

239) *Löhnig*, a. a. O. (Fn. 212), § 2038 Rdn. 23；*Gergen*, a. a. O. (Fn. 211), § 2038 Rdn. 56.
240) *Gergen*, a. a. O. (Fn. 211), § 2038 Rdn. 55.
241) Ebenda.

つまり、社員権の基礎的な状態が問題となる場合には、多数決では足りず、共同相続人の全員一致が必要になる[246]。このことが妥当する場合の例として、有限会社法34条に基づく持分の消却に対する同意、追加出資義務の設定に対する同意、新たな持分の引受け、持分についての特別権の放棄、平等取扱いの放棄、ならびに、会社の解散および組織再編等に対する同意が挙げられる。これに対して、定款変更については、定款の中には、持分の内容および範囲にとって重要でない事項も含まれているので、全ての定款変更について共同相続人の全員一致が必要であるわけではない。

2　分　析

1で考察した見解は、相続法の規律をそのまま適用しているわけではない。1で考察した見解は、有限会社の持分の管理を、原則として多数決によってすることができるとしつつ、社員権の基礎的な地位が問題になる場合には、共同相続人の全員一致が必要である、という。

これに対して、相続法の規律をそのまま適用するならば、有限会社の持分の管理に関する意思決定の方法として全員一致が必要であるのか多数決で足

---

242) もっとも、この頃までに、このような議論が全くなかったというわけではない。例えば、Wiedemann, a. a. O.（Fn. 8）, S. 247 は、先行研究として、Däubler, Die Vererbung des Geschäftsanteils bei der GmbH, 1965 および Haegele, Vererbung von GmbH-Geschäftsanteilen, Rpfleger 1969, 186 を挙げている。もっとも、Haegele, a. a. O. は、有限会社の持分の相続に関する問題を概括的に検討するにとどまっており、本文の問題に関する検討をほとんど行っていない。

243) Wiedemann, a. a. O.（Fn. 8）. この論文は、この議論の初期の見解として、現在でもしばしば引用されている。

244) Ebenda, S. 249. なお、Wiedemann は、有限会社の全ての持分が、被相続人に帰属しており、その死亡によって複数の共同相続人に帰属することになった場合（一人会社の場合）については、特別な規律が妥当する、という（ebenda, S. 252 f.）。この点については、本書では紙幅の関係で考察を省略する。

245) Ebenda, S. 249 f.

246) なお、このような考え方を民法745条3項のみから導出するのか、それに加えて有限会社法53条3項をも援用するのかについては、結論に影響を与えないとして、Wiedemann は検討を加えていない（ebenda, S. 249）。もっとも、Wiedemann は、この場合に、「共同相続関係の組織は、団体法（Körperschaftsrecht）の規律を反映しなければならない」と述べている（ebenda）。この記述を重視するならば、Wiedemann は、共同相続関係の規律に会社法が介入すること（これについては、本節第5款を主に参照）を認めていた、と理解することもできるのかもしれない。

りるのかは、その意思決定が遺産全体の本質的な変更に該当するのかによって決定されるはずである[247]。すなわち、そのメルクマールは、1で考察した見解が着目するような、社員権の基礎的な地位が問題になるのかという点ではなく、その社員権行使が遺産全体にとって本質的な変更に該当するのかという点にあるはずである。

よって、1で考察した見解が相続法の規律をそのまま適用しているということはできない。

もっとも、この見解の論者であるWiedemannが、このように相続法の規律をそのまま適用するということを意識的に否定しているのかは明らかではない。むしろ、Wiedemannは、民法745条3項からも同じ結論が導かれると考えているようである[248]。このことから推測すると、Widemannは、相続法の規律をそのまま適用した場合であってもその結論は自己の見解と同じになると考えているように思われる。

Wiedemannのこの論文と同時期に出された裁判例[249]も、民法745条3項1文にいう本質的な変更に関する規律の具体的な適用について、適切に注意を払っているようには思われない。すなわち、この裁判例は、株式会社の監査役の解任に賛成する議決権行使についての共同代理人への委任が、多数決によってなされることができるのかを判断している。その際に、民法745条3項1文にいう本質的な変更の該当性については具体的な検討を行わずに、監査役の解任が、民法2040条1項によって全員一致が必要となる株式についての「処分」に該当するのかについてのみ検討した上で、監査役の解任は、「処分」には該当せず、通常の管理に該当する、と判断している[250]。

これらのことから推測すると、この当時は、株式・持分が共同相続された場合に民法745条3項がどのように適用されるのかという点については、まだ十分に意識されていなかった可能性がある。

---

247) 本節第2款三2。
248) 前掲注246) を参照。
249) BayObLG, Beschluss vom 25.04.1968, a.a.O. (Fn. 62). なお、この裁判例の事案は、株式会社に関する事案であるが、共同権利者間の内部関係の規律については、原則として、株式会社に関する事案と有限会社に関する事案との間で違いは生じないと考えられる（本節第1款を参照）。
250) もっとも、当事者がこの点を争わなかったために、このような判断をした可能性もある。

三　相続法の規律をそのまま適用する見解

1　学説の考え方

　これに対して、近時は、このような点を明確に意識して、相続法の規律をそのまま適用しようとする見解が多い。すなわち、有限会社の持分の管理に関する意思決定の方法として多数決で足りるのか全員一致が必要であるのか(「通常の管理」に該当するのかどうか)は、その意思決定が遺産全体の本質的な変更に該当するかどうかによって決定される、という[251]。この見解によると、遺産全体に対する有限会社の持分の相対的な価値が高ければ高いほど、その持分から生じる社員権の行使の決定のために全員一致が必要であることになりやすくなり、逆に、遺産全体に対する有限会社の持分の相対的な価値が低ければ低いほど、その持分から生じる社員権の行使の決定のためには多数決で足りることになりやすくなる[252]。

　Ann は、このような考え方に基づいた判断枠組みとして、次のような２段階の判断枠組みを提示する[253]。すなわち、第１段階の審査として、ある社員権行使が有限会社の持分の本質的な変更に該当するのかを判断する。この段階において有限会社の持分の本質的な変更が認められない場合には、遺産全体の本質的な変更も認められず、この社員権行使は、「通常の管理」に該当する。これに対して、この段階において有限会社の持分の本質的な変更が認められる場合には、第２段階の審査を行う。そして、第２段階の審査として、この社員権行使が遺産全体の本質的な変更に該当するのかを判断する。この判断の際には、その社員権行使の効果だけではなく、有限会社の持分の価値が遺産全体に占める割合も考慮される。この段階において遺産全体の本質的な変更が認められる場合には、その社員権行使は、「通常の管理」には該当せず、その意思決定のためには、共同相続人の全員一致が必要になる。このような判断枠組みに従うと、例えば、持分から生じる議決権の行使の事案にお

---

251)　*Ann*, a. a. O.（Fn. 51）, S. 368 f.；*Lange*, a. a. O.（Fn. 56）, S. 117；*Kaya*, a. a. O.（Fn. 91）, S. 595 f.；*J. Schmidt*, a. a. O.（Fn. 81）, S. 1052；OLG Jena, Urteil vom 18.04.2012, a. a. O.（Fn. 82）, S. 1324；OLG Thüringen, Urteil vom 25.04.2012, a. a. O.（Fn. 226）, S. 151 f.
252)　*Ann*, a. a. O.（Fn. 51）, S. 368；*Lange*, a. a. O.（Fn. 56）, S. 117；*Kaya*, a. a. O.（Fn. 91）, S. 596.
253)　*Ann*, a. a. O.（Fn. 51）, S. 368 f.

いて、議決権行使の内容の決定のために共同相続人の全員一致が必要である場合とは、その議決権による決議の対象が持分の本質的な変更に該当して、かつ、その持分が遺産全体の本質的な構成要素であるような場合である[254]。

2 具体的な社員権行使への適用——議決権行使の場面を念頭に

この 2 では、議決権行使の場面を念頭に置いて、相続法の規律をそのまま適用する見解の具体的な社員権行使への適用について考察する。まず、(1)において、1 で考察した学説の考え方を議決権行使の場面に適用すると、議決権行使に関する意思決定がどのように行われることになるのかについて考察する[255]。次に、(2)において、この点について具体的に判断した裁判例を考察する。そのうえで、(3)において、学説の考え方と裁判例の考え方が異なるのか、異なる場合にはどの点が異なるのか、について若干の分析を行う。これによって、1 で考察した学説の考え方を相対化して位置づけることができ、その内容をより明らかにすることができると考えられる。

---

[254] Ebenda, S. 368；*J. Schmidt*, a. a. O. (Fn. 81), S. 1053. S. auch OLG Jena, Urteil vom 18.04.2012, a. a. O. (Fn. 82), S. 1324；OLG Thüringen, Urteil vom 25.04.2012, a. a. O. (Fn. 226), S. 152.

[255] 議決権以外の社員権を行使する場合についての紹介は、本書では紙幅の関係で省略する。結論としては、社員権ごとに次のように考えられている。第 1 に、解説請求権および閲覧権（有限会社法 51a 条）の行使の決定は、「通常の管理」に該当して、多数決によってすることができる（*J. Schmidt*, a. a. O. (Fn. 81), S. 1053；OLG Karlsruhe, Beschluss vom 16.12.2013, a. a. O. (Fn. 91)）。第 2 に、社員決議の瑕疵に関する訴訟の提起は、「通常の管理」に該当する。ただし、個別具体的な事案において多数決によって決定することが不可能である場合には、各共同相続人は、民法 2038 条 1 項 2 文後段に基づいて、単独で当該訴訟を提起することができる（*J. Schmidt*, a. a. O. (Fn. 81), S. 1053；BGH, Urteil vom 12.06.1989, a. a. O. (Fn. 91)；OLG Nürnberg, Urteil vom 11.06.2008-12 U 1646/07, ZEV 2008, 604；OLG Thüringen, Urteil vom 25.04.2012, a. a. O. (Fn. 226)）。第 3 に、配当請求権および残余財産分配請求権の行使は、「通常の管理」に該当する（*J. Schmidt*, a. a. O. (Fn. 81), S. 1053-1054）。第 4 に、有限会社からの退社および解約告知の決定は、当該有限会社の持分が遺産の本質的な構成要素である場合には、遺産全体の本質的な変更に該当するものとして、「通常の管理」には該当しない。これに対して、当該有限会社の持分が遺産の本質的な構成要素ではない場合には、有限会社からの退社および解約告知の決定は、「通常の管理」に該当する（ebenda, S. 1054）。

(1) 学説の考え方の具体的な適用

1で考察した学説の考え方を議決権行使の場面に適用すると、議決権行使の内容の決定を多数決によってすることができるのかは、その議決権の対象となる決議事項が「通常の管理」に該当するのかによって決定される[256]。そして、社員総会での決議事項は、原則として、「通常の管理」に該当して、そのような決議事項に関する議決権の行使内容の決定は、多数決によってすることができる[257]。例えば、学説では、そのような決議事項として、業務執行者の選任、解任および責任免除（有限会社法46条5号）ならびに年度決算書の確定および損益の処分（有限会社法46条1号）が挙げられる[258]。

ただし、会社の構造を変更する決議事項は、民法745条3項1文にいう本質的な変更に該当する可能性があり、その場合には、その議決権の行使内容の決定のために、共同相続人の全員一致が必要である[259]。会社の構造を変更する決議事項としては、例えば、資本に関する措置、組織再編法（Umwandlungsgesetz）に基づく組織再編措置、コンツェルン法上の決定を含む定款変更が挙げられる[260]。もっとも、この決議事項が本質的な変更に該当する場合とは、1で述べたように、その決議事項が有限会社の持分の本質的な変更であって、かつ、その持分が遺産の本質的なまたは唯一の構成物であって、その結果として、遺産全体の本質的な変更がなされるような場合に限られる。

(2) 裁判例

共同相続関係に属する有限会社の持分から生じる議決権の行使に関係する主要な裁判例としては、次のものが公刊されている[261]。それらのうち、2012年チューリンゲン上級地方裁判所判決（ア）および2014年シュツットガルト

---

256) *J. Schmidt*, a. a. O. (Fn. 81), S. 1053. S. auch OLG Jena, Urteil vom 18.04.2012, a. a. O. (Fn. 82), S. 1324；OLG Thüringen, Urteil vom 25.04.2012, a. a. O. (Fn. 226), S. 151 f. *J. Schmidt*, a. a. O. (Fn. 81), S. 1053 は、有限会社法50条に基づく社員総会の招集に関する少数社員権についても、同様のことが妥当する、という。
257) *J. Schmidt*, a. a. O. (Fn. 81), S. 1053；OLG Jena, Urteil vom 18.04.2012, a. a. O. (Fn. 82), S. 1324；OLG Thüringen, Urteil vom 25.04.2012, a. a. O. (Fn. 226), S. 152.
258) *J. Schmidt*, a. a. O. (Fn. 81), S. 1053. S. auch *Bettecken*, a. a. O. (Fn. 49), S. 141.
259) *J. Schmidt*, a. a. O. (Fn. 81), S. 1053. S. auch OLG Jena, Urteil vom 18.04.2012, a. a. O. (Fn. 82), S. 1324；OLG Thüringen, Urteil vom 25.04.2012, a. a. O. (Fn. 226), S. 152.
260) *J. Schmidt*, a. a. O. (Fn. 81), S. 1053.

上級地方裁判所決定（イ）は、業務執行者の解任が「通常の管理」に該当するのかが争われた事案に関するものである。また、1994年カールスルーエ上級地方裁判所判決（ウ）は、民法181条の制限（自己契約の禁止）からの業務執行者の解放および会社の所在地を変更する定款変更が「通常の管理」に該当するのかが争われた事案に関するものである。

　ア　2012年チューリンゲン上級地方裁判所判決

　2012年チューリンゲン上級地方裁判所判決[262]の事案は、次の通りである[263]。N. F. は、被告有限会社の持分の51％を有していた。その後、N. F. が死亡して、その共同相続関係には、H. F. が2分の1の相続分で、V. F. が4分の1の相続分で、原告が4分の1の相続分で参加した。V. F. は、2010年4月20日、H. F. および V. F. の賛成によって、この共同相続関係の共同代理人に選任された。2010年5月7日の被告有限会社の社員総会において、V. F. により代理される共同相続関係の賛成によって、原告を被告有限会社の業務執行者から解任する旨の社員決議が成立した。これに対して、原告は、この決議の効力を争って訴えを提起した。

　この事案についての判決理由の中で、裁判所は、業務執行者からの原告の解任が決議事項である場合であっても、この決議事項に関する議決権の行使についての代理権の授与は、「通常の管理」に該当して、多数決によってすることができる、と判断している[264]。その理由として、民法745条3項1文にいう本質的な変更は、有限会社の持分の本質を侵害するような場合にのみ存在するところ、業務執行者からの原告の解任によっても、共同相続関係に属する有限会社の持分は、このような意味で本質的には変更されない、ということを挙げる。

---

261) この他に、株式会社の監査役の解任が「通常の管理」に該当すると判断した裁判例が存在する（BayObLG, Beschluss vom 25.04.1968, a. a. O.（Fn. 62））。しかし、この裁判例は、二2で述べたように、共同相続関係における持分の管理に関する議論が十分になされていなかった頃のものであり、ここでは考察の対象としない。S. auch FG Baden-Württemberg, Urteil vom 31.01.2018-1 K 2444/16, GmbHR 2018, 589.

262) OLG Thüringen, Urteil vom 25.04.2012, a. a. O.（Fn. 226）.

263) なお、事案の詳細については、同一の事案に関するものであると思われる OLG Jena, Urteil vom 18.04.2012, a. a. O.（Fn. 82）も参照。

264) この他に、本判決の争点は多岐にわたるが、本判決は、社員総会の議長の選任も「通常の管理」に該当すると判断している。

イ　2014年シュツットガルト上級地方裁判所決定

　2014年シュツットガルト上級地方裁判所決定[265]の事案は、必ずしも明らかではないが、決定理由からは次のようなものであったと推測される。原告を被告有限会社の業務執行者とする旨の終意処分があったところ、それに従って、原告は、被告有限会社の業務執行者に選任された。その後、原告は、被告有限会社の他の業務執行者と対立して、社員決議によって、被告有限会社の業務執行者から解任された。その決議に際して、共同相続関係に属する有限会社の持分から生じる議決権の行使が、共同相続人の多数決によって決定された。この共同相続関係には、原告および原告と対立していた被告有限会社の業務執行者が参加していた[266]。これに対して、原告は、本件の業務執行者の解任に関する議決権の行使内容の決定には、共同相続人の全員一致が必要であったと主張した。

　この事案についての決定理由の中で、裁判所は、アで紹介した2012年チューリンゲン上級地方裁判所判決を引用して、業務執行者からの原告の解任は「通常の管理」に該当する、と判断している。その際に、被相続人が、終意処分の中で、原告が被告有限会社の業務執行者であるべきであるという意思を表示していた場合であっても、このような事実から、原告の解任が「通常の管理」に該当しないということは導出されない、と判示している。

　また、原告は、本件では、共同相続人間（特に、原告と被告有限会社の他の業務執行者との間）に深刻な争いが存在するという特段の事情が存在することを理由として、業務執行者からの原告の解任が「通常の管理」に該当しないと主張していた。これに対して、裁判所は、「通常の管理」が、その行為の決定の時点における個別的な状況に照らして合理的であると考えられる全ての措置を意味するとした上で、何が合理的であるのかの判断については、共同相続人の多数派に裁量の余地が認められる、という。よって、ある行為が合理的であったのか、つまり、「通常の管理」に該当していたのかは、例外的な事案においてのみ、裁判所によって審査される、という。その上で、裁判所は、本件で、原告と被告有限会社の他の業務執行者との間で深刻な争いが存

---

265)　OLG Stuttgart, Beschluss vom 09.09.2014, a. a. O.（Fn. 219）, S. 192.
266)　この他にこの共同相続関係に参加していた共同相続人が存在していたのかは明らかではない。

在するという事情だけでは、業務執行者からの原告の解任が、「通常の管理」に該当しないほどに不適切であるようには見られない、と判示している。むしろ、原告には、業務執行者の解任についての重大な事由（有限会社法38条2項1文参照）が認められる、という。

　　ウ　1994年カールスルーエ上級地方裁判所判決
　1994年カールスルーエ上級地方裁判所判決[267]に関する事案は、次の通りである。原告および被告の父Sは、W有限会社の唯一の社員であった。Sの死亡後、Sが有していたW有限会社の持分（150,000ドイツマルクの額面分）は、Sの妻JS（原告および被告の母）によって、単独相続された。その後、JSは、この持分から、それぞれ22,500ドイツマルクの額面の3個の持分を切り出して、その持分を、原告、被告およびその妹LHにそれぞれ譲渡した（なお、1974年10月20日、LHが死亡して、その22,500ドイツマルクの額面の持分は、11,300ドイツマルクの額面の持分および11,200ドイツマルクの額面の持分に分割されて、LHの子MNおよびTHに承継された）。その結果として、JSは、その残りである82,500ドイツマルクの額面の持分を有していた。1983年9月12日、JSが死亡して、その遺産は共同相続された。その共同相続関係には、原告が3分の1の相続分で、被告が3分の1の相続分で、MNが6分の1の相続分で、THが6分の1の相続分で参加していた。

　その後、1985年12月20日、MNおよびTHは、それぞれが単独で有する11,300ドイツマルクの額面の持分および11,200ドイツマルクの額面の持分を、原告に譲渡した。さらに、1986年8月18日、MNおよびTHは、それぞれ、JSの共同相続関係についての彼らの相続分を、原告に対して譲渡した。その結果として、W有限会社の社員構成は、原告が45,000ドイツマルクの額面で、被告が22,500ドイツマルクの額面で、共同相続関係が82,500ドイツマルクの額面で参加している、というものであった。そして、W有限会社の定款11条4文によると、持分の500ドイツマルクごとに1個の議決権が与えられることとされており、それによると、原告に90票が、被告に45票が、共同相続関係に165票が与えられる。また、共同相続関係の中においては、原告が3分の2の相続分、被告が3分の1の相続分を有していた[268]。

---

267)　OLG Karlsruhe, Urteil vom 15.04.1994, a. a. O.（Fn. 91）.

このような状況の下で、1985 年 11 月 8 日[269]、W 有限会社の社員総会において、民法 181 条の制限（自己契約の禁止）からの原告（W 有限会社の業務執行者）の解放が決議された[270]。また、1990 年 6 月 25 日、W 有限会社の社員総会において、W 有限会社の所在地を M から N に変更するという定款変更が決議された。これらの社員決議の際に、原告は決議に賛成し、被告は決議に反対した。これらの社員決議に基づいて、原告は、登記裁判所に対して、民法 181 条の制限からの原告の解放および会社所在地の変更に係る登記申請を行った[271]。しかし、登記裁判所は、1991 年 7 月 26 日の決定で、原告に対して、訴えを提起することを課して、登記手続を中断した。そこで、原告は、これらの社員決議が有効であることを主張して、訴えを提起した。

　この事案についての判決理由の中で、裁判所は、民法 181 条の制限からの原告の解放が「通常の管理」には該当せず、この決議事項に関する議決権の行使内容の決定には共同相続人全員の同意が必要である、と判断している。その理由として、ここでいう「通常の管理」とは、遺産の構成物の性質および相続人全員の客観的で合理的な利益に合致しており、少数派の正当な利益を無視しないような措置であるところ、この要件は、民法 181 条の制限からの業務執行者の解放については満たされない、という。すなわち、一方で、原告が自己と有限会社の取引を自分自身で行うことができる場合には、まさに共同社員としての被告の利益が動揺させられる。他方で、原告は、なぜその解放が遺産の維持のために必要であるのかを実質的に説明していない。また、裁判所は、会社の所在地を移転する旨の定款変更は、何ら問題なく、「通常の管理」に該当する、と判断している。

---

268) なお、この共同相続関係は 1985 年 12 月 20 日に解散されたとも主張されていたようであるが、この主張は、本判決では認められていない。
269) 本文で紹介した時系列に照らすと、この決議の時点では、社員構成（議決権の分布状況）は、まだ本文で述べた最終的なものにはなっていなかったと思われる。しかし、本判決は、このような齟齬に言及することなく判示している。もっとも、後で紹介する判示内容に鑑みると、このような齟齬は、本判決の結論に影響を与えるものではなかったと思われる。
270) なお、判決理由からは、W 有限会社の定款 8 条が、民法 181 条の制限からの業務執行者の解放が社員決議によってなされるということを規定していたということが窺われる。
271) ドイツでは、民法 181 条の制限からの業務執行者の解放も登記事項であると考えられている（LG Köln, Beschluss vom 14.05.1993-87 T 19/93, GmbHR 1993, 501）。

(3) 若干の分析

　ここで、学説の考え方と裁判例の考え方との整合性について若干の分析を行う。このような分析を行う理由は、(2)で考察した裁判例の判断の理由を見ると、学説の考え方と整合しない部分があるように思われるからである。

　すなわち、2014年シュツットガルト上級地方裁判所決定（(2)イ）および1994年カールスルーエ上級地方裁判所判決（(2)ウ）は、ある決議事項が「通常の管理」に該当するのかを判断する際に、それが民法745条3項1文にいう本質的な変更に該当するのかという点だけではなく、それが共同相続人の利益に合致するのかという点にも留意している。具体的には、2014年シュツットガルト上級地方裁判所決定は、「通常の管理」とは一定の合理的な措置であるとした上で、その合理性の判断を、原則として多数派の裁量に委ねている。この合理性の内容は、「通常の管理」の定義[272]に含まれる、遺産の性質および共同相続人全員の利益に適合するものである、ということであると考えられる。また、1994年カールスルーエ上級地方裁判所判決は、より明確に、民法181条の制限（自己契約の禁止）からの業務執行者（共同相続人の1人）の解放が、（他の）共同相続人の利益に反するものであったと判断している。このように、これらの裁判例は、ある決議事項が「通常の管理」に該当するのかを判断する際に、それが共同相続人の利益に合致するのかという点にも留意している。

　これに対して、1で考察した学説の考え方は、ある決議事項が「通常の管理」に該当するのかを判断する際に、それが民法745条3項1文にいう本質的な変更に該当するのかという点だけに着目している。すなわち、学説の考え方は、裁判例のようにその決議事項が共同相続人の利益に合致するのかという点には着目していない。

　このような差異に着目すると、学説の考え方と裁判例の考え方とは、必ずしも整合的に理解することはできない。

　もっとも、学説が、裁判例のように「通常の管理」が共同相続人の利益に合致しなければならないということを、当然の前提であると考えているという可能性もある。しかし、学説は、このようには考えていないと考えられる。

---

272) 本節第2款三2。

なぜならば、そのように考えているならば、学説が、(1)で考察したような結論を維持することができないように思われるからである。すなわち、裁判例のように「通常の管理」の該当性を判断する際に共同相続人の利益という観点にも着目するならば、学説のように社員総会での決議事項が原則として「通常の管理」に該当する、ということまではできないように思われる。

　このことは、例えば、2014年シュツットガルト上級地方裁判所決定((2)イ)の事案と同じような事案を想定してみると明らかになる。この裁判例の事案では、共同相続関係の中で多数派であった共同相続人（業務執行者）が、共同相続関係の中で少数派であった原告を、業務執行者から解任した。この事案について、裁判所は、「通常の管理」として何が合理的であるのかについては、共同相続人の多数派の判断に委ねられるとしつつ、本件の共同相続人間で深刻な争いが存在するとしても、本件の解任が、「通常の管理」に該当しないほどに不適切であったということはできない、と判断した。この事案は、業務執行者の解任についての重大な事由（有限会社法38条2項1文参照）が原告に認められる事案であった。これに対して、同じような事案であるが、逆に、共同相続関係の中の多数派である共同相続人（業務執行者）に、解任に値するような重大な事由が認められて、共同相続関係の中の少数派である共同相続人（業務執行者）には、解任に値するような重大な事由が認められないという状況を考える。そして、このような状況の下で、重大な事由が認められない少数派の共同相続人が、重大な事由が認められる多数派の共同相続人の賛成によって業務執行者から解任されたという事案を想定してみる。

　このような事案において、裁判例のように「通常の管理」の該当性を判断する際に共同相続人の利益という観点にも着目するならば、このような業務執行者の解任は、「通常の管理」に該当しないと判断される可能性が高いと考えられる。確かに、このような事案であっても、裁判所が、共同相続関係の中の多数派の裁量を尊重して、このような解任も「通常の管理」に該当すると判断する可能性がないわけではない。しかし、1994年カールスルーエ上級地方裁判所判決((2)ウ)は、業務執行者（共同相続人）の自己契約が他の共同相続人の利益を動揺させ、また、その業務執行者が自己契約の必要性を説得的に説明することができていないという理由だけで、自己契約の禁止からの解放は、「通常の管理」に該当しないと判断している。このように「通常の管

理」の該当性を判断する際に共同相続人の利益という観点を重視するならば、ここで想定したように、重大な事由が認められる多数派の共同相続人が、重大な事由が認められない少数派の共同相続人を会社から不当に追い出すという事案では、その手段としての業務執行者の解任は、「通常の管理」に該当しないと判断される可能性が高いと考えられる。

　このように考えるならば、業務執行者の解任が「通常の管理」に該当するかどうかは、事案によって異なることになる。したがって、裁判例のように「通常の管理」の該当性を判断する際に共同相続人の利益という観点にも着目するならば、学説のように社員総会での決議事項が原則として「通常の管理」に該当する、ということまではできないように思われる。よって、学説が、「通常の管理」が共同相続人の利益に合致しなければならないということを当然の前提であると考えているということはできない。

　以上の分析によると、学説の考え方および裁判例の考え方は、次のように整理することができる。すなわち、学説は、「通常の管理」の該当性を判断する際に、ある決議事項が民法745条3項1文にいう本質的な変更に該当するのかという点だけに着目している。これに対して、裁判例は、「通常の管理」の該当性を判断する際に、ある決議事項が民法745条3項1文にいう本質的な変更に該当するのかという点だけではなく、それが共同相続人の利益に合致するのかという点にも着目している[273]。

四　本款のまとめ

　本款では、第2款で確認した共同相続関係に関する一般的な規律を踏まえて、共同相続関係における社員権行使の決定方法についての伝統的な考え方を考察した。

　議論の初期に展開された見解（二1）は、有限会社の持分の管理は、原則として多数決によってすることができるが、社員権の基礎的な地位が問題となる場合には、多数決では足りず共同相続人の全員一致が必要である、という。

---

[273]　このように、民法745条3項1文にいう本質的な変更に該当するのかという観点の前段階として、そもそも「通常の管理」に該当するのかという観点が重要である、という見解として、Bettecken, a. a. O. (Fn. 49), S. 108 u. 112 ff. も参照。

しかし、この見解は、共同相続人の全員一致が必要であるのかを判断する際に、遺産全体の本質的な変更がなされるのかではなく、社員権の基礎的な地位が問題になるのかに着目している。この点において、この見解は、相続法の規律（民法745条3項1文等）を意識していたということができず、相続法の規律をそのまま適用するものではなかった（二2）。

これに対して、近時、多くの論者は、相続法の規律をそのまま適用しようとして、有限会社の持分の管理を多数決によってすることができるのか（それが「通常の管理」に該当するのか）は、その意思決定が遺産全体の本質的な変更に該当するのかによって決定される、という（三1）。もっとも、この学説の考え方は、裁判例の考え方と全く同じであるというわけではない（三2(3)）。すなわち、議決権行使の場面を念頭に置くと、「通常の管理」の該当性を判断する際に、学説は、ある決議事項が民法745条3項1文にいう本質的な変更に該当するのかという点だけに着目しているのに対して、裁判例は、そのような点だけではなく、それが共同相続人の利益に合致するのかという点にも着目している。

第4款　共同相続関係における社員権行使の決定方法についての新たな考え方

一　序

次に、本款では、共同相続関係における社員権行使の決定方法について、第3款で考察した伝統的な考え方とは異なるアプローチを試みる見解を考察する。その後、次款では、第3款で考察した伝統的な考え方と本款で考察した見解の考え方との対比から得ることができる視点を踏まえて、共同相続関係における社員権行使の決定方法に関する分析を行う。本款は、その分析の前段階として位置づけられる。具体的には、まず、二において、伝統的な考え方を批判して企業指向的な解釈を採用する見解を考察する。その後、三において、その見解に対する批判を考察する。

二　企業指向的な解釈を採用する見解

1　相続法の規律をそのまま適用する見解に対する批判

相続法の規律をそのまま適用する見解は、例えば、議決権行使の内容の決定について共同相続人の全員一致が必要である場合として、会社の構造を変更する決議が議決権行使の対象である場合だけを挙げる[274]。

これに対して、Raue は、この見解が少数派の共同相続人の権利を軽視している、という[275]。すなわち、「通常の管理」に該当するかどうかの判断は、遺産の価値減少を防止するという民法 2038 条の目的[276]に即してなされなければならない。よって、共同相続人の全員一致が必要とされるべき場合は、会社の構造を変更する決議に関する議決権の行使内容を決定する場合に限られず、遺産にとって経済的に相当に重要な決定、つまり、遺産およびその全ての本質的な構成物の価値およびリスク構造に対して相当の影響を有するあらゆる決定を行う場合もそれに含まれる必要がある。

2　企業指向的な解釈の基本的な考え方

1 で述べた Raue の考え方によると、社員総会における経済的に重要な決定が有限会社の企業家的なリスクの本質的な変更につながる場合には、このような決定についての共同相続関係の態度決定は、共同相続人の全員一致によってなされなければならない[277]。そこで、このような観点から定義される「通常の管理」を更に具体化するために、Raue は、企業指向的な解釈（Unternehmensbezogene Auslegung）を主張する[278]。

具体的には、Raue は、「通常の管理」の該当性の判断基準を具体化するために、合名会社における単独業務執行権限の範囲を規律する商法 116 条の基準を援用することを主張する[279]。そして、このような援用の理由として、次の 2 点を挙げる[280]。第 1 に、共同相続関係と合名会社が、両者とも合有関係

---

[274]　本節第 3 款三 2 (1)。
[275]　*Raue*, a. a. O.（Fn. 121）, S. 124.
[276]　*Lohmann*, in：Bamberger/Roth（Hrsg.）, Kommentar zum Bürgerlichen Gesetzbuch, 3. Aufl., 2012, § 2038 Rdn. 1.
[277]　*Raue*, a. a. O.（Fn. 121）, S. 124.

であるという点で類似している。第2に、共同相続関係においても合名会社においても、重要な企業家的な決定は、全員一致でしかすることができない[281]。すなわち、民法2038条の保護目的は、遺産の本質的な変更から相続人を保護することであって、商法116条の保護目的も、その同意なく会社の事業が本質的に変更されることから非業務執行社員を保護することである[282]。その前提には、会社の従来の目的および業種が、合名会社の社員が引き受けた財務上のリスクを限定するという考えがある。それによって、合名会社の社員の人的な責任のリスクをより少なくすることができる。共同相続人も、その相続分の価値を維持することについての利益を有するので、このような考え方は、共同相続関係についても援用することができる。

　商法116条は、通常[283]（gewöhnliche）の業務執行行為と特別（außergewöhnliche）な業務執行行為を区別して、特別な業務執行行為に関する決定を社員の全員一致に委ねている。そして、ある業務が、従来の事業の目的および内容から離れるまたは相当な事業リスクにつながる場合には、当該業務は、特別な業務である[284]。そのような特別な業務執行の決定のためには、社員の

---

278) Ebenda. なお、その際に、Raueは、土地の管理と企業の持分の管理との違いにも言及する。すなわち、土地の管理が静的なものであるのに対して、企業は継続的に変化する市場環境に適応する必要があるので、その企業の経済的価値は、変化によってのみ維持されることができる、という。もっとも、このようなRaueの考え方は、本文で述べた共同相続人の少数派の保護の方向とは反対に、有限会社の機動的な経営のために多数決によって判断することができる範囲を広げるという方向につながると考えられる（実際に、Raue自身もそのことを認めている）。なぜRaueがこの文脈でこのような考え方に言及しているのかは明らかではないが、敢えて整合的に理解しようとするならば、企業指向的な解釈は、共同相続人の少数派の保護だけを意図しているのではなく、相続法の規律をそのまま適用することによって企業にとっての理想的な意思決定の方法から乖離することを是正することをも意図している、と理解することになると思われる。
279) Ebenda. Löhnig, a. a. O.（Fn. 212), § 2038 Rdn. 30 も、この見解を引用する。
280) Raue, a. a. O.（Fn. 121), S. 124.
281) 共同相続関係について、民法2038条1項1文。合名会社について、商法116条2項、商法119条1項。
282) Jickeli, in：Münchener Kommentar zum Handelsgesetzbuch, 4. Aufl., 2016, § 116, Rdn. 2.
283) 「gewöhnliche」という語を、民法2038条の文脈での「ordnungsmäßige」と同様に「通常」と訳すことが適切であるのかについては、検討の余地があるように思われる（本款三1におけるBetteckenによる批判も参照）が、本書では、法務省大臣官房司法法制部編『ドイツ商法典（第1編～第4編）』（法曹会、2016年）50頁〔松井秀征〕の訳に従っている。
284) Jickeli, a. a. O.（Fn. 282), § 116, Rdn. 7 u. 31.

全員一致の決定が必要である。

　Raue は、このことが共同相続関係についても妥当する、という[285]。すなわち、遺産の価値およびリスク構造に相当な影響を有するであろう行為に関する決定には、共同相続人の全員一致が必要である。

　もっとも、遺産の中で有限会社の持分が副次的な価値しか有していない場合には、このような有限会社のレベルでの本質的な変更も、共同相続関係のレベルでは、多数決によってすることができる通常の管理にすぎない[286]。なぜならば、この場合には、共同相続人の少数派を保護する必要がないからである。

3　企業指向的な解釈の具体的な適用

　2で考察した企業指向的な解釈を採用することによって、第3款三2で考察した相続法の規律をそのまま適用する見解が適用された場合から結論が変わる場面は、主に議決権行使の内容を決定する場面である[287]。すなわち、2で考察した企業指向的な解釈を採用すると、共同相続人の全員一致が必要である場面は、会社の構造を変更する決議に関する議決権の行使内容を決定する場合に限られないことになる。

　商法116条に関する判例の定式[288]を援用すると、業務執行の意思決定[289]の場面においてその意思決定が「通常の管理」に該当するかどうかは、当該業務執行行為が、その内容および目的に鑑みて、または、その重要性および当該業務執行行為に関連する社員にとってのリスクに鑑みて、会社の通常の業務執行の範囲を越えているかどうかによって判断される[290]。

---

285)　*Raue*, a. a. O.（Fn. 121）, S. 124.
286)　Ebenda, S. 125.
287)　それ以外の場面では、2で考察した企業指向的な解釈を採用する場合と、第3款三2で考察した相続法の規律をそのまま適用する見解を適用する場合とで、その結論は、ほとんど変わらない。S. ebenda, S. 126.
288)　BGH, Urteil vom 11. 02. 1980 - Ⅱ ZR 41/79, BGHZ 76, 160, 162 f.
289)　なお、有限会社では、業務執行者は、通常でない取引をする場合のように企業政策の基礎になる決定をする場合には、社員総会の承認を得なければならない（z.B. *Raiser/Veil*, a. a. O.（Fn. 51）, S. 539. S. auch BGH, Urteil vom 25. 02. 1991 - Ⅱ ZR 76/90, GmbHR 1991, 197, 197）。したがって、有限会社では、業務執行に関する意思決定も、社員総会の決議事項になり得ると考えられる。

この判断の際に具体的に考慮される要素として、①業務執行の規模や条件、②会社の財務状況との関係、③会社の存続および収益力に対する危険が挙げられる[291]。①の要素について、通常の業務執行に該当しないものとして、例えば、会社が特別に集中的にまたは長期的に提携することになる契約、または、従来の主要な取引先との提携を解消する契約が挙げられる[292]。②の要素について、例えば、当該業務に必要な資金に対して会社の財務状況が適切であるということができない場合には、そのような業務は、通常の業務執行には該当しない[293]。③の要素について、利益を得ることは企業家的なリスクなしには不可能であるから、リスクと事業機会とが経済的に評価して釣り合っている、または、従来の業務態様と一致している場合には、そのような業務は、通常の業務執行に該当する。これに対して、ある業務が最悪の場合に会社の財務上の結果を引き起こし得る場合には、そのような業務は、原則として、通常の業務執行には該当しない[294]。

三　企業指向的な解釈を採用する見解に対する批判

二2で考察した企業指向的な解釈を採用する見解に対しては、次のような2つの観点から批判がなされている。

1　共同相続関係と合名会社の類似性に対する疑問

第1に、共同相続関係と合名会社との類似性に対する疑問が提起される。すなわち、Bettecken は、次の2点の違いを踏まえると、民法2038条と商法116条とは異なるので、商法116条の解釈を民法2038条の解釈に際して援用することはできない、と批判する[295]。

---

290)　*Raue*, a. a. O.（Fn. 121), S. 125.
291)　Ebenda. なお、このような要素を考慮した更なる検討のための類型化として、*Raue*, a. a. O.（Fn. 121), S. 125 f. を参照。
292)　S. BGH, Urteil vom 25.02.1991, a. a. O.（Fn. 289), S. 197 f. ただし、有限会社に関する事案である。
293)　S. OLG Koblenz, Urteil vom 09.08.1990 - 6 U 888/90, GmbHR 1991, 264, 267.
294)　*Jickeli*, a. a. O.（Fn. 282), § 116, Rdn. 14.
295)　S. *Bettecken*, a. a. O.（Fn. 49), S. 109 ff.

1点目として、民法2038条の文脈における「通常（ordnungsmäßige）の管理」と商法116条にいう「通常（gewöhnliche）の業務執行」とは、その内容が異なっており、必ずしも一致するものではない[296]。すなわち、民法2038条の文脈における「通常（ordnungsmäßige）の管理」は、客観的に合理的な行為である。これに対して、商法116条にいう「通常（gewöhnliche）の業務執行」は、日々の業務に属して通常生じる行為である。よって、このような日常的な行為（「通常（gewöhnliche）の業務執行」）でない行為であっても、客観的に合理的であって、「通常（ordnungsmäßige）の管理」に該当することもあり得る。

2点目として、共同相続関係と合名会社とでは、その目的が異なっており、それに応じて法律上の規律も異なっている[297]。すなわち、共同相続関係は、遺産分割のために遺産の維持、つまり現状の維持を目的としている。そのために、民法2038条は、遺産の共同管理を原則としており、多数決による管理は、その例外として位置づけられる。この多数決による管理は、合有原理と機能的な遺産管理とのバランスをとるために、例外的に認められる。したがって、この文脈における「通常の管理」の該当性は、共同相続人全員のための遺産の維持という観点から判断される。これに対して、合名会社は、事業の運営を目的としている。法は、その目的を達成するために業務執行者を置いており、原則として、この業務執行者が業務執行を行って、例外的に、社員の人的な責任に鑑みて特に重要である場合にのみ、その判断が社員全員に委ねられる。したがって、この文脈における「通常の業務執行」の該当性は、事業の運営という観点から判断される。

これら2点の違いを踏まえると、商法116条の解釈を、民法2038条の解釈に際して援用することはできない。

2　会社法の平面と相続法の平面の交錯に対する批判

第2に、より根本的に、会社法の平面と相続法の平面を区別する観点から批判がなされる。すなわち、Jessica Schmidtは、会社法の平面と相続法の平面とは厳格に区別されるべきであるので[298]、商法116条の解釈を援用して民法2038条の下における規律を決定することはできない、と批判する[299]。

---

296) Ebenda, S. 109.
297) Ebenda, S. 109 ff.

法律の体系は、会社法の平面と相続法の平面を厳格に区別している。有限会社法 18 条 1 項は、支配的な見解によると、有限会社との関係で一体的な権利行使を要求するにとどまっており、共同相続人間の内部関係を規律していない[300]。他方で、共同相続関係がどのようにその一体的な権利行使の内容を決定するのかは、相続法の一般的な規律に従う。

　これに対して、商法 116 条の解釈を援用する企業指向的な解釈は、遺産の中に有限会社の持分が存在するという理由だけで、遺産の管理に関する相続法の一般的な規律を変更しようとする。このことは、会社法の平面に存在するものが、相続法の平面に介入して相続法の平面における規律を決定する、ということを意味する。

　このような会社法の平面と相続法の平面の交錯は、会社法の平面と相続法の平面の厳格な区別という法律の体系に反するものである。このような理由から、Jessica Schmidt は、商法 116 条の解釈を援用して民法 2038 条の下における規律を決定することはできない、という。

四　本款のまとめ

　本款では、共同相続関係における社員権行使の決定方法について、第 3 款で考察した伝統的な考え方とは異なるアプローチを試みる見解を考察した。

　第 3 款で考察した伝統的な考え方は、相続法の一般的な規律をそのまま適用しようとする。この見解に対しては、少数派の共同相続人の権利を軽視しているという批判がなされる（二 1）。

　本款で考察した見解は、この批判を踏まえて、企業指向的な解釈として、商法 116 条の解釈を援用して共同相続関係における社員権行使の決定方法を確定しようとする（二 2）。この見解は、相続法の一般的な規律をそのまま適用するのではなく、商法 116 条の解釈を援用することによって、共同相続関

---

298)　本書では、この「厳格に区別する」とは、会社法の平面にある規律と相続法の平面にある規律が互いに影響を及ぼさずに独立して確定されることをいう。これは、両者を「区別する」ことは認めるが一方が他方に影響を及ぼすことも認める、ということとは異なる。
299)　*J. Schmidt*, a. a. O. (Fn. 81), S. 1053.
300)　本章第 4 節第 2 款三を参照。S. auch *Zöllner/Noack*, a. a. O. (Fn. 84), § 47 Rdn. 38.

係における有限会社の持分の管理にとって適切な規律を見出そうとしている。

しかし、この見解に対しては、次の2つの観点から批判がなされる。第1に、民法2038条と商法116条とは異なるので、民法2038条の解釈の際に商法116条の解釈を援用することはできない（三1）。第2に、会社法の平面と相続法の平面とは厳格に区別されるべきであるので、商法116条の解釈を援用して民法2038条の下における規律を決定することはできない（三2）。

第5款　会社法の平面と相続法の平面の関係——共同権利者と会社の外部関係と共同権利者間の内部関係との関係

一　序

第4款二で考察した見解とそれに対する批判（第4款三2）は、会社法の平面と相続法の平面の関係をどのように捉えるのか、という問題を提起する。もっとも、第4款二で考察した見解を主張したRaueは、このような点を意識していたのかは明らかではなく、会社法の平面と相続法の平面の関係について詳細に検討しているわけではない。

そこで、本款では、まず、二において、このような問題提起に基づいて会社法の平面と相続法の平面の関係を意識して共同相続関係における社員権行使の決定方法について検討した見解を考察する。そのうえで、三において、本章でここまでに考察してきた見解をも踏まえて、会社法の平面と相続法の平面の関係についての分析を行う。その分析によって、共同権利者と会社の外部関係と共同権利者間の内部関係との関係のあり得る姿を類型化する。

二　会社法の平面にある規律が共同相続関係内部の意思決定に影響を与えることを認める見解

1　基本的な考え方

Jessica Schmidtは、企業指向的な解釈を採用する見解に対する批判の中で、会社法の平面と相続法の平面を厳格に区別する[301]。これに対して、Schürnbrandは、実際に会社法の平面と相続法の平面をそれほど厳格に区別

することができるのか、両者相互間の作用が当然に排除されるのかは疑わしい、という[302]。すなわち、そのような会社法の平面と相続法の平面の厳格な区別は、会社法の観点から見ると強引であるように感じられる。共同相続人全員が同時に有限会社の社員でもあって社員権行使について決定するということを考慮すると、共同相続関係内部の意思決定が、会社法的な評価および基準から完全に切り離されて、相続法の規律だけに従ってなされるべきであるとまではいうことができない[303]。

2　判例との整合性についての検討

もっとも、有限会社に関する法が共同相続関係内部の意思決定に影響を与えることができるということは、決して自明ではない。むしろ、連邦通常裁判所の判例は、それぞれの平面の厳格な区別を強調して、会社法の平面の優位性を否定しているように見える[304]。そこで、Schürnbrand は、会社法の平面と民法の平面の関係を扱った２つの判例が、有限会社に関する法が共同相続関係内部の意思決定に影響を与えることを否定するものであるのかについて、それぞれ次のような検討を行っている。

(1)　2014 年連邦通常裁判所判決との整合性

第１に、Schürnbrand は、2014 年連邦通常裁判所判決[305]が、有限会社に関

---

301)　本節第４款三２。
302)　Schürnbrand, a. a. O.（Fn. 91), S. 244. もっとも、Schürnbrand は、Raue のいう企業指向的な解釈（合名会社に関する商法 116 条の基準を援用する解釈）をそのまま支持するわけではない。Schürnbrand は、有限会社の持分を有する共同相続関係内部の意思決定に影響を及ぼす会社法は、人的会社に関する法ではなく、有限会社に関する法である、という（ebenda）。この違いは、会社法が共同相続関係内部の意思決定に影響を及ぼす根拠についての Raue と Schürnbrand の考え方の違いを反映していると考えられる。すなわち、Raue は、民法 2038 条の解釈の際に商法 116 条の基準を援用する根拠として、共同相続関係と合名会社の類似性を挙げる。これに対して、Schürnbrand は、有限会社法が共同相続関係内部の意思決定に影響を及ぼす根拠として、本文で述べるように、共同相続人全員が有限会社の社員でもあるということを挙げる。このように、Raue は、あくまでも民法 2038 条の解釈を通じて商法 116 条の基準を導入しようとしているのに対して、Schürnbrand は、有限会社に関する法をより直接的に共同相続関係内部の意思決定に適用しようとしている。
303)　Ebenda, S. 245.
304)　Ebenda.

する法が共同相続関係内部の意思決定に影響を与えることを否定するものであるのかを検討する[306]）。

ア　2014年連邦通常裁判所判決の概要

この2014年連邦通常裁判所判決の事案は、簡略化して紹介すると、次の通りである。原告は、H. T. の遺言によって当該遺言に係る遺言執行者に選任された者であって、2009年までは被告会社[307]の業務執行者でもあった。補助参加人は、H. T. の相続人である。補助参加人は、原告が業務執行者在任中に業務執行者としての義務に違反したと考えて、被告会社に対して、原告に対する損害賠償請求をすることを要求した。しかし、被告会社がこの要求を拒んだので、補助参加人は、最終的に有限会社法50条に基づいて自ら社員総会を招集して、原告に対する損害賠償請求権の行使権限を補助参加人に与える旨の社員決議を可決させた。これに対して、原告は、このような社員決議の無効の確認を求めて訴えを提起した。

この事案についての判決理由において、裁判所は、招集の対象が、有限会社法47条4項により原告が議決権行使を禁止されるような社員総会であったとしても、そのような社員総会の招集の権限は、原告から剥奪されることはなく、遺言執行者である原告に帰属するのであって、相続人である補助参加人が社員総会の招集をすることはできない、と判断した。その理由の中で、このように考えた場合であっても、相続人は、遺言執行者に対して、民法2216条1項に基づく遺産を適切に管理する義務の履行を請求することができるのであって、それによって十分に保護される、という。また、相続人が主観的に社員総会の招集が必要であると考える場合に当該相続人に社員総会の招集権を与えることとするならば、遺産の適切な（相続法上の）管理についての相続人と遺言執行者の間の相続法上の内部関係のみに関係する紛争が、会社の中に持ち込まれるであろう、という懸念も指摘する。

---

305) BGH, Urteil vom 13.05.2014 - II ZR 250/12, BGHZ 201, 216.
306) *Schürnbrand*, a. a. O. (Fn. 91), S. 245 f.
307) なお、正確には、本件は、有限合資会社に関する事案であって、会社としては、被告有限会社および当該被告有限会社が無限責任社員となっている合資会社の2社が関わっている。しかし、ここでは、分かりやすく紹介するために、まとめて被告有限会社に関する事案として紹介する。

イ Schürnbrand による検討

　Schürnbrand は、このような判断が、会社法の平面と相続法の平面を厳格に区別するという判例の立場を示しているように見える、と指摘する[308]。すなわち、本判決によると、遺言執行者が適切に社員総会の招集権を行使しない（または行使することを期待することができない）場合であっても、それはあくまでも相続法の平面の問題として、相続人は、遺言執行者に対する相続法上の義務履行請求をすることができるにすぎない。そのような義務があるという理由で、会社法の平面においても遺言執行者の招集権が剥奪されるというわけではない[309]。このように、本判決は、会社法の平面と相続法の平面を厳格に区別しているように見える[310]。

　このような指摘をした上で、Schürnbrand は、それにもかかわらず、本判決は、有限会社に関する法が共同相続関係内部の意思決定に影響を与えることを否定するものではない、という[311]。なぜならば、本判決の判断にとっては、この事案における被相続人の意思が決定的であったからである。すなわち、本件の被相続人の遺言によると、被相続人が遺言執行者を選任した目的は、まさに、相続人と遺言執行者との間の相続法上の内部関係のみに関係す

---

[308] *Schürnbrand*, a. a. O.（Fn. 91), S. 245.

[309] もっとも、本判決は、相続法上の義務を理由として遺言執行者の招集権が剥奪されるのかについて明示的に検討して判断しているわけではない。その意味で、本判決自体は、議決権行使の禁止に服する者が会社法上社員総会の招集権の行使まで禁止されるわけではないという会社法上の事項と、相続人が相続法上の遺言執行者の義務に基づいて適切な遺産管理としての社員総会の招集を請求することができるという相続法上の事項をそれぞれ判示しているにとどまる。よって、本判決の理解としては、相続法の規律が会社法の規律に対して影響を及ぼすことを否定したというよりも、相続法の規律が会社法の規律に対して影響を及ぼすことができるのかについては何も判断していない、という方が正確であると考えられる。なお、Schürnbrand の本判決の理解に対する疑問として、後掲注310）も参照。

[310] もっとも、本判決が、事実のレベルではなく規範のレベルでの問題としての会社法の平面と相続法の平面の区別の問題を取り扱ったものであると評価することができるのか、という点についても、疑問の余地がある。すなわち、確かに、本判決は、相続人と遺言執行者との間の紛争が会社に影響を及ぼさないようにすることを意識している。しかし、このことは、相続法が会社法に影響を及ぼすということではなく、相続（紛争）という事実が会社（運営）という事実に影響を及ぼすということを意識している、ということを示しているにすぎない。なお、Schürnbrand の本判決の理解に対する疑問として、前掲注309）も参照。

[311] *Schürnbrand*, a. a. O.（Fn. 91), S. 245 f.

る紛争から会社を切り離しておく、というところにあった。Schürnbrand は、本判決が、このような被相続人の意思を重視したからこそ、会社法の平面と相続法の平面を厳格に区別したにすぎないと分析する。よって、本判決によって、有限会社に関する法が共同相続関係内部の意思決定に影響を与えることが否定されるわけではない、という[312]。

(2) 2008年連邦通常裁判所判決との整合性

　第2に、Schürnbrand は、2008年連邦通常裁判所判決[313]（第二保護共同体契約（Schutzgemeinschaftsvertrag II）事件判決）が、有限会社に関する法が共同相続関係内部の意思決定に影響を与えることを否定するものであるのかを検討する[314]。

ア　2008年連邦通常裁判所判決の概要

　この2008年連邦通常裁判所判決の事案は、次の通りである。D. G.-F. S. 株式会社（以下「DGF 社」という）の株主の状況は、原告[315]およびその娘（原告ら一族）が約38％の株式を、4人の被告（被告ら一族）が約32％の株式を、U. K. 一族が約22％の株式を有しており、残りの約10％の株式は分散所有されている、という状況であった。原告ら一族、被告ら一族および U. K. 一族の全構成員の間で、DGF 社におけるそれらの一族による統一的な権利行使および DGF 社への将来にわたる参加を保障するために、保護共同体契約（Schutzgemeinschaftsvertrag）が締結されていた。本契約1条3号によると、本件保護共同体は、内的組合として組織されていた。そして、本契約5条2号によると、本件保護共同体の各構成員は、保護共同体の中で単純資本多数決により決定された内容に従って、DGF 社の株主総会において各自の議決

---

312)　もっとも、前掲注309）および前掲注310）での考察に鑑みると、そもそも、会社法の平面と相続法の平面を厳格に区別するものとして本判決を検討する必要があったのかは疑わしいようにも思われる。
313)　BGH, Urteil vom 24. 11. 2008 - II ZR 116/08, BGHZ 179, 13, „Schutzgemeinschaftsvertrag II".
314)　*Schürnbrand*, a. a. O.（Fn. 91), S. 246.
315)　なお、訴訟提起時に原告であった者は、上告手続中に死亡しており、本件訴訟は、その承継人によって承継されているようである。しかし、このことは、本書で取り上げる部分には影響しないと考えられるので、本書では、訴訟提起時の原告と上告手続終結時の原告とを特に区別せずに、原告という。

権を行使することを義務づけられていた。本契約4条3号によると、このような義務は、DGF社の株主総会において特別多数決を必要とする決議事項についても妥当する。また、本契約8条は、このような議決権拘束に違反した場合についての違約金を規定していた。

2000年および2001年、DGF社において、投票の75％の特別多数を必要とする決議[316]がなされることとなった。保護共同体の内部においては、これらの決議事項について、被告ら一族が反対したが、単純多数決に基づいて原告ら一族およびU.K.一族の賛成によって、保護共同体としてこれらの決議に賛成することが決定された。それにもかかわらず、被告ら一族は、株主総会において、反対票を投じた。そこで、原告は、4人の被告に対して、保護共同体契約の違反を理由として、損害賠償および保護共同体契約の拘束力の確認を求めて訴えを提起した。この中で、本件保護共同体契約が有効であるのかが争われた。

その際に、被告は、その主張の1つとして、本件保護共同体契約が、本件の決議事項について特別多数決を要求する株式法または組織再編法の規定に反するので、本契約は無効である、と主張した。すなわち、本件保護共同体契約4条3号および同5条2号によると、株式法または組織再編法で特別多数決が要求されている決議事項についても、保護共同体内部においては、当該決議事項に関する意思決定を単純多数決で行うことができる。このような定めは、特別多数決を要求する株式法または組織再編法の規定に反する、という。

この事案についての判決理由の中で、裁判所は、株式法および組織再編法における特別多数決の要求が、コンソーシアム契約（保護共同体契約）の平面に浸透して適用されることはなく、この特別多数決の要求を潜脱することを理由として本件保護共同体契約が無効になることはない、と判断した。その理由として、主に次の6点が挙げられる。

第1に、株主間では、一方の株主が他方の株主の指図に従ってその議決権を行使することを義務づける議決権拘束契約を締結することも許される。し

---

[316] 具体的には、有限合資社への一部事業の分割（組織再編法123条3項1号参照）についての決議、ならびに、その他のコンツェルン企業との支配契約および利益供与契約の締結（株式法291条、同293条参照）についての決議であった。

たがって、その株主に対する指図がコンソーシアム（保護共同体）内部における多数決で決定される場合であっても、同様である。

第2に、会社法の平面と債権法の平面は、厳格に区別されるべきである。すなわち、議決権コンソーシアム（保護共同体）における事前の意思決定は、当該議決権コンソーシアムについてなされた取決めに従うのであって、その規律が株式法の規律と同じである必要はない。

第3に、保護共同体内部においても特別多数決を要求するならば、保護共同体内部の少数派に過剰な拒否権が与えられる。例えば、本件のように、株式会社についての90%の議決権を有する株主が所属する保護共同体内部において特別多数決（4分の3以上）を要求する場合には、保護共同体内部において26%の（保護共同体の意思決定のための）持分を有している者が、株式会社についての議決権を実質的には23.4%（90%の議決権のうちの26%）しか有していないにもかかわらず、保護共同体に所属する株主の議決権全部（90%）を反対票とすることができることになる。その結果として、株式会社についての議決権を実質的には23.4%しか有していない者が、本来は25%超が必要である特別多数決の阻止を実現することができることになる[317]。

第4に、特別多数決を阻止することができる地位は、そのような数の株式を有する者の主観的な権利ではなく、いずれにせよ、本件ではこのような権利は放棄されている。まず、特別多数決を阻止することができる地位は、確定的なものではなく、株主総会の出席者数にも依存しており、変化し得るも

---

317) 裁判所は、本件においても次のように考えると、本文と同じことが妥当する、という。すなわち、本件では、4人の被告が、合わせて約32%の株式を有している。この4人が本件保護共同体の下位プールを形成している場合に、その中での意思決定が単純多数決で行われるときには、実質的に約16.1%（約32%の過半数）の株式を有しているだけで、約32%の株式を支配することができる。このときに、さらに、保護共同体内部において特別多数決を要求するときには、被告らは、実質的には、実質的に約16.1%の株式を有するだけで、本来は25%超の株式が必要である特別多数決の阻止を実現することができる。

もっとも、被告の主張を貫徹するならば、このような裁判所の説明では不正確であって、より厳密には次のような説明が適切であると考えられる。すなわち、被告らの主張を貫徹するならば、被告らの下位プールの中でも特別多数決が要求されるであろうから、その場合には、被告らの下位プールの中での意思決定のためには、実質的に約24.1%（約32%のうちの75%）の株式が必要になる。このように考える場合も、本来であれば特別多数決を阻止することができない者（実質的に約8%の株式しか有していない者）が、特別多数決を阻止することができるという結論に変わりはない。

のである。さらに、仮にそのような権利が認められるとしても、本件のような契約の多数決条項に合意することによって、そのような権利は放棄され得る。それにもかかわらず、このような権利を認めるならば、コンソーシアム（保護共同体）構成員の議決権を統一するというコンソーシアムの正当な目的とも矛盾することになる。

第5に、被告が主張する民法745条3項の適用は否定される。なぜならば、本件保護共同体は、民法741条以下にいう共同関係ではなく、民法上の内的組合であるからである。また、全員一致が必要になり得る民法745条3項の類推適用は、適切でも必要でもない。

第6に、本件保護共同体契約は、公序良俗（民法138条）にも反しない。すなわち、コンソーシアム（保護共同体）における長期間の議決権拘束は、コンソーシアム構成員が妥当な条件の下でその拘束から解放される余地が残されている場合には、公序良俗に反するような拘束ではない。本件保護共同体契約による拘束がこのような公序良俗に反するものではないということは、別訴の判決によって既に確認されている。また、この議決権拘束からの解放を簡単に認めることは、機会主義的な行動を認めることにつながり、保護共同体契約の目的に反することになる。

　　イ　Schürnbrand による分析

Schürnbrand は、本判決を、会社法の平面の優先を否定したもの、つまり、会社法が議決権拘束契約に影響を与えることを否定したものとして位置づけている[318]。そのうえで、本判決が存在するとしても、会社法が議決権拘束契約に影響を与えることが全面的に否定されるわけではない、という[319]。そして、具体的に会社法が議決権拘束契約に影響を与え得る例として、次のようなものを挙げる。まず、有限会社法47条4項（特別利害関係人による議決権行使の禁止）の潜脱は、議決権拘束契約の無効につながる。また、社員間での議決権拘束契約の場合には、当該契約に基づく議決権行使義務に対して、有限会社に対する社員の誠実義務が強行的な限界として機能する。

　　ウ　若干の検討

このように、Schürnbrand は、本判決を、会社法が共同相続関係内部の意

---

318)　*Schürnbrand*, a. a. O.（Fn. 91）, S. 246.
319)　Ebenda.

思決定に影響を与えることを否定することにつながり得るものとして位置づけている。しかし、本判決を、そのように位置づけることに対しては疑問がある。なぜならば、本判決のように議決権拘束契約と会社法の関係を検討する際に設定されるべき問題と、相続法と会社法の関係を検討する際に設定されるべき問題とは、次のように異なると考えられるからである。

　一方で、議決権拘束契約と会社法の関係を検討する際に設定されるべき問題は、会社法が、当事者の意思に基づいて組織された集団内部の意思決定に影響を与えることができるのか、である。本判決が挙げる理由のうち、この問題に直接的に関係していると考えられるものは、第1および第2の理由である。第1の理由は、議決権拘束契約の締結が一般的に許容されているということ、そのような意味での契約の自由が一般的に認められているということを示していると考えられる[320]。そのうえで、第2の理由は、そのような契約（債権法）の平面と会社法の平面とは厳格に区別されるべきであって、契約により組織された集団内部の意思決定は、当該契約によって規律されるということを強調する。ここで検討されている問題は、会社法が、当事者の意思によるデフォルト・ルールからの逸脱を規制することができるのか、ということである。

　他方で、相続法の平面と会社法の平面の関係を検討する際に設定されるべき問題は、会社法が、当事者の意思に基づかずに組織された共同相続関係内部の意思決定に影響を与えることができるのか、である。これは、換言すると、会社法が、共同相続関係内部の意思決定に関するデフォルト・ルール自体に影響を与えることができるのか、という問題である。本判決のように、会社法が当事者の意思によるデフォルト・ルールからの逸脱を規制することができないと考えることは、会社法がデフォルト・ルール自体に影響を与えることができないということを必然的に意味するわけではない。

　このように、議決権拘束契約と会社法の関係を検討する際に設定されるべき問題と、相続法と会社法の関係を検討する際に設定されるべき問題とは、当事者の意思によるデフォルト・ルールからの逸脱の可否に関係するのか、それとも、デフォルト・ルール自体の内容に関係するのか、という意味でレ

---

320) S. auch *K. Schmidt*, „Schutzgemeinschaftsverträge Ⅱ": ein gesellschaftsrechtliches Lehrstück über Stimmrechtskonsortien, ZIP 2009, 737, 743.

ベルが異なる問題である。よって、本判決が、会社法が当事者の意思に基づいて組織された集団内部の意思決定に影響を与えることを否定しているとしても、そのことが、必然的に、会社法がデフォルト・ルールとしての共同相続関係内部の意思決定に関する規律に影響を与えることを否定しているということにはならない。

以上のような比較を通じて、会社法の平面と相続法の平面の関係を検討する際に設定されるべき問題をより明確に位置づけることができる。すなわち、この問題は、当事者の意思によるデフォルト・ルールからの逸脱の可否に関係するものではなく、共同相続関係内部の意思決定に関するデフォルト・ルール自体の内容に関係するものとして位置づけられる。

3 この見解の具体的な適用

Schürnbrand は、共同相続関係内部の意思決定に影響を与える会社法上の規律として、具体的には、誠実義務および核心領域理論（(1)）、ならびに、特別利害関係人による議決権行使の禁止（(2)）を挙げる[321]。

(1) 誠実義務および核心領域理論

Schürnbrand は、少数派保護および会社法上の社員の相互連帯を考慮すると、社員相互の誠実義務による規律が、共同相続関係内部での意思決定の際に考慮されるべきである、という[322]。なぜならば、共同相続人全員が同時に有限会社の社員でもあるので、有限会社に関する法も当然に適用されるからである。この規律によって、共同相続関係内部における多数決は、一般的な相続法上の規律よりも明らかに強力に規律されるであろう、という。

また、Schürnbrand は、共同相続関係における多数決の対象が有限会社の持分から生じる権利の行使である場合には、その多数決にも核心領域理論の考え方が適用される、という[323]。核心領域理論とは、社員権の核心領域を多数決によって侵害することはできない、という考え方である。もっとも、近時、連邦通常裁判所は、社員権の核心領域を形式的に画定することを放棄し

---

321) *Schürnbrand*, a. a. O.（Fn. 91), S. 246.
322) Ebenda.
323) Ebenda.

て、個別具体的な事情を考慮した誠実義務による多数決の統制に切り替えることとした[324]。しかし、これによって、裁判所が核心領域理論の考え方を完全に放棄したというわけではなく、その考え方は、個別具体的な統制を可能にする一般原則に包摂されると理解されている[325]。よって、このような裁判所の立場の変更にかかわらず、核心領域理論の考え方は、有限会社の持分に関する共同相続関係内部の意思決定に際しても適用される。

なお、この核心領域理論の考え方は、有限会社の持分の管理に関する意思決定の方法として全員一致が必要であるのか多数決で足りるのかを決定する際に、重要な役割を果たし得る。すなわち、相続法の平面においては、有限会社の持分の管理に関する意思決定の方法として全員一致が必要であるのか多数決で足りるのかは、その意思決定が遺産全体の本質的な変更に該当するのかによって決定される[326]。したがって、有限会社の持分が遺産全体の本質的な構成要素でない場合には、共同相続人の全員一致は不要である[327]。しかし、加えて核心領域理論の考え方が適用される場合には、有限会社の持分が遺産全体の本質的な構成要素でないときであっても、有限会社の持分の核心領域を侵害するような決定のためには共同相続人の全員一致が必要である[328]ということになる[329]。このことが、核心領域理論の考え方を共同相続関係内部での意思決定に適用することの意義である。

---

324) BGH, Urteil vom 21.10.2014‐ⅡZR 84/13, BGHZ 203, 77.
325) S. W. *Goette*/*M. Goette*, Mehrheitsklauseln im Personengesellschaftsrecht, DStR 2016, 74, 80.
326) 本節第2款三2。
327) 本節第3款三1を参照。
328) 本節第3款二で考察した、議論の初期に展開された見解も、結論として同じことを認めていたと考えられる。もっとも、この見解を主張した Wiedemann は、本文で考察したような会社法の平面と相続法の平面の関係について明確には意識していなかったように思われる（前掲注246）も参照）。また、会社法の平面と相続法の平面を厳格に区別する立場から、本文で述べたような形による核心領域理論の考え方の適用に反対するものとして、*Bettecken*, a. a. O.（Fn. 49), S. 126 ff.
329) もっとも、本文で述べたように、裁判所は、核心領域理論に関する立場を変更しており、現在の裁判所の立場に従った場合にもこのような結論になるのかは必ずしも明らかではない。しかし、核心領域理論の基礎にある考え方自体は維持されていると考えるならば、少なくとも結論においては同じような規律になるように思われる。

(2) 特別利害関係人による議決権行使の禁止

また、Schürnbrand は、有限会社法 47 条 4 項[330]によって社員総会での議決権行使を禁止されている共同相続人が、共同相続関係内部の意思決定からも排除されるべきである、という[331]。もっとも、このことは、有限会社に関する法を適用するまでもなく、共同相続関係の規律によっても認められる、という。すなわち、民法 34 条、株式法 136 条 1 項、有限会社法 47 条 4 項および協同組合法（GenG）43 条 6 項において横断的に認められる自己が関わる事項についての判断の禁止が、共同相続関係内部の意思決定にも妥当する、ということは一般に認められている[332]。

三　会社法の平面と相続法の平面の関係についての分析

以上の考察を踏まえて、本項では、会社法の平面と相続法の平面の関係についての分析を行う。その分析によって、共同権利者と会社の外部関係と共同権利者間の内部関係との関係のあり得る姿を類型化する。なお、本款二 2 (2)**ウ**で述べたように、この分析は、共同相続関係内部の意思決定に関するデ

---

330) 有限会社法 47 条 4 項は、「決議により責任を免除されまたは債務を免れる社員は、その決議について議決権を有さず、また、その議決権を他人が代わって行使することができない。社員に対して法律行為を行いまたは訴えを開始するもしくは終結することに関する決議についても同様である。」と規定している。

331) *Schürnbrand*, a. a. O.（Fn. 91），S. 246. このように共同相続人の中に議決権行使を禁止されている者が存在する場合に、有限会社法 47 条 4 項による議決権行使の禁止が、その共同相続関係の議決権行使に対してどのように適用されるのか、という点については、従来から議論がなされていた。以前の支配的な見解は、共同権利者の 1 人について議決権行使禁止の要件が満たされる場合には、（会社との関係で）その共同関係全体の議決権行使が禁止されなければならない、と考えていた。これに対して、現在では、このような場合であっても、共同関係全体の議決権行使が禁止されるわけではなく、議決権行使の禁止の趣旨から共同関係全体の議決権行使の禁止が要請される場合にのみ、共同関係全体の議決権行使が禁止される、と考えられている（*Zöllner*, Die Schranken mitgliedschaftlicher Stimmrechtsmacht bei den privatrechtlichen Personenverbänden, 1963, S. 275；*K. Schmidt*, a. a. O.（Fn. 91），§§ 744, 745, Rdn. 11；BGH, Urteil vom 14. 12. 1967, a. a. O.（Fn. 112），S. 194）。なお、このような考え方は、会社法の平面と相続法の平面を厳格に区別する立場を前提としていると考えられる。この議論についてより詳細には、*Wiedemann*, a. a. O.（Fn. 8），S. 251 f.；*Bettecken*, a. a. O.（Fn. 49），S. 145 ff. を参照。

332) *Löhnig*, a. a. O.（Fn. 212），§ 2038 Rdn. 31；*Gergen*, a. a. O.（Fn. 211），§ 2038 Rdn. 37.

フォルト・ルール自体の内容に関係するものとして位置づけられる。

1　会社法の平面と相続法の平面を厳格に区別する考え方

　従来、会社法の平面と相続法の平面とが厳格に区別されるということは[333]、当然のことであると考えられてきたように思われる。本章自体も、ここまで、共同権利者と会社の外部関係の規律（第3節および第4節）と共同権利者間の内部関係の規律（本節）とを分けて考察を進めてきた。その中で考察した多くの規律も、会社法の平面と相続法の平面とが厳格に区別されるということを認めている。例えば、共同代理人の選任は、共同権利者間の内部関係の規律に従って行われると考えられている[334]。また、有限会社において、有限会社法18条1項にいう共同の権利行使は、共同権利者間の内部関係の規律に基づいて共同権利者間で決定されると考えられている[335]。このように、会社法は、共同権利者間の内部関係を規律しないという立場を採用しているように見える。そして、伝統的な考え方は、共同権利者間の内部関係である共同相続関係における社員権行使の決定に際して、相続法の規律をそのまま適用する[336]。

2　会社法の平面と相続法の平面の厳格な区別の動揺

　もっとも、会社法の平面と相続法の平面の厳格な区別を放棄する立場も現れた。第4款二で考察した見解は、会社法の平面にある商法116条の解釈および考慮を、相続法の平面にある共同相続関係の内部関係の規律の解釈に用いようとする。この見解に対する批判[337]が指摘するように、この見解は、会社法の平面に存在するものが相続法の平面に介入して相続法の平面における規律を決定するということを認めていると評価することもできる[338]。

　さらに、本款二で考察した見解は、共同相続関係内部の意思決定が、会社

---

333)　ここでいう「厳格に区別する」ということの意味について、前掲注298) を参照。
334)　株式会社について、本章第3節第2款。有限会社について、本章第4節第3款二1。
335)　本章第4節第2款三。
336)　本節第3款三。
337)　本節第4款三2。
338)　もっとも、この見解を主張する Raue がこのようなことを意識しているのかは明らかではない。

法的な評価および基準から完全に切り離されて、相続法の規律だけに従ってなされるべきであるとまではいうことができない、と明示的に指摘する。

このような見解の存在は、会社法の平面と相続法の平面の厳格な区別が当然のものではないということを示唆する。

3　会社法が相続法の平面に影響する際の態様

このように会社法の平面と相続法の平面を厳格に区別することが困難であることを認める場合であっても、具体的に会社法が相続法の平面にどのように影響すると考えるのかは、論者によって異なっている。この会社法が相続法の平面に影響する際の態様としては、本節でここまで考察してきた見解等を分析すると、次のような4種の態様があり得ると考えられる。

第1の態様は、相続法へのあてはめの際に会社（法）に関係する事情が考慮されるという態様（事実考慮型）である。これは、会社法の平面と相続法の平面を厳格に区別するという立場を採用した場合に考えられる態様である。すなわち、この立場も、会社（法）に関係する事情を一切考慮しないというわけではなく、（会社法の影響を受けない）相続法の規律に、会社（法）に関係する事情をあてはめて結論を得ている。例えば、相続法の規律をそのまま適用する見解において、組織再編法に基づく組織再編措置は、民法745条3項にいう本質的な変更に該当し得ると考えられている[339]。その際には、当該措置が組織再編法上どのような効果をもたらすのかを考慮して判断されている。もっとも、この態様は、会社法が相続法の平面に影響しているのではなく、会社に関する事情が相続法の平面で考慮されているにすぎないので、その意味において会社法の平面と相続法の平面を厳格に区別する立場は維持されている[340]。

第2の態様は、相続法を解釈する際に会社法の規律が考慮されるという態様（解釈内包型）である。これは、企業指向的な解釈を採用する見解の場合に

---

[339]　本節第3款三2(1)。
[340]　このように考えると、正確には、この態様は、会社法が相続法の平面に影響する際の態様には含まれない。しかし、会社法の平面と相続法の平面を厳格に区別する立場によるとどのような態様になるのかを示して、他の態様と比較するために、この3においてこの態様も考察している。

考えられる態様である。この見解は、民法2038条ないし同745条1項にいう「通常の管理」の該当性の判断基準を具体化するために、合名会社における単独業務執行権限の範囲を規律する商法116条の基準を援用することを主張する[341]。すなわち、民法2038条ないし同745条1項にいう「通常の管理」という概念を解釈する際に、商法116条の規律が考慮されている。

第3の態様は、相続法の規律と直接的には重複しない会社法の規律が、相続法の平面において重畳的に適用されるという態様（重畳適用型）である。これは、本款二で考察した見解を採用した場合に考えられる態様である。この見解は、共同相続人全員が有限会社の社員でもあるということを強調して、会社法上の社員間の誠実義務や核心領域理論の考え方が、共同相続関係内部における意思決定にも適用される、という[342]。このような誠実義務や核心領域理論の考え方は相続法の平面には存在しないので、その意味では、これらは相続法の規律と直接的には[343]重複しない。したがって、この態様では、誠実義務や核心領域理論の考え方が、相続法の規律に取って代わるというわけではなく、相続法の規律に加えて重畳的に適用される。

第4の態様は、会社法の規律が、相続法の平面において相続法の規律に代わって適用されるという態様（代替適用型）である。これは、本款二 2(2)で考察した2008年連邦通常裁判所判決の事案における被告の主張に類似するものである。この事案において、被告は、保護共同体内部における意思決定の際に、会社法上の特別多数決の規律が、保護共同体契約上の単純多数決の規律に代わって適用されるべきである、と主張した[344]。この事案は、保護共同体契約という一種の議決権拘束契約に関する事案であったが、共同相続関係内部における意思決定の場面に置き換えて考えてみると、会社法の規律が、共同相続関係内部における意思決定の際に、相続法の規律に代わって適用さ

---

341) 本節第4款二2。
342) 本款二3(1)。
343) もっとも、誠実義務や核心領域理論の考え方を採用しないという規律が相続法の平面に存在していると考えるならば、誠実義務や核心領域理論の考え方は、そのような規律と重複していると見ることもできる。
344) 本款二2(2)アを参照。この被告の主張は、本判決によって否定されているが、1つの可能性としてはこのような態様もあり得る。なお、本判決が、本書の考察対象である会社法の平面と相続法の平面の関係を直接的に扱ったものではないということについて、本款二2(2)ウを参照。

れるということになる。

4 まとめ

2で指摘したように、本節で考察した見解は、従来は当然視されてきたように思われる会社法の平面と相続法の平面の厳格な区別が当然のものではないということを示唆する。そして、3で考察したように、会社法が相続法の平面に影響する際の態様としては、4種の態様（事実考慮型、解釈内包型、重畳適用型、代替適用型）があり得る。ドイツでは、これ以上踏み込んで議論がなされているわけではないので、ドイツの議論を参照したとしても、この先の知見を得ることは難しい。これらのうちのどの態様を採用することが適切であるのかは、会社法の規律の内容および相続法の規律の内容ならびにその両者の関係性によっても異なると考えられる。

第6款　小　括

本節では、共同権利者間の内部関係の規律として、共同相続関係の規律を考察した。

まず、第2款において、本節の考察の前提として、共同相続関係に関する一般的な規律を確認した。共同相続関係における遺産の共同管理を規律する民法2038条は、3種類の規律を規定している。すなわち、全員一致を必要とするもの（二）、多数決で決定することができるもの（三）、および、単独ですることができるもの（四）である。ある行為が「通常の管理」に該当する場合には、その決定は多数決で行うことができる。これに対して、ある行為が「通常の管理」に該当しない場合には、その決定のためには全員一致が必要になる。また、ある行為が「保存に必要な行為」に該当する場合には、各共同相続人が単独でその行為をすることができる。

このような一般的な規律を踏まえて、第3款において、共同相続関係における社員権行使の決定方法についての伝統的な考え方を考察した。まず、議論の初期に展開された考え方は、相続法の規律を十分に意識しているということができない（二）。これに対して、近時は、相続法の規律をそのまま適用しようとする見解が多い（三1）。この見解は、有限会社の持分の管理に関す

る意思決定の方法として多数決で足りるのか全員一致が必要であるのか(「通常の管理」に該当するかどうか)は、その意思決定が遺産全体の本質的な変更に該当するかどうかによって決定される、という。もっとも、この考え方が裁判例の考え方と完全に一致しているというわけではない(三2(3))。裁判例は、議決権行使の場面において「通常の管理」の該当性を判断する際に、ある決議事項が民法745条3項1文にいう本質的な変更に該当するのかという点だけではなく、それが共同相続人の利益に合致するのかという点にも着目している。

次に、第4款では、第3款で考察した伝統的な考え方とは異なるアプローチを試みる見解を考察した。この見解の論者であるRaueは、第3款で考察した相続法の規律をそのまま適用する見解に対する批判として、この見解が共同相続人の少数派の権利を軽視している、という(二1)。そこで、Raueは、企業指向的な解釈として、商法116条の解釈を援用して、共同相続関係における社員権行使の決定方法を確定しようとする(二2)。この見解は、相続法の一般的な規律をそのまま適用するのではなく、商法116条の解釈を援用することによって、共同相続関係における有限会社の持分の管理にとって適切な規律を見出そうとしている。しかし、この見解に対しては、次のような批判がなされる。すなわち、会社法の平面と相続法の平面とは厳格に区別されるべきであるので、商法116条の解釈を援用して民法2038条の下での規律を決定することはできない(三2)。

このような見解とそれに対する批判は、会社法の平面と相続法の平面の関係をどのように捉えるのか、という問題を提起する。そこで、第5款では、まず、二において、このような問題提起に基づいて会社法の平面と相続法の平面の関係を意識して共同相続関係における社員権行使の決定方法について検討した見解を考察した。この見解の論者であるSchürnbrandは、実際に会社法の平面と相続法の平面をそれほど厳格に区別することができるのか、両者相互間の作用が当然に排除されるのかは疑わしい、という。そして、具体的に、共同相続関係内部の意思決定に影響を与える会社法上の規律として、誠実義務および核心領域理論、ならびに、特別利害関係人による議決権行使の禁止を挙げる(3)。また、その前提として、Schürnbrandは、このような考え方と判例との整合性についての検討を行っている(2)。その検討を考察

する中で判例の問題意識との比較を通じて明らかになったことは、会社法の平面と相続法の平面の関係を検討する際に設定されるべき問題が、当事者の意思によるデフォルト・ルールからの逸脱の可否に関係するものではなく、共同相続関係内部の意思決定に関するデフォルト・ルール自体の内容に関係するものとして位置づけられる、ということである（2(2)ウ）。

　最後に、三において、それまでに考察してきた見解等を踏まえて、会社法の平面と相続法の平面の関係についての分析を行った。従来、会社法の平面と相続法の平面とが厳格に区別されるのは当然のことであると考えられてきた（1）。しかし、そのような厳格な区別は当然のものではない（2）。実際に、会社法の平面と相続法の平面の厳格な区別を放棄する立場も現れた。それまでに考察してきた見解等を分析すると、会社法が相続法の平面に影響する際の態様としては、4種の態様（事実考慮型、解釈内包型、重畳適用型、代替適用型）があり得る（3）。

第6節

ドイツ法の考察の総括
——日本法への示唆

第1款　序

　本章では、ドイツにおいて株式法69条1項および有限会社法18条1項が適用される場合、つまり、1個の株式・持分が複数の共同権利者に帰属する場合における規律を考察した。これによって、日本において準共有株式についての権利の行使に関する規律について検討する上での示唆を得ることを試みた。

　そこで、本節では、本章の総括として、第1節第2款で述べた本章の考察に通底する問題意識に関する示唆を確認する[345]。具体的には、まず、第2款において、株式法69条1項および有限会社法18条1項の目的に関する示唆を確認する。次に、第3款において、共同権利者と会社の外部関係と共同権利者間の内部関係との関係に関する示唆を確認する。

第2款　株式法69条1項および有限会社法18条1項の目的に関する示唆

一　問題意識

　本款では、株式法69条1項および有限会社法18条1項の目的に関する示唆を確認する。

　本章の考察に通底する第1の問題意識は、株式法69条1項および有限会

---

345)　なお、日本におけるドイツ法の先行研究に対する疑問については、本章第4節第3款三4(1)を参照。

社法 18 条 1 項の目的は何であるのか、であった[346]。この観点に関係する考察は、主に本章の前半（第 2 節、第 3 節および第 4 節）において行った。この考察によって、日本の会社法 106 条の目的が何であるのかを検討する上での示唆を得ることを試みた。

もっとも、ドイツにおいても、株式法 69 条 1 項および有限会社法 18 条 1 項が具体的にどのような弊害から会社を保護しようとしているのかという点は、意識的に議論されているわけではない。よって、この問いに対する答えを探究するためには、株式法 69 条および有限会社法 18 条の解釈論を考察した上で、その解釈論が（暗黙の裡に）前提としているこれらの規定の目的がどのようなものであるのかを帰納的に明らかにするしかない。そこで、本章では、このような観点を意識しつつこれらの規定の解釈論を考察した。

二　株式法 69 条 1 項および有限会社法 18 条 1 項の目的についての 2 通りの理解の可能性

まず、株式法 69 条 1 項および有限会社法 18 条 1 項の目的ならびにその前提の理解として、2 通りの理解があり得るということを示した。

具体的には、第 2 節第 2 款において、外的組合に対する株式法 69 条および有限会社法 18 条の適用の有無に関する議論を分析した。その結果、外的組合に対する株式法 69 条および有限会社法 18 条の適用を否定する支配的な見解の理解として、株式法 69 条および有限会社法 18 条の目的を、①共同権利者間の内部関係の不明確性からの会社の保護であると捉えているという理解と、②一体的な社員権行使の確保であると捉えているという理解があり得る、ということが明らかになった[347]。さらに、これら 2 つの理解は、その前提を異にしていると見ることができる[348]。すなわち、①の理解は、これらの規定がなくても各共同権利者がその内部関係における決定に従って社員権を行使しなければならないという前提に立っている。これに対して、②の理解は、これらの規定がない場合には各共同権利者が社員権を個別的に行使することが

---

346)　本章第 1 節第 2 款一。
347)　本章第 2 節第 2 款二 2。
348)　本章第 2 節第 2 款二 3。

できるという前提に立っている。

そこで、ドイツにおいてこれら2通りの理解のうちどちらが採用されているのかを帰納的に明らかにするために、第3節以降では、このような観点も意識しつつ、株式法69条および有限会社法18条の解釈論を考察した。

実際に、第4節第2款において、このような観点から、有限会社法18条1項の解釈論を考察した。具体的には、共同権利者自身が共同の権利行使を行う場合における規律を考察した。その規律に関しては、有限会社法18条1項にいう共同の権利行使がどのような態様での権利行使であるのかについて争いがあり、直接的な一体的権利行使に限定する見解と間接的な一体的権利行使を許容する見解の対立がある。

これら2つの見解の主要な対立点は、前述のような、有限会社法18条1項の目的をどのように捉えるのか、という点にある[349]。すなわち、有限会社法18条1項の目的を、①共同権利者間の内部関係の不明確性からの会社の保護であると捉えるのか、それとも、②一体的でない社員権行使からの会社の保護であると捉えるのか、という点にある。さらに、このような目的の内容についての理解の違いの背景には、前述のような、前提とする共同権利者の権利をどのように理解するのかという前提の違いがある[350]。すなわち、有限会社法18条1項が存在しない場合に、①各共同権利者がその内部関係における決定に従って権利を行使しなければならないという前提に立つのか、②各共同権利者が個別的に権利を行使することができるという前提に立つのかである。

三　株式法69条1項および有限会社法18条1項の目的に関する分析

そのうえで、更に株式法69条および有限会社法18条の解釈論を考察して分析することによって、株式法69条1項および有限会社法18条1項の目的を帰納的に明らかにした。

---

349)　本章第4節第2款四2。
350)　本章第4節第2款四2。

1　2通りの理解の可能性についての分析

　まずは、二で確認した株式法69条1項および有限会社法18条1項の目的の2通りの理解の可能性についての分析を行った。

　具体的には、第4節第3款二において、有限会社において共同代理人が共同の権利行使を行う場合における規律のうち、任意の共同代理人に関する規律を考察した。その考察によると、有限会社法18条1項の下では、共同権利者は、共同代理人の代理権をその対象または期間について制限することができる[351]。これに対して、株式法69条1項の下では、支配的な見解によると、共同権利者は、共同代理人の権限を制限することができない[352]。このような差異は、次のように、株式法69条1項の重視する目的と有限会社法18条1項の重視する目的が異なると考えることによって説明することができる。

　一方で、株式法69条1項は、①共同権利者間の内部関係の不明確性からの会社の保護を重視している。だからこそ、支配的な見解（共同権利者が共同代理人の権限を制限することができないという見解）は、反対説の主張を斥けていると考えられる。すなわち、反対説は、代理権が個々の権利に制限されていた場合であっても、その権利が一体的に行使されているときには、その権利については行使の一体化ができているのであるから、会社の利益は害されないと主張するが、支配的な見解はこの主張を斥けている[353]。つまり、この支配的な見解は、株式法69条1項の目的を、②一体的でない社員権行使からの会社の保護（だけ）であるとは捉えていない。このように考えているからこそ、支配的な見解は、①共同権利者間の内部関係の不明確性からの会社の保護を重視して、共同権利者による共同代理人の権限の制限を否定する。

　他方で、有限会社法18条1項は、②一体的でない社員権行使からの会社の保護を重視している。実際に、共同権利者自身による共同の権利行使の場合における支配的な見解である、間接的な一体的権利行使を許容する見解は、そのように考えている[354]。すなわち、この見解は、①共同権利者間の内部関係の不明確性からの会社の保護は、有限会社法18条1項ではなく一般的規

---

351)　本章第4節第3款二3(1)。
352)　本章第3節第3款一。
353)　本章第3節第3款一。
354)　本章第4節第2款四2。

第6節　ドイツ法の考察の総括

律によってなされる、という。このように考えているので、共同権利者による共同代理人の権限の制限も否定されない。

　以上の分析によると、株式法69条1項の目的は、①共同権利者間の内部関係の不明確性からの会社の保護であると考えられる。もっとも、これに加えて、②一体的でない社員権行使からの会社の保護も、株式法69条1項の目的に含まれると考える余地はある[355]。これに対して、有限会社法18条1項の目的は、②一体的でない社員権行使からの会社の保護に限られると考えられる[356]。

2　社員権の統一的な行使の確保の必要性についての分析

　最後に、有限会社法18条1項の目的が、このように一体的でない社員権行使からの会社の保護であるとして、それに加えて、有限会社法18条1項が社員権の統一的な行使の確保をも目的としているのかについての分析を行った[357]。

　具体的には、第4節第3款三3において、義務的な集団的代理を規定する代理人条項について考察した。この代理人条項の目的は、共同代理人を通じた一体的な権利行使の確保だけではなく、社員権の統一的な行使の確保をも含んでいる[358]。そこで、この代理人条項との比較を通じて、有限会社法18条1項が社員権の統一的な行使の確保をも目的としているのかについての分析を行った[359]。

　この代理人条項が一体的な権利行使に加えて社員権の統一的な行使をも要求するものであると解釈される理由は、特に人的会社の場合には、社員の頭数が増えることによって、それだけ意思決定が難しくなるからである。これに対して、有限会社の場合には、社員の頭数が増えたとしても、それだけで直ちに会社の意思決定が困難になるわけではない。このような観点からは、

---

355)　前掲注130)を参照。
356)　有限会社法18条1項の目的には、同時に①共同権利者間の内部関係の不明確性からの会社の保護は含まれないということについて、前掲注132)を参照。
357)　「一体的」という用語と「統一的」という用語の本書における使い分けについては、前掲注37)を参照。
358)　本章第4節第3款三3(3)。
359)　本章第4節第3款三4(2)。

有限会社法18条1項が一体的な権利行使に加えて社員権の統一的な行使をも要求していると解釈する理由は乏しい。もっとも、伝統的な見解は、有限会社法18条1項が社員権の統一的な行使を要求しているという解釈を前提として、有限会社法18条1項を、1個の持分から生じる複数の議決権の不統一行使が許されないことの根拠として援用する。しかし、なぜ有限会社法18条1項をこのように解釈する必要があるのかは明らかにされておらず、この見解は、有限会社法18条1項を形式的に援用しているにすぎない。したがって、この見解によって有限会社法18条1項が援用されているということから直ちに、有限会社法18条1項が社員権の統一的な行使を要求しているということはできない。

以上の分析によると、有限会社法18条1項の目的には、社員権の統一的な行使の確保は含まれないと考えられる。

四　日本法への示唆

1　株式法69条1項および有限会社法18条1項の目的についての3通りの理解

以上のように、本章では、株式法69条1項および有限会社法18条1項の目的が何であるのかという観点を意識しつつ、株式法69条および有限会社法18条の解釈論を考察した。その結果として、この問題意識に対する結論は、次のようにまとめることができる。

一方で、株式法69条1項の目的は、①共同権利者間の内部関係の不明確性からの会社の保護である。その前提には、①株式法69条1項がなくても、各共同権利者はその内部関係における決定に従って社員権を行使しなければならない、という理解があると考えられる。このパターンを「内部関係明確化型」ということとする。

もっとも、株式法69条1項の目的については、別の可能性もあり得る。すなわち、株式法69条1項の目的が、①共同権利者間の内部関係の不明確性からの会社の保護、および、②一体的でない社員権行使からの会社の保護の両方であると考える可能性である。このパターンを「重畳型」ということとする。そして、このように考える場合には、その前提についての考え方として、

2つの可能性がある。すなわち、①株式法69条1項がなくても、各共同権利者はその内部関係における決定に従って社員権を行使しなければならないと考える可能性と、②株式法69条1項がないときには、各共同権利者が社員権を個別的に行使することができると考える可能性である[360]。

　他方で、有限会社法18条1項の目的は、②一体的でない社員権行使からの会社の保護である。その前提には、②有限会社法18条1項がない場合には、各共同権利者が社員権を個別的に行使することができる、という理解があると考えられる。このパターンを「一体性確保型」ということとする。なお、有限会社法18条1項の目的は、あくまでも一体的でない社員権行使からの会社の保護であって、社員権の統一的な行使の確保は含まれない。

　以上のように、株式法69条1項および有限会社法18条1項の目的ならびにその前提についての理解としては、3通りの理解（内部関係明確化型、一体性確保型、重畳型）があり得る。

　これら3通りの理解は、日本の会社法106条の目的およびその前提となる株式の準共有関係についての理解としてどのような理解があり得るのかについての手がかりを提供する。これら3通りの理解のうち、どの理解（またはそれらとは異なる理解）が日本法において妥当する（べきである）のかは、日本法の考察によって検討されるべきである。そこで、**第4章第2節**において、こ

---

360) 前掲注50) を参照。もっとも、株式会社の場合と有限会社の場合とで、前提となる共同権利者の権利の理解が異なってよいのかについては疑問もある。すなわち、株式会社の場合に、株式法69条1項の目的が共同権利者間の内部関係の不明確性からの会社の保護に限られる（内部関係明確化型）と考えるときには、①株式法69条1項がなくても、各共同権利者はその内部関係における決定に従って社員権を行使しなければならない、という理解を前提としている。これに対して、有限会社の場合には、本文で述べるように、②有限会社法18条1項が存在しないならば、各共同権利者が社員権を個別的に行使することができる、という理解を前提としている。株式会社と有限会社は共に資本会社であって、両者の社員権の性質はそれほど変わらないと考えられるので、このように共同権利者の社員権の理解が異なるということを説得的に説明することは難しいように思われる。

　そこで、株式法69条1項の目的について次のように考えることによって、有限会社の場合と整合的に説明することができると考えられる。すなわち、株式会社の場合も、有限会社の場合と同様に、②株式法69条1項が存在しなければ各共同権利者が社員権を個別的に行使することができる、という理解を前提として、株式法69条1項の目的が、①共同権利者間の内部関係の不明確性からの会社の保護、および、②一体的でない社員権行使からの会社の保護の両方である（重畳型）と考えるのである。これによって、株式会社の場合と有限会社の場合とを整合的に説明することができる。

れら3通りの理解を手がかりにしつつ、日本の会社法106条の目的が何であるのかを検討する。

2 単独所有の場合との比較という視点

また、このように日本の会社法106条の目的を検討する際には、準共有者間の内部関係の不明確性からの会社の保護の手段として、会社法106条以外の手段も考えられる中で、会社法106条が必要であるのか、という視点が重要になると考えられる。

このことは、重畳型（株式法69条1項の場合）と一体性確保型（有限会社法18条1項の場合）とを比較すると明らかになる。比較の前提として、両者とも、その前提とする共同権利者の権利の理解に違いはないと考える。すなわち、両者とも、②株式法69条1項および有限会社法18条1項が存在しないならば、各共同権利者が社員権を個別的に行使することができる、という理解を前提にしていると考える。この場合に重畳型と一体性確保型とで異なっている点は、その先である。すなわち、重畳型は、株式法69条1項によって一体的な社員権行使が確保されるだけでは足りず、さらに共同権利者間の内部関係の不明確性からの会社の保護まで求めている。これに対して、一体性確保型は、有限会社法18条1項による共同権利者間の内部関係の不明確性からの会社の保護を不要であるとしている。実際に、有限会社法18条1項の下で間接的な一体的権利行使を許容する見解（一体性確保型）の論者は、有限会社法18条1項以外の方法によって会社が十分に保護されると主張している[361]。このような重畳型と一体性確保型の態度の分岐点は、株式法69条1項および有限会社法18条1項以外の手段によって、会社が共同権利者間の内部関係の不明確性から十分に保護されると考えるのか、という点にあると考えられる。

このことは、換言すると、単独所有の場合との比較という視点が重要であるということを意味している。実際に、一般的には、株式法69条1項の下で、

---

361) 本章第4節第2款四3。もっとも、有限会社法18条1項の文脈において、会社が十分に保護されると考えるのかは、実際には、共同権利者間の内部関係の不明確性によって会社が被る不利益と、有限会社法18条1項の適用による弊害との比較衡量によって決定されていると考えられる。

第6節　ドイツ法の考察の総括

共同権利者は、その共同代理人の代理権をその対象または内容について制限することができないと考えられている[362]。これに対して、反対説は、共同権利者が単独所有者よりも強い制限を受ける理由がないと主張して、なぜ共同権利者が単独所有者よりも不利な取扱いを受けなければならないのかという疑問を提起している[363]。このような疑問から示唆を得ると、準共有に関する特別な規律である会社法106条について検討する際にも、単独所有の場合との比較、つまり、準共有の場合には会社の不利益が単独所有の場合と異なるのか、異なるとしてそれが準共有者の負担で解決されるべきなのか、という視点が有益であると考えられる[364]。

　以上のように、日本の会社法106条の目的を検討する際にも、会社法106条以外の手段によって会社が準共有者間の内部関係の不明確性から十分に保護されているのか、換言すると、単独所有の場合との比較、という視点が重要になる。

第3款　共同権利者と会社の外部関係と共同権利者間の内部関係との関係に関する示唆

一　問題意識

　本款では、共同権利者と会社の外部関係と共同権利者間の内部関係との関係に関する示唆を確認する。

　本章の考察に通底する第2の問題意識は、共同権利者と会社の外部関係と共同権利者間の内部関係とがどのような関係にあるのか、であった[365]。この観点に関係する考察は、主に本章の後半（第5節）において行った。この考察によって、日本において会社法が民法の規律との関係で果たす役割の範囲等を理解する上での示唆を得ることを試みた。

　ここでいう共同権利者と会社の外部関係は、主に株式法69条1項および有限会社法18条1項によって規律される会社法の平面として捉えられる。

---

362)　本章第3節第3款一。
363)　本章第3節第3款一。
364)　本章第3節第3款二。
365)　本章第1節第2款二。

これに対して、共同権利者（共同相続人）間の内部関係は、共同相続関係を規律する相続法の平面として捉えられる。この共同相続人間の内部関係は、共同相続人が異なる合意をしない限り、相続法のデフォルト・ルールによって規律される。よって、会社法の平面と相続法の平面の関係を検討するということは、当事者の意思によるデフォルト・ルールからの逸脱の可否に焦点を当てるということではなく、相続法上のデフォルト・ルール自体の内容に対して、会社法がどのような影響を及ぼすのかを検討するということである[366]。
　この問題意識に関する分析は、既に第5節第5款三において詳細に行った。そこで、本款では、主としてそこで行った分析を簡潔に確認することによって、日本法への示唆を確認する。

二　会社法の平面と相続法の平面の厳格な区別とその動揺

　従来、会社法の平面と相続法の平面とが厳格に区別されるということは[367]、当然のことであると考えられてきたように思われる[368]。本章自体も、共同権利者と会社の外部関係の規律（第3節および第4節）と共同権利者間の内部関係の規律（第5節）とを分けて考察を行った。その中で考察した多くの規律も、会社法の平面と相続法の平面とが厳格に区別されるということを認めている[369]。
　もっとも、会社法の平面と相続法の平面を厳格に区別するという考え方が当然のものであるのかについて、近時、ドイツにおいて若干の議論がなされている。そこで、本章では、この議論を考察することによって、共同権利者と会社の外部関係と共同権利者間の内部関係との関係のあり得る姿を類型化することを試みた。そのために、第5節において、会社法の平面と相続法の平面の厳格な区別に対して疑問を呈する見解を考察した。
　具体的には、まず、第5節第4款二で考察した見解（企業指向的な解釈を採用する見解）は、会社法の平面にある商法116条の解釈および考慮を、相続法

---

366)　本章第5節第5款二2(2)ウ。
367)　ここでいう「厳格に区別する」ということの意味について、前掲注298）を参照。
368)　本章第5節第5款三1。
369)　本章第5節第5款三1で挙げたものを参照。

の平面にある共同相続関係の内部関係の規律の解釈に用いようとする。この見解は、会社法の平面に存在するものが、相続法の平面に介入して相続法の平面における規律を決定する、ということを認めていると評価することもできる[370]。

また、第5節第5款二で考察した見解は、共同相続関係内部の意思決定が、会社法的な評価および基準から完全に切り離されて、相続法の規律だけに従ってなされるべきであるとまではいうことができない、と明示的に指摘する。

これらのような見解の存在は、会社法の平面と相続法の平面の厳格な区別が当然のものではないということを示唆する。

三　会社法が相続法の平面に影響する際の態様

そこで、第5節第5款三3において、それまでに考察してきた見解等を踏まえて、共同権利者と会社の外部関係（会社法の平面）と共同権利者間の内部関係（相続法の平面）との関係のあり得る姿を類型化することを試みた。この両者の関係、つまり、具体的に会社法が相続法の平面にどのように影響すると考えるのかは、論者によっても異なっている。そこで、それまでに考察してきた見解等を分析すると、この会社法が相続法の平面に影響する際の態様としては、次のような4種の態様があり得ると考えられる。

第1の態様は、相続法へのあてはめの際に会社（法）に関係する事情が考慮されるという態様（事実考慮型）である。これは、会社法の平面と相続法の平面を厳格に区別するという立場を採用した場合に考えられる態様である。すなわち、この立場も、会社（法）に関係する事情を一切考慮しないというわけではなく、（会社法の影響を受けない）相続法の規律に、会社（法）に関係する事情をあてはめて結論を得ている。もっとも、この態様では、会社法が相続法の平面に影響しているのではなく、会社に関する事情が相続法の平面で考慮されているにすぎない。

第2の態様は、相続法の解釈の際に会社法の規律が考慮されるという態様

---

[370]　本章第5節第4款三2を参照。

（解釈内包型）である。これは、企業指向的な解釈を採用する見解（第5節第4款二）の場合に考えられる態様である。この見解は、民法2038条および民法745条1項にいう「通常の管理」という概念を解釈する際に、商法116条の規律を考慮している。

第3の態様は、相続法の規律と直接的には重複しない会社法の規律が、相続法の平面において重畳的に適用されるという態様（重畳適用型）である。これは、第5節第5款二で考察した見解を採用した場合に考えられる態様である。この見解の下では、会社法上の誠実義務や核心領域理論の考え方が、相続法の規律に取って代わるというわけではなく、相続法の規律に加えて重畳的に適用される。

第4の態様は、会社法の規律が、相続法の平面において相続法の規律に代わって適用されるという態様（代替適用型）である。これは、第5節第5款二2(2)で考察した2008年連邦通常裁判所判決の事案における被告の主張に類似するものである。この事案における被告の主張は、保護共同体内部における意思決定の際にも、会社法上の特別多数決の規律が、保護共同体契約上の単純多数決の規律に代わって適用されるべきである、というものであった。第4の態様は、共同相続関係内部における意思決定の場面にこの考え方を応用したものである。

以上のように、会社法が相続法の平面に影響する際の態様としては、4種の態様（事実考慮型、解釈内包型、重畳適用型、代替適用型）があり得ると考えられる。

四　日本法への示唆

日本においても、準共有者と会社の外部関係と準共有者間の内部関係の厳格な区別が、暗黙の裡に当然のものとして考えられてきたように思われる。しかし、日本においては、そもそも、会社法106条に関する議論が、準共有者と会社の外部関係と準共有者間の内部関係の区別を十分に明示せずになされてきたように思われる[371]。そのような中で、準共有者と会社の外部関係と

---

371)　この区別を意識して整理しているかどうかは、論者によって異なる。本書の**第2章**は、この区別を意識して従来の議論を整理したものである。

準共有者間の内部関係との関係について考える際には、三で確認した会社法が相続法の平面に影響する際の4種の態様（事実考慮型、解釈内包型、重畳適用型、代替適用型）が1つの手がかりになり得る。

第 4 章

日本における課題の検討

第1節

序

　本章では、**第3章**におけるドイツ法の考察から得ることができた日本法への示唆を参考にしつつ、**第2章第9節**で提示した日本において検討すべき課題を検討する。

　第1に、第2節および第3節において、第1の検討課題である会社法106条の目的および会社法106条の規律内容について検討する。

　まず、第2節において、会社法106条の目的は何であるのかという課題を検討する。具体的には、まず、ドイツ法の考察から得ることができた示唆を参考にして、会社法106条の目的としてあり得る可能性を示す（第2款、第3款）。また、会社法106条の前身となった商法の規定の沿革も考察する（第4款）。それらの考察を踏まえて、会社法106条の目的が何であるのかを検討して、本書の見解を示す（第5款）。

　そのうえで、第3節において、第2節で明らかにされた会社法106条の目的に照らして、会社法106条の規律内容がどのようなものと理解されるべきなのかを検討する。具体的には、まず、会社法106条が、民法の共有に関する規律との関係においてどのように位置づけられるのかを検討する（第2款）。そのうえで、会社法106条に関する具体的な解釈論として、会社法106条の適用範囲（第3款）、および、会社法106条本文の例外（第4款、第5款）について検討する。

　第2に、第4節および第5節において、第2の検討課題であるより円滑な事業承継を実現するために望ましい規律について検討する。

　その前提として、第4節において、準共有者の権利行使と密接に関連する権利行使者に関する一般的な規律について検討する。具体的には、まず、Buchanan & Tullock による分析の枠組みを用いて、権利行使者の指定に関す

る規律を検討して、その規律として多数決説を採用することが望ましいということを示す（第2款）。次に、この多数決説を採用した場合に生じ得る弊害の緩和策について、従来の考え方を検討して、従来の考え方が、準共有者の少数派の保護ひいては円滑な事業承継の実現にとって適切なものではないことを示す（第3款）。

　そのうえで、第5節において、この多数決説を採用した場合に生じ得る弊害を緩和して、より円滑な事業承継を実現するための規律として、各準共有者による不統一行使の主張を認めるという規律について、議決権行使の場面を中心に検討する。具体的には、まず、従来の議論を整理して、問題の所在を明らかにする（第2款）。そして、各準共有者による不統一行使の主張を認める必要性があるのかについて検討する（第3款）。そのうえで、準共有者による不統一行使の主張を認めるための法的構成について検討する（第4款）。

第 2 節

会社法 106 条の目的の探究

第 1 款　序

　本節では、会社法 106 条の目的は何であるのかという課題を検討する。これは、第 3 節で会社法 106 条の規律内容を検討する上での前提になるものである。

　会社法 106 条の目的である会社の事務処理上の便宜がどのようなものであるのかは、必ずしも明らかではない[1]。それにもかかわらず、この会社の事務処理上の便宜という目的は、会社法 106 条の解釈論の根拠としてしばしば援用されている[2]。しかし、会社の事務処理上の便宜の内実を明らかにしないままに、会社法 106 条の解釈論の根拠としてそれを援用することは、**第 2 章第 9 節第 1 款**で指摘したように、説得的ではなく疑問も残る。そこで、本節では、**第 3 章**におけるドイツ法の考察から得ることができた示唆を参考にしつつ、会社法 106 条の目的は何であるのかという課題を検討する。

　具体的には、まず、**第 2 款**において、**第 3 章**におけるドイツ法の考察から得ることができた示唆を参考にして、会社法 106 条の目的としてあり得る可能性を示す。そして、**第 3 款**において、会社法 106 条の目的を考える上での前提になる準共有者による権利行使の態様として、2 つの可能性があり得ることを確認する。そのうえで、**第 4 款**において、会社法 106 条の目的について検討する上での出発点を探究するために、会社法 106 条の前身となった商法の規定の沿革を考察する。以上の考察を踏まえて、**第 5 款**において、会社

---

1)　第 2 章第 2 節。
2)　第 2 章の注 121）。

法 106 条の目的が何であるのかという課題を検討して、本書の見解を示す。

第 2 款　会社法 106 条の目的としてあり得る可能性

　第 3 章第 6 節第 2 款四で分析したように、ドイツの株式法 69 条 1 項および有限会社法 18 条 1 項の目的ならびにその前提についての理解としては、3 通りの理解（内部関係明確化型、一体性確保型、重畳型）があり得る。そして、この 3 通りの理解の可能性は、会社法 106 条の目的を検討する際にも妥当すると考えられる。すなわち、会社法 106 条の目的としても、次の 3 通りの可能性があり得る。

　第 1 に、①準共有者間の内部関係の不明確性からの会社の保護であるという可能性がある（内部関係明確化型）。そして、その前提には、①会社法 106 条がなくても、各準共有者はその内部関係における決定に従って権利を行使しなければならない、という理解があると考えられる。

　第 2 に、②一体的[3]でない権利行使からの会社の保護であるという可能性がある（一体性確保型）。そして、その前提には、②会社法 106 条がない場合には、各準共有者が個別的に権利を行使することができる、という理解があると考えられる。

　第 3 に、①準共有者間の内部関係の不明確性からの会社の保護、および、②一体的でない権利行使からの会社の保護の両方であるという可能性がある（重畳型）。そして、その前提には、次のどちらかの理解があると考えられる。すなわち、①会社法 106 条がなくても、各準共有者はその内部関係における決定に従って権利を行使しなければならないという理解、または、②会社法 106 条がない場合には、各準共有者が個別的に権利を行使することができるという理解のどちらかがある[4]。

---

3)　本書において、「一体的」とは、複数の準共有者が統一体としてその権利を行使する（その権利行使の内容が準共有者間で同じであるかどうかは問わない）ことをいう。この「一体的」という語の対義語は、「個別的」という語である。これに対して、「統一的」とは、準共有者間で権利行使の内容が同じである（各準共有者が各自でその権利を行使するか統一体として行使するかは問わない）ことをいう。この「統一的」という語の対義語は、「不統一的」という語である。以上の用語の区別について、**第 3 章の注 37)** も参照。

4)　**第 3 章の注 50)** も参照。

第3款　前提としての準共有者による権利行使の態様についての2つの可能性

第2款で確認したように、会社法106条の目的の理解の前提となり得る準共有者による権利行使の態様としては、次の2つの可能性があり得る。すなわち、第1に、①会社法106条がなくても、各準共有者はその内部関係における決定に従って権利を行使しなければならないと考える可能性である。第2に、②会社法106条がない場合には、各準共有者が個別的に権利を行使することができると考える可能性である。

一　各準共有者による個別的な権利行使の可能性

一方で、②の考え方、つまり、会社法106条がない場合には各準共有者が個別的に権利を行使することができるという考え方は、一見して成り立ちえないようにも見える[5]。なぜならば、各準共有者はその内部関係の規律に拘束されるので、その規律によって基本的には一体的に権利を行使するということが想定されるからである[6]。

しかし、従来の学説は、このような各準共有者による個別的な権利行使の可能性を暗黙の裡におそれていると理解することができる。すなわち、例えば、**第2章第2節**で確認したように、竹田省は、この規定が「共有者の一人が右せんとし他の一人が左せんとするが如き不統一状態を避ける爲め」のものである、という[7]。また、大森忠夫は、この規定が「共有者のすべてがその共有株式の全部について各別に議決権を行使する場合の混乱を避けるため」のものである、という[8]。龍田節も、「各共有者が持分に応じて株主としての

---

[5]　第3章の注48）も参照。

[6]　例えば、準共有株式についての権利を行使する際に民法252条に従わなければならないと考えるならば、民法252条本文に基づいて原則として多数決による決定が必要であるので、各準共有者が個別的に権利を行使する余地はなく、そのような多数決によって既に一体的な権利行使が確保されるようにも思われる。もっとも、本節第5款三も参照。

[7]　竹田省「株主の議決権の不統一行使」法学論叢22巻5号（1929年）56頁。

[8]　大森忠夫「議決権」田中耕太郎編『株式會社法講座　第三巻』（有斐閣、1956年）918頁。

権利を行使したのでは、会社の事務処理がきわめて複雑になるので」、本条が規定されている、という[9]。近時においても、森淳二郎は、この規定が「共有者全員が個々に権利を行使することにより生じうる混乱を回避する」ためのものである、という[10]。また、稲葉威雄も、会社の便宜を図る趣旨が「共有株式の権利行使は、持分に応じた分割行使を許さない」点にある、という[11]。

　このように、従来の学説は、会社法106条がない場合には各準共有者が個別的に権利を行使することができるということを前提としているようである。

二　準共有者間の内部関係における決定による拘束の可能性

　他方で、①の考え方、つまり、会社法106条がなくても各準共有者がその内部関係における決定に従って権利を行使しなければならないという考え方も、従来の学説において暗黙の裡に前提とされている。すなわち、例えば、**第2章**第2節で確認したように、青木英夫は、この規定の趣旨が「準共有者相互間の関係に関係なく、会社のために、株式に基づく権利の行使の明確さを確立するにある」という[12]。また、吉本健一は、会社法106条が想定する弊害の内容として、「共有者間の内部関係を知らない会社が株主の権利行使に際して共有者の誰に権利行使を認めればよいか混乱を生じるおそれ」を挙げる[13]。さらに、最近、江頭憲治郎も、本条が規定されている理由を、「共有一般の規定（民252条・670条1項等）に従って権利行使が行われると、それが適法に行われているかを会社が個々に確認することは、煩に堪えないことになるからである」と明示した[14]。

　このように、従来の学説は、会社法106条がなくても各準共有者がその内部関係における決定に従って権利を行使しなければならないということを前

---

9)　大隅健一郎＝戸田修三＝河本一郎編『判例コンメンタール11上　商法Ⅰ上（会社(1)）』（三省堂、1977年）457頁〔龍田節〕。

10)　酒巻俊雄＝龍田節編集代表『逐条解説会社法　第2巻　株式・1』（中央経済社、2008年）35頁〔森淳二朗〕。

11)　稲葉威雄『会社法の解明』（中央経済社、2010年）332頁。

12)　青木英夫「判批（最判平成3年2月19日）」金融・商事判例883号（1992年）42-43頁。

13)　吉本健一「株式の共同相続と対抗要件」岸田雅雄先生古稀記念『現代商事法の諸問題』（成文堂、2016年）1126頁。

14)　江頭憲治郎『株式会社法〔第7版〕』（有斐閣、2017年）122頁。

提としているようでもある。

第4款　会社法106条の前身となった商法の規定の沿革

　第3款で考察したように、従来の学説は、準共有者による権利行使について一定の態様を措定した上で、会社法106条の解釈論を展開していると考えられる。それにもかかわらず、従来の学説は、このような準共有者による権利行使の態様に注目して議論を展開していない。したがって、従来の学説から会社法106条の目的についての検討の手がかりを得ることは難しい。そこで、会社法106条の前身となった商法の規定の沿革を考察することによって、会社法106条の目的についての検討の手がかりを得ることを試みる。すなわち、会社法106条の前身となった商法の規定を最初に設ける際には、何らかの目的が意識されていたはずであるので、その沿革を考察することによって少なくとも当該規定の制定当時にどのようなことが考えられていたのかを知ることができる。そして、それは、現在の会社法106条の目的について検討する上でも出発点になり得ると考えられる。

　現在の学説では、会社法106条の前身は、平成17年改正前商法203条2項であって、この規定は、明治32年商法において新設された商法146条に由来する、と説明されている[15]。ところが、この明治32年商法146条の新設には、従来の学説では一切言及されていないプロローグが存在したのである。

一　明治23年商法の起草過程

　確かに、明治23年商法（旧商法）には、現在の会社法106条に相当する規定は存在していなかった[16]。しかし、明治23年商法の起草過程において、会社法106条に相当する規定についても、次のように検討されていたのであ

---

15)　例えば、山下友信編『会社法コンメンタール3——株式(1)』（商事法務、2013年）37頁〔上村達男〕、神作裕之「会社訴訟における株式共有者の原告適格」神作裕之＝中島弘雅＝松下淳一＝阿多博文＝髙山崇彦編『会社裁判にかかる理論の到達点』（商事法務、2014年）225頁。

16)　後掲注39)『商法修正案参考書』132頁。

る[17]）。

　いわゆるロエスレル商法草案の翻訳においては、その 210 条で、「株式ハ〔、〕分割スルヲ得ズ〔。〕又合併スルヲ得ズ〔。〕若シ譲與ニ依リ數人ニシテ一株ノ所有權ヲ得ルトキハ〔、〕會社ハ〔、〕其中ノ株式現有ノ證左ヲ擧ル者ヲ以テ其專有者ト視做スコトヲ得可シ〔。〕」と規定されていた[18]）。すなわち、「譲與」によって複数の者が 1 株の株式の所有権を取得した場合には、会社は、それらの者の中で株式を有している証拠を提出する者を、「其專有者」とみなすことができる、と規定されていた。ここでいう「譲與」は、ロエスレル商法草案の原文における「Succession」というドイツ語の翻訳であった[19]）。

　この 210 条について、会社条例編纂委員会による商社法第一読会において、本尾敬三郎[20]）は、次のような意見を述べていた[21]）。すなわち、ロエスレル商法草案 210 条にいう「Succession（相続）」という語について、日本では、家督相続法によって、長男が遺嘱のない財産を全て相続することとされている

17）　なお、明治 5 年に公布された国立銀行条例には、現在の会社法 106 条に相当する規定は存在していなかった。また、明治 8 年会社条例草案および明治 14 年会社条例草案にも、現在の会社法 106 条に相当する規定は存在していなかった（向井健「明治 8 年・内務省『会社条例』草案——明治前期商法編纂史研究(3)」法学研究 44 巻 9 号（1971 年）80 頁、向井健「明治 14 年『会社条例』草案とその周辺——明治前期商法編纂史研究(2)」法学研究 44 巻 2 号（1971 年）79 頁を参照）。

18）　『ロエスレル氏起稿商法草案 上巻』（司法省、1884 年）388-389 頁。また、ロエスレル商法草案が翻訳されていたのと同時期である 1882 年に、参事院法制部の商法編纂委員は、ロエスレル商法草案を参考にして、『商法案』を上申した。この商法案の 90 条 2 項は、「數名ニテ一株ヲ共有スル者ハ〔、〕某内一名ヲ以テ名前人ト爲ス可シ〔。〕」と規定していた。これに対して、ロエスレルは、この規定が自分の草案のものと異なっていると指摘した（『ロエスレル氏商法草案意見書 自第一條 至第百六十條』（1884 年）45 頁）。さらに、これに対して、参事院法制部の商法編纂委員は、ロエスレルが指摘する 1 株を数人が共有する場合については、この商法案の 90 条 2 項に規定されていると反論した（『ロエスレル氏意見書ニ對スル答辨』41 頁）。最終的に、この商法案は、ロエスレルによる反対の影響もあって破棄された。それ以降は、ロエスレル草案を基礎として、会社に関する商法の規定の審議が進められた。以上の商法案に関する経緯につき、例えば、高田晴仁「旧商法典編纂小史——実定法研究のために」岸田雅雄先生古稀記念『現代商事法の諸問題』（成文堂、2016 年）694-699 頁を参照。

19）　ロエスレル商法草案 210 条 2 文の原文は、「Wenn mehrere Personen durch Succession das Recht auf eine Actie erwerben, ist die Gesellschaft berechtigt, denjenigen unter ihnen, der sich durch den Besitz der Actie legitimirt, als ausschliesslichen Erwerber anzusehen.」と規定していた（*Roesler*, Entwurf eines Handels-gesetzbuches für Japan mit Commentar, 1. Bde., 1884, S. 48）。

ので、相続についてこの 210 条のような配慮は不要である。ロエスレルは、日本の相続を知らないためにこのように規定したので、この「Succession」という語は削除するべきである。しかし、相続以外の場合において、分割することができない物件について、複数の者が共有する場合がないわけではない、という。

このような意見を踏まえて、この商社法第一読会では、最終的に、この 210 条を次のように改定することが可決された[22]。すなわち、「株式ハ〔、〕分割スルヲ得ス〔。〕數人株券ニ對スル共同所有權ヲ得タルトキハ〔、〕會社ハ〔、〕其中ノ株券ヲ現有スルモノヲ以テ其專有者ト看做スコトヲ得ヘシ〔。〕」と改定された。

その後、商社法第二読会において、この規定[23]に若干の形式的な検討および修正が加えられて、当時の草案の 118 条として、「株式ハ〔、〕分割又ハ合併スルコトヲ得ス〔。〕數名ニテ株券ヲ共有スルモノハ〔、〕其中ノ一名ヲ以テ株主ト爲ス可シ〔。〕」と規定することとされた[24]。また、商社法第三読会では、その規定（当時の草案では 117 条）について異議なしとされていた[25]。

ところが、商社法第四読会において、本尾敬三郎が次のように意見を述べて、この規定（当時の草案では 126 条）の共有に関する一文が削除されることとなった[26]。すなわち、この一文は、ロエスレルの意見と著しく異なるとこ

---

20) 本尾敬三郎は、参事院（内閣法制局の前身）法制部内の商法編纂委員の委員（参事院議官補）であって、ロエスレル草案の翻訳ならびに各国立法の調査および翻訳を担当していた。その後、本尾敬三郎は、参事院法制部内に設置されていた商法編纂委員が被免になったことに伴って、新たに創設された会社条例編纂委員会の委員に選任された。以上につき、例えば、高田・前掲注 18) 693 頁、同 700 頁を参照。
21) 会社條例編纂委員会『商社法第一讀會筆記 第四卷』（日本學術振興會、1939 年) 87 頁。
22) 会社條例編纂委員会・前掲注 21) 87 頁。
23) この時点で既に、この規定は、本文で紹介した商社法第一読会で改定されたものから若干変更されており、商事会社条例原案の 161 条として規定されていた（会社條例編纂委員会・後掲注 24) 20 頁。『商事會社條例 第二冊』18 頁も参照）。
24) 会社條例編纂委員会『商社法第二讀會筆記 第五卷』（日本學術振興會、1939 年) 20-21 頁。
25) 会社條例編纂委員会『商社法第三、四讀會文字校正會議筆記』（日本學術振興會、1939 年) 29 頁。
26) 会社條例編纂委員会・前掲注 25) 82 頁。また、その後の文献のうち、この規定の削除の理由として別の理由を挙げるものとして、堤定次郎『日本商曵會社法要論』（明法堂、有斐閣、1893 年) 356 頁。

ろがあるので、むしろ削除した方が間違いがない。よって、この一文を削除して、この規定は、分割および合併についてのみのものに改められる。しかし、その精神は異ならないので、2人以上の共有の場合には、原案によって処分する、という。

　その結果、この規定の共有に関する一文は削除されて[27]、最終的に、この規定は、明治23年商法177条において、「株式ハ〔、〕分割又ハ合併スルコトヲ得ス〔。〕」とだけ規定された。

　以上のように、ロエスレル草案では、株式の共有に関する規定は、株式の分割禁止を定めた規定と同じ規定に置かれていた。最終的には、明治23年商法では、この規定のうち株式の共有に関する部分は削除されたが、その削除の過程では、その削除によってもその精神は変わらず、株式の共有の場合には原案通りに処理されると説明されていた。

二　明治23年商法の下での学説

　明治23年商法を扱う当時の文献の中には、株式の共有の場合における取扱いについて言及しているものと言及していないものが存在した[28]。例えば、株式が共有されている場合における取扱いについて言及していたものは、株式の分割禁止を規定する明治23年商法177条の解説において、次のようなことを述べていた。

　元帝国大学（現在の東京大学）法科大学教授で大阪控訴院民事部長であった

---

27)　『商社法 完』47頁を参照。その後、改めて商社法を含む商法全体を見直した外務省法律取調委員会および司法省法律取調委員会の審議においても、この規定に変更は加えられなかったようである。司法省法律取調委員会の審議について、法律取調委員会『商法草案議事速記 第参巻』（日本學術振興會、1939年）を参照。また、その途中で出された商法再調査案について、『商法再調査案』73頁。

28)　株式の共有の場合における取扱いについて言及していないものとして、例えば、本尾敬三郎＝木下周一『商法註解』（博聞社、1890年）300-301頁、本尾敬三郎＝木下周一＝石尾一郎助『商法講義 上』184頁（日本立法資料全集 別巻706（信山社、2012年）所収）、梅謙次郎『改正商法講義 會社法・手形法・破産法』（明法堂、有斐閣、1893年）418-419頁、磯部四郎『大日本商法 會社濃釋義』（長島書房、1893年）220頁、石尾一郎助『商事會社法註解』（有斐閣書房、1893年）271-272頁、梅謙次郎『日本商法講義』（和仏法律学校、1896年）609-610頁。

井上操は、1株を更に小分することはできないので、例えば、家督相続のような場合において、数人にして1株の所有権を得ることになるときには、その中の1人をもってその株式所有者とするか、相続人が株券を売却してその代金を分配するべきである、という[29]。

また、当時東京専門学校（現在の早稲田大学）講師でのちに京都帝国大学法科大学教授に就任する高根義人は、株式は会社資本を一定平等に分かつものであって、それを分割することができないことは明白である。よって、例えば、1株の株主が死亡して数人の相続人がいる場合には、その相続人全員を共同株主として株主名簿に記載するのではなく、1人の名義のみを記載する。しかし、相続人相互間にはどのような規定を設けてもよい、という[30]。

明治法律学校（現在の明治大学）を創設して会社条例編纂委員会の委員であった岸本辰雄は、数人が1株を共有することになる事情が生じた場合、例えば、相続によって数人の相続人が1株の株式を相続したような場合であっても、会社は、数人の共有者を認める必要はない。それゆえ、それらの者は、会社に対してはその中の1人の名義においてその株式を所有することになる。もし共有者がこれを避けることを望むのであれば、その株式を売却してその代金を分配するしかない。このように株券の分割を許さない理由は、株式を一定平等の額に分かつこととする規定の趣旨と同じであって、もし1株を数人に分かつことを許容するならば、名簿の記載、株主の投票権および利益の配当等種々の点において不便を感じることが少なくないからである、という[31]。

さらに、関西法律学校（現在の関西大学）を創設してのちに長崎控訴院長に就任する手塚太郎は、1株を分割して2株または3株にすることはできないので、相続その他の理由によって1株を数人で共有する場合には、会社から見るときは1株の所有者があるに過ぎない。よって、各共有者は、自己の部分の配当を受けようとすることはできず、また、その払込義務も、自己の部

---

29) 井上操『日本商法講義』（大阪國文社、1890年）126頁、井上操『改正商法會社法述義』（岡島出版、1893年）158-159頁。生駒為宣『改正日本商法問答正解』（圖書出版、1893年）119-120頁も同旨。

30) 高根義人『會社法 完』（東京專門學校）249頁（日本立法資料全集 別巻 702（信山社、2012年）所収）。

31) 岸本辰雄『商法正義 第貳巻』（新法註釋會、1890年）409頁。

分のみを履行しようとすることはできない。この場合には、その共有者全員が共同してその権利義務を行うか、または、1人の代理人を定めるべきである、という[32]。

以上のように、明治23年商法の下での学説でも、株式が共有されている場合の取扱いは、株式の分割禁止との関係で論じられていた。具体的には、1株の株式が共有されていることを想定して、共有者の一部が、その1株の株式についての権利のうち自己の部分のみを行使することは認められず、会社との関係では1人がその1株の株式の所有者であると考えられていた。

三　明治32年商法の起草過程

株式の共有に関する規定を置かなかった明治23年商法に対して、明治32年商法に関する審議を行った法典調査会の商法委員会は、明治29年の審議において、この規定について、次のような原案をもとに検討した[33]。すなわち、原案（当時の119条）の1項は、「株式ハ〔、〕之ヲ分割スルコトヲ得ス〔。〕」と規定しており、その2項は、「株式カ數人ノ共有ニ歸シタルトキハ〔、〕共有者ハ〔、〕其一人ヲ株主ト定ムルコトヲ要ス〔。〕」と規定していた。

この原案について、岡野敬次郎は、次のように説明した[34]。すなわち、本条は、現行法（明治23年商法）177条の精神を採用して、株式の分割を禁止している。なぜならば、1株の株式は、当該株式会社の組織において基礎となるものであって、絶対的に分割を許すべきではないからである。原案においては、株主は、その会社に対して必ず1株以上の株式を有する者であるとされている。よって、1株を分割することは許されない。なぜならば、もし1株を分割することとすると、その株式に対する利益配当および議決権のような権利も分割することができることになって、不都合があるからである。もっとも、1株を分割してその部分株を許容する国も存在するが、それらの国においては、その部分株を合わせて権利を行使することを許容している。これは、1株の株式を分割することができるので、株式の融通上は便利であるが、株

32）手塚太郎『商法詳解 上ノ巻』（寳文館、1890年）274-275頁。
33）法典調査會『商法委員會議事要録 第貳巻』（日本學術振興會、1939年）126頁。
34）法典調査會・前掲注33）126-127頁。

式の性質上不可能である。以上で述べた理由によって、本条2項は、1株の株式が複数の者の共有に属する場合であっても、1個の権利とみなして、必ずその共有者の1人を株主とすべきであると規定している。よって、1株に対する議決権のような権利は、1個だけである。もっとも、株式について利益配当がなされた場合に、その一部を他の共有者に与えることは有効である。しかし、それを会社に対して対抗することはできない、という。

　この説明を受けて、2項については特に異論が見られなかったので、商法委員会は、それを原案の通り可決した[35]。この規定は、明治30年に配付された商法決議案において、その123条に原案のまま盛り込まれた[36]。

　その後、明治31年の第12回帝国議会に提出された商法修正案[37]では、その146条および147条に、次のような規定が置かれていた[38]。すなわち、146条は、「株式ハ〔、〕之ヲ分割スルコトヲ得ス〔。〕」と規定しており、147条は、その1項に、「株式カ數人ノ共有ニ屬スルトキハ〔、〕共有者ハ〔、〕株主ノ權利ヲ行フヘキ者一人ヲ定ムルコトヲ要ス〔。〕」、その2項に、「共有者ハ〔、〕會社ニ對シ連帶シテ株金ノ拂込ヲ爲ス義務ヲ負フ〔。〕」と規定していた。

　その際に、商法修正案とともに帝国議会に送付された商法修正案参考書では、この147条について、次のように説明されていた[39]。すなわち、株式が数人の共有に属することを許容する場合には、その共有される株式は、想像的に分割されるところ、この想像的分割が、現行商法（明治23年商法）177条にいう「分割」という語に包含されるのか、または、包含されずに同条にい

---

35) 法典調査會・前掲注33）127頁。なお、1項については、重岡薫五郎から、その表現が簡単すぎて疑いが生ずるおそれがあるという意見が出されて、その表現については起草委員で再考することとされた（法典調査會・前掲注33）127頁）。

36) 法典調査會『商法決議案』（日本學術振興會、1939年）19頁。

37) もっとも、商法修正案は、明治30年に、第11回帝国議会に対して一度提出されていた。この際に提出された商法修正案は、本文で挙げたものと同じ規定を、その136条および137条に置いていた（法典質疑會『商法修正案 完』（法典質疑會、1897年）132頁）。

38) 後掲注39）『商法修正案参考書』132頁。

39) 『商法修正案参考書』（東京専門學校出版部、1898年）132-133頁。もっとも、この文書は、法典調査会の起草委員補助（志田鉀太郎）が起案したものであって、起草委員の校閲を経ているわけではない（志田鉀太郎『日本商法典の編纂と其改正』（明治大學出版部、1933年）89頁）。なお、『商灋修正案理由書』（博文館、1898年）129-130頁は、この商法修正案参考書の名称を変更したものであって、その内容は、商法修正案参考書と同じである（志田・前掲98頁を参照）。

う「分割」とは現実的分割のみを指すのかについては、解釈上疑いがある。さらに、もし同条にいう「分割」は想像的分割を包含せず、株式の数人による共有を許容することとするならば、株主総会における議決権の数を計算し、利益を配当し、また解散の際の残余財産を分配するに際して錯雑を来たすだけではなく、その他諸般の場合において種々の不都合が生ずることを避けることができない。しかし、全面的に共有を禁止する場合には、また不都合が生じる。特に、法律の規定によってある株式が当然に数人の共有に帰属することとなるような場合には、その法律の規定のみによると数人の共有に帰属するべき株式であるにもかかわらず、他の法律がその共有を禁止するために、その株式は最終的に帰属する者がないことになり得る。それゆえ、株式を共有することを許容しつつ、共有者に、株主の権利を行使する者1人を定めることを求める場合には、両極端により生ずる不都合を避けてとても便宜であることになる。

　その後、明治31年12月5日の商法整理会の第5回審議において、これらの規定のうち、146条は削除されることとされた[40]。そこで、最終的には、旧147条が146条に繰り上がった商法修正案が、明治32年の帝国議会に提出されて、そのまま明治32年商法として成立した[41]。

　このようにして、明治32年商法（昭和13年改正前）146条には、現在の会社法106条の前身となる、次のような規定が置かれることとなった。すなわち、明治32年商法146条は、その1項に、「株式カ数人ノ共有ニ属スルトキハ共有者ハ株主ノ権利ヲ行フヘキ者一人ヲ定ムルコトヲ要ス」、その2項に、「共有者ハ會社ニ對シ連帶シテ株金ノ拂込ヲ爲ス義務ヲ負フ」と規定していた。

四　分　析

　以上のような沿革から読み取ることができることは、現在の会社法106条の前身である明治32年当時の商法146条が、株式の分割禁止（株式の不可分

---

[40]　法典調査會『商法整理會議事要録』（日本學術振興會、1939年）59頁。なお、そこでは、削除の理由は述べられていない。
[41]　三枝一雄「明治26年商法典と新商法典の成立──商法典と商法学の成立」法律時報71巻7号（1999年）20頁を参照。

性）と密接に関連するものであると認識されていた、ということである。

　すなわち、ロエスレル草案では、株式の共有に関する規定は、株式の分割禁止を定めた規定と同じ規定に置かれていた。最終的には、明治23年商法では、この規定のうち株式の共有に関する部分は削除されたが、その削除の過程では、その削除によってもその精神は変わらず、株式の共有の場合には原案通りに処理されると説明されていた（一）。そして、当時の学説でも、株式が共有されている場合の取扱いは、株式の分割禁止との関係で論じられていた。具体的には、1株の株式が共有されていることを想定して、共有者の一部が、その1株の株式についての権利のうち自己の部分のみを行使することは認められず、会社との関係では1人がその1株の株式の所有者であると考えられていた（二）。

　その後、明治32年商法に関する審議において、現在の会社法106条の原形となる規定が追加される際の岡野敬次郎による説明も、この規定を株式の分割禁止の原則との関係で説明していた。すなわち、1株の株式を分割することはできないので、1株の株式が数人の共有に属する場合にも、それを維持するために、1個の権利とみなして、必ずその共有者の1人を株主とするべきである、という（三）。

　明治32年商法とともに帝国議会に送付された商法修正案参考書は、株式の数人による共有を許容した場合の懸念として、株主総会における議決権の数を計算し、利益を配当し、また解散の際の残余財産を分配するに際して錯雑を来たすだけではなく、その他諸般の場合において種々の不都合が生ずることがある、ということを挙げていた。ここでいう「錯雑」や「種々の不都合」として具体的にどのような事態が想定されていたのかは、この商法修正案参考書からは必ずしも明らかではない。

　しかし、それまでの議論で株式の分割禁止の原則との関係が意識されてきたという経緯に照らして、ここでいう「錯雑」や「種々の不都合」の内容を考えると、それらの内容として、各共有者が個別的に権利を行使するということが想定されていたと考えられる。すなわち、1株の株式は分割することができないと考えられていたところ、株式が共有されている場合に各共有者が個別的にその権利を行使することができるとするならば、1株の株式の分割を認めた場合と同様に、各共有者の共有持分の割合に応じた権利を考えな

ければならないことになる。そこで、株式が共有されている場合にも株式の分割禁止の原則を維持するために、明治32年商法146条は、共有者に対して、権利行使者を通じた一体的な権利行使を要求することとしたと考えられる。

　実際に、その後の学説も、当時の商法146条をこのように理解するものが多い[42]。例えば、栗本勇之助は、株式の共有の場合に、共有者が各自その持分をもって直接に会社に対抗することとするのは不便極まりないので、本条の必要性がある、という[43]。商法修正案参考書を起案したとされる[44]志田鉀太郎も、株式の共有の場合には、共有者は全員が株主である。したがって、各自がその権利を行使することができる。しかし、各自でその権利を行使させるならば、統一性を欠くことになり、また錯雑を生ずる。よって、本条が規定されたことは正当である、という[45]。松波仁一郎は、民法において、各共有者が共有物の全部についてその持分に応じた使用をなすことができるとされているところ、これを適用することは不都合であるので、本条が定められた、という[46]。柳川勝二は、株式の共有の場合において、共有者各自が株主として権利を行使するときは、あたかも1株を数株に分割したかのような結果となるので、本条が定められた、という[47]。松本烝治は、株式は不可分であって、その権利については性質上共同行使が許容されないので、本条が定められた、という[48]。

　以上のように、現在の会社法106条の前身である明治32年当時の商法146条は、株式の分割禁止（株式の不可分性）と密接に関連しており、各共有者が

42）　本文で挙げたものの他に、必ずしも明確ではないが本文のように理解することができるものとして、丸山長渡『改正商法要義 上巻』（同文館、1899年）216頁（日本立法資料全集別巻358（信山社、2005年）所収）、竹田・前掲注7）56頁、片山義勝『會社法原論〔第9版〕』（中央大學、1934年）469頁も参照。また、岡野敬次郎も、株式の不可分の原則に関する文脈において、株式の共有が可能であることに言及している（岡野敬次郎『會社法講義案』（中央大學、1920年）128-129頁、岡野敬次郎『會社法』（岡野奬學會、1929年）309-311頁）。

43）　栗本勇之助『帝國商法釋義』（博文館、1899年）286頁。

44）　前掲注39）。

45）　志田鉀太郎『日本商法論 第二編會社 下巻〔第2版〕』（有斐閣書房、1900年）803頁。

46）　松波仁一郎『改正日本會社法』（有斐閣書房、1914年）815-816頁。

47）　柳川勝二『商法正解』（法令審議會、1914年）225-226頁。

48）　松本烝治『會社法講義』（巖松堂書店、1916年）277頁。松本烝治『日本會社法論』（巖松堂書店、1929年）183頁も参照。

個別的に権利を行使する可能性を前提として[49]、共有者による一体的な権利行使を確保するためのものであると理解されていた。

　もっとも、ここでいう一体的な権利行使の確保は、次のような2つの側面を有する。第1に、1株の株式の実質的な分割の防止という側面である。第2に、各共有者による個別的な権利行使による会社の負担増加の防止という側面である。本項の分析を振り返ると、明治32年商法の起草段階までの議論は、1株の株式を念頭に置いて進められていた。これは、第1の側面を重視するものであると考えられる。これに対して、明治32年商法の商法修正案参考書あたりからの議論では、それまでと同じように各共有者による個別的な権利行使が懸念されているが、その懸念の内容として、「錯雑」や「不都合」の発生という何らかの実害が想定されているように理解することができる。これは、第2の側面である会社の負担を懸念しているものであると理解することができる。

第5款　検　討

　第4款で考察したように、現在の会社法106条の前身である明治32年当時の商法146条は、株式の分割禁止の原則（株式の不可分性）と密接に関連しており、各共有者が個別的に権利を行使する可能性を前提として、共有者による一体的な権利行使を確保するためのものであると理解されていた。このような理解は、第2款で確認した会社法106条の目的の可能性のうち、一体性確保型または重畳型の理解と整合的である。もっとも、第4款で考察した理解が正しいとしても、そのことから直ちに、現在の会社法106条についてもそのような理解を採用するべきであるという結論が導出されるわけではない。そこで、本款では、第4款の考察から得ることができた分析を出発点として、会社法106条の目的を検討する。

　具体的には、まず、一において、会社法106条の第1の目的として、準共有者による一体的な権利行使の確保について検討する。次に、二において、会社法106条の第2の目的として、準共有者間の内部関係の不明確性からの

49）　その後の学説でも、このような各準共有者による個別的な権利行使の可能性が暗黙の裡に前提とされていることについて、本節第3款一を参照。

会社の保護について検討する。最後に、三において、これらの会社法106条の目的と、その前提としての準共有者による権利行使の態様との関係について若干の検討を行う。

一 準共有者による一体的な権利行使の確保

　結論としては、会社法106条の第1の目的は、準共有者による一体的な権利行使の確保であると考えられる。第4款で考察したように、現在の会社法106条の前身である明治32年当時の商法146条は、このような目的を有するものであると理解されていた。そして、その理解は、本項で検討するように、現在においても妥当する。ここでいう一体的な権利行使の確保は、1株の株式の実質的な分割の防止という側面（1）と、会社の負担増加の防止という側面（2）の2つの側面を有している[50]。そこで、本項では、それぞれの側面ごとに検討する。

1　1株の株式の実質的な分割の防止という側面

　第1に、1株の株式の実質的な分割の防止という側面について、まず、株式の不可分性は、現在でも一般的に維持されている[51]。すなわち、1株の株式を、株主側が勝手にそれ以上に細分化して複数人で所有することはできない。ところが、株式の準共有という法形式を利用することによって、各準共有者が1株の株式についての権利を個別的に行使することができる場合には、この株式の不可分性が実質的には侵害されてしまう。

　また、実質的にも、各準共有者が1株の株式についての権利を個別的に行使することを認めるべきではない。なぜならば、これを認めるならば、各準共有者は、本来その権利を行使することができない程度（例えば、1株未満）の出資しかしていないにもかかわらず、そのような出資が必要である（例えば、1株の）株式についての権利を行使することができることになるからであ

50）　本節第4款四を参照。
51）　石井・鴻・後掲注359）165頁、鈴木竹雄＝竹内昭夫『会社法〔新版〕』（有斐閣、1987年）92-93頁、大隅＝今井・後掲注363）333頁、神田秀樹『会社法〔第20版〕』（弘文堂、2018年）66頁、江頭・前掲注14）121頁。

る。そして、この実質論は、複数の株式が準共有されている場合についても妥当する。すなわち、複数の株式が準共有されている場合であっても、ある準共有者の準共有持分の割合が実質的には本来その権利を行使することができない程度（例えば、1株（または1単元）未満）であるときには、その準共有者が完全な株式についての権利を行使することを認めるべきではない。

2　会社の負担増加の防止という側面

　第2に、会社の負担増加の防止という側面について、理論上、会社の負担増加を防止する必要性があるかどうかは、準共有株式の数（または単元[52]数）と準共有者の数のうちどちらが多いのかによって異なる。

　まず、準共有株式の数（または単元数）の方が準共有者の数よりも多い場合（両者の数が同じである場合を含む）を想定する。前提として、この場合には、準共有株式の数（または単元数）は、2以上である。確かに、各準共有者が個別的に権利を行使する場合には、その株式が1人の株主に帰属している場合と比べると、権利を行使する株主の数は増加して、これが会社の負担増加につながり得る[53]。しかし、そもそも、準共有者が有する複数株（または複数単元）の株式は、複数の株主に別個に（準共有の形ではなく）帰属することもあり得る。この場合にも、その複数株（または複数単元）の株式が1人の株主に帰属している場合と比べると、権利を行使する株主の数は増加して、会社の負担も増加し得る。このように、複数株（または複数単元）の株式についての権利が個別的に行使されて会社の負担が増加し得るということは、複数株（または複数単元）の株式が別個独立した権利であるということから既に予定されていることである。よって、その株式が準共有されている場合にのみ、そのように既に予定されている会社の負担増加を理由にして、その株式についての権利の個別的な行使を制限する理由はないと考えられる。会社は、その

---

[52]　行使される権利が少数株主権である場合には、その行使要件として定められている一定数の株式が、その権利を行使するための1単位となる。本書において、準共有者による一体的な権利行使の確保について検討する文脈では、このような少数株主権の行使要件としての一定数の株式の単位を含む意味で「単元」という語を用いる。

[53]　例えば、10株の株式を準共有している5人の準共有者が、個別的に会計帳簿閲覧請求権を行使する場合には、会社の負担は、その10株の株式が1人の株主に帰属している場合よりも大きくなる。

ような負担増加を避けることを望むのであれば、株式の併合や単元株制度といった制度を利用することができる。

これに対して、準共有者の数の方が準共有株式の数（または単元数）よりも多い場合を想定する。この場合には、準共有株式の数（または単元数）の方が準共有者の数よりも多い場合について述べた説明が妥当しない。すなわち、株式の数（または単元数）以上に準共有者が存在して、各準共有者が個別的に権利を行使する場合には、会社の負担は、株式の数（または単元数）により予定された負担よりも大きくなる[54]。換言すると、株主が準共有という形で株式を有することによって、単元株制度等による出資単位に関する会社の自治[55]が結果的に無効化されることになる[56]。そして、準共有株式の単元数に着目すると、準共有者の数の方が準共有株式の単元数よりも多いという場面は十分に生じ得るように思われる[57]。

以上のように、理論上、会社の負担増加を防止する必要性がある場合とは、準共有者の数の方が準共有株式の数（または単元数）よりも多い場合に限られる[58]。しかし、実際に、このような場合にのみ会社の負担増加を防止するための対策（現行法の下では、権利行使者の指定および通知）を要求する場合には、準共有株式の中からこのような場合だけを抽出しなければならないという負担も生じる[59]。よって、このような負担の発生をも含めて実際に会社の負担増加を防止するために、株式が準共有されている場合をまとめて、準共有者

---

54) 例えば、3株の株式を準共有している5人の準共有者が、個別的に会計帳簿閲覧請求権を行使する場合には、会社の負担は、株式の数により予定された負担よりも大きくなる。
55) 江頭・前掲注14) 135-136頁を参照。
56) 稲葉威雄＝江頭憲治郎＝大谷禎夫＝中西敏和＝森本滋＝柳田幸三＝吉戒修一『条解・会社法の研究2 株式(1)(別冊商事法務124号)』(商事法務研究会、1990年) 52頁〔江頭発言〕は、株式の単位を引き上げたにもかかわらず、準共有という形でそれが無力化されるという弊害を防止するために、権利行使者1人を定めることが要求されている、と説明している。また、稲葉ほか・前掲51-52頁〔中西発言〕は、実際に、準共有者全員について株主総会への出席を認めることを求めるというように単位引上げの効果が減殺されるケースが一時結構見られた、ということを指摘する。もっとも、これらの発言の背景は、いわゆる総会屋対策があると考えられる（実際に、稲葉ほか・前掲52頁〔森本発言〕は、この文脈において、権利行使者制度が濫用的に用いられることによって、「総会の会日を集中した意味が少なくなる」と述べている）。
57) 例えば、共同相続の場合において、被相続人がある上場会社の株式の1単元を有していたとき等が考えられる。

による一体的な権利行使を求めることもやむを得ないと考えられる。

3 まとめ
(1) 検討のまとめ

以上の検討によると、会社法106条の第1の目的は、準共有者による一体的な権利行使の確保であると考えられる。そして、ここでいう一体的な権利

---

58) 以上のように、本文では準共有者の頭数に着目している。この場合に念頭にある状況は、複数の準共有者が個別的に権利を行使することによって、会社の負担が増加するという状況である。これに対して、より厳密に考えるならば、準共有者の準共有持分の割合に着目することもあり得る。その場合に念頭にある状況は、ある準共有者が、本来その権利を行使することができない程度（例えば、1株未満）の出資しかしていないにもかかわらず、完全な株式についての権利を行使することができるという状況である。

これは、株主の権利行使の正当性という観点（1で検討した1株の株式の実質的な分割の防止という側面）から、準共有者による個別的な権利行使を捉えている。そして、これは、会社が負うべき負担を検討する際にも関係し得る。すなわち、準共有株式の数（または単元数）の方が準共有者の数よりも多い場合であっても、ある準共有者の準共有持分の割合が実質的には本来その権利を行使することができない程度（例えば、1株未満）にすぎないときには、そのような準共有者による権利行使には正当性がないので、そのような権利行使による負担を会社が負わされる理由はないとも考えられる。他方で、準共有者の数の方が準共有株式の数（または単元数）よりも多い場合であっても、ある準共有者の準共有持分の割合が実質的にはその権利を行使することができる程度（例えば、1株（または1単元）以上）であるときには、そのような準共有者による権利行使には正当性があるので、そのような権利行使による負担を会社は甘受するべきであるとも考えられる。

このように考える場合には、ある権利を行使する準共有者の準共有持分の割合が、実質的に本来その権利を行使することができる程度のものであるのかどうかによって、結論が分かれることになる。これは、1株の株式の実質的な分割の防止という観点における実質論（本款一1）と同じである。そして、この場合に会社の負担増加の防止という観点から主として着目されるのは、実際にそのような準共有持分の割合による場合分けを会社に要求した場合に会社がそれを確認して判断しなければならないという会社の負担の増加である（これは、準共有持分の割合という準共有者間の内部関係にも関係しているので、二で検討する準共有者間の内部関係の不明確性からの会社の保護という目的にも通じ得る）。

もっとも、準共有者による個別的な権利行使について従来の議論が問題視してきたのは、このような状況ではなく、本文のように、複数の準共有者が個別的に権利を行使することによって複数の異なる権利行使がなされることになって、会社が対応に窮するという状況である（本節第3款一参照）。実際にも、そのような状況の方が、会社の負担として容易に想像することができると考えられる。そこで、本文では、議論を分かりやすくするために、準共有者の頭数に着目して検討を行っている。他方で、この注で指摘したような準共有者の準共有持分の割合に着目した場合に問題になる状況は、本文では、1株の株式の実質的な分割の防止という観点における実質論（本款一1）において扱っている。

行使の確保は、1株の株式の実質的な分割の防止という側面と、会社の負担増加の防止という側面の2つの側面を有している。この理解は、第2款で確認した一体性確保型または重畳型の理解と整合的である。また、第3款一で挙げた従来の学説は、会社法106条のこのような目的を指摘するものであると理解することができる。

(2) 非公開会社の例外の可能性

もっとも、少なくとも会社の負担増加を防止するという観点からは、立法論として、公開会社とそうでない会社とを区別して規律するという判断もあり得るように思われる。

公開会社では、多くの株主が存在することが想定されている。したがって、例えば、その多数の株主それぞれについて相続が開始して、それぞれの共同相続人が個別的にその権利を行使すると、会社の負担がかなり増加する可能性が存在する。また、準共有者の数の方が準共有株式の数（または単元数）よりも多い場合のみを抽出するという負担も、株主の総数と比例して大きくなると考えられる。よって、公開会社においては、準共有者による一体的な権利行使を要求することによって防止される会社の負担増加も大きくなる。

これに対して、公開会社でない会社では、株主間の人的な信頼関係が存在することが想定されており、株式の数に比べて株主の数も多くなく、各株主がそれぞれ多数の株式を有していると考えられる。したがって、その多数の株式を有する株主が死亡してその株式が複数の共同相続人によって準共有されている場合のように、準共有株式の数の方が準共有者の数よりも多い場合がほとんどであると考えられる。また、準共有者の数の方が準共有株式の数よりも多い場合に、各準共有者が個別的にその権利を行使するときであっても、公開会社でない会社では、そもそも株主数が少なく、また会社もその準共有関係について知っていることが多いと考えられる。したがって、確かに単独所有の場合と比べると会社の負担は増加するが、その負担の増加が防止

---

59) さらに、前掲注58)で述べたように、より厳密に区別して、権利を行使しようとする準共有者の準共有持分の割合が、実質的に本来その権利を行使することができる程度（例えば、1株（または1単元）以上）のものであるのかを会社が区別しなければならないこととする場合には、会社がそのような確認をしなければならないという負担も生じる。

されるべきであると評価されるのかは疑わしい。さらに、公開会社でない会社では、準共有者であってもその準共有持分の割合が実質的には多数の株式に相当しており、その権利の行使に重大な利害を有している場合もあり得るので、各準共有者に個別的な権利行使を認めた方がよい場合もあり得るように思われる。

　公開会社とそうでない会社とでこのような違いがあることを踏まえると、少なくとも会社の負担増加を防止するという観点からは、立法論として、公開会社においてのみ、準共有者による一体的な権利行使を要求して、公開会社でない会社においては、準共有者による個別的な権利行使を認めるという判断もあり得るように思われる[60]。

二　準共有者間の内部関係の不明確性からの会社の保護

　会社法106条の第1の目的が準共有者による一体的な権利行使の確保であるということは、会社法106条の目的がこれだけであるという排他性を含意するわけではない。すなわち、第2款で確認した第3の可能性である重畳型の可能性は排除されていない。そこで、この可能性、つまり、会社法106条の目的として準共有者間の内部関係の不明確性からの会社の保護が含まれるのかについて検討する。

1　準共有者間の内部関係の規律に基づかない権利行使の無効

　準共有者が株式についての権利を一体的に行使する場合には、その権利行使は、準共有者間の内部関係の規律に基づいていなければならない。したがって、そのような規律に基づかずになされた権利行使は、無効である。そして、このように準共有者の権利行使が無効である場合には、会社もその影響を受けることになる。特にその権利が議決権である場合には、会社が受ける影響は大きくなる可能性がある[61]。このような可能性を考慮すると、会社は、準共有株式についての権利の行使が準共有者間の内部関係の規律に基づいているのかについて確認するべきであるということになる。

---

60)　もっとも、この場合であっても、1株の株式の実質的な分割の防止は維持される必要がある。

2　単独所有の場合との比較

　もっとも、このことから直ちに、準共有者間の内部関係の不明確性から会社が保護されるべきであるという結論が導出されるわけではない。第3章第6節第2款四2で確認したドイツ法からの示唆を参照すると、この結論を採用するべきなのかを説得的に検討するためには、次のような視点が重要である。すなわち、準共有者間の内部関係の不明確性からの会社の保護の手段として、会社法106条以外の手段も考えられる中で会社法106条が必要であるのか、換言すると、準共有の場合に会社の不利益が単独所有の場合と異なるのか、という視点である。なぜならば、会社の不利益が、準共有の場合に特有のものではなく、単独所有の場合にも生じるものであるならば、準共有の場合に限って株主の権利行使を制限してそのような不利益を防止する理由はないからである。

　1で述べたように、準共有者間の内部関係の規律に基づかずになされた議決権[62]行使は、無効である。この状況は、単独所有の場合において、代理人が株主から委任を受けたとして議決権を行使したが、実際にはそのような委任はなかったという無権代理のときと同じ状況である[63]。この場合には、会社は、会社法310条1項（および表見法理[64]）によって一定程度保護されている。したがって、準共有の場合にも、会社法310条1項（および表見法理）を適切に適用することによって、準共有者間の内部関係の規律に基づかない議決権行使から会社を保護することが可能であって、会社法106条による保護は過剰であるようにも思える。

---

61)　株主の代理人が株主の委任状による指図に反して議決権を行使した場合には、当該議決権行使は無権代理として無効であって、関係する株主総会決議の方法に瑕疵があるとして、当該決議が取り消され得ることになると考えられている（山本爲三郎「委任状勧誘をめぐる法的諸問題」浜田道代＝岩原紳作編『会社法の争点』（有斐閣、2009年）105頁、岩原紳作編『会社法コンメンタール7――機関(1)』（商事法務、2013年）193-194頁〔山田泰弘〕）。準共有者の議決権行使が無効である場合にも、この場合と同様の結果が生じると考えられる。

62)　前述のように、特に会社が受ける影響が大きくなり得る場面は、議決権行使が無効である場面であるので、ここでは、準共有者によって行使される権利が議決権である場面を主に想定して議論を進める。

63)　前掲注61）も参照。

64)　この場面では、表見法理が実際には機能しないという指摘もある（岩原編・前掲注61）194頁〔山田泰弘〕）。

しかし、単独所有の場合と準共有の場合とでは、会社法310条1項が要求する代理権を証明する書面から会社が得ることができる情報が異なる。すなわち、単独所有の場合には、その書面に、株主本人の署名または記名押印[65]があることによって、代理権の存在が会社にとって一応明らかになる。これに対して、準共有の場合には、その書面だけでは、その準共有者に有効な権限があるのかが明らかにはならない。なぜならば、会社にとって、準共有者間の内部関係の規律が明らかではないからである。すなわち、会社は、その書面に準共有者のうちの誰の署名または記名押印があれば、有効な権限が存在すると考えてよいのかを知ることはできない。確かに、準共有者が全員一致で議決権行使を決定している場合には、その書面には準共有者の全員の署名または記名押印があるであろうから、会社は、有効な権限の存在を容易に知ることができる[66]。しかし、準共有者間の内部関係の規律が、その議決権行使のために準共有者全員の同意を要求していないということもあり得る。むしろ、このような場合の方が一般的であると考えられる。このような場合には、代理権を証明する書面に準共有者全員の署名または記名押印がないときであっても、ある準共有者が、準共有者間の内部関係の規律に基づいて権利を行使する権限を有している可能性がある。このように、準共有の場合には、会社は、代理権を証明する書面だけでは、権利を行使しようとする準共有者に有効な権限があるのかを知ることができない。

　よって、準共有者間の内部関係の不明確性は、単独所有の場合における会社の負担とは異なっており、会社は、単独所有の場合に適用される規律によっては、その負担から十分に保護されないと考えられる。

3　副次的な目的としての位置づけ

　以上の検討によると、準共有者間の内部関係の不明確性は、株式が準共有されている場合に特有の負担であるので、まずは、株式が準共有されている場合を規律する会社法106条に、その不明確性からの会社の保護を期待することになる。

---

65)　酒巻俊雄＝龍田節編集代表『逐条解説会社法　第4巻　機関・1』（中央経済社、2008年）133頁〔浜田道代〕。
66)　この点については、本章第3節第5款三も参照。

しかし、会社法106条自体から直接的には、準共有者間の不明確性から会社を保護するための規律を読み取ることができない。すなわち、会社法106条は、その文言上は、権利行使者1人を指定して通知することしか要求していない。これによって、準共有株式についての権利は、原則として権利行使者を通じて行使されることになる。その結果として、各準共有者は、個別的にその権利を行使することができず、本条の第1の目的である準共有者による一体的な権利行使の確保が達成される。しかし、準共有株式についての権利が権利行使者を通じて行使されるということは、その権利行使が準共有者間の内部関係の規律に基づくものであるということを当然には意味しない。すなわち、権利行使者による権利行使が準共有者間の内部関係の規律に基づいていないという可能性は残っている。そして、その権利行使が準共有者間の内部関係の規律に照らして有効であるのかを確認することは、会社にとって困難である[67]。このような状況を一定程度改善し得る規律が、権利行使者が準共有者の指図に基づかずに権利を行使した場合であっても、その権利行使は会社との関係では有効である、という規律である[68]。このように、準共有者間の内部関係の不明確性からの会社の保護は、会社法106条自体ではなく、その解釈により前述の規律を導出することによって初めて達成される。

　また、この規律を採用した場合であっても、会社が、準共有者間の内部関係の不明確性から完全に保護されるというわけではない。なぜならば、この規律が存在する場合であっても、会社は、権利行使者の指定および通知の場面において、準共有者間の内部関係による影響を受け得るからである。例えば、会社に対して通知された権利行使者が、準共有者間の内部関係の規律に基づいて指定されていなかった場合には、その権利行使者の指定および通知は無効であって、その権利行使者による権利行使も無効になる。したがって、この規律の意味は、権利行使者の有効な指定および通知がなされた後は、会社が、その権利行使者による権利行使を有効なものとして扱うことができる、ということにとどまる。

---

67)　本款二2も参照。
68)　この規律の必要性は、2で検討したような準共有者間の内部関係の不明確性から会社を保護する必要があるということによって基礎づけられる。この規律に関する検討については、本章第4節第3款二を参照。

以上のように、準共有者間の内部関係の不明確性からの会社の保護は、会社法106条によって完全に達成されるというわけではない。このような意味において、準共有者間の内部関係の不明確性からの会社の保護は、実際には副次的な目的として位置づけられる[69]。

4　まとめ
(1)　検討のまとめ
　以上の検討によると、会社法106条の第2の目的は、準共有者間の内部関係の不明確性からの会社の保護である。ただし、この目的は、実際には副次的なものにとどまる。この理解は、第2款で確認した第3の可能性である重畳型の理解と整合的である。また、第3款二で挙げた従来の学説は、会社法

---

[69]　このように会社法106条によって完全には達成されないことを本条の目的として挙げることについては、疑問の余地もある。しかしながら、本節は、会社法106条の目的を探究する際に演繹的なアプローチを採用している。すなわち、明治期の商法の起草過程等を参照しつつも、まず株式が準共有されている場合に生じ得る弊害を分析した上で、その弊害を防止することを会社法106条の目的として設定している。したがって、本節で示された会社法106条の目的は、達成されるべき目的であって、実際に達成されている目的ではない。よって、このようなアプローチによると、準共有者間の内部関係の不明確性からの会社の保護も、会社法106条によって完全には達成されないものの、株式が準共有されている場合を規律する会社法106条の目的であるということができる。
　これに対して、会社法106条の目的を探究する際に帰納的なアプローチを採用すると、本文で述べたように、準共有者間の内部関係の不明確性からの会社の保護は、会社法106条によって完全には達成されないので、本条の目的ではないということにもなり得る。本節では、このことも考慮して、準共有者間の内部関係の不明確性からの会社の保護を副次的な目的として位置づけている。
　もっとも、このような帰納的なアプローチを採用する場合であっても、会社法106条が、準共有者間の内部関係の不明確性からの会社の保護にとって一定の機能を果たしていることに変わりはない。すなわち、会社法106条が権利行使者の指定を要求することによって初めて、権利行使者による権利行使が準共有者間の内部関係にかかわらず会社との関係では有効であるという規律を導入することができ、それによって、準共有者間の内部関係の不明確性からの会社の保護が一定程度達成されることになる。また、このような規律の必要性は、準共有者間の内部関係の不明確性から会社を保護する必要があるということによって基礎づけられる（前掲注68）を参照）。このように、準共有者間の内部関係の不明確性からの会社の保護は、単に会社法106条の結果として反射的に達成されるものにとどまらず、会社法106条の解釈にとって実際に意味を有している。よって、帰納的なアプローチを採用する場合であっても、準共有者間の内部関係の不明確性からの会社の保護は、副次的ではあるものの、会社法106条の目的であるということができると考えられる。

106条のこのような目的を指摘するものであると理解することができる。

(2) 非公開会社の例外の可能性

もっとも、この準共有者間の内部関係の不明確性からの会社の保護という観点からも、立法論として、公開会社とそうでない会社とを区別して規律するという判断があり得るように思われる。

公開会社では、多くの株主が存在することが想定されており、会社が、その株式の準共有者間の内部関係を把握することは困難である。したがって、準共有者間の内部関係の不明確性からの会社の保護の必要性も高い。

これに対して、公開会社でない会社では、株主間の人的な信頼関係が存在することが想定されており、会社が、その株式の準共有者間の内部関係を把握することも比較的容易である。そして、このような会社では、準共有者が有している株式が多いので、そのような準共有者による権利行使が会社にとって重要であって、会社がそれを無視することが適切ではないことも多いと考えられる。

公開会社とそうでない会社とでこのような違いがあることを踏まえると、準共有者間の内部関係の不明確性からの会社の保護という観点からも、立法論として、公開会社についてのみ、会社法106条の規律を適用するという判断があり得るように思われる。

三　前提としての準共有者による権利行使の態様との関係

第3款で確認したように、会社法106条の目的を検討する上で前提となり得る準共有者による権利行使の態様としては、次の2つの可能性があり得る。第1に、①会社法106条がなくても、各準共有者はその内部関係における決定に従って権利を行使しなければならないと考える可能性である。第2に、②会社法106条がない場合には、各準共有者が個別的に権利を行使することができると考える可能性である。

日本では、これら2つの可能性のうち、どちらの態様を前提として考えた場合であっても、一および二で検討した会社法106条の目的の両方に意味を見出すことができる[70]。

一方で、前提として、①会社法106条がなくても各準共有者がその内部関係における決定に従って権利を行使しなければならないと考える場合には、準共有者間の内部関係の不明確性からの会社の保護（二）が必要になる。もっとも、各準共有者がその内部関係における決定に従って権利を行使しなければならないということによって、必ずしも準共有者による一体的な権利行使が確保されるというわけではない。なぜならば、準共有者間の内部関係における決定が、各準共有者による個別的な権利行使を許容するというものである可能性もあるからである。よって、このような前提を採用する場合であっても、会社法106条によって、準共有者による一体的な権利行使の確保（一）を達成する必要がある。

　他方で、前提として、②会社法106条がない場合には各準共有者が個別的に権利を行使することができると考える場合には、準共有者による一体的な権利行使の確保（一）が必要になる。そして、この場合に、準共有者間の内部関係が全く関係しないというわけではない[71]。会社法106条により要求される一体的な権利行使について、準共有者間の内部関係において決定する必要がある場合がある[72]。例えば、会計帳簿閲覧請求権をどのように一体的に行使するのかについての決定は、準共有者間の内部関係においてなされることになる。また、原則として、各準共有者が個別的に権利を行使することができるとしても、準共有者間の決定に従って権利を行使する旨の合意が準共有者間でなされる可能性もある[73]。よって、このような前提を採用する場合であっても、準共有者間の内部関係の不明確性からの会社の保護（二）が必要である。

　以上のように、日本では、準共有者による権利行使の態様についての２つ

70）　これに対して、ドイツでは、有限会社法18条1項の目的は、共同権利者による一体的な権利行使の確保に限定されている（第3章第6節第2款三1を参照）。なお、準共有者間の内部関係の規律についての本書の考え方によると、行使される権利がどのような権利であるのかによって、どちらの態様が前提となるのかが異なることになる（本章第5節第4款五を参照）。

71）　本文で挙げたものの他に、例えば、前掲注58）も参照。

72）　例えば、本章第5節第4款五3(3)を参照。

73）　もっとも、そもそも、このような準共有者間の合意が会社に対しても効力を有するのかについては、株式の準共有関係と株主間契約や法人による株式所有の場合とを比較した上での検討が必要であるように思われる。

の可能性のうち、どちらの態様を前提として考えた場合であっても、一および二で検討した会社法106条の目的の両方に意味を見出すことができる。

第6款　小　括

　本節では、会社法106条の目的は何であるのかという課題を検討した。具体的には、会社法106条の解釈論の根拠としてしばしば援用される本条の目的である会社の事務処理上の便宜とはどのようなものであるのか、という課題である。

　まず、第2款において、会社法106条の目的としてあり得る可能性として、ドイツの株式法69条1項および有限会社法18条1項の目的についての理解を参考にして、内部関係明確化型、一体性確保型、重畳型という3つの可能性があることを指摘した。そして、第3款において、それらの理解の前提となり得る準共有者による権利行使の態様として、①会社法106条がなくても、各準共有者はその内部関係における決定に従って権利を行使しなければならないと考える可能性と、②会社法106条がない場合には、各準共有者が個別的に権利を行使することができると考える可能性があることを指摘した。

　そのうえで、第4款において、会社法106条の目的についての検討の手がかりを得るために、会社法106条の前身となった商法の規定の沿革を考察した。その考察によると、現在の会社法106条の前身である明治32年当時の商法146条は、その制定当時、株式の分割禁止（株式の不可分性）と密接に関連しており、各共有者が個別的に権利を行使する可能性を前提として、共有者による一体的な権利行使を確保するためのものであると理解されていた。

　これらのことを踏まえて、第5款において、会社法106条の目的を検討した。その検討によると、会社法106条の第1の目的は、準共有者による一体的な権利行使の確保であると考えられる（一）。そして、これは、1株の株式の実質的な分割の防止という側面と、会社の負担増加の防止という側面の2つの側面によって構成されている。また、会社法106条の第2の目的は、準共有者間の内部関係の不明確性からの会社の保護であると考えられる（二）。なぜならば、準共有者間の内部関係の不明確性は、単独所有の場合における会社の負担とは異なっており、会社は、単独所有の場合に適用される規律に

よってはその負担から十分に保護されないからである。ただし、この第2の目的は、実際には副次的なものにとどまる。なお、準共有者による権利行使の態様についての2つの可能性のうち、どちらの態様を前提として考えた場合であっても、これらの会社法106条の目的の両方に意味を見出すことができる（三）。

　もっとも、これらの目的に鑑みると、公開会社では、これらの目的を達成する必要性が高いのに対して、公開会社でない会社では、その必要性はそれほど高いわけではなく、むしろ、会社法106条の規律を適用しない方が望ましい場合もあり得る。このことを重視するのであれば、立法論としては、公開会社においてのみ、会社法106条の規律を適用するという判断もあり得るように思われる[74]。

74）　ただし、この場合であっても、1株の株式の実質的な分割の防止は維持される必要がある。なお、次節以降の検討は、本文で述べたような立法論を前提とするものではなく、あくまでも現行法を前提とするものである。すなわち、次節以降の検討は、会社法106条の規律が公開会社でない会社にも適用されるということを前提としている。

第3節 会社法106条の目的に照らした同条の規律内容の検討

第1款　序

本節では、第2節で明らかにされた会社法106条の目的に照らして、会社法106条の規律内容がどのようなものと理解されるべきなのかを検討する。これは、本書における第1の検討課題である。

まず、第2款において、第2節で明らかにされた会社法106条の目的に照らして、会社法106条が、民法の共有に関する規律との関係においてどのように位置づけられるのかを検討する。そのうえで、会社法106条に関する具体的な解釈論を検討する。まず、第3款において、会社法106条の適用範囲について検討する。次に、第4款において、会社の同意による会社法106条本文の例外について検討する。また、第5款において、会社の同意以外の条件による会社法106条本文の例外について検討する。

なお、権利行使者に関する一般的な規律については、本節では検討せずに、第4節において検討する。

第2款　会社法106条の位置づけ

一　序

本款では、会社法106条が、民法の共有に関する規律との関係においてどのように位置づけられるのかを検討する。

会社法106条本文は、民法264条ただし書にいう「特別の定め」として位置づけられる[75]。そのうえで、会社法106条本文が、どのような民法の規律

にとっての「特別の定め」として位置づけられるのかについては、次のような2つの理解があり得る[76]。第1の理解は、会社法106条本文が、株式についての権利の行使に関わる全ての民法の共有に関する規律にとっての「特別の定め」として位置づけられるという理解である。第2の理解は、会社法106条本文が、株式についての権利の行使に関わる民法の共有に関する規律のうち、会社に対する権利行使の方法に関わる規律にとってのみ、「特別の定め」として位置づけられるという理解である。これらの理解のうちどちらがより適切であるのかは、会社法106条の目的を達成するために、民法の共有に関する規律のうちどこまでの規律を、会社法106条の規律に置き換える必要があるのかによって決まると考えられる。

そこで、本款では、まず、二において、前提として、民法の共有に関する規律が2段階の構造を有していることを確認する。そして、三において、それらの規律と会社法106条の目的との関係を考察する。その考察を踏まえて、四において、会社法106条本文の位置づけについて検討する。最後に、五において、四で明らかにした位置づけが、会社法106条に関する具体的な解釈論にどのように反映されるのかを示す。

二　民法の共有に関する規律の2段階構造

株式についての権利の行使に関わる民法の共有に関する規律は、理論上は、次のような2段階に分けることができる[77]。すなわち、共有関係内部における意思決定に関わる規律と、その決定の実行に関わる規律である。前者は、共有者が内部でどのように意思決定を行うのかというような共有関係内部における意思決定に関わる規律であるのに対して、後者は、その意思決定を実行する権限を誰が有するのかというような共有関係の外部に関わる規律である。通常は、これらの規律は明示的には区別されておらず、共有関係内部における意思決定によって同時にその決定を実行する権限も付与されると考え

---

75)　例えば、我妻栄（有泉亨補訂）『新訂 物権法（民法講義Ⅱ）』（岩波書店、1983年）337頁、川島武宜＝川井健編『新版 注釈民法(7) 物権(2)』（有斐閣、2007年）596頁〔川井健〕、最判平成27年2月19日民集69巻1号25頁。

76)　第2章の注112)も参照。

られているようである[78]）。

三　会社法106条の目的と民法の共有に関する規律との関係

　会社法106条の目的は、第2節で明らかにしたように、準共有者による一体的な権利行使の確保、および、準共有者間の内部関係の不明確性からの会社の保護である。本項では、会社法106条本文の位置づけについて検討する前提として、これらの会社法106条の目的と二で指摘した民法の共有に関する2段階の規律との関係を考察する。

　まず、会社法106条の第1の目的である準共有者による一体的な権利行使（の確保）とは、その権利行使の内容が準共有者間で同じであるかどうかにかかわらず、複数の準共有者が統一体としてその権利を行使することをいう[79]）。このような一体的な権利行使は、権利行使の内容に関する意思決定に直接的には関係しておらず[80]）、準共有関係内部でなされた決定を会社に対してどのように実行するのかという点に関係している。よって、準共有者による一体的な権利行使の確保という会社法106条の目的は、準共有関係内部でなされ

---

77)　民法に関する文献の中で、本文のような区別に言及するものは多くないようであるが、例えば、能見善久＝加藤新太郎編『論点体系 判例民法 2 物権〔第2版〕』（第一法規、2013年）333-334頁〔平野裕之〕、平野裕之『物権法』（日本評論社、2016年）320頁は、本文のような区別に言及する。本田純一＝湯川益英＝原田剛＝橋本恭宏『ハイブリッド民法2 物権・担保物権法』（法律文化社、2007年）147頁も参照。ドイツにおいても、遺産の管理について規定している民法2038条が、理論上は区別されるはずである内部関係における業務執行と外部関係における代表とを区別せずにまとめて遺産の管理として規定していると理解されている（*Lange*, Erbengemeinschaft an einem GmbH-Geschäftsanteil, GmbHR 2013, 113, 116；*Raue*, Die ordnungsgemäße Verwaltung eines GmbH-Anteils durch eine Erbengemeinschaft, GmbHR 2015, 121, 122；*Löhnig*, in：Staudingers Kommentar zum Bürgerlichen Gesetzbuch, 2016, § 2038 Rdn. 27. S. auch *Wiedemann*, GmbH-Anteile in der Erbengemeinschaft, GmbHR 1969, 247, 247 ff.；BGH, Urteil vom 29.03.1971-Ⅲ ZR 255/68, BGHZ 56, 47, 51 f.；*Gergen*, in：Münchener Kommentar zum Bürgerlichen Gesetzbuch, 7. Aufl., 2017, § 2038 Rdn. 14）。

78)　能見＝加藤編・前掲注77) 333-334頁〔平野裕之〕、平野・前掲注77) 320頁。本田ほか・前掲注77) 147頁、山野目章夫『物権法〔第5版〕』（日本評論社、2012年）171頁も参照。例えば、賃貸借契約の解除の意思表示について、最判昭和39年2月25日民集18巻2号329頁を参照。

79)　前掲注3)。

80)　もっとも、後掲注431) も参照。

第3節　会社法106条の目的に照らした同条の規律内容の検討　223

た決定を会社に対してどのように実行するのかという共有関係の外部に関わる規律に関係しており、共有関係内部における意思決定に関わる規律に直接的には関係していない。

次に、会社法106条の第2の目的である準共有者間の内部関係の不明確性からの会社の保護にとって重要な規律は、権利行使者が準共有者の指図に基づかずに権利を行使した場合であっても、その権利行使は会社との関係では有効である、という規律である[81]。この規律は、共有関係内部における意思決定に関わる規律にかかわらず、準共有関係内部における決定を実行する権限を誰が有するのかを会社にとって明確にするものである。よって、この規律自体は、会社に対して準共有者の決定を実行する権限を誰が有するのかという共有関係の外部に関わる規律に関係している。

また、準共有者間の内部関係の不明確性からの会社の保護のために、会社法が、共有関係内部における意思決定に関わる規律を強行的に規定しておくという方策も考えられる。しかし、準共有者間の合意の可能性を排除して準共有者間の内部関係を一律に決めておくことは適切ではない。なぜならば、準共有者間の関係は多様であり得て、例えば、共同相続によって株式が準共有されている場合と、当事者間の組合契約に基づく組合によって株式が準共有されている場合とでは、準共有者間の関係は相当に異なっていると考えられるからである[82]。よって、準共有者間の内部関係の不明確性からの会社の保護という会社法106条の目的は、共有関係内部における意思決定に関わる規律には関係していない。

以上のように、会社法106条の目的に関係する民法の共有に関する規律は、共有関係内部における意思決定に関わる規律ではなく、会社に対する共有関係内部の決定の実行に関わる規律だけである。

四　会社法106条本文の位置づけ

このように、会社法106条の目的に関係する民法の共有に関する規律は、

---

[81] 第2章第5節第2款。本書におけるこの規律の検討については、本章第4節第3款二を参照。

[82] 神作・前掲注15) 237頁も参照。

会社に対する共有関係内部の決定の実行に関わる規律だけであるので、会社法 106 条の目的を達成するために置き換える必要がある民法の共有に関する規律も、会社に対する共有関係内部の決定の実行に関わる規律に限られる。よって、会社法 106 条本文は、会社に対する共有関係内部の決定の実行に関わる規律にとってのみ、民法 264 条ただし書にいう「特別の定め」として位置づけられる。すなわち、会社法 106 条本文は、共有関係内部における意思決定に関わる規律にとっての「特別の定め」ではなく、会社法 106 条本文が適用される場合であっても、準共有関係内部における意思決定については、民法の共有に関する規律が適用される。

最高裁判所が平成 27 年 2 月 19 日の判決[83]において判示した「〔会社法 106 条本文〕は、共有に属する株式の権利の行使の方法について、民法の共有に関する規定に対する『特別の定め』(同法 264 条ただし書) を設けたものと解される」ということの意味は、以上のような意味において理解するべきである。すなわち、ここでいう「共有に属する株式の権利の行使の方法」とは、株式の準共有関係内部における意思決定の方法を含むものではなく、その決定に基づく会社に対する権利行使の実行の方法を指すものとして理解するべきである[84]。

また、このように共有関係内部における意思決定に関わる規律と会社に対するその決定の実行に関わる規律とを区別して考える考え方は、ドイツでも伝統的に維持されている[85]。すなわち、**第 3 章第 6 節第 3 款**で分析したように、ドイツでは、共同権利者 (共同相続人) 間の内部関係と、共同権利者と会社の外部関係とが区別された上で議論される。そして、株式法 69 条 1 項および有限会社法 18 条 1 項は、会社法の平面において共同権利者と会社の外部関係を規律するものとして捉えられる。これに対して、共同権利者 (共同相続人) 間の内部関係は、相続法によって規律される相続法の平面に位置づけられる。

以上の検討によると、会社法 106 条本文は、株式についての権利の行使に関わる民法の共有に関する規律のうち、会社に対する共有関係内部の決定の

---

83) 最判平成 27 年 2 月 19 日・前掲注 75)。
84) 従来の学説における理解については、**第 2 章第 7 節第 4 款二**を参照。
85) 前掲注 77) も参照。

実行に関わる規律にとってのみ、「特別の定め」として位置づけられる。

五　会社法 106 条に関する具体的な解釈論への反映

このことは、次のように、会社法 106 条に関する具体的な解釈論に反映される。

1　権利行使者に対する指図に関する規律

まず、準共有者が権利行使者に対して適法に権利行使に係る指図をした場合には、権利行使者は少なくとも準共有者との関係では当該指図に拘束されるところ[86]、この指図は、準共有者間の内部関係の規律に基づいてなされなければならないと考えられる[87]。

本款での検討によると、このことは、次のように説明することができる。すなわち、四で検討したように、会社法 106 条本文は、共有関係内部における意思決定に関わる規律にとっては「特別の定め」ではない。よって、会社法 106 条本文が適用される場合であっても、準共有関係内部における権利行使者に対する指図については、民法等の準共有者間の内部関係の規律が適用される。

2　会社法 106 条ただし書に基づく会社の同意の意義

また、会社法 106 条ただし書に基づく会社の同意の効果は、法文上は「この限りでない」と規定されており、その意味は、会社法 106 条本文の適用を排除することであると考えられている[88]。四で検討したように、会社法 106

---

[86]　第 2 章第 5 節第 2 款。

[87]　第 2 章第 6 節第 2 款を参照。もっとも、そこでも指摘したように、従来の論者の多くは、このことにまで踏み込んで明示していたわけではない。なお、準共有者は、権利行使者としての権限を行使することができる期間を限定して、権利行使者を指定することもできると考えられる（黙示的なこのような期間制限を認めたものとして、東京地判平成 28 年 7 月 6 日 Westlaw Japan 文献番号 2016WLJPCA07068004 を参照。ドイツでも、このような制限は認められている（第 3 章の注 71）））。ただし、準共有者間の内部関係の不明確性からの会社の保護という会社法 106 条の目的に鑑みると、このような期間の限定は、会社に対して通知しなければ、会社に対抗することができないと考えられる。

[88]　冨上・後掲注 234) 27 頁を参照。

条本文は、会社に対する共有関係内部の決定の実行に関わる民法の共有に関する規律にとってのみ、「特別の定め」として位置づけられる。よって、このような意味を有する「特別の定め」としての会社法106条本文の適用が、会社の同意によって排除された場合には、会社に対する共有関係内部の決定の実行についても、民法の共有に関する規律が適用されることになる。会社法106条ただし書に基づく会社の同意は、このような効果を生じさせるという意義を有する。

六　まとめ

　前提として、株式についての権利の行使に関わる民法の共有に関する規律は、理論上は、共有関係内部における意思決定に関わる規律と、その決定の実行に関わる規律という2段階に分けることができる（二）。これらの規律のうち、会社法106条の目的に関係する民法の共有に関する規律は、共有関係内部における意思決定に関わる規律ではなく、会社に対する共有関係内部の決定の実行に関わる規律だけである（三）。

　よって、会社法106条本文は、株式についての権利の行使に関わる民法の共有に関する規律のうち、会社に対する共有関係内部の決定の実行に関わる規律にとってのみ、「特別の定め」として位置づけられる（四）。すなわち、会社法106条本文は、共有関係内部における意思決定に関わる規律にとっての「特別の定め」ではなく、会社法106条本文が適用される場合であっても、準共有関係内部における意思決定については、民法の共有に関する規律が適用される。

　このことは、次のように、会社法106条に関する具体的な解釈論に反映される。すなわち、会社法106条本文が適用される場合であっても、権利行使者に対する指図は、準共有関係内部における意思決定に関わる民法の共有に関する規律によって規律される（五1）。また、会社法106条ただし書に基づく会社の同意によって、「特別の定め」としての会社法106条本文の適用が排除された場合には、会社に対する共有関係内部の決定の実行についても、民法の共有に関する規律が適用されることになる（五2）。

第3款　会社法106条の適用範囲——「株式についての権利」

一　序

　会社法106条によると、株式の準共有者が権利行使者を通じて行使しなければならない権利は、「株式についての権利」である。そして、**第2章第3節**で整理したように、ここでいう「株式についての権利」にどのような権利が含まれるのかについて議論がある。しかし、**第2章第3節第5款**で分析したように、会社法106条の目的である「会社の便宜」の内実が明らかにされていないために、その議論においても、相反する見解の両方によって、この目的が自説を基礎づけるものとして援用されている。

　そこで、本款では、第2節で明らかにされた会社法106条の目的に照らして、会社法106条にいう「株式についての権利」にどのような権利が含まれるのかを検討する。具体的には、まず、**二**において、準共有者による一体的な権利行使の確保という観点からの検討を行う。次に、**三**において、準共有者間の内部関係の不明確性からの会社の保護という観点からの検討を行う。そして、**四**において、株主として会社訴訟を提起する権利について異なる考え方を採用することができるのかについて検討する。最後に、**五**において、本款での検討の際に、少数派の準共有者自身による権利行使を認める必要性と、会社法106条の目的を達成する必要性とを比較衡量して結論を導出する可能性について検討する。

二　準共有者による一体的な権利行使の確保という観点からの検討

　まず、会社法106条の第1の目的である準共有者による一体的な権利行使の確保という観点から、会社法106条にいう「株式についての権利」に含まれない権利が存在するのかを検討する。

　第2節第5款一での検討によると、準共有者による一体的な権利行使の確保が必要でない場合とは、1株の株式の実質的な分割に該当せず、かつ、会社の負担増加が生じない場合である。1株の株式の実質的な分割に該当しない場合とは、ある権利を行使する準共有者の準共有持分の割合が1株（または1

単元）以上の株式に相当している場合である[89]。そして、会社の負担増加が生じない場合とは、準共有株式の数（または単元数）の方が準共有者の数よりも多い場合である[90]。また、会社の負担増加が生じないようにするためには、そのような場合とそうでない場合との区別が会社にとって容易であることも必要である[91]。

しかし、これらのような場合に該当するかどうかは、権利を行使する準共有者の準共有持分の割合や準共有株式の数（または単元数）および準共有者の数によって決まるのであって、準共有者によって行使される権利がどのようなものであるのかによって決まるわけではない。よって、この観点から、特定の権利について類型的に会社法106条が適用されないという結論を導出することはできない。

三 準共有者間の内部関係の不明確性からの会社の保護という観点からの検討

次に、会社法106条の第2の目的である準共有者間の内部関係の不明確性からの会社の保護という観点から、会社法106条にいう「株式についての権利」に含まれない権利が存在するのかを検討する[92]。本項では、会社法106条が適用されない場合における準共有者による権利行使の態様をどのように考えるのか[93]によって場合を分けて検討する。

---

89) 本章第2節第5款一1を参照。
90) 本章第2節第5款一2を参照。
91) 本章第2節第5款一2を参照。
92) 二での検討のみによっても既に、特定の権利について類型的に会社法106条が適用されないという結論を導出することは難しいので、それに加えて本文のような検討をする意味はないようにも思われる。しかし、全ての権利が含まれるという見解に反対する見解は、会社法106条が適用されない権利の行使を認める前提条件として、ある権利を行使する準共有者の準共有持分が1株以上の株式に相当しているということが必要である、という（第2章第3節第3款および同節第4款）。このような条件を満たし、かつ、会社がその条件の成否を容易に確認することができる場合には、二での検討における観点からは、会社法106条を適用する必要性がないことになる。よって、このような場合には、準共有者間の内部関係の不明確性からの会社の保護という観点から、ある権利について会社法106条を適用する必要性があるのかを検討することに意味があることになる。
93) 本章第2節第3款を参照。

まず、①会社法106条がなくても各準共有者がその内部関係における決定に従って権利を行使しなければならないと考える場合を想定して検討する。この場合には、どのような権利であっても、各準共有者はその内部関係における決定に従って行使しなければならない。その決定に従わずになされた権利行使は無効である。したがって、準共有者によって行使される権利がどのようなものであったとしても、その権利行使が無効である可能性が存在する。よって、特定の権利について類型的に会社法106条が適用されないという結論を導出することはできない[94]。

　次に、②会社法106条がない場合には各準共有者が個別的に権利を行使することができると考える場合を想定して検討する。このように考える場合には、1株の株式を有する株主であればその有する株式の数にかかわらず行使することができる権利は、会社法106条にいう「株式についての権利」には含まれないという見解[95]が、一定の説得力を有する。なぜならば、このように考える場合には、各準共有者がそのような権利を個別的に行使することができるので、その行使の際に準共有者間の内部関係における決定に従う必要はなく、準共有者間の内部関係の不明確性からの会社の保護も必要でないようにも思われるからである。

　しかし、この見解を採用した場合であっても、準共有者間の内部関係が会社にとって全く関係ないわけではない。この見解は、会社法106条が適用さ

---

94)　全ての権利が含まれるという見解に反対する見解の論者は、例えば、1株の株式を有する株主であればその有する株式の数にかかわらず行使することができる権利については、その行使の際に準共有者の準共有持分の割合が問題とならないので、会社法106条を適用する必要はない、という（第2章第3節第3款）。しかし、①会社法106条がなくても各準共有者はその内部関係における決定に従って権利を行使しなければならないと考える場合には、そのような権利の行使であっても、準共有者間の内部関係においては適法な決定が必要である。そして、そのような決定に従わずになされた権利行使は無効である。よって、1株の株式を有する株主であればその有する株式の数にかかわらず行使することができる権利であっても、類型的に会社法106条が適用されないということはできない。

　なお、民法252条ただし書にいう保存行為に該当する権利行使であったとしても、本文の結論が変わるわけではない。なぜならば、ある権利行使がそのような保存行為に該当するかどうかの判断は、会社にとって容易ではなく、さらに、民法252条ただし書とは異なる規律が準共有者間の合意によって採用されているという可能性も排除することができず、そのような合意を把握することも会社にとっては容易ではないからである。

95)　第2章第3節第3款。

れない権利の行使を認める前提条件として、その権利を行使する準共有者の準共有持分の割合が1株以上の株式に相当しているということを要求する[96]。この前提条件は、会社法106条の第1の目的である準共有者による一体的な権利行使の確保が達成されているということを基礎づけるために必要な条件である[97]。この前提条件が満たされているかを判断するためには、会社は、その権利を行使する準共有者の準共有持分の割合を知る必要がある。しかし、現行法の下では、少なくとも一般的には、会社が準共有者の準共有持分の割合を知ることは容易ではないと考えられる。よって、そうである限り、このような意味における準共有者間の内部関係の不明確性からの会社の保護も必要である[98]。

以上のように、会社法106条の第2の目的である準共有者間の内部関係の不明確性からの会社の保護という観点からも、会社法106条にいう「株式についての権利」に含まれない権利が存在するということはできない。

四　株主として会社訴訟を提起する権利についての例外

もっとも、株主として会社訴訟を提起する権利については、異なる考え方を採用することができる。なぜならば、この権利は、裁判所を介して行使されることが本来的に予定されているので、会社法106条による会社の保護が必要ではないからである。

会社法106条が適用されない場合において、準共有株式についての権利を行使する準共有者が会社との関係でその権利を行使する権限を有しているの

---

[96]　第2章第3節第3款。

[97]　すなわち、ある権利を行使する準共有者の準共有持分が1株以上の株式に相当している場合には、1株の株式の実質的な分割を認めたことにならず、また、会社がそれを容易に確認することができるときには、会社の負担増加が生じるおそれもない。本款二も参照。

[98]　さらに、②会社法106条がない場合には各準共有者が個別的に権利を行使することができると考える場合であっても、準共有者がそれとは異なる合意をする可能性を否定することはできない。よって、このような可能性から会社を保護するためにも、会社法106条の適用が必要であるということができる。もっとも、ここでいう準共有者間の合意の効力が会社には及ばないと考える余地もある。しかし、準共有者間の合意について、互いに独立した（準共有関係にない）株主間の合意と同様にその効力が会社には及ばないと考えることができるのかについては、なお検討の余地があるように思われる（前掲注73）も参照）。

かを判断するためには、当該準共有者の準共有持分が1株以上の株式に相当しているのかや、当該準共有者が準共有者間の内部関係においてその権利を行使する権限を有しているのかを確認しなければならない。二および三における検討によると、これらの点の確認が会社にとって容易ではないために、会社法106条の適用が必要になる。

しかし、準共有者が株主として会社訴訟を提起する権利を行使する場合において、これらの点を判断する主体は、会社ではなく裁判所である。すなわち、裁判所が、原告適格の有無、つまり、原告である準共有者がその権利を行使する権限を有しているかどうかを判断しなければならない。そして、この原告適格の有無は、職権調査事項であって、被告の主張をまたずに裁判所が調査しなければならない[99]。確かに、原告適格の有無は、公益的要素の強くない訴訟要件であるとして、その判断資料は弁論主義に基づいて収集されるが[100]、その下での原告適格を基礎づける事実についての主張責任および証明責任は、原告である準共有者が負うと考えられる。よって、会社は、株主として会社訴訟を提起する権利が行使される場合には、その権利を行使する準共有者の準共有持分が1株以上の株式に相当しているのかや、当該準共有者が準共有者間の内部関係においてその権利を行使する権限を有しているのかを確認しなければならないという負担を負うことはない[101]。

以上のように、株主として会社訴訟を提起する権利[102]については、会社に対して会社法106条による保護を与える必要がないので、この権利は、会社法106条にいう「株式についての権利」には該当しないと考えられる[103]。もっとも、準共有者が株主として会社訴訟を提起する権利を適法に行使するためには、当該準共有者が準共有者間の内部関係においてその権利を行使する権限を有していることが必要である[104]。

---

99) 兼子一原著『条解 民事訴訟法〔第2版〕』(弘文堂、2011年) 725頁〔竹下守夫〕。
100) 兼子・前掲注99) 725頁〔竹下〕。もっとも、判決効の拡張がある場合には、原告適格の有無についての判断資料が弁論主義に基づいて収集されるべきであると考えられているわけではない (三木浩一=笠井正俊=垣内秀介=菱田雄郷『民事訴訟法〔第3版〕』(有斐閣、2018年) 390頁〔垣内秀介〕)。会社訴訟には、このような場合に該当するものも多いように思われる (例えば、会社法838条を参照)。

五　少数派の準共有者自身による権利行使を認める必要性との比較衡量の可能性

　以上の検討によると、第2節で明らかにされた会社法106条の目的を達成するためには、会社法106条にいう「株式についての権利」に、株主として会社訴訟を提起する権利を除く株式についての全ての権利が含まれることが必要である。

　もっとも、このように会社法106条の目的を達成することだけが、必ずしも望ましいというわけではない。すなわち、会社の利益が会社法106条によって絶対的に保護される必要があるというわけではなく、その会社の利益と少数派の準共有者自身による権利行使によって保護される準共有者の少数派の利益とを比較衡量して、最終的な結論を導出するべきであるという考え方もあり得る。

　実際に、監督是正権は含まれないという見解[105]は、次のような点を強調する。すなわち、一方で、監督是正権については、会社法106条が対応する事務処理上の煩雑さが必ずしも問題にならない。他方で、権利行使者が、準共

---

101)　確かに、会社は、このような準共有者による訴訟の提起に応じなければならないという意味での負担を負うことになる。しかし、このような負担は、会社法106条によって解消されるべきものではない。なぜならば、このような負担は、民事訴訟において一般的に予定されているものであって、株式が準共有されている場合に特有のものではないからである。

　また、会社にとってのリスクの内容も、準共有者がその他の権利を行使した場合とは異なる。すなわち、準共有者がその他の権利を行使した場合には、準共有者がその権利を行使する権限を有しないならばその権利行使が無効であって、会社は、その影響を受けるというリスクを負うことになる。これに対して、準共有者が株主として会社訴訟を提起する権利を行使する場合には、その者がその権利を行使する権限を有しないときであっても、会社は、訴え却下判決を得ることができるのであって、その他の権利の行使の場合のようなリスクを負うわけではない。

　もっとも、株主代表訴訟（会社法847条、同847条の3）を提起する際には、株主は、その提訴前に会社に対して提訴請求をしなければならない（会社法847条1項、同847条の3第1項）。したがって、この提訴請求がなされた場合には、会社は、本文で述べたような負担を負うことになる。よって、株式の準共有者が会社に対して株主代表訴訟に係る提訴請求をする場合には、会社法106条を適用する必要があると考えられる。

102)　なお、本項における検討は、株主として会社に関する非訟を申し立てる権利についても妥当すると考えられる。

有者の少数派の利益を無視して違法または不正な行為に加担したり、その是正を怠ったりしているような場合には、権利行使者による監督是正権の行使を期待することができない。この見解は、このように、会社法106条によって保護される会社の利益と少数派の準共有者自身による権利行使によって保護される準共有者の少数派の利益とを比較衡量して、結論を導出しようとするものとして理解することができる。

確かに、この両者を比較衡量して、後者が前者よりも優先されるべきであ

103) ドイツの有限会社法18条1項についてその目的を厳格に追求する立場である直接的な一体的権利行使に限定する見解も、会社に対する訴訟を提起する権利については、本文で指摘したような理由を挙げて、有限会社法18条1項を厳格に適用することを否定する（第3章第4節第2款二）。

吉本健一「株式の共同相続と会社訴訟の原告適格——共同相続株式の権利行使に関する判例法理の検討(2)」神戸学院大学法学部開設50周年記念『企業関係法の新潮流』（中央経済社、2018年）186頁も、本文の考え方と結論において同旨である。吉本は、会社訴訟の提起は、複数の訴訟が同時に係属しても、その弁論および裁判は併合されて（会社法837条）、その請求認容判決には対世効が認められるので（会社法838条）、会社の事務処理上の便宜のために準共有者による権利行使を一本化する必要はない、という。しかし、このことによって、第2節で明らかにされた会社法106条の目的が全て達成されるわけではない。例えば、当該訴訟を提起した準共有者が、1株以上の株式に相当する準共有持分を有していない可能性や、準共有者間の内部関係の規律に基づいて当該訴訟を提起する権限を有していない可能性がある。これらの可能性を踏まえると、吉本のいう権利行使の一本化がなされた場合であっても、第2節で明らかにされた会社法106条の目的が全て達成されるわけではない。

104) さらに、会社法106条がない場合には各準共有者が個別的に権利を行使することができると考える場合を中心として、準共有者が個別的にその権利を行使するときには、当該準共有者の準共有持分の割合が1株以上の株式に相当していることも必要である。この要件は、1株の株式の実質的な分割の防止という観点から導出されるものである（本章第2節第5款一1も参照）。もっとも、準共有者が保存行為として単独で権利を行使する場合において、その権利行使が準共有者全員のためになされるものであると考えるならば、その権利行使は、準共有株式の全部に基づくものであると考えられる。よって、この場合には、実際にその権利を行使する準共有者の準共有持分の割合が1株以上の株式に相当している必要はない。

105) 第2章第3節第4款。この見解は、本文で挙げた点の他に、次のような点も強調する。すなわち、監督是正権について会社法106条が適用されると考えるならば、共同相続人間に紛争が生じて権利行使者を指定することができない場合には、問題のある株主総会決議または業務執行行為について最低限の対抗手段すら否定されることになりかねない。しかし、このような点を強調することは説得的ではない。なぜならば、権利行使者の指定に関する規律として多数決説を採用する場合には、準共有者の多数派が権利行使者を指定することができるので、原則として、このような事態は生じないからである。

る場合には、会社法106条の適用範囲から当該権利を除外するべきであるということができる[106]。しかし、少なくとも法的には、少数派の準共有者は、権利行使者に対して、保存行為に該当する権利行使を単独で指図することができるはずである[107]。そして、その権利行使者がこのような指図に従わなかった場合には、少数派の準共有者は、その権利行使者に対する債務不履行に基づく損害賠償請求等の手段によって対応することができる。したがって、会社法106条の適用範囲からある権利を除外するべきであるということができるのは、このような準共有者間の内部関係における処理によっては準共有者の少数派の利益が十分に保護されず、少数派の準共有者自身による権利行使によって初めてその利益が十分に保護されるような場合であって、かつ、会社法106条によって会社の利益を保護する必要性が大きくないようなときに限られると考えられる。

　このような場合に該当するかどうかは、準共有者間の内部関係や会社の状況等のような個別具体的な事情にも依存すると考えられるので、特定の権利が類型的にこのような場合に該当する[108]と評価することは難しいように思われる。よって、前述のような比較衡量によって、会社法106条の適用範囲から特定の権利を類型的に除外するべきであるということはできない[109]。もっとも、個別具体的な事案において、少数派の準共有者自身による権利行使によって準共有者の少数派の利益を保護する必要性が大きいのに対して、会社法106条によって会社の利益を保護する必要性が大きくないような場合には、少数派の準共有者が、権利行使者を通すことなくその権利を行使することができる[110]と考える[111]余地があるように思われる[112]。

---

106)　もっとも、この前提として、準共有者間の内部関係において、少数派の準共有者が、単独で当該権利の行使について決定することができる、ということが必要である。なぜならば、当該権利の行使について準共有者の多数決によって決定されると考える場合には、会社法106条の適用範囲から当該権利を除外したとしても、準共有者の少数派の利益は保護されないからである。
107)　本節第2款五1を参照。
108)　同時に、この権利は、準共有者間の内部関係において少数派の準共有者が単独で当該権利の行使について決定することができるものである必要もある（前掲注106））。
109)　もっとも、公開会社でない会社については類型的に会社法106条を適用するべきではないと考える可能性について、本章第2節第5款一3(2)および同款二4(2)を参照。

六　結　論

　以上の検討によると、第2節で明らかにされた会社法106条の目的に照らして、会社法106条にいう「株式についての権利」には、株主として会社訴訟を提起する権利を除く株式についての全ての権利が含まれると考えられる。なぜならば、二および三で検討したように、準共有者による一体的な権利行使の確保の必要性を基礎づける会社の負担増加のおそれも、準共有者間の内部関係の不明確性も、行使される権利が何であるのかによって基本的に異なるわけではないので、特定の権利について類型的に会社法106条の適用の必要性を否定することは基本的には難しいからである。また、五で検討したように、少数派の準共有者自身による権利行使を認める必要性との比較衡量によって、会社法106条の適用範囲から特定の権利を類型的に除外するべきであるということもできない[113]。

　ただし、株主として会社訴訟を提起する権利は、会社法106条にいう「株式についての権利」には含まれないと考えられる。なぜならば、四で検討したように、この権利は裁判所を介して行使されることが本来的に予定されて

---

110) 前提として、この権利は、準共有者間の内部関係において少数派の準共有者が単独で当該権利の行使について決定することができるものである必要がある（前掲注106))。

111) 最高裁判所は、特段の事情論（第2章第3節第2款二）によって、実質的にはこのような立場に立っていると理解することもできる。実際に、東京高判平成29年2月22日Westlaw Japan 文献番号2017WLJPCA02226014 は、本文で挙げたような事情を指摘して、権利行使者以外の準共有者が株主総会決議不存在確認訴訟に共同訴訟的補助参加をすることを認める。

112) もっとも、このような権利行使を認めるべき場合に該当するかどうかの判断を会社が行うことは困難であるので、実際には、このような規律は、各種の差止請求権のような裁判によって行使されることが（事実上）予定されている権利に主として妥当し得ると考えられる。なぜならば、このような権利については、四で検討した株主として会社訴訟を提起する権利と同様に、権利行使を認めるべき場合に該当するかどうかの判断を会社が行う必要があまりないと考えられるからである。したがって、このような権利については、会社法106条によって会社の利益を保護する必要性が大きくないと評価しやすいと考えられる。

113) もっとも、個別具体的な事案において、少数派の準共有者自身による権利行使によって準共有者の少数派の利益を保護する必要性が大きいのに対して、会社法106条によって会社の利益を保護する必要性が大きくないような場合には、少数派の準共有者が、権利行使者を通すことなくその権利を行使することができると考える余地があるように思われる。

いるので、会社法106条による会社の保護が必要ではないからである。もっとも、準共有者が株主として会社訴訟を提起する権利を適法に行使するためには、当該準共有者が準共有者間の内部関係においてその権利を行使する権限を有していることが必要である[114]。

第4款　会社の同意による会社法106条本文の例外

一　序

本款では、会社の同意による会社法106条本文の例外について検討する。

第2章第7節第5款で分析したように、会社法106条ただし書の理論的な裏付けは必ずしも明らかではない。すなわち、平成17年会社法制定前は、会社が準共有者による権利行使を認める場合には、準共有者全員がその権利を共同して行使しなければならないと考えられていたが、その理由は、必ずしも明確に示されていたわけではなかった。そのような状況の下で平成17年に制定された会社法は、十分な議論がなされることなく、その106条ただし書において、その本文の例外を認める場合の規律を設けた。このような経緯で設けられた会社法106条ただし書の規律内容や趣旨は必ずしも明らかではなく、それらについての議論も錯綜していた。このような状況の下で、最高裁判所は、平成27年2月19日の判決[115]において、会社法106条ただし書についての自らの立場を明らかにしたが、この判決も、会社法106条ただし書の立法趣旨が明確ではないので、規定の文言から客観的に読み取ることができる意味を基礎として解釈したものであると理解されている。このように、会社法106条ただし書の理論的な裏付けは明らかにされているわけではない。

そこで、本款では、第2節で明らかにされた会社法106条の目的に照らして、会社法106条ただし書の意義を明らかにするとともに（二）、その限界を

---

114) さらに、会社法106条がない場合には各準共有者が個別的に権利を行使することができると考える場合を中心として、準共有者が個別的にその権利を行使するときには、当該準共有者の準共有持分の割合が1株以上の株式に相当していることも必要である。もっとも、準共有者が保存行為として単独で権利を行使する場合には、当該準共有者の準共有持分の割合が1株以上の株式に相当している必要はないと考えられる。以上の点について、前掲注104) を参照。

115) 最判平成27年2月19日・前掲注75)。

示す（三）。

二　会社法 106 条ただし書の意義

　会社法 106 条の目的は、第 2 節で明らかにしたように、準共有者による一体的な権利行使の確保、および、準共有者間の内部関係の不明確性からの会社の保護である。さらに、前者の目的には、1 株の株式の実質的な分割の防止という側面と、会社の負担増加の防止という側面の 2 つの側面がある。これらの目的のうち、準共有者による一体的な権利行使の確保における会社の負担増加の防止という側面、および、準共有者間の内部関係の不明確性からの会社の保護は、会社のためのものである。よって、会社がそれらの保護を受けることを自ら放棄した場合には、その会社に対してそのような保護を与える必要はない。

　このことを反映した規律が、会社法 106 条ただし書である。すなわち、会社法 106 条ただし書は、会社の同意がある場合には、このように会社の保護が不要であることを反映して、会社法 106 条本文の適用を排除することを規定している。そして、第 2 款五 2 で示したように、会社に対する共有関係内部の決定の実行に関わる規律にとっての「特別の定め」として位置づけられる会社法 106 条本文の適用が排除された場合には、会社に対する共有関係内部の決定の実行についても、民法の共有に関する規律が適用されることになる[116]。このことが主に意味することは、必ずしも 1 人の準共有者によって一体的に権利が行使されるとは限らず、また、準共有者による権利行使が準共有者間の内部関係の規律に違反しており無効であった場合にはその権利行使

---

116)　このことは、権利行使者が指定されている場合においても妥当すると考えられる（このことに明示的に反対するものとして、東京地判平成 27 年 10 月 13 日 Westlaw Japan 文献番号 2015WLJPCA10138006）。なぜならば、権利行使者が指定されている場合であっても、会社の同意があるときには、本文で述べたように原則として会社の保護が不要であるからである。もっとも、権利行使者が指定されている場合に会社の同意がなされたときであっても、権利行使に関する意思決定に適用される規律は、共有関係内部における意思決定に関わる民法の共有に関する規律であって、権利行使者による権利行使の場合と同じである（本節第 2 款四を参照）。したがって、権利行使者が準共有関係内部における決定に従って権利を行使する場合と、会社の同意によって準共有者が直接的にその決定を実行する場合とで、権利行使の内容が変わるわけではない。

が会社との関係においても無効である[117]、ということである。

最高裁判所がその平成27年2月19日の判決[118]において「共有に属する株式について会社法106条本文の規定に基づく指定及び通知を欠いたまま当該株式についての権利が行使された場合において、当該権利の行使が民法の共有に関する規定に従ったものでないときは、株式会社が同条ただし書の同意をしても、当該権利の行使は、適法となるものではない」と判示したことは、以上のような意味において理解することができる。

三　会社法106条ただし書に基づく会社の同意の限界

ただし、会社法106条の目的のうち、準共有者による一体的な権利行使の確保における1株の株式の実質的な分割の防止という側面は、必ずしも会社のためだけのものであるというわけではないと考えられる。この側面は、株式の不可分性という株式の性質に由来するものである[119]。すなわち、1株の株式を株主側が勝手にそれ以上に細分化して複数人で所有することはできないということを反映している。これは、株主側からの細分化を禁止しているだけであって、会社側からの細分化を禁止しているわけではないようにも理解することができる。しかし、会社法は、会社が行う1株の株式の細分化として、会社法183条以下に規定されている株式の分割を想定していると考えられる[120]。したがって、会社法は、株式の性質として、会社法が規定する株式分割の制度によらない1株の株式の細分化を認めていないと考えられる。

よって、会社が同意した場合であっても、株式の不可分性を侵害することは許されず、本来その権利を行使することができない程度（例えば、1株（ま

---

[117] もっとも、この場合であっても、会社は、各種の一般的な権利外観法理による保護を受けることができると考えられる。
[118] 最判平成27年2月19日・前掲注75)。
[119] 本章第2節第5款―1を参照。
[120] 株式が準共有されている場合に、会社法が規定する株式の分割以外に会社がその同意によって実質的に株式を細分化することを認めると、会社が、一部の株式についてだけその単位を細分化することができることになる。このような細分化によって、一部の株主だけが、実質的には1株未満の出資しかしていないにもかかわらず、会社の判断で、1株以上を有している株主と同じ権利を行使することができることになるが、そのような会社による株式の細分化を認める必要性はないように思われる。

たは1単元[121]）未満）の出資しかしていない準共有者は、個別的にはその権利を行使することができない[122]。

四　まとめ

　会社法106条の目的のうち、準共有者による一体的な権利行使の確保における会社の負担増加の防止という側面、および、準共有者間の内部関係の不明確性からの会社の保護は、会社のためのものである。よって、会社がそれらの保護を受けることを自ら放棄した場合には、その会社に対してそのような保護を与える必要はない。会社法106条ただし書は、会社の同意がある場合には、このように会社の保護が不要であることを反映して、会社法106条本文の適用を排除することを規定している（二）。

　ただし、会社法106条の目的のうち、準共有者による一体的な権利行使の確保における1株の株式の実質的な分割の防止という側面は、株式の不可分性という株式の性質に由来するものであって、必ずしも会社のためだけのものであるというわけではない。よって、会社が同意した場合であっても、株式の不可分性を侵害することは許されず、本来その権利を行使することができない程度（例えば、1株（または1単元）未満）の出資しかしていない準共有者は、個別的にはその権利を行使することができない（三）。

第5款　会社の同意以外の条件による会社法106条本文の例外

一　序

　本款では、会社の同意以外の条件による会社法106条本文の例外について検討する。

---

121) 前掲注120）で指摘したことは、1単元未満の出資しかしていない準共有者による個別的な権利行使に会社が同意する場合にも妥当する。
122) このような限界は、会社法106条がない場合には各準共有者が個別的に権利を行使することができると考える場合を中心として問題になり得る。もっとも、準共有者が保存行為として単独で権利を行使する場合には、当該準共有者の準共有持分の割合が1株以上の株式に相当している必要はないと考えられる。前掲注104）も参照。

第 2 章第 8 節で確認したように、多くの論者は、会社の同意以外の条件による会社法 106 条本文の例外を認めていないが、その理由を明示しているわけではない。これに対して、準共有者全員が同時に同一内容の権利行使をする場合には、権利行使者の指定がないときでも、その権利行使を認める見解がある。この見解の論者は、その理由として「会社の事務処理」が害されないということを挙げるが、その内容は必ずしも明らかではない。

そこで、本款では、第 2 節で明らかにされた会社法 106 条の目的に照らして、会社の同意以外の条件による会社法 106 条本文の例外が認められるのかを検討する。なお、この会社法 106 条本文の例外は、第 3 款と同様に会社法 106 条の適用範囲に関わるものであるので、その検討も第 3 款のものと類似する。

二　準共有者による一体的な権利行使の確保という観点からの検討

まず、会社法 106 条の第 1 の目的である準共有者による一体的な権利行使の確保という観点から、会社の同意以外の条件による会社法 106 条本文の例外が認められるのかを検討する。

第 3 款二で確認したように、準共有者による一体的な権利行使の確保が必要でない場合とは、1 株の株式の実質的な分割に該当せず、かつ、会社の負担増加が生じない場合である。1 株の株式の実質的な分割に該当しない場合とは、ある権利を行使する準共有者の準共有持分の割合が 1 株（または 1 単元）以上の株式に相当している場合である[123]。そして、会社の負担増加が生じない場合とは、準共有者による権利行使の数が、会社が予定している権利行使の数（つまり、準共有株式の数（または単元数））よりも少ない場合である[124]。また、会社の負担増加が生じないようにするためには、そのような場合とそうでない場合との区別が会社にとって容易であることも必要である[125]。

準共有者全員が同時に一体的に権利を行使する場合には、これらの条件を満たしていると考えられる。まず、この場合には、準共有者全員が一体的に

---

123)　本章第 2 節第 5 款一 1 を参照。
124)　本章第 2 節第 5 款一 2 を参照。
125)　本章第 2 節第 5 款一 2 を参照。

権利を行使することになり、また、少なくとも準共有者全員では1株以上の株式を有しているので、1株の株式の実質的な分割は生じない。また、この場合には、準共有者全員による一体的な権利行使が1個の権利行使であると評価することができるから、それは会社が予定している権利行使の数（つまり、準共有株式の数（または単元数））よりも少ないので、その株式が1人の株主によって単独で所有されている場合と比べて会社の負担が増加するわけではない。さらに、この場合には、準共有者全員が同時に権利を行使することになり、会社はその準共有者が準共有者全員であるのかを株主名簿の記載によって知ることができるので、それを確認する場面においても、その株式が1人の株主によって単独で所有されている場合と比べて、特に会社の負担が増加するわけではない。

　よって、準共有者による一体的な権利行使の確保という観点からは、準共有者全員が同時に一体的に権利を行使する場合には、会社法106条本文の例外を認めてもよいと考えられる。

三　準共有者間の内部関係の不明確性からの会社の保護という観点からの検討

　次に、本項では、準共有者間の内部関係の不明確性からの会社の保護という観点から、会社の同意以外の条件による会社法106条本文の例外が認められるのかを検討する。その際には、第3款三における検討と同様に、会社法106条が適用されない場合における準共有者による権利行使の態様をどのように考えるのか[126]によって場合を分けて検討する。

　まず、①会社法106条がなくても各準共有者がその内部関係における決定に従って権利を行使しなければならないと考える場合には、各準共有者はその内部関係における決定に従って行使しなければならない。その決定に基づかずになされた権利行使は無効である。このような準共有者間の内部関係における決定に基づかない権利行使である可能性を確実に排除することができる場合とは、準共有者全員が同時に権利を行使する場合である。この場合に

---

126)　本章第2節第3款を参照。

は、準共有者全員がその権利行使に同意していると評価することができるので、その権利行使がその内部関係における決定に基づいていない可能性はない。また、会社はその準共有者が準共有者全員であるのかを株主名簿の記載によって知ることができるので、会社は、準共有者全員が同時に権利行使をしているのかを容易に知ることができる。

次に、②会社法106条がない場合には各準共有者が個別的に権利を行使することができると考える場合であっても、少なくとも準共有者全員が同時に一体的に権利を行使するときには、準共有者全員がその権利行使に同意していると評価することができるので、準共有者間の内部関係が問題になることはない[127]。

よって、準共有者間の内部関係の不明確性からの会社の保護という観点からも、準共有者全員が同時に一体的に権利を行使する場合には、会社法106条本文の例外を認めてもよいと考えられる。

四　結　論

以上の検討によると、第2節で明らかにされた会社法106条の目的に照らして、準共有者全員が同時に一体的に[128]権利を行使する場合には、(会社の同意がないときであっても) 会社法106条本文の例外が認められる[129]。なぜな

[127) また、②会社法106条がない場合には各準共有者が個別的に権利を行使することができると考える場合であっても、準共有者がそれとは異なる合意をする可能性を否定することはできない。しかし、本文のように、準共有者全員が同時に権利を行使する場合には、準共有者間でいかなる合意がなされているときであっても、その権利行使については準共有者全員が同意しているので、その権利行使が無効であることはないと考えられる。

128) 従来の一部の論者は、これよりも更に厳しく、権利行使の内容が準共有者間で同じであること、つまり、統一的な権利行使まで要求している (**第2章第8節**)。しかし、会社法106条の目的は一体的な権利行使の確保であって、会社法106条は統一的な権利行使の確保までは要求していない (本章第2節を参照。**第3章第6節第2款三2**も参照)。よって、このように考えるならば、本文の条件に加えて、権利行使の内容が準共有者間で同じであることを要求する必要はない。なお、後掲注431) も参照。

129) もっとも、準共有者全員が同時に一体的に権利を行使する場合には、そのような権利行使の意思表示を、権利行使者の指定 (および通知) として理解するということも考えられる。しかし、権利行使者の権限は、少なくとも会社との関係では原則として包括的であると考えられるので (本章第4節第3款二)、そのような権利行使者を指定することなく、準

らば、この場合には、1株の株式の実質的な分割および会社の負担増加は生じず（二）、準共有者間の内部関係の不明確性も生じない（三）からである。

第6款　小　括

　本節では、第2節で明らかにされた会社法106条の目的に照らして、会社法106条の規律内容がどのようなものと理解されるべきなのかを検討した。

　まず、第2款において、会社法106条が、民法の共有に関する規律との関係においてどのように位置づけられるのかを検討した。民法の共有に関する規律のうち、会社法106条の目的に関係するものは、共有関係内部における意思決定に関わる規律ではなく、会社に対する共有関係内部の決定の実行に関わる規律だけである。よって、会社法106条本文は、会社に対する共有関係内部の決定の実行に関わる規律にとってのみ、民法264条ただし書にいう「特別の定め」として位置づけられる。すなわち、会社法106条本文は、共有関係内部における意思決定に関わる規律にとっての「特別の定め」ではなく、会社法106条本文が適用される場合であっても、準共有関係内部における意思決定については、民法の共有に関する規律が適用される。

　そのうえで、このことを踏まえて、会社法106条に関する具体的な解釈論を検討した。

　まず、第3款において、会社法106条の適用範囲について検討した。その検討によると、第2節で明らかにされた会社法106条の目的に照らして、会社法106条にいう「株式についての権利」には、株主として会社訴訟を提起する権利を除く株式についての全ての権利が含まれる[130]。他方で、株主として会社訴訟を提起する権利は、会社法106条にいう「株式についての権利」には含まれない。なぜならば、この権利は裁判所を介して行使されることが本来的に予定されているので、会社法106条による会社の保護が必要ではな

――――――――――
　　共有者全員が同意している権利行使だけをするという余地を残しておくことにも意味がないわけではないように思われる。
130）　もっとも、個別具体的な事案において、少数派の準共有者自身による権利行使によって準共有者の少数派の利益を保護する必要性が大きいのに対して、会社法106条によって会社の利益を保護する必要性が大きくないような場合には、少数派の準共有者が、権利行使者を通すことなくその権利を行使することができると考える余地があるように思われる。

いからである。もっとも、準共有者が株主として会社訴訟を提起する権利を適法に行使するためには、当該準共有者が準共有者間の内部関係においてその権利を行使する権限を有していることが必要である[131]。

次に、第4款において、会社の同意による会社法106条本文の例外について検討した。会社法106条の目的のうち、準共有者による一体的な権利行使の確保における会社の負担増加の防止という側面、および、準共有者間の内部関係の不明確性からの会社の保護は、会社のためのものである。よって、会社がそれらの保護を受けることを自ら放棄した場合には、その会社に対してそのような保護を与える必要はない。このことを反映した規律が、会社法106条ただし書の規定である。ただし、会社法106条の目的のうち、準共有者による一体的な権利行使の確保における1株の株式の実質的な分割の防止という側面は、株式の不可分性という株式の性質に由来するものであって、必ずしも会社のためだけのものであるというわけではない。よって、会社が同意した場合であっても、株式の不可分性を侵害することは許されず、本来その権利を行使することができない程度（例えば、1株（または1単元）未満）の出資しかしていない準共有者は、個別的にはその権利を行使することができない。

また、第5款において、会社の同意以外の条件による会社法106条本文の例外について検討した。その検討によると、準共有者全員が同時に一体的に権利を行使する場合には（会社の同意がないときであっても）、会社法106条本文の例外が認められる。なぜならば、この場合には、1株の株式の実質的な分割および会社の負担増加は生じず、準共有者間の内部関係の不明確性も生じないからである。

---

[131] さらに、会社法106条がない場合には各準共有者が個別的に権利を行使することができると考える場合を中心として、準共有者が個別的にその権利を行使するときには、当該準共有者の準共有持分の割合が1株以上の株式に相当していることも必要である。もっとも、準共有者が保存行為として単独で権利を行使する場合には、当該準共有者の準共有持分の割合が1株以上の株式に相当している必要はないと考えられる。

第4節

権利行使者に関する一般的な規律の検討

第1款 序

　本節では、権利行使者に関する一般的な規律について検討する。この規律は、準共有者の権利行使に密接に関連するものであって、この検討は、本書における第2の検討課題であるより円滑な事業承継を実現するために望ましい規律についての検討の前提となる。

　まず、第2款において、権利行使者の指定に関する規律を検討する。具体的には、Buchanan & Tullockによる分析の枠組みを用いて、権利行使者の指定に関する規律を検討して、その規律として多数決説を採用することが望ましいということを示す。

　次に、第3款において、この多数決説を採用した場合に生じ得る弊害の緩和策について、従来の主な考え方を中心に検討する。その検討によって、従来の考え方が、準共有者の少数派の保護ひいては円滑な事業承継の実現にとって適切なものではないことを示す。なお、第3款二において、会社法106条の目的に照らして、権利行使者の権限についても検討する。

第2款 権利行使者の指定に関する規律の検討

一　序

　本款では、権利行使者の指定に関する規律を検討する。すなわち、権利行使者を指定するために、準共有者の準共有持分の過半数の賛成で足りるのか、準共有者全員の同意が必要であるのか、について検討する。

まず、前提として、二において、従来の議論がこのような権利行使者の指定に関する規律に集中している背景を明らかにする。また、三において、この議論の決定的な分岐点を確認する。そして、この分岐点についての検討を行うために、四において、Buchanan & Tullock による集団的意思決定ルールについての分析から手がかりを得ることを試みる。そのうえで、その手がかりを参考にして、五において、権利行使者の指定に関する規律を検討する[132]。

二　権利行使者の指定に関する規律への議論の集中

準共有株式についての権利の行使に関する規律のうち、従来の学説で中心的に議論されてきたものは、権利行使者の指定に関する規律である。従来の学説でこの規律が中心的に議論されてきた背景には、権利行使者の指定が、準共有者の権利行使にとって決定的に重要な意味を有すると考えられてきた、ということがある。より具体的には、次のようなことが背景として存在すると考えられる。

最高裁判所は、昭和53年4月14日の判決[133]において、「共有者間で総会における個々の決議事項について逐一合意を要するとの取決めがされ、ある事項について共有者の間に意見の相違があつても、被選定者は、自己の判断に基づき議決権を行使しうると解すべきである」と判示した。また、学説においても、少なくとも会社との関係では、権利行使者が準共有者の指図に反して権利を行使した場合であっても、その権利行使は有効であると考えられてきた[134]。このことを前提とすると、権利行使者が指定されて会社に通知された後は、その権利行使者は、少なくとも会社との関係においては、他の準共有者の意思にかかわらず、権利を行使することができることになる。よって、特に権利行使者による権利行使を阻止したい準共有者にとっては、権利

---

132) 本款における検討の結果は、Buchanan & Tullock による分析の枠組みを用いて従来の多数決説の主張を説明しただけであって、その実質においては従来の多数決説の主張とあまり変わらないようにも思われる。しかし、このことは、本款における分析や検討が無意味であるということを意味するわけではない。この点について、詳しくは、後掲注176) を参照。
133) 最判昭和53年4月14日民集32巻3号601頁。
134) 第2章の注65)。

行使者の指定の場面が決定的に重要な意味を有することになる。

　もっとも、一定の場合には、権利行使者が指定されて会社に通知された後であっても、準共有者は、権利行使者に対する指図によって、権利行使者を実効的にコントロールすることができる。なぜならば、比較的多くの論者は、会社が、権利行使者による権利行使が準共有者の指図に反していることを知っていた場合には、その権利行使は、会社との関係でも無効である、と考えているからである[135]。

　しかし、このことが権利行使者による権利行使を阻止したい準共有者にとって意味を持つことはほとんどないと考えられる。なぜならば、権利行使者による権利行使を阻止したい準共有者は、通常は準共有者の少数派であるので、権利行使者に対する指図の内容を決定することができないからである。すなわち、権利行使者の指定の要件についての多数決説[136]を前提とすると、多数派の準共有者が、自己の意向に従う権利行使者を指定することができる。さらに、権利行使者に対する指図が民法252条にいう管理行為に該当すると考える場合[137]には、その指図の内容も、多数派の準共有者が決定することができる。よって、これらのことを前提とする場合には、準共有者の指図による権利行使者に対するコントロールが、権利行使者による権利行使を阻止したい準共有者の少数派にとって意味を持つことはほとんどない。

　以上のことから、権利行使者による権利行使を阻止したい準共有者にとっては、権利行使者に対する指図の場面ではなく、権利行使者の指定の場面が決定的に重要な意味を有すると考えられてきた。そして、このことを背景として、従来の学説は、権利行使者の指定に関する規律について中心的に議論してきた。

三　権利行使者の指定に関する規律についての議論の分岐点

　権利行使者の指定に関する規律についての議論では、多数決説と全員一致説が対立している[138]。これらの見解の対立の主な分岐点は、**第2章第4節第**

---

135)　第2章の注66)。
136)　**第2章第4節第2款**。
137)　**第2章第6節第2款**を参照。

5款—で分析したように、次の2点にあると考えられる。

　第1に、権利行使者の指定の要件を決定する際に、準共有者との関係での権利行使者の権限に着目するのか、それとも、会社との関係での権利行使者の権限に着目するのか、という点である[139]。すなわち、多数決説は、準共有者との関係では、権利行使者が準共有者の指図に拘束されるという点に着目して、権利行使者の権限が包括的でないと捉えて、自説を基礎づけている。これに対して、全員一致説は、会社との関係では、権利行使者が準共有者の指図に反して有効に権利を行使することができるという点に着目して、権利行使者の権限が包括的であると捉えて、自説を基礎づけている。

　第2に、それぞれの見解を採用した場合に生じ得る弊害のうち、どちらの方をより防止するべきであると考えるのか、という点である。一方で、全員一致説を採用した場合には、準共有者のうちの1人が反対することによって準共有者全員がその権利を行使することができなくなるという弊害が生じ得る。他方で、多数決説を採用した場合には、準共有者の多数派が、準共有株式の全部についての権利を行使することができ、準共有者の少数派の意見を無視することができるという弊害が生じ得る。前者の弊害をより防止するべきであると考える場合には、多数決説を採用するという方向につながる。これに対して、後者の弊害をより防止するべきであると考える場合には、全員一致説を採用するという方向につながる。

　そして、これら2つの分岐点のうち、決定的となる実質的な分岐点は、第2の分岐点であると考えられる。すなわち、それぞれの見解を採用した場合に生じ得る弊害のうち、どちらの方をより防止するべきであると考えるのか、という点である。なぜならば、第1の分岐点についての対立の基礎には、この第2の分岐点についての対立があると考えられるからである。すなわち、第1の分岐点において、全員一致説は、会社との関係では権利行使者が準共有者の指図に反して有効に権利を行使することができるという点に着目する。これは、実質的には、多数決説を採用した場合に、準共有者の多数派が、準共有株式の全部についての権利を行使することができ、準共有者の少数派の利益を無視することができるということを危惧していると考えられる。

---

138)　第2章第4節を参照。
139)　第2章第5節第3款—も参照。

よって、権利行使者の指定に関する規律を検討する上で決定的である実質的な分岐点は、それぞれの見解を採用した場合に生じ得る弊害のうち、どちらの方をより防止するべきであると考えるのか、という点である。

四　Buchanan & Tullock による集団的意思決定ルールについての分析の考察

　本項では、この分岐点についての検討を行うために、Buchanan & Tullock による集団的意思決定ルールについての分析[140]から手がかりを得ることを試みる。

1　Buchanan & Tullock による分析の概要

　Buchanan & Tullock は、その著作「THE CALCULUS OF CONSENT：LOGICAL FOUNDATIONS OF CONSTITUTIONAL DEMOCRACY」の中で、集団的行為を行うための制度である民主的政治制度の発生を論理的および経済的に根拠づけるために、次のような問題を検討している[141]。すなわち、効用最大化を目指す自由で合理的な個人が、個別的にではなくて集団的に行為することをいつ選択するのか、という問題である。

---

140) JAMES M. BUCHANAN & GORDON TULLOCK, THE COLLECTED WORKS OF JAMES M. BUCHANAN, VOL. 3. THE CALCULUS OF CONSENT：LOGICAL FOUNDATIONS OF CONSTITUTIONAL DEMOCRACY（Liberty Fund, 1999）（first appeared in 1962）. この文献の訳書として、J. M. ブキャナン＝G. タロック（宇田川璋仁監訳）『公共選択の理論――合意の経済論理』（東洋経済新報社、1979 年）を参照。また、この分析を紹介して法制度の説明に用いるものとして、森田果「集合的意思決定と法――会社法を中心に」金融研究 2011 年 10 月号（2011 年）195-203 頁を参照。さらに、この分析を利用して特許権および著作権の準共有の場合における規律を説明するものとして、島並良「権利の共有」法学教室 384 号（2012 年）119-121 頁。
　森田・前掲 193 頁は、法が様々な場面で採用している集合的意思決定ルールは、多様であって、単純な「意思の集約」という観点から説明することができるとは考えにくいので、古典的な公共選択論が目指す「最もよく構成員の意思を集約する集合的意思決定ルール」であることを目指して採用されたものでは必ずしもない、という。そのうえで、それにもかかわらず、公共選択論における先行研究の中で、現行の法制度の立法趣旨と比較的親和性が高く整合的な説明を提供してくれるものとして、Buchanan & Tullock による分析を紹介する。本書でも、このような意味で Buchanan & Tullock による分析から手がかりを得ることを試みる。

141) BUCHANAN & TULLOCK, *supra* note 140, at 37.

Buchanan & Tullock は、個人が集団的に行為するように組織化することが有利であると考えるのは、その者がそれによってその効用が増加すると期待する場合である、という[142]。そして、その効用の増加として、集団的行為が、他の個人の行為が当該個人に課す外部費用の一部を除去するということ、および、集団的行為が、個別的な行為によっては得ることのできない追加的便益または外部的便益を生み出すということを挙げる。そのうえで、Buchanan & Tullock は、「費用」アプローチとして、これらのうちの前者、つまり、集団的行為によって除去される外部費用に着目する[143]。

そして、効用最大化を目指す自由で合理的な個人が、個別的にではなく集団的に行為することを選択するのは、個人の個別的な行為によって生じると予測される費用よりも、集団的に行為するように組織化することによって生じると予測される費用の方が小さい場合である、という[144]。

2 外部費用および意思決定費用と意思決定ルールの内容との関係——権利行使者の指定に関する規律への示唆

Buchanan & Tullock によると、これらの費用のうち、集団的に行為するように組織化することによって生じると予測される費用は、どのような方法によってその集団的な決定が行われるのか（集団的意思決定ルールの内容。例えば、全員一致ルールであるのか単純多数決ルールであるのか）によって変化する[145]。そして、立憲的選択の時点[146]では、合理的な個人は、この集団的に行為するように組織化することによって生じると予測される費用（以下「相互依存費用」という[147]）を最小にするような意思決定ルールを選択しようとする[148]。また、この相互依存費用を最小化することは、社会的または政治的組

---

142) *Ibid.*
143) *Id.* at 38.
144) *See id.* at 41-49. より正確には、Buchanan & Tullock は、個人の個別的な行為によって生じると予測される費用と、集団的に行為するように自発的に組織化することによって生じると予測される費用と、集団的に行為するように政治制度的に組織化することによって生じると予測される費用を比較している。
145) *Id.* at 51.
146) この時点では、各個人がその後どのような立場に置かれるのか（ある意思決定ルールの下で有利な立場に置かれるのか不利な立場に置かれるのか）は不確実である、ということが前提とされている（*Id.* at 61）。

織にとって適切な目標である[149]。

　Buchanan & Tullock は、この相互依存費用は、外部費用（external costs）と意思決定費用（decision-making costs）の総和である、という[150]。ここでいう外部費用とは、個人が直接的にコントロールすることができない他人の行為によって甘受しなければならないと予測される費用である[151]。そして、この外部費用とは、特にこの文脈では、ある意思決定ルールの下において、集団のために個人の利益に反する決定がなされるかもしれないということである[152]。また、ここでいう意思決定費用とは、個人が組織化された活動に参加する結果として、その個人が負担すると予想される費用である[153]。そして、この意思決定費用は、特にこの文脈では、ある意思決定ルールの下において、集団的な決定に必要とされる同意を確保するために必要になるものである[154]。

　このように外部費用と意思決定費用を定義した上で、Buchanan & Tullock は、どのような方法によってその集団的な決定が行われるのかということ（意思決定ルールの内容）と、これらの費用との関係について、次のように分析する（後掲図も参照[155]）。

　一方で、集団的な決定に必要とされる個人の数 K が増加するに従って、外部費用 C は減少する[156]。なぜならば、集団的な決定に必要とされる個人の数が増加する（全員一致に近くなる）に従って、自己の利益に反する集団的な決定に従うことを強制される可能性は低くなるからである。そして、集団的な決定に全ての個人の同意が必要とされる意思決定ルールの下では、外部費用はゼロになる[157]。

---

147)　Buchanan & Tullock は、この費用を、「社会的相互依存費用（the costs of social interdependence）」または「相互依存費用（interdependence costs）」という（Id. at 39）。
148)　Id. at 56.
149)　Id. at 39.
150)　Id. at 38-39.
151)　Id. at 38.
152)　See id. at 51.
153)　Id. at 38-39.
154)　Id. at 54-55.
155)　なお、この図はイメージであって、正確なものではない。
156)　BUCHANAN & TULLOCK, supra note 140, at 52.

［図］

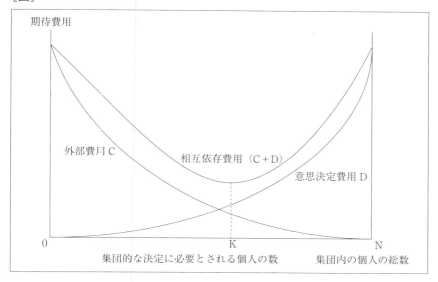

　他方で、集団的な決定に必要とされる個人の数 K が増加するに従って、意思決定費用 D は増加する[158]。なぜならば、集団的な決定に必要とされる個人の数が増加する（全員一致に近くなる）に従って、その数を満たすことは困難になるとともに、戦略的な交渉を展開することで利得を得ようとするインセンティブが高まって交渉費用も高まる[159]からである。そして、集団的な決定に集団内の個人全員の同意が必要とされる意思決定ルールの下では、集団的な決定が不可能になることもあり得る[160]。

　そして、相互依存費用を最小化するという観点からは、意思決定ルールの内容によって以上のように変化する外部費用と意思決定費用の総和（C＋D）を最小にすることが適切であるということになる。Buchanan & Tullock によると、ある個別の決定は、全員一致によってなされる場合にのみ、全員の効

---

157) *Ibid.*
158) *Id.* at 54-55 & 82. また、その集団の総人数が増加するに従って、意思決定費用は増加する（*Id.* at 87）。さらに、意思決定費用は、互いに異質な個人によって組織された集団の場合よりも、同質的な個人によって組織された集団の場合の方が小さくなる（*Id.* at 88-89）。

用を減少させることがないという意味でパレート効率的になるが、それを実現するための全員一致ルールは、個別の決定の段階ではなくて立憲的選択の段階において全体として見ると、戦略的な交渉の余地が生じることによってかなり大きな意思決定費用を伴うことになる[161]。そして、この意思決定費用は、全員一致ではない意思決定ルールの下においてパレート効率的でない決定がなされる可能性によって生じる外部費用を大きく上回るので、結果として、相互依存費用が最小になる多数決ルールが選択されることになる[162]。

五　権利行使者の指定に関する規律の検討

本項では、四で考察した Buchanan & Tullock による分析の枠組みを手がかりにして、権利行使者の指定に関する規律を検討する。

1　Buchanan & Tullock による分析の枠組みを用いた説明

四で考察した Buchanan & Tullock による分析の枠組みを用いて、森田果は、民法の共有に関するルールについて、次のように説明する[163]。第1に、共有物の変更という集団的な決定は、外部費用が非常に高い行為であるので、その決定のために全員一致が要求されている。第2に、共有物の管理は、外部

---

159) 交渉の余地が存在することを認識している個人は、自身の真の選好を他人に隠すこと等によって、集団的な決定から生じると期待される余剰のより多くの分け前を獲得しようとする。しかし、このような交渉に対する時間や資源の投資は、社会的な観点からは生産的ではない。なぜならば、ある個人が交渉によって獲得するかもしれない追加的便益は、他の個人の潜在的便益の減少を意味しており、交渉の費用は、一定の大きさのパイをどのように分け合うのかということに費やされているにすぎないからである。すなわち、最終的になされた集団的な決定によって各個人が得る便益の総和は、もし交渉に投資しなければ、より大きくなるはずである。Id. at 77.

　また、市場交換ではなく政治交換の場合には、次のように、個人が戦略的な交渉に資源を投下するインセンティブが存在する。すなわち、競争的な市場においては、交渉の余地はほとんど存在しない。なぜならば、取引しようとする当事者は、多数の代替的な取引相手を有しているからである。これに対して、政治交換の場合には、1つの社会契約から脱退して他の公共財の売り手を相手にすることは容易ではなく、代替的な取引相手が存在しない。よって、各個人はある社会集団にとどまらなければならないので、個人が戦略的な交渉に資源を投下するインセンティブが存在する。Id. at 80-81.

160) Id. at 55.
161) Id. at 73-74.

費用がそれほど高くなく、かつ、機動的な対応が必要である場合等には相対的に意思決定費用が高くなってしまうので、その決定のために意思決定費用の低い単純多数決が採用されている。第3に、保存行為は、外部費用がない（むしろ正の外部性がある）行為であるので、集団的な行為とする必要がなく、個別的に行為することが認められている。

このような説明の下で、権利行使者の指定に関する規律についての議論の分岐点は、次のように説明することができる。前提として、この文脈では、外部費用は、集団的な決定によって特に準共有者の少数派の利益が害され得るということによる期待費用である。また、意思決定費用は、集団的な決定に反対する準共有者に対してその者が納得する対価を支払う等の交渉をしなければ、準共有株式についての権利を全く行使することができないということによる期待費用であると考えられる。

まず、全員一致説は、多数決説を採用した場合には準共有者の少数派の利益が害され得るということ（外部費用）を重視しており、全員一致説を採用した場合に相続された株式についての権利が遺産分割まで棚ざらしになる（意思決定費用が発生する）としても、それは、共同相続人の多数決によって会社の後継者が決定されること（外部費用）に比べると、むしろ害は少ない[164]と

---

162) Id. at 73-75.

　　Buchanan & Tullock は、全員一致ではない意思決定ルールの採用によって、個人が戦略的な交渉に投資することの有利性が限定されて、意思決定費用が禁止的に高くなることを防止することができる、という。なぜならば、全員一致ではない意思決定ルールが採用される場合には、全員一致が必要ではないので、集団的な決定に必要な多数を構成するために、戦略的な交渉を展開して同意を拒む者に代替し得る個人に対して協力を求めることができるからである。このような潜在的な代替的個人の存在によって、戦略的な交渉に資源を投資することによって利得を得ることができる機会は減少する。Id. at 83-84. 前掲注159) も参照。

　　さらに、Buchanan & Tullock は、個人が代替的な集団を選択することができるという可能性によって、外部費用も意思決定費用も減少する、という。なぜならば、個人が代替的な集団を選択することができる場合には、その者は、自らの利益に反する決定を強制されることや集団的な決定に必要とされる同意の確保のために費用を負担することを、自分がその代替的な集団に移動することによって、回避することができるからである。Id. at 88. 前掲注159) も参照。また、川野辺裕幸＝中村まづる編著『テキストブック公共選択』（勁草書房、2013年）287-288頁〔中村まづる〕も参照。

163) 森田・前掲注140) 200-201頁。
164) 第2章の注51)。

考えている。すなわち、全員一致説は、多数決説を採用した場合には外部費用が高くなり、多数決説を採用した場合の費用（と意思決定費用の総和）は、全員一致説を採用した場合の意思決定費用[165]よりも高いと考えている。

これに対して、多数決説は、全員一致説を採用した場合には、準共有者のうち1人でも反対すれば権利行使が完全に不可能になるのみならず、会社の運営にも支障を来すおそれがあるということ（意思決定費用）を重視している。他方で、多数決説を採用した場合に準共有者の少数派の利益が無視され得るという外部費用については、権利行使者はその指定によって（当然に）包括的な権限を授与されるわけではない、という[166]。すなわち、多数決説は、全員一致説を採用した場合には意思決定費用が高くなる一方で、多数決説を採用した場合であっても直ちに外部費用が高くなるわけではないので、多数決説を採用した場合の外部費用と意思決定費用の総和は、全員一致説を採用した場合の意思決定費用よりも低いと考えている。

以上の説明によると、全員一致説は、多数決説を採用した場合には外部費用が高くなり、その費用（と意思決定費用の総和）は、全員一致説を採用した場合の意思決定費用よりも高いと考えている。これに対して、多数決説は、全員一致説を採用した場合には意思決定費用が高くなる一方で、多数決説を採用した場合であっても直ちに外部費用が高くなるわけではないので、多数決説を採用した場合の外部費用と意思決定費用の総和は、全員一致説を採用した場合の意思決定費用よりも低いと考えている。

2　検　討
(1) 全員一致説を採用した場合における意思決定費用の高さ

全員一致説が特に想定して懸念している事案類型は、同族会社においてその大株主の株式が共同相続された事案のうち、会社の後継者になるべき者[167]が準共有者（共同相続人）の中で少数派であるという事案類型であると考えられる。すなわち、全員一致説は、このような事案類型において、後継者として適当ではない多数派の準共有者が、多数決によって権利行使者を指

---

165)　全員一致説を採用した場合の外部費用はゼロである（本款四2）。
166)　第2章第4節第2款。
167)　「会社の後継者になるべき者」の意味については、本章第5節第3款三2を参照。

定して、その結果として実質的にその会社の後継者になることを懸念していると考えられる。

　このような事案類型において、全員一致説を採用した場合には、確かに、会社の後継者になるべき者（少数派の準共有者）は、そうでない準共有者の権利行使を阻止することができる。しかし、会社の後継者になるべき者（少数派の準共有者）は、そのような権利行使を阻止することができるだけであって、自ら必要な権利行使をすることまではできない。そのような権利行使をするためには、多数派の準共有者の同意が必要になるところ、この場合には、準共有者の多数派は、戦略的な交渉を展開することで利得を得ようとするインセンティブを有する。また、場合によっては、準共有株式についての権利の行使が完全に不可能にもなり得る[168]。すなわち、この場合には、意思決定費用が非常に高くなる。よって、全員一致説が想定していると考えられる事案類型において、全員一致説を採用した場合であっても、会社の後継者になるべき者が完全に保護されるというわけではなく、意思決定費用が非常に高くなって、会社の運営は滞ることになる。

　他方で、同族会社の大株主の株式が共同相続された事案の中には、会社の後継者になるべき者が準共有者の中で多数派であるという事案類型も存在する。このような事案類型において、多数決説を採用した場合には、会社の後継者になるべき者（多数派の準共有者）が、多数決によって権利行使者を指定して、その結果として実質的にその会社の後継者になることができる。しかし、全員一致説を採用した場合には、会社の後継者になるべき者（多数派の準共有者）が権利行使者を指定するためには、少数派の準共有者の同意が必要になる。この場合には、準共有者の少数派は、戦略的な交渉を展開することで利得を得ようとするインセンティブを有する。また、場合によっては、準共有株式についての権利の行使が完全に不可能にもなり得る[169]。すなわち、

---

168) Buchanan & Tullock も、全員一致ルールの下では、集団的な決定が不可能になることもあり得るということを指摘している（前掲注160））。また、デニス C. ミュラー（加藤寛監訳）『公共選択論』（有斐閣、1993年）55頁も、全員一致ルールの下では、外部費用がゼロになるのに対して、意思決定費用は無限大になるかもしれないと指摘している。加藤寛編『入門公共選択――政治の経済学〔改訂版〕』（三嶺書房、1999年）110頁〔谷口洋志〕、川野辺＝中村編著・前掲注162) 286頁〔中村まづる〕も参照。

169) 前掲注168）。

第4節　権利行使者に関する一般的な規律の検討

この場合には、意思決定費用が非常に高くなる。よって、会社の後継者になるべき者が準共有者の中で多数派であるという事案類型において、全員一致説を採用した場合には、多数決説を採用したならばこれほど高くなることはなかったであろう意思決定費用が発生することになる[170]。

以上のように、同族会社の大株主の株式が共同相続された事案においてどのような事案類型を想定する場合であっても、全員一致説を採用したときには、会社の後継者になるべき者が完全に保護されるというわけではないにもかかわらず、意思決定費用が非常に高くなることになる。

(2) 多数決説を採用した場合における外部費用の緩和策の可能性

全員一致説は、権利行使者の指定によって会社の後継者が決定されることになると考えている。このように考えるならば、外部費用は必然的に高くなる。全員一致説が権利行使者の指定によって会社の後継者が決定されることになると考える直接的な理由は、会社との関係では、権利行使者の権限が包括的なものである、つまり、権利行使者が準共有者の指図に反して有効に権利を行使することができるという点にある[171]。確かに、このこと自体を否定することはできない[172]。しかし、この権利行使者の指定によって会社の後継者が決定されることになるという弊害（外部費用）は、多数決説を採用した場合であっても、他の手段によって一定程度抑えることが可能であると考えられる。この手段としてどのようなものがあり得るのかについては、第3款以降で検討する[173]。

これに対して、全員一致説を採用した場合における意思決定費用は、少なくとも現行法の下では他の手段によって抑えることが困難であると考えられる[174]。すなわち、全員一致説を採用した場合には、そもそも権利行使自体が

---

170) 全員一致説の論者は、相続された株式についての権利が遺産分割まで棚ざらしになるとしても、それは、共同相続人の多数決によって会社の後継者が決定されることに比べるとむしろ害は少ない、という（**第2章の注51**））。しかし、本文で挙げたような会社の後継者になるべき者が準共有者の中で多数派であるという事案類型においても、このことが妥当するのかは疑わしい。
171) **第2章第4節第3款**、同章第5節第3款一を参照。
172) 多数決説の論者も、会社との関係では、権利行使者が準共有者の指図に反して有効に権利を行使することができるということは認めている（**第2章の注65**）を参照）。本書におけるこの点についての検討として、本節第3款二も参照。

なされないことになるので、それを回避する手段としては、権利行使に反対している準共有者に対してその権利行使への同意を義務づけることくらいしか考えられない。しかし、どのような場合にそのような義務が認められるのか等を一義的に決めることは困難であるので、結局そのような義務づけが実効的に機能することも困難であると考えられる。

　以上のように、多数決説を採用した場合には、確かに外部費用が発生するが、この外部費用は、他の手段によって一定程度抑えることが可能であると考えられる。これに対して、全員一致説を採用した場合における意思決定費

173）　多数決説を採用した場合における外部費用を抑える方法は、第3款以降で検討するものの他に、株式の準共有関係を解消するということが考えられる。すなわち、一般の共有の文脈においては、共有者間の多数決による決定に反対する共有者の少数派は、最終的には、その共有持分を譲渡することまたは共有物の分割を請求することによって保護されると考えられている（舟橋諄一『物権法』（有斐閣、1960年）378頁、鈴木禄弥『物権法講義〔5訂版〕』（創文社、2007年）40頁、山野目・前掲注78）169頁、能見＝加藤編・前掲注77）333頁〔平野裕之〕、平野・前掲注77）317頁。稲葉ほか・前掲注56）62頁〔柳田発言〕も参照）。このことは、個人が代替的な集団を選択することができるという可能性によって外部費用が減少するというBuchanan & Tullockの指摘（前掲注162））とも整合的である。

　　しかし、少なくとも共同相続によって株式が準共有されている場合においては、このような準共有関係の解消という方法はそれほど実効的ではないように思われる。なぜならば、この場合には、その準共有関係の解消は、民法907条に基づく遺産の分割の方法によらなければならないからである。この遺産の分割は、遺産全体を対象とした分割であって、民法906条の基準に従った共同相続人の個別的事情の総合的考慮の下における分割が想定されている。したがって、個別財産を対象としており各自の共有持分に即した分割を内容とする通常の共有物分割の場合とは異なって（谷口知平＝久貴忠彦編『新版　注釈民法(27)　相続(2)〔補訂版〕』（有斐閣、2013年）296頁〔潮見佳男〕。最判昭和62年9月4日集民151号645頁も参照）、より複雑であって分割の協議や審判等により時間がかかる可能性が高い（後掲注267）も参照）。よって、そうであるならば、準共有者間の多数決による決定に反対する準共有者の少数派は、実効的には準共有関係の解消という方法に依拠することはできないと考えられる（稲葉ほか・前掲注56）63頁〔稲葉発言〕）。従来の議論（全員一致説や本節第3款で考察するもの）も、このことを暗黙の裡に前提としているように思われる。

　　なお、共同相続以外の事由によって株式が準共有されている場合には、このことが妥当しないので、その準共有関係の解消という方法も準共有者の少数派の保護の手段となり得ると考えられる。よって、主としてこのような場合を想定するならば、本節第3款や本章第5節で検討するような準共有者の少数派の保護の手段を採用する必要性は、共同相続によって株式が準共有されている場合を主として想定する場合よりも低くなる。この点について、**第5章第2節一**も参照。

174）　もっとも、全員一致説を採用した場合における意思決定費用を抑える方法について、後掲注192）を参照。

用は、少なくとも現行法の下では他の手段によって抑えることが困難である。

3　結　論

以上の検討によると、全員一致説を採用した場合には、会社の後継者になるべき者が完全に保護されるというわけではない[175]にもかかわらず、意思決定費用が非常に高くなる（2(1)）。これに対して、多数決説を採用した場合には、確かに外部費用が発生するが、この外部費用は他の手段によって一定程度抑えることが可能であると考えられる（2(2)）。

したがって、定量的な分析は困難ではあるが、多数決説を採用した場合における外部費用と意思決定費用の総和は、全員一致説を採用した場合における意思決定費用（と外部費用の総和）よりも低くなると考えられる[176]。よって、権利行使者の指定に関する規律としては、多数決説を採用するべきである[177]。もっとも、多数決説を採用した場合における外部費用が他の手段によって抑えられるべきであるということには留意するべきである。

六　本款のまとめ

本款では、権利行使者の指定に関する規律を検討した。権利行使者による権利行使を阻止したい準共有者にとっては、権利行使者に対する指図の場面ではなく、権利行使者の指定の場面が決定的に重要な意味を有するということを背景として、従来の学説は、権利行使者の指定に関する規律を中心的に

---

175) 不正確ではあるがより雑駁に表現するならば、全員一致説を採用した場合においても、会社の後継者になるべき者（準共有者の少数派）が、その意に反して、株式の準共有関係における多数派の反対による拘束を甘受しなければならないという意味において、外部費用はゼロにはなっていないと表現することもできる。
176) 本款における検討の結果は、外部費用や意思決定費用という用語を用いて従来の多数決説の主張を説明しただけであって、その実質においては従来の多数決説の主張とあまり変わらないようにも思われる。しかし、このことは、本款における分析や検討が無意味であるということを意味するわけではない。まず、外部費用や意思決定費用という用語を用いることによって、多数決説の主張と全員一致説の主張を、そのような共通の用語の下で理解することができ、その結果として、両説の相違点が明確に整理されて、より正確な分析をすることができる。そして、第3款以下で行うような多数決説を採用した場合に生じ得る弊害の緩和策についての検討の際にも、そのような共通の用語を用いることによって、多数決説や全員一致説との連続性を意識した分析を行うことが可能になる。

議論してきた（二）。その議論において決定的となる実質的な分岐点は、多数決説と全員一致説それぞれを採用した場合に生じ得る弊害のうち、どちらの方をより防止するべきであると考えるのか、という点である（三）。

　Buchanan & Tullock の分析によると、ある集団的意思決定ルールを採用した場合における費用は、外部費用と意思決定費用の総和である。集団的な決定に必要とされる個人の数が増加するに従って、外部費用は減少して、意思決定費用は増加する。そして、外部費用と意思決定費用の総和が最小になるような集団的意思決定ルールが適切である（四2）。

　この Buchanan & Tullock による分析の枠組みを用いて権利行使者の指定に関する規律を検討すると、次のようになる（五）。すなわち、全員一致説を採用した場合には、意思決定費用が非常に高くなる（五2(1)）。これに対して、多数決説を採用した場合には、外部費用が発生するが、この外部費用は他の手段によって一定程度抑えることが可能である（五2(2)）。

　したがって、多数決説を採用した場合における外部費用と意思決定費用の総和は、全員一致説を採用した場合におけるそれよりも低くなると考えられる。よって、権利行使者の指定に関する規律としては、多数決説を採用するべきである[178]（五3）。もっとも、多数決説を採用した場合における外部費用

---

177)　なお、権利行使者の指定のために準共有者の全員一致を要求するということの根拠として、Wiedemann の見解および Hueck の見解を援用する見解（大野正道「株式・持分の相続　準共有と権利行使者の法的地位」鴻常夫先生還暦記念『八十年代商事法の諸相』（有斐閣、1985 年）257 頁（大野正道『企業承継法の理論 I（中小企業法研究第一巻）──総論・学説』（第一法規、2011 年）77 頁所収））が説得的ではないことは、第 3 章第 4 節第 3 款三で示した。

　また、本文のように考える場合には、権利行使者の指定解除も、準共有者の準共有持分の過半数によってすることができると考えるべきである。その理由は、次の通りである（伊澤大介「準共有株式の権利行使をめぐる諸問題──最判平成 27 年 2 月 19 日民集 69 巻 1 号 25 頁の検討を中心として」判例タイムズ 1443 号（2018 年）24 頁）。一方で、準共有者のうちの 1 人が、多数決説の下で指定された権利行使者を単独で指定解除することができると考えるならば、少数派の準共有者が、多数決による指定を覆すことができることになる。したがって、権利行使者の指定について全員一致説を採用した場合と同じ結果になるので、権利行使者の指定について本文のように多数決説を採用した意味がなくなることになる。他方で、権利行使者を指定解除するために準共有者全員の同意が必要であると考えるならば、準共有者の多数派の支持を失った権利行使者であっても指定解除されることがないという結果になる。このような結果は、権利行使者の指定について多数決説を採用したことと整合しないように思われる。

は、他の手段によって抑えられるべきである。

第3款　多数決説を採用した場合に生じ得る弊害の緩和策
　　　——従来の主な考え方の検討

一　序

　本款では、権利行使者の指定に関する規律として多数決説を採用した場合に生じ得る弊害の緩和策について、従来の主な考え方を中心に検討する。

　まず、前提として、二において、第2節で明らかにされた会社法106条の目的に照らして、権利行使者がどのような権限を有するのかについて検討する。そして、三において、会社が悪意である場合に準共有者の指図に基づかない権利行使者による権利行使が無効であると考えたとしても、それだけでは、多数決説を採用した場合に生じ得る弊害を緩和することができないということを示す。

　そこで、四において、多数決説を採用した場合に生じ得る弊害を緩和する方策についての従来の議論の状況を確認する。そして、従来の主な考え方として、五において、取締役の選任または解任に関する議決権の行使に係る権利行使者に対する指図のために準共有者全員の同意が必要であるとする方策について、六において、権利行使者を指定する際に準共有者間の協議が必要であるとする方策について、多数決説を採用した場合に生じ得る弊害の緩和策として適切なものであるのかをそれぞれ検討する。

二　権利行使者の権限についての検討——会社法106条の目的に照らして

　第2款五2(2)で指摘したように、全員一致説は、多数決説を採用した場合に生じ得る弊害として、会社との関係では権利行使者が準共有者の指図に反して有効に権利を行使することができるので、権利行使者の指定によって会社の後継者が決定されることになる、ということを挙げる。そこで、このよ

---

178)　このように考える場合には、権利行使者の指定解除も、準共有者の準共有持分の過半数によってすることができると考えるべきである。

うな弊害について検討する前提として、まずは、第2節で明らかにされた会社法106条の目的に照らして、権利行使者がどのような権限を有するのかについて検討する。

準共有者が権利行使者に対して適法に権利行使に係る指図をした場合には、権利行使者は、準共有者との関係では、当該指図に拘束される[179]。したがって、権利行使者は、その指図に基づかずに権利を行使する権限を有していないので、その指図に基づかない権利行使者による権利行使は、無効である。

このような状況の下で、会社法106条の目的の1つである準共有者間の内部関係の不明確性からの会社の保護[180]を達成するためには、権利行使者が準共有者の指図に基づかずに権利を行使した場合であっても、その権利行使は、会社との関係では有効である、という規律が必要である。なぜならば、権利行使者による権利行使が準共有者の指図に基づいているかどうかによって、その権利行使が有効であるかどうかが決まるのであれば、会社は、その権利行使が準共有者の指図に基づいているかどうかを調査しなければならないことになるからである[181]。

そして、このような理由づけによると、権利行使者による権利行使が準共有者の指図に基づいていないことを会社が知っていた場合には、準共有者間の内部関係の不明確性から会社を保護する必要はない[182]。よって、会社が、権利行使者による権利行使が準共有者の指図に基づいていないことを知っていた[183]場合には[184]、その権利行使は、会社との関係でも無効である。

この会社が悪意である場合の規律は、特に同族会社の株式が共同相続された場面において機能する[185]。なぜならば、同族会社の株式を相続する者は被相続人の親族であって、また、その同族会社の運営に関わっている者も被相続人の親族である場合が多いので、この場合には、会社は、共同相続人間の内部関係について知っていることが多いと考えられるからである。よって、

---

179) **第2章の注**62) および**第2章の注**63)。
180) 本章第2節第5款二。
181) もっとも、この規律によって達成される会社の保護は不完全である。そうであるとしても、この規律によって会社の保護は一定程度達成されるので、この規律の必要性が否定されるわけではない。この点について、本章第2節第5款二3を参照。
182) また、追加的な理由づけとして、**第2章の注**67) および同章の注68) の文献が挙げるものも参照。

同族会社の株式が共同相続された場面では、この会社が悪意である場合の規律によって、共同相続人は、権利行使者がその指図に基づかずに権利を行使することを防止することができる。
　以上のように、会社法106条の目的に照らして検討すると、権利行使者が準共有者の指図に基づかずに権利を行使した場合であっても、その権利行使は、会社との関係では有効である。ただし、会社が、権利行使者による権利行使が準共有者の指図に基づいていないことを知っていたときには、その権

183) 久保田安彦「共同相続株式に係る判例法理と残された問題」森淳二朗先生退職記念『会社法の到達点と展望』（法律文化社、2018年）180頁は、会社が、権利行使者による権利行使が準共有者の指図に反していることを単に知っていただけではなく、そのような指図違反を証明することができる程度の証拠を有していた場合（またはそれについて重過失があった場合）に限って、会社は、その権利行使が有効であることを主張することが許されない、という。そして、その理由として、そのように解さないと会社が対応に行き詰まってしまうということを挙げる（久保田・前掲188頁）。具体的には、次のような事態が生じることを懸念していると考えられる。すなわち、権利行使者による権利行使が準共有者の指図に反していることを会社が知っており、その権利行使を無効なものとして扱わなければならなかった場合に、権利行使者の側がそのような扱いが違法であると主張して訴訟を提起すると、会社は、その権利行使が準共有者の指図に反していることを証明することができなければ敗訴するという立場に置かれてしまう。
　もっとも、このような事態が生じるのは、次のことを前提とする場合である。すなわち、権利行使者による権利行使が準共有者の指図に基づくものであると（実質的に証明責任を転換するという意味で）推定されており、前の段落で述べたような訴訟において、会社の側が、その権利行使が準共有者の指図に反していることについての証明責任を負わされている、ということである。しかし、このように権利行使者による権利行使が準共有者の指図に基づくものであると推定する必要はないと考えられる。なぜならば、このような推定が会社に有利に働くのは、会社が準共有者の指図に基づかない権利行使者による権利行使を有効なものとして扱い、権利行使者以外の者がそのような扱いが違法であると主張して訴訟を提起した場合であると考えられるところ、この場合には、このような推定がなかったとしても、本文のように考えることによって、会社は、当該権利行使が準共有者の指図に基づいていないことを知らなかったならば保護されるからである。また、この場合に、このような推定がなされたとしても、原告（権利行使者以外の者）が、当該権利行使が準共有者の指図に基づいていないことを証明したときには、（たとえ会社がそのことを知らなかったとしても）会社は保護されない。このように、権利行使者による権利行使が準共有者の指図に基づくものであると推定する必要はない。したがって、前の段落で述べたような訴訟においても、会社の側が、権利行使者による権利行使が準共有者の指図に反していることについての証明責任を負わされることはなく、会社は、その権利行使が準共有者の指図に反していることを証明することができなければ敗訴するという立場に置かれることはない。よって、会社がそのような立場に置かれることを防止するために久保田・前掲180頁がいうような規律を採用する必要はない。

利行使は、会社との関係でも無効である。そして、同族会社の株式が共同相続された場面においては、会社が共同相続人間の内部関係について知っている場合が多いと考えられるので、その場合には、共同相続人は、権利行使者がその指図に基づかずに権利を行使することを防止することができる。

三　会社が悪意である場合に準共有者の指図に基づかない権利行使者による権利行使を無効とする規律の限界

全員一致説は、多数決説を採用した場合に生じ得る弊害として、会社との関係では権利行使者が準共有者の指図に反して有効に権利を行使することができるので、権利行使者の指定によって会社の後継者が決定されることになる、ということを挙げる[186]。ここで挙げられているような会社に対する権利行使者の権限の包括性は、二で検討したように否定されるべきではない。もっとも、同族会社の株式が共同相続された場面においては、会社が共同相続人間の内部関係について知っている場合が多いと考えられるので、その場合には、共同相続人は、権利行使者がその指図に基づかずに権利を行使することを防止することができる。

---

184)　なお、権利行使者による権利行使が準共有者の指図に基づいていないことを知らなかったことについて会社に過失があった場合に、その権利行使が会社との関係で無効であるのかについても検討の余地がある。このような場合にその権利行使が会社との関係で無効であると考える場合には、権利行使者による権利行使の際にそれが準共有者の指図に基づいているかどうかについて会社が調査しなければならない場合が出てくることになると考えられる。本章第2節第5款二2で述べたように、会社法106条は、このような調査の負担を会社に負わせないようにすることを目的の1つとしている。よって、このような会社法106条の目的に鑑みると、権利行使者による権利行使が準共有者の指図に基づいていないことを知らなかったことについて会社に過失があった場合であっても、その権利行使は会社との関係では有効であると考えるべきである。もっとも、このことについての会社の重過失があった場合については、本文で述べたような会社が悪意である場合と同視することができると考えられる（田中亘『会社法〔第2版〕』（東京大学出版会、2018年）239頁参照）。
185)　片木晴彦「判批（最判平成9年1月28日）」判例評論466号（1997年）63頁、伊藤ほか・後掲注225）126頁〔田中亘〕、吉本健一「株式の共同相続と権利行使者による議決権行使の効力――共同相続株式の権利行使に関する判例法理の検討(1)」神戸学院法学47巻1号（2017年）21頁、久保田・前掲注183）178頁。尾崎安央「判批（東京地判昭和60年6月4日）」税経通信41巻2号（1986年）253頁、神作・前掲注15）244頁も参照。
186)　本節第2款五2(2)を参照。

しかし、この場合であっても、全員一致説が懸念する弊害が防止されるわけではない。なぜならば、権利行使者に対する指図を多数決によって決定することができるのであれば、結局、多数決によって会社の後継者が決定されることになるからである[187]。よって、全員一致説が懸念する弊害を緩和して多数決説をより説得的に基礎づけるためには、権利行使者に対する指図の場面において、準共有者の少数派の利益が考慮される必要がある。

四　従来の議論の状況

　ところが、従来の議論において、そもそも権利行使者に対する指図がどのように決定されるのかについて多くの検討がなされているわけではない。権利行使者に対する指図の決定方法に関するものとして**第2章第6節第2款**で挙げた文献も、その多くが、最判平成27年2月19日が出された後に、この判決の考え方を前提として、会社法106条ただし書に基づく会社の同意がされた場合において、準共有者がどのように議決権行使の内容を決定することができるのかについて論じたものである[188]。確かに、従来の議論においても、権利行使者に対する指図がどのように決定されるのかについて言及するものが全くないわけではない[189]。しかし、その中でも、権利行使者に対する指図がどのように決定されるのかについて実質的な理由に踏み込んで検討するものはほとんどない。

　このように、多数決説は、権利行使者の指定に関する規律を検討する際には、全員一致説が懸念する弊害に対して、権利行使者の権限が包括的なものではないということを強調するにもかかわらず、実際に権利行使者の権限に関係する準共有者の指図の決定方法については、実質的な検討をほとんど行っていない。その結果として、全員一致説が保護しようとし、多数決説も配慮しようとしていたはずである準共有者の少数派の利益は、権利行使者に対する指図の場面（についての議論）においても十分に考慮されていない。このような議論の状況を踏まえて、本書は、次節において、この権利行使者に

---

187)　本節第2款二も参照。
188)　**第2章の注79）、同章の注81）、同章の注83）を参照。**
189)　**第2章の注75）、同章の注79）、同章の注81）、同章の注83）を参照。**

対する指図の場面がどのように規律されるべきなのかについて検討する。

もっとも、多数決説を採用した場合に生じ得る弊害の緩和策として従来から主張されている考え方が全くないわけではない。そこで、次節における検討の前提として、本節の五および六において、従来の考え方が、多数決説を採用した場合に生じ得る弊害の緩和策として適切なものであるのかを検討する。具体的には、五において、取締役の選任または解任に関する議決権の行使に係る権利行使者に対する指図のために準共有者全員の同意が必要であるとする方策について、六において、権利行使者を指定する際に準共有者間の協議が必要であるとする方策について検討する。

五　取締役の選解任に関する議決権の行使に係る指図のために準共有者全員の同意が必要であるとする方策

1　基本的な考え方

四で指摘したような議論状況の中で、青竹正一は、権利行使者に対する指図がどのように決定されるのかについて実質的な理由に踏み込んで検討している[190]。

青竹は、議題の内容が取締役の選任または解任である場合において、一定の場面では、その議題に関する議決権の行使内容の決定のために、準共有者全員の同意が必要である、という。すなわち、会社の発行済株式の多数が共同相続されて、その議決権の行使の結果として共同相続人の支配権の帰趨を左右するような場合には、相続分の価値に影響を及ぼす可能性があるので、共同相続人全員の同意が必要である、という。

---

[190] 第2章第6節第2款三を参照。具体的には、青竹正一「株式・有限会社持分の共同相続と社員権の行使(4)・完」判例評論494号（2000年）8頁（青竹正一『閉鎖会社紛争の新展開』（信山社、2001年）3頁所収）、青竹正一「株式・有限会社持分の共同相続と社員権の行使再論（下）――最高裁平成11年12月14日判決の検討」判例評論497号（2000年）10-11頁（青竹・前掲『閉鎖会社紛争の新展開』59頁所収）。後者の文献における記述は、会社が準共有者による権利行使を認めた場合についての文脈におけるものである。しかし、青竹は、権利行使者に対する指図についても、会社が準共有者による権利行使を認めた場合と同様に、民法249条以下の規定に従ってなされると考えている。したがって、権利行使者に対する指図の決定方法についても、会社が準共有者による権利行使を認めた場合についての記述と同様に考えていると思われる。

その理由として、次のような点を挙げる。まず、このような場合には、その議決権がどのように行使されるのかが、直接的に株主総会決議の結果に影響を及ぼす。そして、同族会社では、誰が取締役になるのかによって、共同相続人間の信頼関係が破綻したり、共同相続人の少数派が相続分に対応する株式を有している者としての利益を失ったりするおそれがある。なぜならば、同族会社では、剰余金の配当を行わずに会社の利益を取締役の報酬として引き出すことがあるからである。

　また、最判平成27年2月19日が出された後においては、比較的多くの論者が、会社法106条ただし書に基づく会社の同意がされた場合において、取締役の選任または解任に関する議決権の行使を多数決によって決定することができるというこの判決の結論に対して懸念を示して、その決定のためには全員一致が必要である場合があり得ることを示唆している[191]。

2　検　討

　しかし、この方策を採用した場合には、権利行使者の指定に関する規律として全員一致説を採用した場合と同じような結果になると考えられる。すなわち、第2款五2(1)で検討したように、この方策を採用した場合には、会社の後継者になるべき者は、その者以外の準共有者による取締役の選任または解任に関する議決権の行使を阻止することができるだけであって、自ら必要な取締役の選任または解任に関する議決権の行使を実行することまではできない。このように、取締役の選任または解任に関する議決権の行使のために準共有者全員の同意が必要であるので、意思決定費用が非常に高くなることになる。よって、この方策を採用することが適切であるとは考えられない。

　もっとも、取締役の選任のみに焦点を当てるならば、青竹が主張する方策（や全員一致説）を採用する場合であっても、意思決定費用を抑えて「妥当な解決」を導くことが全く不可能であるというわけではない。すなわち、青竹が主張する方策（や全員一致説）を採用した場合において、意思決定費用が非常に高くなった結果として取締役を選任することができず、被相続人の死亡によって取締役または代表取締役が欠けることになったときには、裁判所に

---

191)　第2章の注83) を参照。

よる一時取締役または代表取締役の職務を行うべき者の選任を申し立てることが考えられる[192]（会社法346条2項、同351条2項）。

しかし、この制度を利用することができる場面は限られる。すなわち、この制度を利用することができる場面は、被相続人の死亡によって取締役が欠けており、かつ、準共有株式についての議決権が行使されない場合にはその会社の株主総会決議の定足数（会社法341条）が満たされない、という場面に限定される[193]。したがって、このような場面以外の場面において、青竹が主張する方策（や全員一致説）を採用した場合には、依然として意思決定費用が非常に高くなる。よって、実際にどのような場面がどの程度発生するのかにも左右されるが、この制度の存在にかかわらず、青竹が主張する方策を採用することが必ずしも適切であるということはできないと思われる。

以上の検討によると、取締役の選任または解任に関する議決権の行使に係

---

192) なお、権利行使者の指定に関する規律として全員一致説を採用する場合には、全員一致説を採用した場合における意思決定費用を抑えるための方策として、裁判所による仮の権利行使者の指定を認めることが考えられる。フランス法に言及して、裁判所による仮の権利行使者の指定の制度の創設を主張するものとして、青竹・前掲注190）「株式・有限会社持分の共同相続と社員権の行使(4)・完」11頁、青竹正一『新会社法〔第4版〕』（信山社、2015年）128頁がある。稲田俊信「共有株式・持分の権利行使に関する諸問題──共有相続を中心に」日本法学63巻4号（1998年）86頁、中村信男「判批（最判平成11年12月14日）」判例タイムズ1048号（2001年）188頁も参照。本書は、このような立法論の可能性を否定するものではなく、その検討はなお残された課題である。本書の検討は、まずは現行法の下での解釈によってできる限り対応することができないかを検討するものである。

なお、現行法の下においても、裁判所による仮の権利行使者の指定と同様の効果を得る余地が全くないというわけではない。家事事件手続法においては、遺産の分割の審判または調停の申立てがあった場合には、家庭裁判所は、財産の管理のため必要があるときは、申立てによりまたは職権で、遺産の分割の申立てについての審判が効力を生ずるまでの間、財産の管理者を選任し、または事件の関係人に対し、財産の管理に関する事項を指示することができ（家事事件手続法200条1項）、また、事件の関係人の急迫の危険を防止するため必要があるときは、遺産の分割の審判を本案とする仮差押え、仮処分その他の必要な保全処分を命ずることができると規定されている（家事事件手続法200条2項）。これらの制度の運用次第では、裁判所による仮の権利行使者の指定と同様の効果を得ることができるように思われる。

もっとも、この注で言及した方策は、あくまでも全員一致説の下で権利行使者を指定することを可能にするだけであって、その権利行使者に対する指図がどのように決定されるのかについて規律するものではない（本節第2款二も参照）。よって、この注で言及した方策を採用した場合であっても、その権利行使者に対する指図がどのように決定されるべきなのかについては別に考える必要がある。

る権利行使者に対する指図のために準共有者全員の同意が必要であるとする方策は、準共有者の少数派の利益を考慮する手段として適切なものではない。

六　権利行使者を指定する際に準共有者間の協議が必要であるとする方策

1　裁判所による「妥当な解決」の模索

　四で考察したように、従来の議論では、権利行使者に対する指図がどのように決定されるのかについて実質的に検討するものはほとんどなかった。その結果として、準共有者の少数派の利益は、権利行使者に対する指図の場面においても十分に考慮されていなかった。また、五で考察したように、この点を検討するものも、全員一致説を採用した場合と同様の結果をもたらすものであって、必ずしも適切なものであるということはできなかった。

　このような議論状況の下で、裁判例の中には、多数決説を採用しつつ、準共有者の少数派の利益に配慮するために「妥当な解決」を模索するものが出てきた[194]。具体的には、権利行使者を指定する際には、準共有者全員がその指定の手続に参加する機会を与えられなければならない、または、準共有者間で協議をしなければならない、とした上で、これがなされていない場合に

---

[193]　なお、権利行使者の指定に関する規律として全員一致説を採用した場合に本文のように考える前提として、権利行使者が指定されていない場合に、準共有株式についての議決権が、株主総会決議の定足数算定の基礎になる「議決権を行使することができる株主の議決権」（会社法 341 条等）に含まれると考えることになる。この点については検討の余地があるようにも思われるが、本書は、さしあたりこのことを前提とする。学説においても、比較的多くの論者が、権利行使者が指定されていない準共有株式についての議決権は、定足数算定の基礎に含まれる、という（伊藤ほか・後掲注 225）123 頁〔田中亘〕、岩原編・前掲注 61）156 頁〔松尾健一〕、神作・前掲注 15）243 頁、山田泰弘「演習　商法」法学教室 417 号（2015 年）123 頁、江頭・前掲注 14）337 頁、吉本健一「判批（広島高松江支判平成 30 年 3 月 14 日）」金融・商事判例 1551 号（2018 年）7 頁、東京地判平成 28 年 5 月 16 日 Westlaw Japan 文献番号 2016WLJPCA05168002）。なお、この見解に反対するものとして、小林俊明「判批（大阪地判昭和 61 年 5 月 7 日）」ジュリスト 965 号（1990 年）95 頁を参照。また、大杉謙一「判批（最判平成 11 年 12 月 14 日）」ジュリスト 1214 号（2001 年）89 頁、山下眞弘「非公開会社の株式相続と会社法 106 条の法意──円滑な事業承継に向けて」『名古屋学院大学　法学部開設記念論文集』（名古屋学院大学法学部、2014 年）234 頁も参照。

[194]　第 2 章第 4 節第 4 款一。

は、その権利行使者の指定（および通知）は無効である、という。これは、全員一致説が重視するような準共有者の少数派の利益に配慮することを目的としていると考えられる。そして、このような裁判例の展開を受けて、学説においても、多くの論者は、権利行使者を指定する際には、準共有者全員に対してその指定の手続への参加の機会を与えなければならない、という[195]。

2　検　討

そこで、この方策が、多数決説を採用した場合に生じ得る弊害の緩和策として適切なものであるのかを検討する。

まず、この方策は、準共有者の少数派の利益の救済という結果を必ずしも保障するわけではない。なぜならば、準共有者全員の参加の機会または協議の保障は、あくまでも手続的な規律であるからである。すなわち、そのような参加の機会または協議が保障されていた場合には、その結果として準共有者の少数派の利益が不当に害されているとしても、その救済にはつながらない[196]。

また、裁判所が、準共有者全員の参加の機会または協議の保障に対する違反を、このような単なる手続的な規律としてではなく、事後的に準共有者の少数派の利益を救済することを説明するための道具として用いる場合には、事前に一定の参加の機会または協議が保障されていたときであっても、裁判所は、その保障が十分ではなかったとしてその違反を認定することによって、事後的に準共有者の少数派の利益を救済する可能性がある[197]。このように、事後的に準共有者の少数派の利益を救済するという結論を説明するための道具として、裁判所が準共有者全員の参加の機会または協議の保障を要求する場合には、具体的な事案で必要とされる参加の機会または協議の保障の程度が不明確になる。

その結果として、このような形での参加の機会または協議の保障は、行為規範としては十分に機能しない。すなわち、多数派の準共有者にとっては、

---

195)　第2章の注57)。第2章の注110) も参照。
196)　第2章の注58)。
197)　そのような可能性を指摘するものとして、金子敬明「判批（最判平成27年2月19日)」千葉大学法学論集30巻4号（2016年）7頁。

どの程度の参加の機会または協議を保障することが要求されている（その権利行使者の指定が裁判所によって事後的に無効であると判断されない）のかが不明確であるので、協議に応じようとしない準共有者に対して、事実上拒否権を与えることになり得る。実際に、ある裁判例は、権利行使者の指定のための協議の実施が期待できる状況ではなかった等の理由から、当該事案における権利行使者の指定が効力を有しない、と判示している[198]。また、準共有者の少数派は、協議に応じた場合には裁判所による事後的な保護を受けられないことが確実になるので、自己にとって不利な結果につながることが予想される協議には応じないというインセンティブを有することになる。これらのことは、必要とされる参加の機会または協議の保障の程度が不明確である状況の下では、多数決説の採用によって抑えようとした意思決定費用がかなり高くなる、ということを意味する。他方で、必要とされる参加の機会または協議の保障の程度が明確である状況の下であっても、その保障によって多数決の結論が変わらないということが明白である場合には、参加の機会または協議の保障を要求することは、意思決定費用を増加させるだけである[199]。

また、場合によっては、会社が、準共有者全員の「実質的な」参加の機会または協議が保障されていないことを理由として、権利行使者の指定および通知の受理を拒む可能性もある。このことも、広い意味での意思決定費用の増加をもたらすと考えられる。

さらに、会社としても、無効な指定に基づく権利行使者による権利行使を防止するために、権利行使者の指定および通知を拒否しなければならないこともあり得る。このことは、会社法106条の目的と整合しない。すなわち、会社法106条の目的の1つは、準共有者間の内部関係の不明確性からの会社の保護である[200]。権利行使者の指定および通知の効力が、参加の機会または協議の保障の有無に依存する場合には、会社は、権利行使者の指定の通知を受けた際に、その有効性を確認するために、参加の機会または協議の保障の有無を確認しなければならないことになり得る[201]。確かに、第2節第5款二

---

198) 東京地判平成28年7月6日・前掲注87)。
199) 実際に、**第2章の注56)** で挙げた、参加の機会または協議の保障を不要とする裁判例は、このような理由に基づいていると理解することができる。
200) 本章第2節第5款二。

3で指摘したように、そもそも会社法106条は、権利行使者の指定および通知の場面では、準共有者間の内部関係の不明確性から会社を保護することができない。しかし、権利行使者を指定する際に準共有者全員の参加の機会または協議の保障を要求することによって、会社にとって権利行使者の指定および通知の有効性を確認することが更に困難になることは確実であって、そのような意味において、このことは会社法106条の目的と整合しないと考えられる。

3 結 論

以上の検討によると、権利行使者を指定する際にその指定の手続への準共有者全員の参加の機会または協議を保障するという方策は、必ずしも準共有者の少数派の利益の保護という結果につながるわけではない。また、この方策において要求される参加の機会または協議の保障の程度が不明確である状況の下では、この方策は、裁判所が、その保障の欠如を理由として、「妥当な解決」のために事後的に権利行使者の指定の効力を否定する可能性を生み出す[202]。その結果として、権利行使者を指定する事前の段階において意思決定費用が増加して、また、会社にとっても準共有者間の内部関係がより不明確になる。よって、この方策は、準共有者の少数派の利益を保護する手段としては適切なものではない。

もっとも、このことは、権利行使者を指定する際の準共有者全員の参加の機会または協議の保障が全く不要であるということを意味するわけではない。要求される参加の機会または協議の保障の程度が明確である状況の下では、その保障の程度が不明確であることによる弊害をある程度抑えることができる。そして、少なくとも一般論としては、集団的意思決定を行う前における

---

201) 実際に、ドイツでは、支配的な見解は、取引安全および第三者の保護を理由として、共同相続人の中で意思決定に参加する機会を与えられなかった者が存在する場合であっても、その意思決定は有効であって、意思決定に参加する機会を与えられなかった共同相続人は、損害賠償請求をすることができるにとどまる、という（第3章の注229））。
202) もっとも、いわゆる多数決の濫用のような事案において、その結果としてなされた権利行使者の指定の効力を否定する余地を残しておくことは必要である。しかし、その結論を導くために、権利行使者を指定する際の参加の機会または協議の欠如だけを事後的に重視することは、本文で指摘したような弊害をもたらすので、適切ではない。

参加者間のコミュニケーションによって、より望ましい情報の共有および集約が可能になって、効率的な集団的意思決定がなされる可能性が高くなる[203]。また、準共有者の少数派は、権利行使者の指定やその際の協議に参加すること自体に利益を有し、その参加によって納得感を得ることもあり得ると考えられる。よって、要求される参加の機会または協議の保障の程度を明確にした上で、権利行使者を指定する際の準共有者全員の参加の機会または協議の保障を要求することは、権利行使者の指定に関する規律として適切であり得る[204]。ただし、このような要求は、必ずしも準共有者の少数派の利益を保護する手段として機能するわけではなく、裁判所がその手段としてこのような要求を利用する場合には、むしろ2で指摘したような弊害を引き起こすということに留意するべきである。

七　本款のまとめ

本款では、権利行使者の指定に関する規律として多数決説を採用した場合

---

[203] 森田・前掲注140) 221-224頁を参照。また、飯田秀総＝白井正和＝松中学『会社法判例の読み方——判例分析の第一歩』（有斐閣、2017年）35頁〔松中学〕も、協議を要求することによって、交渉により権利行使者の指定について異なる結果がもたらされる可能性が生まれ、また、権利行使者の指定以外の事項を交渉条件とすることにより妥協の余地も生じる、という。もっとも、共同相続人間の争いが感情的なものである場合に共同相続人間において合理的な交渉をすることができるのかについては疑問もある。

[204] なお、株式が準共有されている場面に限らず一般的に、民法252条本文に基づく共有物の管理に関する決定の際に共有者間の協議が要求されるのかについては、十分に議論されていないようであり、必ずしも明らかではない（星野英一『民法概論Ⅱ（物権・担保物権）』（良書普及会、1976年）136頁。金子・前掲注197）6頁も参照）。共有者間の協議は不要であるというものとして、例えば、能見＝加藤編・前掲注77) 333頁〔平野裕之〕、平野・前掲注77) 319頁。この論者は、共有者が1つの団体を構成しているわけではないので、団体としての意思決定プロセスを確保する必要はない、という。共有者間の協議が必要であるというものとして、例えば、本田ほか・前掲注77) 146-147頁、山野目・前掲注78) 169頁、同171頁。これらの論者は、民法252条にいう「決する」とは表決を行うことを意味する、という。また、松岡久和『物権法』（成文堂、2017年）47頁は、全員の協議を経ることは一種の手続的保障である、という。さらに、松岡・前掲52頁は、最判昭和41年5月19日民集20巻5号947頁の「多数持分権者が少数持分権者に対して共有物の明渡を求めることができるためには、その明渡を求める理由を主張し立証しなければならない」という判示を、共有物の使用方法について共有者全員による協議を経た多数決に基づく必要があるという意味であって、少数持分権者に手続的な保障を与えるものとして理解する。

に生じ得る弊害の緩和策について、従来の主な考え方を中心に検討した。

　まず、その前提として、会社法106条の目的に照らして、権利行使者の権限について検討した（二）。権利行使者の権限については、準共有者間の内部関係の不明確性からの会社の保護という会社法106条の目的を達成するために、権利行使者が準共有者の指図に基づかずに権利を行使した場合であっても、その権利行使は、会社との関係では有効であると考えるべきである。ただし、会社が、権利行使者による権利行使が準共有者の指図に基づいていないことを知っていたときには、そのような会社を保護する必要がないので、その権利行使は、会社との関係でも無効であると考えるべきである。そして、同族会社の株式が共同相続された場面においては、会社が共同相続人間の内部関係について知っている場合が多いと考えられるので、その場合には、共同相続人は、権利行使者がその指図に基づかずに権利を行使することを防止することができる。

　もっとも、このように会社が悪意である場合であっても、権利行使者に対する指図を多数決によって決定することができるのであれば、結局、多数決によって会社の後継者が決定されることになり、全員一致説が懸念する弊害が緩和されるわけではない。そこで、全員一致説が懸念する弊害を緩和して多数決説をより説得的に基礎づけるためには、権利行使者に対する指図の場面において、準共有者の少数派の利益が考慮される必要がある（三）。

　ところが、多数決説は、権利行使者の指定に関する規律を検討する際には、権利行使者の権限が包括的なものではないということを強調するにもかかわらず、権利行使者の権限に関係する準共有者の指図の決定方法については、実質的な検討をほとんど行っていない。その結果として、全員一致説が保護しようとし、多数決説も配慮しようとしていたはずである準共有者の少数派の利益は、権利行使者に対する指図の場面（についての議論）においても十分に考慮されていない（四）。

　もっとも、権利行使者に対する指図がどのように決定されるのかについて実質的な理由に踏み込んで検討するものが全くないわけではない。青竹正一は、議題の内容が取締役の選任または解任である場合において、一定の場面では、その議題に関する議決権の行使内容の決定のために準共有者全員の同意が必要である、という。しかし、この方策を採用したとしても、取締役の

選任または解任に関する議決権の行使のための意思決定費用が非常に高くなるだけであって、権利行使者の指定に関する規律として全員一致説を採用した場合と同じような結果になると考えられる。よって、この方策は、準共有者の少数派の利益を考慮する手段として適切なものではない（五）。

　このように権利行使者に対する指図の場面においても準共有者の少数派の利益が十分に考慮されていなかったという状況の下で、裁判例の中には、多数決説を採用しつつ、準共有者の少数派の利益に配慮するために、権利行使者を指定する際の準共有者全員の参加の機会または協議の保障を要求するものが出てきており、学説においても多くの論者がこれを支持している。しかし、この方策は、必ずしも準共有者の少数派の利益の保護という結果につながるわけではない。また、この方策において要求される参加の機会または協議の保障の程度が不明確である状況の下では、この方策は、権利行使者を指定する事前の段階において意思決定費用を増加させて、また、会社にとっても準共有者間の内部関係をより不明確にすることになる。よって、この方策は、準共有者の少数派の利益を保護する手段としては適切なものではない[205]（六）。

　以上のような本款における検討によると、権利行使者の指定に関する規律を検討する際に、多数決説は、権利行使者の権限が包括的なものではないということを強調するにもかかわらず、権利行使者に対する指図の場面（についての議論）では、準共有者の少数派の利益は十分に考慮されていない。そして、一部の裁判例や多くの論者は、権利行使者を指定する際の準共有者全員の参加の機会または協議の保障を要求するが、これも、準共有者の少数派の利益を保護する手段としては適切なものではない。

第4款　小　括

　本節では、権利行使者に関する一般的な規律について検討した。この規律

---

[205]　もっとも、要求される参加の機会または協議の保障の程度を明確にした上で、権利行使者を指定する際の準共有者全員の参加の機会または協議の保障を要求することは、権利行使者の指定に関する規律として適切であり得る。ただし、このような要求は、必ずしも準共有者の少数派の利益を保護する手段として機能するわけではない。

は、準共有者の権利行使に密接に関連するものであって、この検討は、本書における第2の検討課題であるより円滑な事業承継を実現するために望ましい規律についての検討の前提となるものであった。

　まず、第2款において、権利行使者の指定に関する規律を検討した。その中で考察したBuchanan & Tullockによる分析の枠組みによると、外部費用と意思決定費用の総和を最小にするという観点からは、権利行使者の指定に関する規律として、多数決説を採用するべきである[206]。なぜならば、全員一致説を採用した場合には意思決定費用が非常に高くなるのに対して、多数決説を採用した場合には外部費用が発生するが、この外部費用は他の手段によって一定程度抑えることが可能であるからである。もっとも、それゆえに、多数決説を採用した場合における外部費用は、他の手段によって抑えられるべきである。

　そこで、第3款において、この多数決説を採用した場合に生じ得る弊害（外部費用）の緩和策について、従来の主な考え方を中心に検討した。しかし、多数決説を採用した場合に害され得る準共有者の少数派の利益は、権利行使者に対する指図の場面（についての議論）においても十分に考慮されていない。そして、一部の裁判例や多くの論者は、権利行使者を指定する際の準共有者全員の参加の機会または協議の保障を要求するが、これも、準共有者の少数派の利益を保護する手段としては適切なものではない。

　なお、権利行使者の権限については、権利行使者が準共有者の指図に基づかずに権利を行使した場合であっても、その権利行使は、会社との関係では有効である。ただし、会社が、その権利行使が準共有者の指図に基づいていないことを知っていたときには、その権利行使は、会社との関係でも無効である（第3款二）。

---

[206] このように考える場合には、権利行使者の指定解除も、準共有者の準共有持分の過半数によってすることができると考えるべきである。

第5節

より円滑な事業承継を実現するための規律の検討
――各準共有者による不統一行使の主張を認めるという規律

第1款　序

　本節では、第4節で検討したように権利行使者の指定に関する規律として多数決説を採用した場合に生じ得る弊害を緩和して、より円滑な事業承継を実現するための規律として、各準共有者による不統一行使の主張を認めるという規律について、議決権行使の場面を中心に検討する。

　まず、第2款において、この検討の前提として、準共有株式についての議決権の不統一行使に関する従来の議論を整理して、問題の所在を明らかにする。そして、第3款において、各準共有者による不統一行使の主張を認める必要性があるのかという点を検討する。この検討は、そもそも権利行使者の指定に関する規律として多数決説を採用した場合に生じ得る弊害を緩和する必要があるのか（つまり、準共有者の少数派の利益を保護する必要があるのか）といった点や、より円滑な事業承継を実現するために各準共有者による不統一行使の主張を認める必要があるのかといった点にも関係する。そのうえで、第4款において、各準共有者による不統一行使の主張を認めるための法的構成について検討する。

　なお、本書において、「各準共有者による不統一行使の主張」とは、基本的には、準共有者間の内部関係において、各準共有者が、それぞれの準共有持分の割合に応じて不統一的に権利を行使することを主張する、ということを意味する。より具体的には、準共有者間の内部関係において、各準共有者が、自己の準共有持分の割合に応じた株式についての権利を行使することを主張

する、ということを意味する。したがって、（準共有者間の内部関係において）各準共有者による不統一行使の主張を認める場合であっても、そのような主張に基づいて会社に対してその権利を行使する際には、会社法106条に従わなければならない[207]。

第2款　準共有株式についての議決権の不統一行使に関する従来の議論および問題の所在

一　序

本款では、各準共有者による不統一行使の主張を認めるという規律について検討する前提として、準共有株式についての議決権の不統一行使に関する従来の議論を整理して、問題の所在を明らかにする。

従来の議論においても、準共有株式についての議決権の不統一行使に関してある程度論じられてきた。それらを正確に分析すると、従来の議論が論じている問題は、次の3つに分類することができる。すなわち、第1に、準共有株式についての議決権の不統一行使が許されるのか、という問題である（二）。第2に、会社法313条3項に基づいて、会社がそのような不統一行使を拒むことができるのか、という問題である（三）。第3に、準共有者間の内部関係において、各準共有者がその準共有持分の割合に応じた不統一行使を主張することができるのか、という問題である（四）。

二　議決権の不統一行使の許否

第1の問題は、準共有株式についての議決権の不統一行使が許されるのか、というものである。従来の議論において、この問題は、株式が準共有されている場合に限らず一般的に、議決権の不統一行使が理論上許されるのか、という問題として議論されている。

この問題について、昭和41年商法改正前は、見解が分かれていた[208]。その中で、議決権の不統一行使が理論上許されるという見解は、議決権の不統

207）　この点については、本節第4款五において検討する。

一行使が必要である場合の一例として、株式が準共有されている場合を挙げていた[209]。そのような議論がある中で、昭和41年商法改正によって、議決権の不統一行使を許容する法律の規定（平成17年改正前商法239条ノ4第1項）が設けられた[210]。そして、その規定は、実質的に変更されることなく、平成17年に制定された会社法313条1項に引き継がれている。

よって、現在では、一般的に、議決権の不統一行使が法律上許されている[211]。

---

208) 当時の議論状況をまとめたものとして、例えば、北沢正啓「株主の議決権不統一行使の可否」ジュリスト300号（1964年）196頁、鴻常夫＝河本一郎＝北沢正啓＝佐藤庸＝戸田修三編『演習 商法（会社）（上）〔改訂版〕』（青林書院新社、1976年）298-299頁〔大沢功〕を参照。議決権の不統一行使が許されないという見解として、例えば、松波・前掲注46）815-816頁、片山義勝『株式会社法論〔第6版〕』（中央大學、1923年）387頁、田中誠二「株主の議決権に就て」法学協会雑誌43巻8号（1925年）13頁、松本・前掲注48）『日本會社法論』259頁、野間繁「株主の議決権とその行使」法律論叢17巻5号（1938年）78頁、松田二郎『株式會社の基礎理論』（岩波書店、1942年）675-676頁、野津務『再訂 新商法大要』（柳澤書店、1948年）150-151頁、松田・後掲注346）37頁、松田・後掲注345）65-67頁、西原寛一＝松田二郎＝大隅健一郎＝八木弘＝大森忠夫＝伊沢考平「株式会社法の基本理論をめぐって——第三回・完」ジュリスト285号（1963年）21-27頁〔松田発言、伊沢発言〕、石井照久『新版 商法Ⅰ（二）会社法Ⅱ』（勁草書房、1964年）356-357。これに対して、議決権の不統一行使が許されるという見解として、例えば、竹田・前掲注7）48頁、河村鐵也『株主總會の研究』（有斐閣、1937年）154-156頁、大隅健一郎『會社法論〔第9版〕』（巖松堂書店、1942年）260頁、服部榮三「株式債権論に対する若干の考察」民商法雑誌32巻1号（1955年）17-18頁、大森・前掲注8）915-917頁、服部榮三『訂正會社法提要』（ミネルヴァ書房、1956年）191頁、西原寛一『會社法』（岩波書店、1957年）236-237頁、大隅健一郎『全訂 会社法論 中巻』（有斐閣、1959年）26-27頁、西原ほか・前掲22-26頁〔西原発言、八木発言、大隅発言〕、菱田政宏「議決権の不統一行使」商事法務258号（1962年）17頁。

なお、片山・前掲387頁は、議決権の不統一行使が許されないということが、会社法106条（当時の商法146条1項）の規定から考えても正当である、という（竹田省も1912年の時点ではこのように考えていた（竹田省「株主の議決権」京都法學會雑誌7巻9号（1912年）37頁））。これに対して、議決権の不統一行使が許されるという見解は、会社法106条の規定は議決権の不統一行使とは無関係の規定である、という（竹田・前掲注7）56-57頁、大森・前掲注8）918頁）。

209) 大森・前掲注8）916頁、西原・前掲注208）236-237頁。
210) この経緯については、味村治『改正株式会社法』（商事法務研究会、1967年）137-143頁を参照。
211) もっとも、現在でも、議決権の不統一行使が理論上許されるのかという議論に、全く意味がないというわけではないと理解されている。この点については、瀬谷ゆり子「議決権不統一行使の現代的役割」中村一彦先生古稀記念『現代企業法の理論と課題』（信山社、2002年）213-214頁、岩原編・前掲注61）236頁〔松尾健一〕を参照。

三 準共有株式についての議決権の不統一行使に対する会社による拒否の可否

　そこで、現在において、準共有株式についての議決権の不統一行使が許されるのかという問題にとって重要であるのは、第2の問題、つまり、会社法313条3項に基づいて会社がそのような不統一行使を拒むことができるのかという問題である。会社法313条3項は、不統一行使をしようとする株主が「他人のために株式を有する者」でない場合には、その株主が不統一的に議決権を行使することを拒むことができる、と規定している。したがって、この問題の分岐点は、準共有株式についての議決権を行使する者が、会社法313条3項にいう「他人のために株式を有する者」に含まれるのか、という点にある。この問題については、次のように見解が分かれている。

1 会社による拒否を認める見解

　まず、準共有株式についての議決権を行使する者が、会社法313条3項にいう「他人のために株式を有する者」に含まれない、という見解がある[212]。この見解によると、会社は、準共有株式についての議決権の不統一行使を拒むことができる。

　この見解の理由としては、次の3点が挙げられる。第1に、各準共有者の準共有持分は準共有株式全体に及ぶので、各準共有者が信託のように他人のために株式を有すると見ることは困難である[213]。第2に、株式が準共有されている場合には、原則として、民法252条によって、準共有持分の過半数によって統一的な意思決定をすることが可能であり、そうすることが建前となっている[214]。第3に、会社法313条3項にいう「他人のために株式を有する」とは、複数の株式が法律上1人に帰属しているが、実質的にはそれらの株式が複数人のものであると認められて、かつ、それらの複数人の間に統一的な意思決定をなし得るような団体関係が存在しない場合をいう[215]。ここで、統一的な意思決定をなし得る団体関係が存在しないという限定を付す趣旨は、法人または権利能力なき社団が株主である場合には「他人のために株式を有する」ことにはならないということとの均衡を図るという点にある[216]。すなわち、法人が株主であって、その法人の社員間で意見が分かれている場合に

は、不統一行使をすることができないと考えられており、このこととの均衡を図る必要がある。そして、権利能力なき社団が株主である場合に「他人のために株式を有する」ことにはならないということとの均衡を考えると、株式が準共有されている場合も、原則として、「他人のために株式を有する」ことにはならない[217]。

2 会社による拒否を認めない見解

これに対して、準共有株式についての議決権を行使する者が、会社法313

---

212) 石井照久＝大隅健一郎＝鈴木竹雄＝星野孝＝三戸岡道夫＝矢沢惇「商法の一部改正」ジュリスト348号（1966年）51頁〔大隅発言、鈴木竹雄発言、矢沢発言〕、味村・前掲注210) 150-151頁、石井照久『会社法 上巻（商法Ⅱ）』（勁草書房、1967年）242頁、上柳克郎「改正商法施行に伴う実務上の諸問題」記録（大阪株式事務懇談会）219号（1967年）28頁、龍田節「判批（最判昭和53年4月14日）」民商法雑誌80巻1号（1979年）117頁、稲葉威雄＝大森正輔＝岩城謙二＝橋本孝一＝藤原祥二「株式の相続と名義書換手続等」稲葉威雄＝大森正輔＝岩城謙二＝橋本孝一＝藤原祥二＝小林栢弘＝松田重幸＝廣田俊夫『株式の相続に伴う法律と税務（別冊商事法務67号）』（商事法務研究会、1983年）87頁〔稲葉発言〕（もっとも、持株会のように相互に信頼関係がない場合には、不統一行使を認めるべきかもしれないのに対して、共同相続人のような場合には、統一的な行使を要求することができるように思う、という）、大隅健一郎＝今井宏『会社法論 中巻〔第3版〕』（有斐閣、1992年）55頁、畑肇「判批（最判平成2年12月4日）」私法判例リマークス4号（1992年）105頁、前田雅弘「判批（最判平成9年1月28日）」私法判例リマークス17号（1998年）107頁、青竹・前掲注190)「株式・有限会社持分の共同相続と社員権の行使(4)・完」9頁、河本一郎『現代会社法〔新訂第9版〕』（商事法務、2004年）402頁、青竹・前掲注192) 221頁（その根拠として、準共有者されている株式についての議決権の不統一行使を認めた場合には、準共有者の議決権の数が問題となって、会社の便宜を図っている会社法106条の趣旨に反するということを挙げる）、伊東尚美「権利行使者の指定・通知を欠く場合の共有株式についての議決権行使」大塚龍児先生古稀記念『民商法の課題と展望』（信山社、2018年）85-86頁、同104頁。鈴木竹雄「商法の一部を改正する法律案の解説」商事法務379号（1966年）9頁も参照。
213) 石井ほか・前掲注212) 51頁〔鈴木竹雄発言〕（議決権を行使する者は、他の準共有者の分についても議決権を行使するが、他の準共有者のために株式を持っているというわけではない、という）、龍田・前掲注212) 117頁、畑・前掲注212) 105頁、伊東・前掲注212) 85-86頁、同104頁。
214) 味村・前掲注210) 150-151頁、石井・前掲注212) 242頁、上柳・前掲注212) 28頁、大隅＝今井・前掲注212) 55頁、畑・前掲注212) 105頁、河本・前掲注212) 402頁。
215) 上柳・前掲注212) 28頁。
216) 上柳・前掲注212) 28頁。
217) 上柳・前掲注212) 28頁。

条 3 項にいう「他人のために株式を有する者」に含まれる、という見解がある[218]。この見解によると、会社は、準共有株式についての議決権の不統一行使を拒むことができない。

この見解の理由としては、次の 3 点が挙げられる[219]。第 1 に、各準共有者が、自己のためと同時に他の準共有者のためにも株式を有していると評価することができる[220]。第 2 に、会社法 313 条 3 項にいう「他人のために株式を有する」ことの典型例は、信託による株式保有であるところ、株式保有に伴

---

218) 三東三司「議決権の不統一行使」商事法務 382 号（1966 年）5 頁、鴻ほか編・前掲注 208）297 頁〔大沢〕、出口正義「判批（最判昭和 53 年 4 月 14 日）」鴻常夫＝竹内昭夫＝江頭憲治郎編『会社判例百選〔第 5 版〕』（有斐閣、1992 年）201 頁、田中誠二『三全訂 会社法詳論（上巻）』（勁草書房、1993 年）529 頁、森本滋『会社法〔第 2 版〕（現代法学）』（有信堂高文社、1995 年）202 頁、永井和之「商法 203 条 2 項の意義」戸田修三先生古稀記念『現代企業法学の課題と展開』（文眞堂、1998 年）219 頁（「他人のために株式を有する」場合に準ずる、という）、山田泰彦「株式の共同相続による商法 203 条 2 項の権利行使者の指定方法と『特段の事情』」早稲田法学 75 巻 3 号（2000 年）383 頁（特に共同相続された株式について）（「他人のために株式を有する」場合に準ずる、という）、瀬谷・前掲注 211）225-226 頁（遺産分割協議中の株式について）、酒巻＝龍田編集代表・前掲注 65）158 頁〔浜田〕、伊藤ほか・後掲注 225）124 頁〔田中亘〕、江頭憲治郎＝門口正人編集代表『会社法大系 機関・計算等 第 3 巻』（青林書院、2008 年）70 頁〔岡正品〕、同 79 頁、稲葉・前掲注 11）333 頁（当該議決権行使が会社に重大な影響を及ぼすと認められるような場合について）、岩原編・前掲注 61）238 頁〔松尾健一〕（遺産分割協議中の共同相続財産たる株式について）、山下眞弘「判批（東京高判平成 24 年 11 月 28 日）」金融・商事判例 1447 号（2014 年）20 頁、山下・前掲注 193）215 頁、奥島孝康＝落合誠一＝浜田道代編『新基本法コンメンタール会社法 1〔第 2 版〕』（日本評論社、2016 年）47 頁〔高橋英治〕、山下眞弘『会社事業承継の実務と理論——会社法・相続法・租税法・労働法・信託法の交錯』（法律文化社、2017 年）134 頁、江頭・前掲注 14）341-342 頁、久保田・前掲注 183）177 頁、田中・前掲注 184）181 頁。出口正義『株主権法理の展開』（文眞堂、1991 年）358 頁（初出：出口正義「株式の共同相続と商法 203 条 2 項の適用に関する一考察」筑波法政 12 号（1989 年）67 頁）、稲葉ほか・前掲注 56）54 頁〔森本発言〕も参照。また、稲葉・前掲注 11）408 頁は、株式が準共有されている場合（特に遺産分割前の相続株式の場合）は、議決権の不統一行使を選択することができるということを明文で定めた方がよい、という（稲葉・前掲注 11）332-333 頁も参照）。

219) 本文で挙げたものの他に、この見解の理由として、次の 2 点も挙げられる。第 1 に、株式の準共有者間に意見対立があってその最も適切な解決が準共有持分の割合に比例した議決権の不統一行使である場合において、会社の事務処理上の都合を、準共有者共通の利益に優先させるべきではない（山下・前掲注 218）「判批」20 頁、奥島ほか編・前掲注 218）47 頁〔高橋英治〕）。第 2 に、権利行使者による議決権の不統一行使を認めることによって会社の事務処理が煩雑になる度合いは、会社法 106 条本文の趣旨が害されるほどではない（久保田・前掲注 183）177 頁）。

うリスクを負担することについては、株式の準共有者も信託の受益者に劣らないので、信託について不統一行使を認める一方で準共有については認めない実質的な理由はない[221]。第3に、共同相続人間の紛争の予防・解決という観点からは、共同相続人間で議決権行使の意思がまとまらない場合において、権利行使者が議決権を不統一的に行使することができるならば、各共同相続人の利益を損なうことがない[222]。

四　準共有者間の内部関係における各準共有者による不統一行使の主張の可否

1　序

三で整理した第2の問題において、会社が準共有株式についての議決権の不統一行使を会社法313条3項に基づいて拒むことはできないという見解を採用した場合であっても、準共有株式についての議決権をどのように行使するのかについて、準共有者間の内部関係において多数決によって決定することができると考えるときには[223]、通常は、そのような不統一行使はなされないと考えられる。すなわち、このときには、準共有者の多数派は、多数決によって、準共有株式についての議決権の全部を自らの意思に従って行使することができる地位にある。したがって、その多数派が、多数決の際に、敢えてそのような有利な地位を放棄して、その議決権の一部が準共有者の少数派の意思に従って行使されることになる不統一行使をするという決定をすることは、通常は考えられない。

よって、準共有株式についての議決権の一部が準共有者の少数派の意思に

---

220)　出口・前掲注218)「判批」201頁、田中・前掲注184) 181頁。なお、田中・前掲注218) 529頁は、準共有株式についての議決権を行使する者は、他人のために株式を有するわけではないが、他人のために議決権を行使するので、「他人のために株式を有する者」を広義に解すべきである、という。

221)　伊藤ほか・後掲注225) 124頁〔田中亘〕、山下・前掲注218)「判批」20頁、山下・前掲注193) 215頁、久保田・前掲注183) 177頁。鴻ほか編・前掲注208) 297頁〔大沢〕も参照。

222)　山田・前掲注218) 383頁、瀬谷・前掲注211) 225頁、岩原編・前掲注61) 238頁〔松尾健一〕。稲葉ほか・前掲注56) 54頁〔森本発言〕、出口・前掲注218)「判批」201頁も参照。

223)　第2章第6節第2款を参照。

従って行使されることを確保するためには、準共有者間の内部関係において、各準共有者がその準共有持分の割合に応じた不統一行使を主張することができる必要がある。そこで、第3の問題、すなわち、準共有者間の内部関係において、各準共有者がその準共有持分の割合に応じた不統一行使を主張することができるのか、という問題が生じる。

2　各準共有者による不統一行使の主張を認めない見解

一般的には、各準共有者がその準共有持分の割合に応じた不統一行使を主張することはできないと考えられている[224]。すなわち、権利行使者に対する指図については、民法の共有に関する規律がそのまま適用される。つまり、その指図が、民法の規律でいう管理行為に該当するのか、処分行為または変更行為に該当するのかによって、その指図のために、準共有者の持分の価格による多数決が必要であるのか、準共有者全員の同意が必要であるのかが決まる。そして、議決権の行使に係る指図については、議決権の対象となる議

---

224)　第2章第6節第2款一。多くの論者は、各準共有者による不統一行使の主張が認められないということを明示的に指摘しているというわけではないが、本文で述べたように考えることによって、黙示的にそのように考えていると考えられる。

　各準共有者による不統一行使の主張が認められないということを明示的に論じるものとして、次のようなものがある。すなわち、青竹・前掲注190)「株式・有限会社持分の共同相続と社員権の行使(4)・完」9頁は、議決権の不統一行使が適法になされるためには準共有者の準共有持分の割合および議決権の数が問題になるから、議決権の不統一行使は認められない、という。また、泉田栄一『会社法の論点研究——附・国際金融法の論点』(信山社、2005年)60頁(初出：泉田栄一「株式・持分の相続と権利行使者の通知」法学新報109巻9・10号(2003年)49頁)も参照。この他に本文の見解と結論において同旨であると理解することができるものとして、青木・前掲注12)45頁(ただし、共同相続による準共有以外の準共有の場合には、「持分に応じた議決権の不統一行使を認めてもよい」という)、片木・前掲注185)63頁(共同相続財産の管理については一体性が強く要求される、という)、林孝宗「判批(東京高判平成24年11月28日)」早稲田法学89巻4号(2014年)190頁、木下崇「共有株式に係る議決権の行使と権利行使者の指定に関する一考察」永井和之先生古稀記念『企業法学の論理と体系』(中央経済社、2016年)266頁(各準共有者による不統一行使の主張を認めることが、暫定的な状況における意思の形成として適切であるのかという疑問が残る、という)、伊東・前掲注212)86頁(準共有株式を各準共有者の準共有持分の割合に応じて分割した場合に端数が出る場合や、準共有株式の数が準共有者の数より少ない場合には、どのように議決権を行使するのか、と指摘する)。河内隆史「株式の共同相続に伴う株主権の行使」中村一彦先生古稀記念『現代企業法の理論と課題』(信山社、2002年)269頁、山下・前掲注193)215-216頁、伊東・前掲注212)104-105頁も参照。

題の内容等によって、その指図が管理行為に該当するのか処分行為または変更行為に該当するのかが区別される。このように考える場合には、権利行使者に対する指図は、多数決または全員一致によって決定されることになる。

この見解によると、議決権の不統一行使をするという決定が準共有者間の多数決（または全員一致）によってなされない限り、権利行使者に対する指図の内容として、議決権の不統一行使が決定されることはない。そして、この見解の下では、1で述べたように、準共有者の多数派は、多数決によって、準共有株式についての議決権の全部を自らの意思に従って行使することができる地位にある。よって、その多数派が、多数決の際に、敢えてそのような有利な地位を放棄して、その議決権の一部が準共有者の少数派の意思に従って行使されることになる不統一行使をするという決定をしない限り、準共有持分の割合に応じた議決権の不統一行使がなされることはない。

3 各準共有者による不統一行使の主張を認める見解

そこで、これに対して、各準共有者がその準共有持分の割合に応じた不統一行使を主張することができるという見解が主張されている[225]。

この見解の実質的な理由として、次の2点が挙げられる。第1に、各準共有者はその準共有持分の割合に応じて会社経営のリスクを負担するので、そのリスクに見合った会社経営に対する支配権（株主総会における議決権等）を各準共有者に認めることが本来望ましい[226]。そして、株式が準共有関係にあることを理由としてこのことを変更する理由はない。第2に、準共有者間の利害対立状況をバランスよく処理するためには、各準共有者に自己の準共有持分の割合に応じた議決権行使を認めることが適切である[227]。確かに、準共有株式についての紛争の具体的な利益状況は多様であるので、どのような考え方によって妥当な解決を導くことができるのかについて、一般的に確定することができるわけではない。しかし、特に共同相続人間の紛争が深刻化して膠着状態が長期化するような状況では、各共同相続人の相続分に応じた議決権行使を認めることが比較的適切である[228]。

そのうえで、この見解を実現する法的構成としては、次のような2つの考え方が主張されている。

第1に、準共有持分の割合に応じた議決権の行使は、準共有者が本来的に

享受する権利であるという考え方である[229]。すなわち、準共有者がその準共有持分の割合に応じた議決権を行使することは、例えば準共有持分の割合に応じて配当を受領する権利と同様に、準共有者が本来的に享受する権利である（民法249条参照）。よって、各準共有者は、自己の準共有持分の割合に対応する個数の議決権について、自己の指図に従って行使することを権利行使者に対して請求する権利がある。そして、そのような請求があった場合には、準共有者間の内部関係において、権利行使者はそれに応じる義務を負う。

---

[225] 田中啓一「判批（徳島地判昭和46年1月19日）」ジュリスト554号（1974年）109頁、小林俊明「判批（東京地判昭和60年6月4日）」ジュリスト921号（1988年）102頁、出口・前掲注218）「判批」201頁、山田泰彦「株式の共同相続と相続株主の株主権」早稲田法学69巻4号（1994年）196-198頁（ただし、その議決権行使が処分行為に該当する場合を除く）、山田・前掲注218）381-383頁（ただし、その議決権行使が変更行為または処分行為に該当する場合を除く）、楠元純一郎「判批（最判平成11年12月14日）」佐賀大学経済論集34巻1号（2001年）83-84頁、伊藤靖史＝伊藤雄司＝大杉謙一＝齊藤真紀＝田中亘＝松井秀征『事例で考える会社法〔第2版〕』（有斐閣、2015年）124-126頁〔田中亘〕（初出：田中亘「相続は争いの始まり」法学教室338号（2008年）53頁）、王芳「判批（大阪高判平成20年11月28日）」ジュリスト1396号（2010年）170頁、吉本健一「準共有株式の権利行使と会社法106条但書——最高裁平成27年2月19日判決の検討」神戸学院法学45巻4号（2016年）37-40頁、久保田安彦「ロー・クラス 株式会社法の基礎〔第14回〕株式の準共有」法学セミナー742号（2016年）96-97頁（久保田安彦『会社法の学び方』（日本評論社、2018年）44頁所収）（ただし、会社法106条ただし書に基づく会社の同意がある場合に関する記述である）、久保田・前掲注183）169-172頁、同176-177頁（ただし、その議決権行使によって直ちに株式を処分しまたは株式の内容を変更することになるなど特段の事情が認められる場合を除く）。山田攝子「株式の共同相続」判例タイムズ789号（1992年）9頁、河内隆史「判批（大阪高判平成20年11月28日）」判例評論611号（2010年）22頁、吉川信將「判批（東京高判平成24年11月28日）」法学研究87巻4号（2014年）41-42頁、近藤光男『最新株式会社法〔第8版〕』（中央経済社、2015年）154頁、吉川信將「権利行使者の通知がない準共有株式にかかる議決権行使方法について」法学研究89巻1号（2016年）115頁も参照。また、永井・前掲注218）219頁は、ある議決権行使が処分行為に該当する場合には、その議決権行使については、権利行使者が各準共有者の意思に応じて議決権を不統一的に行使するべきである、という。稲葉・前掲注11）332-333頁は、事実として会社の支配権の争奪に影響する場合には、権利行使者が議決権を不統一的に行使するべきである、という（稲葉・前掲注11）408頁も参照）。

[226] 伊藤ほか・前掲注225）126頁〔田中亘〕、吉本・前掲注225）39頁、久保田・前掲注225）96頁、久保田・前掲注183）172頁。

[227] 小林・前掲注225）102頁、出口・前掲注218）「判批」201頁、楠元・前掲注225）83-84頁、王・前掲注225）170頁、吉本・前掲注225）38頁、久保田・前掲注225）96頁、久保田・前掲注183）172頁。山田・前掲注218）383頁、久保田・前掲注183）182頁も参照。

[228] 山田攝子・前掲注225）9頁、山田泰彦・前掲注225）197頁も参照。

第 2 に、民法 249 条が優先的に適用されるという考え方である[230]。すなわち、民法 249 条は、共有という制度の最も基底的なルールとして、他の規定に優先して適用される。なぜならば、民法 249 条は、民法の共有に関する諸規定の冒頭に置かれており、また、共有という所有形態において、共有持分に応じた使用はその根幹に関わる本質的ルールであると考えられるからである。民法 251 条および同 252 条のルールは、共有物を一体的に処理する場合に従わなければならないルールであって[231]、民法 249 条とは適用場面が異なる。したがって、準共有株式についての議決権を統一的に行使する場合には、民法 251 条または同 252 条が準用される。しかし、民法 249 条が最も基底的なルールであるので、準共有者の一部が自己の準共有持分の割合に応じた議決権行使を主張する場合には、他の準共有者は、そのような議決権行使の方法を容認しなければならない。

4　各準共有者による不統一行使の主張を認める見解に対する批判

　このような各準共有者による不統一行使の主張を認める見解に対しては、次の 2 つの批判がなされている。
　第 1 に、各準共有者は、その準共有持分の割合に応じて会社経営のリスクを負担するわけではない[232]。まず、最高裁判所の考え方[233]によると、準共有株式についての配当および残余財産は、準共有持分の割合に応じて当然に分割されるわけではなく、当該株式の準共有者の共有に服すると考えられる。よって、株式の準共有者は、準共有持分の割合に応じて配当および残余財産の分配を受けるわけではないので、準共有持分の割合に応じてリスクを負担

---

229)　伊藤ほか・前掲注 225) 125-126 頁〔田中亘〕。王・前掲注 225) 170 頁も同旨。山田泰彦・前掲注 225) 196 頁（準共有持分の割合に応じた議決権の数量的算定が容易であること、および、共有とは個々の所有権が集合したものであることを強調する）も参照。
230)　吉本・前掲注 225) 38-40 頁、久保田・前掲注 225) 96 頁、久保田・前掲注 183) 176 頁。
231)　共有物を一体的に取り扱う場面においては、全体として一定の権利行使をすることの影響が共有物全体に及び得るので、その影響の重大性に応じて権利行使の内容決定について異なる方法を定めている。
232)　脇田将典「判批（最判平成 27 年 2 月 19 日）」法学協会雑誌 133 巻 8 号（2016 年）262 頁。この批判についての検討は、本節第 3 款二 3(1)において行う。
233)　最判平成 26 年 2 月 25 日民集 68 巻 2 号 173 頁、最判平成 26 年 12 月 12 日・後掲注 411) を参照。もっとも、本節第 4 款四 5(2)も参照。

することにはならない。また、株式が共同相続された場合には、その株式の帰属は最終的には遺産分割によって決定されるので、相続分に応じて株式が分割されるとは限らない。

第2に、複数の株式が準共有されている場合に、各準共有者は、その準共有持分の割合に応じた数の議決権を有するわけではない[234]。なぜならば、株式の準共有関係は、1株の株式ごとに成立するので、準共有株式についての議決権は、1株の準共有関係を単位として1個ずつ別々に取り扱われるからである。その結果として、準共有者間の内部関係における意思決定も、理論上は、1株の準共有関係ごとに、つまり、1個の議決権ごとになされることになる。そして、その際に、その1個の議決権を不統一的に行使するという決定をすることはできない[235]。

五　問題の所在

以上のように、準共有株式についての議決権の不統一行使に関する現在の議論では、次の2点が論じられている。第1に、準共有者間の内部関係において、各準共有者がその準共有持分の割合に応じた不統一行使を主張することができるのか、という問題である[236]（四）。第2に、会社法313条3項に基づいて、会社がそのような不統一行使を拒むことができるのか、という問題である（三）。さらに、第1の問題は、次の2点に分けることができる。まず、そのような各準共有者による不統一行使の主張を認める必要性があるのか、という点である。次に、そのような必要性がある場合に、どのような法的構成によって各準共有者による不統一行使の主張が可能になるのか、という点である。

---

[234] 冨上智子「判解（最判平成27年2月19日）」『最高裁判所判例解説民事篇 平成27年度（上）（1月～6月分）』（法曹会、2018年）32頁（初出：冨上智子「判解（最判平成27年2月19日）」法曹時報69巻5号（2017年）185頁）。
[235] この点について、詳しくは、本節第4款一1を参照。
[236] この問題は、あくまでも準共有者間の内部関係における問題である。この問題について、各準共有者がその準共有持分の割合に応じた不統一行使を主張することができると考える場合であっても、そのような主張に基づいて会社に対してその権利を行使する際には、会社法106条に従わなければならない。この点については、本節第4款五において検討する。本節第1款も参照。

第5節　より円滑な事業承継を実現するための規律の検討

そして、従来の議論では、特にこれら第1の問題について、十分な検討がなされていない。
　まず、各準共有者による不統一行使の主張を認める必要性について、各準共有者による不統一行使の主張を認める見解は、そのような必要性として、会社経営のリスク負担に応じた議決権配分の実現にとっての不統一行使の必要性、および、共同相続人間の利害対立の妥当な解決にとっての不統一行使の有用性を挙げる[237]。しかし、これらの必要性は、十分な検討によって基礎づけられているというわけではない。
　例えば、会社経営のリスク負担に応じた議決権配分の実現にとっての不統一行使の必要性が、株式の準共有が主として問題になる同族会社を念頭に置いたとしても妥当するのかについてまでは検討されていない。また、共同相続人間の利害対立の妥当な解決にとっての不統一行使の有用性についても、共同相続人間の利害対立の状況は様々なものが想定されるところ、そのような利害対立状況によって類型分けして検討されているわけではなく、各準共有者による不統一行使の主張を認めることが全体として本当に有用であるのかは十分に検討されていない。
　次に、各準共有者による不統一行使の主張を認めるための法的構成についても、具体的には第4款一および同款四2で指摘するように、説得的な説明がなされていない。実際に、本款四4で確認したように、その法的構成には困難な問題があることが既に指摘されている。
　そこで、まず、第3款において、各準共有者による不統一行使の主張を認める必要性があるのかという点を検討する。そのうえで、第4款において、各準共有者による不統一行使の主張を認めるための法的構成について検討する。また、第2の問題、つまり、会社法313条3項に基づいて会社がそのような不統一行使を拒むことができるのかという問題については、第4款五の中で検討する。

---

237) 本款四3。

第3款 各準共有者による不統一行使の主張を認める必要性についての検討

一 序

　本款では、各準共有者による不統一行使の主張を認める必要性があるのかという点を検討する。この検討は、そもそも第4節で検討したように権利行使者に関する一般的な規律として多数決説を採用した場合に生じ得る弊害を緩和する必要があるのか（つまり、準共有者の少数派の利益を保護する必要があるのか）、また、より円滑な事業承継を実現するために各準共有者による不統一行使の主張を認める必要があるのかといった点にも関係する。

　まず、二において、各準共有者による不統一行使の主張を認める従来の見解が実質的な理由として挙げる、会社経営のリスク負担に応じた議決権配分の実現にとっての不統一行使の必要性について検討する。次に、三において、各準共有者による不統一行使の主張を認める従来の見解がもう1つの実質的な理由として挙げる、共同相続人間の利害対立の妥当な解決にとっての不統一行使の有用性について検討する。この検討は、実質的には、より円滑な事業承継の実現にとっての不統一行使の有用性を検討するものである。最後に、四において、相続人等に対する株式売渡請求制度の運用にとっての不統一行使の必要性について検討する[238]。

二 会社経営のリスク負担に応じた議決権配分の実現にとっての不統一行使の必要性

1 序

　まず、本項では、各準共有者による不統一行使の主張を認める従来の見解が実質的な理由として挙げる、会社経営のリスク負担に応じた議決権配分の実現にとっての不統一行使の必要性について検討する。具体的には、まず、2において、この必要性に関する基本的な考え方を説明する。次に、3において、この考え方に対する批判ないし疑問について検討する。そのうえで、4において、株式の準共有が主として問題になる同族会社を念頭に置く場合にこ

の考え方が妥当するのかについて検討する。

2 基本的な考え方

　各準共有者による不統一行使の主張を認める見解は、その実質的な理由として、各準共有者はその準共有持分の割合に応じて会社経営のリスクを負担するので、そのリスクに見合った会社経営に対する支配権（株主総会における議決権等）を各準共有者に認めることが本来望ましい、ということを挙げ

238）　なお、本款で検討するものの他に、各準共有者による不統一行使の主張を認める必要性を基礎づけ得るものとして、遺産分割を阻害するべきではないという観点から、各準共有者による不統一行使の主張を認めた方が望ましい、ということが考えられる。すなわち、権利行使者に対する指図を多数決によって決定するという規律の下では、多数派の共同相続人は、遺産分割までの間は、共同相続された準共有株式の全部についての議決権を行使することができる。多数派の共同相続人は、遺産分割後もこのように共同相続された株式の全部についての議決権を行使するためには、遺産分割において、当該株式全部のうち自己の相続分を超過する分の割当てを受けるために、その他の共同相続人に対して、その超過分に相当する対価（当該株式以外の遺産または代償金）を与える必要がある。したがって、多数派の共同相続人は、遺産分割をしない方が、そのような対価を与えることなく、共同相続された株式の全部についての議決権を行使することができる。したがって、権利行使者に対する指図を多数決によって決定するという規律は、共同相続人の多数派に対して、遺産分割に消極的な態度をとるインセンティブを必然的に与えてしまう。これに対して、各準共有者による不統一行使の主張を認めるという規律の下では、多数派の共同相続人は、遺産分割までの間であっても、共同相続された株式のうち自己の相続分に相当する株式についての議決権しか行使することができない。したがって、各準共有者による不統一行使の主張を認めるという規律が、共同相続人の多数派に対して、遺産分割に消極的な態度をとるインセンティブを必然的に与えるわけではない。これらのことを踏まえると、遺産分割を阻害するべきではないという観点からは、各準共有者による不統一行使の主張を認めた方が望ましいと考えられる。
　もっとも、このような観点から会社法に関する解釈論を展開することが説得的であるのかは、次の2点を踏まえると疑わしい。第1に、遺産分割を阻害しないようにすることは、株式が相続された場合にだけ特に実現される必要性が高いというものではない。第2に、遺産の管理行為を多数決によって決定するという規律が、共同相続人の多数派に対して遺産分割に消極的な態度をとるインセンティブを必然的に与えてしまうという弊害は、株式以外の財産（例えば、不動産）が相続された場合にも生じる。それにもかかわらず、相続法は、そのような弊害を特に防止しようとしているわけではない。これら2点を踏まえると、遺産分割を阻害しないようにすることが、会社法に関する解釈論によって実現されるべきなのかは、疑わしい。よって、本書は、遺産分割を阻害するべきではないという観点から、各準共有者による不統一行使の主張を認める必要性を基礎づけることはしない。もっとも、各準共有者による不統一行使の主張を認めた場合には、結果として、前述のような弊害を防止することができることになる。

る[239]。このことを敷衍すると、次のように説明することができる。

(1) 会社経営のリスク負担に応じた議決権配分の必要性

　まず前提として、一般的に、なぜ会社の支配権が株主に与えられるのかについては、次のように説明される[240]。すなわち、会社の価値を最大化するインセンティブを最も強く有する者に会社の支配権を与えるべきであるという考え方を背景にして、その会社の価値を最大化するインセンティブを最も強く有する者は株主であるから、株主に会社の支配権を与えるべきである。なぜならば、会社の価値を最大化するインセンティブは、会社の価値の限界的な増減に応じて自らの損益が増減する者（限界損益の帰属者）に最も強く認められるところ、株主がそのような限界損益の帰属者であるからである[241]。

　このことを踏まえて、その支配権（議決権）を株主間でどのように配分するべきなのかについては、次のように説明される[242]。すなわち、会社の価値を最大化するインセンティブは、各株主に帰属する株主としての限界損益に比例する。なぜならば、株主としてのより大きな限界損益が帰属する株主ほど、会社の価値の向上によってより大きな利益を得ることができるので、会社の価値を向上させるように議決権を行使するインセンティブをより強く有すると考えられるからである[243]。よって、会社の価値を最大化するインセンティブに応じて株主に議決権を与えるためには、各株主に帰属する株主としての限界損益に応じて各株主に議決権を配分するべきである[244]。

---

239) 前掲注226)。
240) 例えば、得津晶「持合株式の法的地位（5・完）」法学協会雑誌126巻10号（2009年）37-40頁、江頭・前掲注14）24頁、田中・前掲注184）75-76頁。藤田友敬「株主の議決権」法学教室194号（1996年）19-21頁、FRANK H. EASTERBROOK & DANIEL R. FISCHEL, THE ECONOMIC STRUCTURE OF CORPORATE LAW 67-68 (1996) も参照。
241) この限界損益の帰属者という概念と残余権者という概念の関係については、得津晶「2つの残余権概念の相克」岩原紳作＝山下友信＝神田秀樹編集代表『会社・金融・法〔上巻〕』（商事法務、2013年）111頁を参照。
242) 例えば、得津・前掲注240）42-44頁、田中・前掲注184）168頁。ROBERT C. CLARK, CORPORATE LAW 389-390 (1986); HENRY HANSMANN, THE OWNERSHIP OF ENTERPRISE 12 (1996); EASTERBROOK & FISCHEL, supra note 240, at 73、藤田・前掲注240）21頁、加藤貴仁『株主間の議決権配分――一株一議決権原則の機能と限界』（商事法務、2007年）441-442頁も参照。

(2) 株式が準共有されている場合への応用

　株式が準共有されている場合においても、一般論としては、(1)で述べた会社経営のリスク負担（株主としての限界損益）に応じた議決権配分の必要性を否定する理由はないので[245]、そのような議決権配分の実現のために不統一行使を認める必要性を否定する理由もないと考えられる。すなわち、この場合においても、会社の価値を最大化するインセンティブをより強く有する者に議決権を与えるために、各準共有者に帰属する株主としての限界損益（準共有持分の割合）に応じて各準共有者に議決権を配分するべきである。そして、このような議決権配分を実現するためには、準共有者間の内部関係において、各準共有者がその準共有持分の割合に応じた不統一行使を主張することを認めることが必要である。

　これに対して、このような各準共有者による不統一行使の主張を認めない見解によると、準共有者のうち過半数の割合の準共有持分を有する者が、準共有株式の全部についての議決権を（権利行使者を通じて）行使することができる。この場合には、その者は、自己に帰属する株主としての限界損益を超えて議決権を有することになる。例えば、ある会社の発行済株式総数の70％の株式が準共有されている場合において、51％の準共有持分を有する準共有者は、自己に帰属する株主としての限界損益が35.7％（70％の株式のうちの51％分）にすぎないにもかかわらず、70％の議決権を行使することができることになる[246]。このことは、議決権を行使する者に、その議決権に対応する株主としての限界損益が部分的にしか帰属していないという点において、empty voting の事案[247]と同じような状況が発生するということを意味する。

---

243) Lucian Aye Bebchuk, Reinier Kraakman, & George Triantis, *Stock Pyramids, Cross-Ownership and Dual Class Equity : The Mechanisms and Agency Costs of Separating Control From Cash-Flow Rights*, HARVARD LAW SCHOOL OLIN DISCUSSION PAPER No. 249 (1999) *as published in* CONCENTRATED CORPORATE OWNERSHIP 445（R. Morck, ed., 2000）は、小さな cash flow right しか有しない支配株主によるエージェンシー・コストが、大きな cash flow right を有する支配株主によるエージェンシー・コストよりもかなり大きくなり得るということを指摘する。

244) もっとも、得津・前掲注240) 44頁は、このような cash flow right と control right の一致を、事実の記述としてではなく規範的な主張として捉えるべきなのかは自明ではない、という。

245) 後掲注254) も参照。

よって、このような状況の発生を回避して、各準共有者に帰属する株主としての限界損益（準共有持分の割合）に応じて各準共有者に議決権を配分するためには、準共有者間の内部関係において、各準共有者がその準共有持分の割合に応じた不統一行使を主張することができる必要がある。

3　この考え方に対する批判ないし疑問についての検討
(1)　各準共有者が準共有持分に応じて会社経営のリスクを負担するわけではないという批判

2のような考え方に対しては、第2款四4で確認したように、次のような批判がある。すなわち、各準共有者は、その準共有持分の割合に応じて会社経営のリスクを負担するわけではない[248]。つまり、各準共有者には、その準

---

246) このような事案が生じ得るということは、ドイツにおいても指摘されている（*Bartholomeyczik*, Das Aktienpaket der Miterbengemeinschaft, in：Festschrift für Heinrich Lange zum 70. Geburtstag, 1970, S. 347 f. 議決権コンソーシアムの場合について同じことを指摘するものとして、例えば、*Habersack*, Grenzen der Mehrheitsherrschaft in Stimmrechtskonsortien, ZHR 164（2000）, 1, 13）。

　また、議決権行使の決定のために準共有者の全員一致が必要である場合には、準共有持分の割合が著しく少ない準共有者、つまり、その者に帰属する株主としての限界損益が著しく少ない準共有者であっても、準共有株式の全部についての議決権の行使を阻止することができることになる（この点について、**第3章第5節第5款二2(2)ア**で紹介した2008年連邦通常裁判所判決が挙げる第3の理由も参照）。このように、議決権行使の決定のために準共有者の全員一致が必要であるとする規律は、本文で述べたような弊害をより増幅させ得る（もっとも、この規律の下では、議決権の行使が阻止される可能性が増えるだけであって、何らかの議決権の行使が積極的になされる可能性が増えるわけではない）。

247) Empty voting の事案は、典型的には、デリバティブ等を用いて、株式所有に伴う経済的利益に係る権利の全部または一部を他の主体に移転することを通じて、株価下落リスクを負わない状態で議決権を行使するような事案として理解されている。Empty voting については、例えば、嘉村雄司「議決権と経済的利益の新たな分離現象(1)・(2・完)――空議決権行使および隠れた（変形可能な）持分」福岡大学大学院論集40巻1号（2008年）101頁・同2号（2008年）105頁、得津晶「Empty Voting に関する近時の議論状況――cash-flow と control right の乖離の観点から」北大法学論集61巻1号（2010年）200頁、コーポレート・ガバナンスに関する法律問題研究会「株主利益の観点からの法規整の枠組みの今日的意義」金融研究2012年1月号（2012年）35-40頁、得津晶「株主による議決権行使の在り方に関する会社法上の論点についての調査研究報告書」（商事法務研究会、2013年）、白井正和「エンプティ・ボーティングをめぐる議論の状況とそこから得られる示唆」法律時報86巻3号（2014年）12頁を参照。

248)　前掲注232)。

共有持分の割合に応じて株主としての限界損益が帰属するわけではない。

その理由として、次の２点が挙げられる。第１に、最高裁判所の考え方によると、準共有株式についての配当および残余財産は、準共有持分の割合に応じて当然に分割されるわけではなく、当該株式の準共有者の共有に服すると考えられる。したがって、株式の準共有者は、準共有持分の割合に応じて配当および残余財産の分配を受けるわけではないので、準共有者に、準共有持分の割合に応じて株主としての限界損益が帰属することにはならない。第２に、株式が共同相続された場合には、その株式の帰属は最終的には遺産分割によって決定されるので、相続分に応じて株式が分割されるとは限らない。

しかし、このような批判は説得的ではない。なぜならば、この批判が指摘することを前提とする場合であっても、次のように、各準共有者には、最終的に株主としての限界損益が帰属することになるからである。

第１の点について、準共有株式についての配当および残余財産が当該株式の準共有者間で共有される場合であっても[249]、各準共有者は、その共有された配当および残余財産に対する権利を、各準共有者の準共有持分の割合に応じて有する。すなわち、準共有持分の割合が大きい準共有者ほど、その配当および残余財産に対してより大きな権利を有する。したがって、準共有株式についての配当および残余財産が当該株式の準共有者間で共有される場合であっても、各準共有者には、最終的に株主としての限界損益が帰属する。

第２の点について、確かに、株式自体が、相続分に応じて分割されるとは限らない。しかし、遺産分割によって株式を承継しないこととなる共同相続人は、その代わりに、当該株式の価値のうち自己の相続分に対応する価値に相当する別の遺産を承継する（または価格賠償を受ける）ことになる。したがって、例えば、相続開始から遺産分割までの間に株式の価値が高くなった場合には[250]、遺産分割によって株式自体を承継することのない共同相続人であっても、その増価分のうち相続分に対応する価値を、別の遺産や価格賠償によって得ることができる。その意味において、遺産分割によって株式自体を承継することのない共同相続人にも、最終的には株主としての限界損益が帰属す

---

249) もっとも、本節第４款四５(2)も参照。
250) 一般的に、遺産の価値評価の基準時は、相続開始時ではなく遺産分割時であると考えられている（谷口＝久貴編・前掲注173) 346-350頁〔伊藤昌司〕）。

る。

　これらのことを踏まえると、各準共有者がその準共有持分の割合に応じて会社経営のリスクを負担するわけではないという批判は説得的ではない。

(2) 株式が準共有されている場合と株式が法人によって所有されている場合との違い

　また、2(2)で指摘したような議決権の帰属と株主としての限界損益の帰属が分離する状況は、株式が準共有されている場合に限らず、株式が法人によって所有されている場合にも生じ得る。2(2)で挙げた例を株式が法人（例えば、株式会社）によって所有されている場合に置き換えると、次のようになる。すなわち、ある会社Aの発行済株式総数の70％の株式が別の会社Bによって所有されている場合において、会社Bの発行済株式総数の51％の株式を有するBの株主は、自己に帰属する会社Aについての限界損益が35.7％（70％のA社株式のうちの51％分）にすぎないにもかかわらず、会社Bの取締役の選任等を通じて、実質的には、会社Aの株主総会において70％の議決権を行使することができることになる[251]。このように、議決権の帰属と株主としての限界損益の帰属の分離は、株式が準共有されている場合に限らず、株式が法人によって所有されている場合にも生じ得る。

　そうであるならば、なぜ株式が準共有されている場合のみを取り上げるのか、株式が法人によって所有されている場合を同時に取り上げる必要がないのかというような疑問が生じ得る。しかし、特に、共同相続によって株式が準共有されている場合を想定するならば、それは、次のように、株式が法人によって所有されている場合とは異なる点を有する。すなわち、株式が法人によって所有されている場合には、議決権の帰属と株主としての限界損益の帰属の分離が当事者によって意図的に作出されている。これに対して、共同相続によって株式が準共有されている場合には、議決権の帰属と株主としての限界損益の帰属の分離が当事者によって意図的に作出されているわけではなく、法がデフォルト・ルールとしてそれを規定している[252]。

---

251)　Bebchuk, et al., *supra* note 243, at 4-6 は、本文で指摘したような会社の支配構造をピラミッド型株式所有構造として分析して、それが cash flow right から control right を分離する結果を生み出すということを指摘している。

確かに、議決権の帰属と株主としての限界損益の帰属の分離が、当事者によって作出されたものであるのか法によって作出されたものであるのかにかかわらず、それがもたらす結果は同じである。したがって、その同じ結果をもたらす両方の場合を統一的に取り扱うという考え方もあり得る。しかし、それぞれの場合において提起されるべき問題は、次のように区別することができる。すなわち、議決権の帰属と株主としての限界損益の帰属の分離が当事者によって作出されている場合において提起されるべき問題は、当事者による議決権の帰属と株主としての限界損益の帰属の分離が法によって規制されるべきなのかということである。これに対して、議決権の帰属と株主としての限界損益の帰属の分離が法によって規定されている場合において提起されるべき問題は、法がデフォルト・ルールとして議決権の帰属と株主としての限界損益の帰属の分離を規定していることが適切であるのかということである[253]。

　このように、株式が法人によって所有されている場合と、共同相続によって株式が準共有されている場合とでは、それぞれの場合において提起されるべき問題のレベルが少なくとも形式的には異なると考えられる[254]。よって、両者を区別して後者だけを取り上げることにも理由がないわけではないように思われる。

4　同族会社を念頭に置く場合におけるこの考え方の妥当性

　この4では、株式の準共有が主として問題になる同族会社を念頭に置く場

---

252) もっとも、株式が法人によって所有されている場合に、議決権の帰属と株主としての限界損益の帰属が分離するという状況を作出することを当事者がどの程度意図しているのかは、事案によって異なると考えられる。例えば、過少資本による会社支配を実現するためにそのような状況を作出することを意図するような事案もあれば、別の理由により親子会社関係を形成した結果としてそのような状況が作出されたような事案もあると考えられる。後者のような事案では、当事者は、必ずしもそのような状況を意図的に作出しようとしていたわけではない。しかし、このような事案であっても、当事者の行為が一応介在しているのに対して、共同相続によって株式が準共有されている場合には、当事者の行為は全く介在していない。

253) このように提起されるべき問題が異なるという視点は、ドイツ法の考察における2008年連邦通常裁判所判決とそれについてのSchürnbrandによる分析を検討した際に得ることができた示唆でもある（**第3章第5節第5款二2(2)ウ**）。

合に、2で述べた基本的な考え方が妥当するのかについて検討する。

株式が準共有されている場面のうち、特に問題が生じやすいものとして現在一般的に想定されているのは、次のような場面である[255]。すなわち、同族会社において、その発行済株式総数のうちの大きな割合の株式を有している株主の死亡によって、当該株式が、遺産分割までの間、その複数の共同相続人によって準共有されることになった、という場面である。

ところが、このような同族会社の場合にも2で述べた基本的な考え方が妥当するのかは、次のように、必ずしも明らかではないと考えられる。

---

[254] もっとも、実質的には、それぞれの場合において考慮されるべき内容はそれほど変わらないように思われる。すなわち、結局のところ、どちらの場合においても、会社法がデフォルトとしている議決権の帰属と株主としての限界損益の帰属の一致（一株一議決権原則）をどの程度まで貫徹するべきなのかが問題になる。

しかし、本文で指摘したように、少なくとも形式的には、それぞれの場合において提起されるべき問題のレベルが異なると考えられる。なぜならば、それぞれの問題において前提となる基準点が異なるからである（得津晶「負け犬の遠吠え——多元的法政策学の必要性またはその不要性」新世代法政策学研究1号（2009年）359-366頁を参照）。すなわち、株式が法人によって所有されている場合においては、法が議決権の帰属と株主としての限界損益の帰属の分離を規制していない（私的自治に委ねている）ことを基準点として、その分離を規制することに積極的な意味があるのかということが問われる。これに対して、共同相続によって株式が準共有されている場合においては、既に法がデフォルト・ルールとして議決権の帰属と株主としての限界損益の帰属の分離を規定しているので、それを基準点として、そのことにどのような意味があるのかという点が問われる。つまり、議決権の帰属と株主としての限界損益の帰属を分離することに積極的な意味があるのかということが問われる。このように、それぞれの場合において捉えられる問題の側面が異なっていると考えられる。

そのうえで、共同相続によって株式が準共有されている場合において議決権の帰属と株主としての限界損益の帰属を分離することに積極的な意味があるのかという問題に対する答えは、そのことに積極的な意味はないというものになると考えられる。各準共有者による不統一行使の主張を認める見解が、その見解の根拠として、株式が準共有関係にあることを理由として議決権の帰属と株主としての限界損益の帰属の一致を変更する理由はないということを挙げていること（前掲注226））は、このような意味において理解することができる。

このような答えは説得的ではないという評価もあり得る。しかし、各準共有者による不統一行使の主張を認めない見解も、議決権の帰属と株主としての限界損益の帰属の分離に積極的な意味はないということ自体を否定しているわけではないと考えられる。いずれにせよ、本書は、4で検討するように、議決権の帰属と株主としての限界損益の帰属の分離に積極的な意味はないということが、各準共有者による不統一行使の主張を認める見解の根拠として決定的であるとは考えていない。

[255] **第1章一**を参照。

2⑴で述べた、各株主に帰属する株主としての限界損益に応じて議決権を配分するべきであるという考え方の前提には、株主としてのより大きな限界損益が帰属する株主ほど、会社の価値の向上によってより大きな利益を得ることができるので、会社の価値を向上させるように議決権を行使するインセンティブをより強く有する、ということがある。ここで株主としての限界損益として想定されているものは、各株主の株式所有割合（議決権割合）に応じて分配される剰余金の配当や残余財産等である。

　しかし、同族会社（中小企業等）においては、株主は、このような剰余金の配当等に期待しているわけではなく、剰余金の配当等を増加させることを主たる目的として会社の支配権（議決権）を行使しているわけではないと考えられる。まず、各株主の株式所有割合（議決権割合）に応じて分配される剰余金の配当は、比較的少ない傾向にある[256]。むしろ、株主は、同時にその会社の役員であることが多く[257]、会社からの利益を主として役員報酬の形で得ていると考えられる。また、株主でもある役員は、必ずしも株主としての利益を重視して意思決定をしているというわけではないように思われる[258]。このように、同族会社では、各株主の株式所有割合（議決権割合）に応じて分配される剰余金の配当等の利益よりも、役員でもある株主に帰属する私的利益[259]の方が大きい[260]。したがって、各株主が会社から得る利益は、必ずし

---

[256] 例えば、尾畠未輝「企業はなぜ人件費を上げられないのか？」季刊政策・経営研究 2017 年 1 号（2017 年）117 頁を参照。また、中小企業の利益配分のスタンスにおいて、株主への還元の優先順位がかなり低いことについて、岩瀬忠篤＝佐藤真樹「法人企業統計からみる日本企業の内部留保（利益剰余金）と利益配分」ファイナンス 2014 年 7 月号（2014 年）93-95 頁を参照。もっとも、中小企業（例えば、資本金が 1 億円未満の会社）において、剰余金の配当が全くなされていないというわけではない。これに関する統計は、財務省の財務総合政策研究所による法人企業統計調査のデータを参照することによって得ることができる。

[257] 例えば、ファミリービジネス白書企画編集委員会編『ファミリービジネス白書 2015 年版――100 年経営をめざして』（同友館、2016 年）28-30 頁〔中川健史＝後藤俊夫〕、中小企業庁編『2018 年版中小企業白書』（2018 年）85 頁を参照。

[258] 例えば、Ronald J. Gilson, *The Case against Shark Repellent Amendments, Structural Limitations on the Enabling Concept*, 34 STAN. L. REV. 775, 833（1982）、加藤・前掲注 242）460-461 頁を参照。

[259] ここでいう私的利益（private benefit）とは、株式所有割合に応じて分配される cash flow（剰余金の配当等）以外の形で株主が受け取る利益一般をいう。その中には、取締役報酬のような金銭的利益だけではなく、人間関係や名声等の精神的利益等も含まれる。以上の定義について、得津・前掲注 240）53 頁。

もその株式所有割合（議決権割合）に比例しているわけではない[261]。よって、同族会社においては、株主としてのより大きな限界損益（剰余金の配当等）が帰属する株主ほど、会社の価値の向上によってより大きな利益を得ることができるので、会社の価値を向上させるように議決権を行使するインセンティブをより強く有する、ということはできない[262]。すなわち、2で述べた考え方は、このような同族会社の場合には必ずしも妥当するわけではないと考えられる[263]。

以上のように、同族会社において、議決権の帰属と株主としての限界損益の帰属の一致を求めることが望ましいのかは必ずしも明らかではない。よって、株式の準共有が主として問題になる同族会社を念頭に置く場合には、各準共有者による不統一行使の主張を認めるための積極的な根拠として、議決権の帰属と株主としての限界損益の帰属の一致の必要性、つまり、会社経営のリスク負担に応じた議決権配分の必要性を強調することはあまり説得的ではない。

もっとも、他方で、この場合に、株式の準共有という形で議決権の帰属と限界損益の帰属を分離することが望ましいということを積極的に基礎づける根拠もない[264]。確かに、この4で検討したように、同族会社において、議決権の帰属と株主としての限界損益の帰属の一致を求めることが望ましいのかは必ずしも明らかではない。しかし、そのことが、同族会社において、株式の準共有という形で議決権の帰属と株主としての限界損益の帰属を分離する

---

260) 得津・前掲注240）50頁も参照。
261) 実際に、会社法も、公開会社でない会社については、議決権の帰属と株主としての限界損益の帰属の分離を少なくとも明示的には規制していない（会社法115条参照）。
262) 小佐野広「近視眼的株主と種類株」宮島英昭編著『企業統治と成長戦略』（東洋経済新報社、2017年）171頁も参照。もっとも、この文献も、「オーナー（家族）系企業や（新興国のものも含めた）政府系の企業が絡んだ経営権争いを考える場合には、1株1投票権の普通株のみの証券—投票権構造が最適でない可能性はありうる」と指摘するにとどまっており、それ以外の一定の証券—投票権構造が最適であるということまで証明することができているわけではない。
263) なお、上場会社においても、empty votingは、必ずしも弊害のみをもたらすというわけではなく、企業価値の向上に資する面があるという指摘がなされている（例えば、得津・前掲注247）「Empty Votingに関する近時の議論状況」202頁、白井正和「持合解消信託をめぐる会社法上の問題」法学76巻5号（2012年）9頁、白井・前掲注247）15頁を参照）。
264) 前掲注254）、前掲注262）を参照。また、本款二3(2)も参照。

ことが望ましいということを意味するわけではない。

5　本項のまとめと結論

本項では、各準共有者による不統一行使の主張を認める従来の見解が実質的な理由として挙げる、会社経営のリスク負担に応じた議決権配分の実現にとっての不統一行使の必要性について検討した。

(1) 基本的な考え方

従来の見解が前提とする会社経営のリスク負担に応じた議決権配分の必要性とは、次のような内容である。すなわち、株主間においてどのように議決権を配分するべきなのかについて、一般的には、株主としてのより大きな限界損益が帰属する株主ほど、会社の価値の向上によってより大きな利益を得ることができるので、会社の価値を向上させるように議決権を行使するインセンティブをより強く有すると考えられる。したがって、会社の価値を最大化するインセンティブに応じて株主に議決権を与えるためには、各株主に帰属する株主としての限界損益に応じて議決権を配分するべきである（2(1)）。

株式が準共有されている場合においても、一般論としては、このような会社経営のリスク負担に応じた議決権配分の必要性を否定する理由はなく、そのような議決権配分の実現のために不統一行使を認める必要性を否定する理由もないと考えられる。したがって、各準共有者に帰属する株主としての限界損益（準共有持分の割合）に応じて議決権を配分するべきである。そして、そのためには、準共有者間の内部関係において、各準共有者がその準共有持分の割合に応じた不統一行使を主張することを認める必要がある（2(2)）。

(2) 同族会社を念頭に置く場合におけるこの考え方の妥当性

もっとも、同族会社においては、各株主の株式所有割合（議決権割合）に応じて分配される剰余金の配当等の利益よりも、役員でもある株主に帰属する私的利益の方が大きいので、各株主が会社から得る利益は、必ずしもその株式所有割合（議決権割合）に比例しているわけではない。したがって、同族会社においては、株主としてのより大きな限界損益（剰余金の配当等）が帰属する株主ほど、会社の価値の向上によってより大きな利益を得ることができる

ので、会社の価値を向上させるように議決権を行使するインセンティブをより強く有する、ということはできない。

よって、株式の準共有が主として問題になる同族会社を念頭に置く場合に、各準共有者による不統一行使の主張を認めるための積極的な根拠として、会社経営のリスク負担に応じた議決権配分の必要性を強調することはあまり説得的ではない。もっとも、この場合に、株式の準共有という形で議決権の帰属と会社経営のリスクの帰属を分離することが望ましいということを積極的に基礎づける根拠もない（4）。

(3) 結　論

以上の検討によると、一般論としては、株式が準共有されている場合において、会社経営のリスク負担に応じた議決権配分の必要性を否定する理由はなく、そのような議決権配分の実現のために不統一行使を認める必要性を否定する理由もない。しかし、株式の準共有が主として問題になる同族会社を念頭に置く場合には、そもそもそのような議決権配分が望ましいということを積極的に基礎づけることは難しい。よって、この場合には、会社経営のリスク負担に応じた議決権配分の実現という観点から、各準共有者による不統一行使の主張を認める必要性を積極的に基礎づけることは難しい。

三　より円滑な事業承継の実現にとっての不統一行使の有用性

1　序——問題の所在

次に、本項では、各準共有者による不統一行使の主張を認める従来の見解がもう1つの実質的な理由として挙げるように、共同相続人間の利害対立の妥当な解決にとって、各準共有者による不統一行使の主張を認めることが有用であるのかを検討する。この検討は、この1で述べるように、実質的には、より円滑な事業承継の実現にとって、各準共有者による不統一行使の主張を認めることが有用であるのかを検討するものである。

(1)　「妥当な解決」の内容

各準共有者による不統一行使の主張を認める従来の見解は、準共有者間の

利害対立状況をバランスよく処理するためには、各準共有者に自己の準共有持分の割合に応じた議決権行使を認めることが適切である、という[265]。ここでいう準共有者間の利害対立状況のバランスのとれた処理、つまり、「妥当な解決」が具体的にどのようなことを意味するのかは、必ずしも一義的に定まるものではない。

しかし、円滑な事業承継を実現することが、株式の共同相続人だけではなくその会社の従業員や取引先等の利害関係者にとっても有益であって、社会全体にとって望ましいということについては、ある程度共通の認識があると考えられる[266]。そして、円滑な事業承継を実現するために必要なことは、相続開始後から遺産分割までの間においても[267]、会社の価値を最大化することができる者が、会社の支配権を行使することができる、ということである。

よって、本書においては、特に共同相続によって株式が準共有されている場合を念頭に置いて、「妥当な解決」の内容として、会社の価値を最大化することができる者が会社の支配権[268]を行使することができるということを想定する。そして、そのような「妥当な解決」を実現することができる可能性がより高い規律が、より円滑な事業承継を実現するための規律としてより望ましいものであると評価される。

(2) 問題の所在

本書における第2の検討課題は、より円滑な事業承継を実現するために望ましい規律を探究することである[269]。そこで、そのような規律を探究するために、本項では、(1)で述べたような「妥当な解決」を実現することができる可能性がより高い規律がどのようなものであるのかを分析する。具体的には、

---

[265] 前掲注227)。
[266] 第1章一を参照。
[267] 相続開始後に共同相続人間で相続に関する紛争が生じた場合には、遺産の分割を裁判所に請求することになるところ（民法907条2項）、その請求がなされてから裁判所による裁判が確定するまでには一定の期間が必要になる（家庭裁判所における遺産分割事件の審理期間に関する具体的な統計については、例えば、最高裁判所事務総局編『司法統計年報 3 家事編 平成29年』（法曹会、2018年）63頁を参照）。
[268] ここでいう「会社の支配権」としては、主に、会社の取締役の選任または解任をすることができる地位を想定する。
[269] 第2章第9節第2款。

権利行使者に対する指図を多数決等[270]によって決定するという規律と、各準共有者による不統一行使の主張を認めるという規律のうち、どちらの方が、「妥当な解決」を実現することができる可能性が高いのかを分析する。そのうえで、この分析を踏まえて、より円滑な事業承継を実現するという観点からより望ましい規律がどのようなものであるのかを検討する。

(1)で述べたように、本書は、「妥当な解決」の内容として、会社の価値を最大化することができる者が会社の支配権を行使することができるということを想定する。したがって、このような「妥当な解決」を実現することができる可能性がより高い規律がどのようなものであるのかを分析して検討するためには、具体的には、次の2点について分析して検討する必要がある。第1に、会社の価値を最大化することができる者は誰であるのか、という点である[271]（2）。第2に、どのような規律を採用すれば、その者が会社の支配権を行使することができる状況を確保できる可能性が高くなるのか、という点である（3）。

2　会社の価値を最大化することができる者の確定

これらのうち、第1の点、つまり、会社の価値を最大化することができる者が誰であるのかという点について、同族会社においては、そのような者は、従前からその会社に関与している共同相続人であると考えられる。なぜならば、従前からその会社に関与していない共同相続人は、原則として、会社の価値を最大化することができる者であるとは想定されないからである[272]。

まず、会社の価値を最大化するような経営を行うためには、会社の後継者は、従前の経営者から、法的な会社の支配権を承継する（「資産」の承継）だけ

---

270) 本款において、「多数決等」とは、当該指図が管理行為に該当する場合における多数決と、当該指図が処分行為ないし変更行為に該当する場合における全員一致の両方を含むものとする。

271) もっとも、その同族会社が、実際には、日々の経営判断等を伴うような事業を営んでおらず、同族の資産管理を主たる目的としているような場合には、会社の価値を最大化することができる者が誰であるのかという問いを設定することが適切であるのかが明らかではない。よって、本書の検討では、このような会社を検討の対象から除外する。最判平成27年2月19日・前掲注75）の事案はこのような会社に関する事案であった可能性があることを指摘するものとして、金子・前掲注197) 8頁。この他に、東京地判平成29年12月22日 D1-Law.com 判例体系判例 ID29047512 の事案も参照。

ではなく、取引先からの信用や従業員からの信頼等のような目に見えにくい経営資源をも承継すること(「人(経営)」および「知的資産」の承継)が必要になる[273]。従前からその会社に関与していない共同相続人は、そのような経営資源を全く承継していないので、そのような者が、相続開始後に突然その会社の経営に関与してその会社の価値を最大化することは、通常は困難であると考えられる。また、従前からその会社に関与していない共同相続人は、通常は、同族会社からの利益に依存することなく、生計を維持するための所得を得る手段を有している。これに対して、従前からその会社に関与している共同相続人は、通常は、生計を維持するための所得を得る手段として、その会社からの利益に依存している。したがって、従前からその会社に関与している共同相続人の方が、自らの生計を維持するためにその会社の価値を向上させるインセンティブをより強く有していると考えられる。

よって、従前からその会社に関与していない共同相続人は、原則として、会社の価値を最大化することができる者であるとは想定されず、従前からその会社に関与している共同相続人の方が、会社の価値を最大化することができる可能性が高いと考えられる[274]。そこで、本書においては、会社の価値を最大化することができる者を「会社の後継者になるべき者」といい、従前からその会社に関与している共同相続人がそのような者に該当するということ

---

[272] もっとも、例外が想定されないわけではない。例えば、まずは他の会社で働いた後で将来的に同族会社に戻ってその経営に関与することが予定されていた者がその同族会社に戻る前に従前の経営者が死亡した場合や、従前からその会社に関与している共同相続人が会社の価値を最大化することができる能力を明らかに有していないような場合である。

[273] 中小企業庁「事業承継ガイドライン」(2016年) 17頁。実際に、事業を承継した後継者は、事業承継の前に事業に関する知識や人脈の引継ぎを受けておいて良かったと考えている(中小企業庁編『2015年版小規模企業白書』(2015年) 59-60頁)。また、多くの後継者が、事業承継の前に従前の経営者と同じ会社で働きながら事業の引継ぎや指導を受けており、それが事業承継後の経営に好影響を与えていると感じているようである(中小企業庁編・前掲 60-61頁)。この他に、中小企業庁編『2013年版中小企業白書』(2013年) 152頁、中小企業基盤整備機構『中小企業経営者のための事業承継対策〔平成30年度版〕』(2018年) 10-11頁も参照。なお、**第1章**の注7)も参照。

[274] 金子・前掲注197) 6-9頁は、一般的に遺産分割が成立するまでの間「遺産それ自体」の価値を維持する必要があるという観点から、大阪高判平成20年11月28日判時2037号137頁および最判平成27年2月19日・前掲注75)の判断を、遺産分割手続中は会社経営の継続性の確保を原則とするべきであるという意味を有するものとして理解する。

を前提として分析および検討を進める。

3　共同相続人間の利害関係の類型ごとの分析および検討
(1)　序
この3では、2で検討したように、会社の後継者になるべき者が従前からその会社に関与している共同相続人であるということを前提として、第2の点、つまり、どのような規律を採用すれば、そのような共同相続人が会社の支配権を行使することができる状況を確保できる可能性が高くなるのか、という点を分析する。具体的には、権利行使者に対する指図を多数決等によって決定するという規律と、各準共有者による不統一行使の主張を認めるという規律のうち、どちらの方が、会社の後継者になるべき者が会社の支配権を行使することができる状況を確保できる可能性が高いのかを分析する。そのうえで、この分析を踏まえて、より円滑な事業承継を実現するという観点からより望ましい規律がどのようなものであるのかを検討する。

会社の後継者になるべき者が会社の支配権を行使することができるかどうかは、どちらの規律を採用するかだけではなく、共同相続人間の利害関係がどうなっているのかによっても変わり得る。したがって、これらの規律のうちのどちらの方がより適切であるのかを分析するためには、その結果に影響を与え得るもう1つの要素である共同相続人間の利害関係をコントロール（固定）した上で、それぞれの規律を採用した場合に生じる結果を比較する必要がある。

よって、共同相続人間の利害関係を次の4つに類型化した上で、それぞれの類型において、それぞれの規律を採用した場合に生じる結果を分析することが有益であると考えられる[275]。第1に、会社の後継者になるべき者が共同相続人の中で多数派であるという類型である（(2)）。第2に、会社の後継者に

---

275)　なお、本文で挙げた類型の他に、会社の後継者になるべき者が共同相続人の中に存在しないという類型も考えられる（現在、会社の後継者になるべき者が共同相続人の中に存在しない会社が多くなってきていることについて、例えば、中小企業基盤整備機構・前掲注273) 3 頁を参照）。しかし、この類型においては、前提として誰が会社の後継者（または株主）になるべきなのかを確定することが困難であるので、会社の後継者になるべき者が確定されていることを前提とする本文の検討をすることができない。そこで、本書では、この類型を明示的な検討の対象とはしない。この類型については、**第5章第3節**を参照。

なるべき者が共同相続人の中で少数派であるという類型である（(3)）。第3に、会社の後継者になるべき者とそうでない者がいずれも共同相続人の中で多数派を形成していないという類型である（(4)）。第4に、会社の後継者になるべき者が複数存在しており、その意見が対立しているという類型である[276]（(5)）。

そこで、(2)以降では、これらの類型ごとに、権利行使者に対する指図を多数決等によって決定するという規律と、各準共有者による不統一行使の主張を認めるという規律のうち、どちらの方が、会社の後継者になるべき者が会社の支配権を行使することができる状況を確保できる可能性が高いのかを分析する。そのうえで、それらの分析を踏まえて、より円滑な事業承継を実現するという観点からより望ましい規律がどのようなものであるのかを検討する（(6)）。

(2) 第1類型：会社の後継者になるべき者が共同相続人の中で多数派であるという類型

この(2)では、第1類型として、会社の後継者になるべき者が共同相続人の中で多数派であるという類型を想定して、権利行使者に対する指図を多数決等によって決定するという規律と、各準共有者による不統一行使の主張を認めるという規律のうち、どちらの方が、会社の後継者になるべき者が会社の支配権を行使することができる状況を確保できる可能性が高いのかを分析する。

まず、この類型において、会社の発行済株式の全部が（同一の準共有関係の下で）準共有されている場合には、どちらの規律を採用したとしても、会社の後継者になるべき者が、多数決によって会社の支配権を行使することができる。この点では、どちらの規律も同じ結果をもたらす[277]。

次に、この類型において、会社の発行済株式の（全部未満で）過半数[278]が（同一の準共有関係の下で）準共有されている場合[279]には、次のように、どちらの規律を採用するのかによって結果が異なり得る[280]。

一方で、準共有者の指図を多数決等によって決定するという規律を採用し

---

[276] これに対して、第1類型から第3類型においては、会社の後継者になるべき者、つまり、従前からその会社に関与している共同相続人が、1人または1グループであることを前提とする。

た場合には、会社の後継者になるべき者は、原則として会社の支配権を行使することができる。

　他方で、各準共有者による不統一行使の主張を認めるという規律を採用した場合には、会社の後継者になるべき者が会社の支配権を取得して行使することができるかどうかは、その者の準共有持分の割合に相当する議決権数とその準共有株式以外の株式の株主（以下「第三株主」という）のうちその者に賛成する者の議決権数の合計によって異なる。すなわち、それらの合計がそれらの者に対立する者の議決権数よりも大きい場合には、会社の後継者になるべき者が、会社の支配権を取得して行使することができる。逆に、それら

---

277) もっとも、この場合であっても、準共有者の指図を多数決等によって決定するという規律の下で全員一致が必要とされる議決権行使が問題となるときには、どちらの規律を採用するのかによって結果が異なり得る。準共有者の指図を多数決等によって決定するという規律を採用した場合には、このとき、その指図のために準共有者の全員一致が必要であるので、会社の後継者になるべき者に対立する者は、その準共有持分の割合にかかわらず、その議決権行使を阻止して、その株主総会決議の成立を阻止することができる。これに対して、各準共有者による不統一行使の主張を認めるという規律を採用した場合には、会社の後継者になるべき者に対立する者は、会社法上その株主総会決議を否決するに足りる議決権数に相当する割合の準共有持分を有しているときに限って、その株主総会決議の成立を阻止することができる（もっとも、準共有者の指図を多数決等によって決定するという規律の下で全員一致が必要とされる議決権行使についても、各準共有者による不統一行使の主張が認められるのかは、採用する法的構成によって異なる。本書の立場については、本節第4款四4を参照）。よって、準共有者の指図を多数決等によって決定するという規律を採用した場合には、会社の後継者になるべき者に対立する者は、会社法によって本来予定されているよりも（また、各準共有者による不統一行使の主張を認めるという規律を採用した場合よりも）過大な拒否権を有することになる。このような意味において、準共有者の指図を多数決等によって決定するという規律を採用した場合には、各準共有者による不統一行使の主張を認めるという規律を採用した場合よりも、会社の後継者になるべき者による会社の支配権の行使が制約されることになる。

278) さらに、準共有株式が会社の発行済株式の過半数を下回る場合もあり得る。この場合には、準共有株式だけでは会社の支配権を取得することができない。よって、準共有株式の割合に応じて、その株式が会社の経営に与える影響も少なくなる。しかし、この場合においても、（その影響は少なくなるが）その株式の割合に応じて、本文で述べたことが妥当すると考えられる。例えば、東京地判平成23年11月15日 Westlaw Japan 文献番号2011WLJPCA11158003の事案は、このような場合に該当すると考えられる。

279) 例えば、東京地判平成8年8月26日判タ941号264頁の事案（ただし、会社法106条（平成17年改正前商法203条2項）が適用された事案ではない）は、このような場合に該当すると考えられる。

280) もっとも、この場合にも、前掲注277)で述べたこととほぼ同じようなことが妥当する。

の合計がそれらの者に対立する者の議決権数よりも小さい場合には、会社の後継者になるべき者は、会社の支配権を取得することができない。このように、この規律を採用した場合には、会社の後継者になるべき者が会社の支配権を行使することができるかどうかは、その者の準共有持分の割合に相当する議決権数とその者に賛成する第三株主の議決権数によって異なる。

　以上の分析によると、この類型においては、準共有者の指図を多数決等によって決定するという規律の方が、会社の後継者になるべき者が会社の支配権を行使することができる状況を確保できる可能性が高い。

(3) 第2類型：会社の後継者になるべき者が共同相続人の中で少数派であるという類型

　この(3)では、第2類型として、会社の後継者になるべき者が共同相続人の中で少数派であるという類型を想定して、権利行使者に対する指図を多数決等によって決定するという規律と、各準共有者による不統一行使の主張を認めるという規律のうち、どちらの方が、会社の後継者になるべき者が会社の支配権を行使することができる状況を確保できる可能性が高いのかを分析する。

　まず、この類型において、会社の発行済株式の全部が（同一の準共有関係の下で）準共有されている場合[281]には、どちらの規律を採用したとしても、会社の後継者になるべき者は、少数派であるから、会社の支配権を行使することができない。この点では、どちらの規律も同じ結果をもたらす[282]。

　次に、この類型において、会社の発行済株式の（全部未満で）過半数[283]が（同一の準共有関係の下で）準共有されている場合[284]には、次のように、どちらの規律を採用するのかによって結果が異なり得る[285]。

　一方で、準共有者の指図を多数決等によって決定するという規律を採用した場合には、会社の後継者になるべき者は、共同相続人の中で少数派であるから、会社の支配権を行使することができない。

　他方で、各準共有者による不統一行使の主張を認めるという規律を採用した場合には、会社の後継者になるべき者が会社の支配権を取得して行使する

281）　例えば、東京地判昭和60年6月4日判時1160号145頁の事案は、このような場合に該当すると考えられる。

ことができる可能性が出てくる。(2)でも述べたように、会社の後継者になるべき者が会社の支配権を取得することができるかどうかは、その者の準共有持分の割合に相当する議決権数と第三株主のうちその者に賛成する者の議決権数の合計によって異なる。すなわち、それらの合計がそれらの者に対立する者の議決権数よりも大きい場合には、会社の後継者になるべき者が、会社の支配権を取得して行使することができる。これに対して、それらの合計がそれらの者に対立する者の議決権数よりも小さい場合には、会社の後継者になるべき者は、会社の支配権を取得することができない。このように、この規律を採用した場合には、会社の後継者になるべき者の準共有持分の割合に相当する議決権数とその者に賛成する第三株主の議決権数によっては、会社の後継者になるべき者が、会社の支配権を行使することができる可能性が出てくる。

　以上の分析によると、この類型においては、各準共有者による不統一行使

---

282) もっとも、この場合にも、前掲注277)で述べたことと同じようなことを指摘することができる。すなわち、準共有者の指図を多数決等によって決定するという規律の下で全員一致が必要とされる議決権行使が問題となる場合において、準共有者の指図を多数決等によって決定するという規律を採用したときには、その指図のために準共有者の全員一致が必要であるので、会社の後継者になるべき者は、その準共有持分の割合にかかわらず、その議決権行使を阻止して、その株主総会決議の成立を阻止することができる。これに対して、各準共有者による不統一行使の主張を認めるという規律を採用したときには、会社の後継者になるべき者は、会社法上その株主総会決議を否決するに足りる議決権数に相当する割合の準共有持分を有しているときに限って、その株主総会決議の成立を阻止することができる（もっとも、このことが妥当するのかは法的構成によって異なることについて、前掲注277)を参照）。よって、このような意味において、準共有者の指図を多数決等によって決定するという規律は、各準共有者による不統一行使の主張を認めるという規律よりも、会社の後継者になるべき者に有利に作用し得る。もっとも、その者は、自らが反対する株主総会決議の成立を阻止することができるだけであって、自らの意思に沿った株主総会決議を成立させることができるというわけではない。

283) さらに、準共有株式が会社の発行済株式の過半数を下回る場合もあり得る。このような場合について、前掲注278)を参照。例えば、大阪高判平成20年11月28日・前掲注274)の事案および東京高決平成26年3月20日判時2244号21頁の事案（ただし、この事案は、会社法106条が適用されたものではなく、同族会社の株式の遺産分割の基準および方法が問題になったものである）は、このような場合に該当すると考えられる。

284) 例えば、最判平成16年7月1日民集58巻5号1214頁等の株式会社ポーラの元会長の死亡に伴う一連の紛争は、このような場合に該当すると考えられる。

285) もっとも、この場合にも、前掲注282)で述べたこととほぼ同じようなことが妥当する。

の主張を認めるという規律の方が、会社の後継者になるべき者が会社の支配権を行使することができる状況を確保できる可能性が高い。

(4) 第3類型：会社の後継者になるべき者とそうでない者がいずれも共同相続人の中で多数派を形成していないという類型

この(4)では、第3類型として、会社の後継者になるべき者とそうでない者がいずれも共同相続人の中で多数派を形成していないという類型について分析する。この類型の典型的な例は、双方の準共有持分の割合が同じであるいわゆるデッドロックの事案である。

まず、この類型において、会社の発行済株式の全部が（同一の準共有関係の下で）準共有されている場合には、どちらの規律を採用したとしても、会社の後継者になるべき者とそうでない者は、いずれも、会社の支配権を行使することができない。この点では、どちらの規律も同じ結果をもたらす。

次に、この類型において、会社の発行済株式の（全部未満で）過半数[286]が（同一の準共有関係の下で）準共有されている場合[287]には、次のように、どちらの規律を採用するのかによって結果が異なり得る。

一方で、準共有者の指図を多数決等によって決定するという規律を採用した場合には、会社の後継者になるべき者とそうでない者は、いずれも、準共有株式についての議決権を行使することができない。よって、第三株主がその議決権によって株主総会決議の定足数を満たす限り、第三株主が会社の支配権を取得することになる。

他方で、各準共有者による不統一行使の主張を認めるという規律を採用した場合には、会社の後継者になるべき者とそうでない者は、いずれも、その準共有持分の割合に応じて、準共有株式についての議決権を行使することができる。しかし、そうであっても、この類型においては、いずれも単独では多数派を形成していないので、双方ともに単独で会社の支配権を取得することはできない。どちらが会社の支配権を取得することができるのかは、第三

---

286) さらに、準共有株式が会社の発行済株式の過半数を下回る場合もあり得る。このような場合について、前掲注278）を参照。

287) 例えば、大阪高決平成3年4月11日判時1400号117頁、最判平成27年2月19日・前掲注75）の事案は、このような場合に該当すると考えられる。

株主がどちらに賛成するのかに依存する。したがって、この場合も、第三株主が強い影響力を有することになる。

　以上の分析によると、この類型においては、どちらの規律を採用した場合であっても、第三株主が、会社に対して強い影響力を有することになる。すなわち、会社の後継者になるべき者が会社の支配権を行使することができるかどうかは、第三株主の判断に依存する[288]。

(5)　第4類型：会社の後継者になるべき者が複数存在しており、その意見が対立しているという類型

　この(5)では、第4類型として、会社の後継者になるべき者（従前からその会社に関与している共同相続人）が複数存在しており、その意見が対立しているという類型について分析する。第1類型から第3類型は、会社の後継者になるべき者、つまり、従前からその会社に関与している共同相続人[289]が、1人または1グループであることを前提としている。これに対して、第4類型は、そのような共同相続人が2人以上存在しており、その共同相続人が2グループ以上に分かれて対立していることを想定する。典型的な例としては、複数の共同相続人が従前からその会社に関与していたところ、相続開始後にそれらの者の間で経営方針等の対立が生じているような事案が考えられる。この類型においては、対立している双方が従前からその会社に関与しているので、そのうちのどちらの方が会社の価値を最大化することができる可能性が高い共同相続人であるのかを確定することは困難である。

　まず、この類型において、会社の発行済株式の全部が（同一の準共有関係の

---

[288]　もっとも、どちらの規律を採用した場合であってもその帰結が完全に同じであるというわけではない。準共有者の指図を多数決等によって決定するという規律を採用した場合には、第三株主がその議決権によって株主総会決議の定足数を満たさないときに、その会社の株主総会は、その定足数が定められている決議をすることができない（なお、前掲注193)も参照）。これに対して、各準共有者による不統一行使の主張を認めるという規律を採用した場合には、このような事態は生じない。よって、このような事態を回避するという観点からは、各準共有者による不統一行使の主張を認めるという規律の方が望ましい。しかし、このような事態を回避することが、会社の後継者になるべき者が会社の支配権を行使することができる状況を確保することにつながるかどうかは、最終的には、本文で述べたように第三株主の判断に依存する。

[289]　本款三2を参照。

下で)準共有されている場合には、どちらの規律を採用したとしても、原則として、多数派を形成することができた者が、会社の支配権を行使することができる[290]。この点では、どちらの規律も同じ結果をもたらす。

次に、この類型において、会社の発行済株式の(全部未満で)過半数[291]が(同一の準共有関係の下で)準共有されている場合には、次のように、どちらの規律を採用するのかによって結果が異なり得る[292]。一方で、準共有者の指図を多数決等によって決定するという規律を採用した場合には、原則として、多数派を形成することができた者が、会社の支配権を行使することができる。他方で、各準共有者による不統一行使の主張を認めるという規律を採用した場合には、(2)で述べたように、どちらが会社の支配権を行使することができるのかは、それぞれの準共有持分の割合に相当する議決権数とそれぞれに賛成する第三株主の議決権数によって異なる。

以上のように、この類型において、どちらの規律を採用するのかによって変わることは、第三株主の関与の可能性である。すなわち、準共有者の指図を多数決等によって決定するという規律を採用した場合には、準共有株式の数がその会社の発行済株式の半数を超えているならば、共同相続人の中での多数派が、会社の支配権を行使することができる。よって、この場合には、第三株主は、会社の支配権の帰趨の決定に関与することができない可能性が高い。これに対して、各準共有者による不統一行使の主張を認めるという規律を採用した場合には、ある共同相続人が会社の支配権を取得するためには、第三株主の賛成が必要になることが多いと考えられる。よって、この場合には、第三株主は、会社の支配権の帰趨の決定に関与することができる可能性が高い。

---

290) もっとも、この場合においても、準共有者の指図を多数決等によって決定するという規律の下で全員一致が必要とされる議決権行使が問題となるときには、どちらの規律を採用するのかによって結果が異なり得る。これは、前掲注277)および前掲注282)で述べたことと同じである。

291) さらに、準共有株式が会社の発行済株式の過半数を下回る場合もあり得る。このような場合について、前掲注278)を参照。

292) もっとも、この場合にも、前掲注290)で述べたこととほぼ同じようなことが妥当する。

(6) 分析のまとめと検討
　ア　第1類型および第2類型について
　　a　分析のまとめ
　(2)における分析によると、会社の後継者になるべき者が共同相続人の中で多数派であるという類型（第1類型）においては、準共有者の指図を多数決等によって決定するという規律の方が、会社の後継者になるべき者が会社の支配権を行使することができる状況を確保できる可能性が高い。なぜならば、各準共有者による不統一行使の主張を認めるという規律を採用した場合には、会社の後継者になるべき者は、共同相続人の中では多数派であるが、会社の株主総会の中では、第三株主の議決権数（および自らの議決権数）によっては、少数派になってしまう可能性が生じるからである。

　これに対して、(3)における分析によると、会社の後継者になるべき者が共同相続人の中で少数派であるという類型（第2類型）においては、各準共有者による不統一行使の主張を認めるという規律の方が、会社の後継者になるべき者が会社の支配権を行使することができる状況を確保できる可能性が高い。なぜならば、各準共有者による不統一行使の主張を認めるという規律を採用した場合には、会社の後継者になるべき者は、共同相続人の中では少数派であるが、会社の株主総会の中では、第三株主の議決権数（および自らの議決権数）によっては、多数派を形成することができる可能性が生じるからである。

　　b　第1類型と第2類型の比較
　この2つの類型を比較すると、各準共有者による不統一行使の主張を認めるという規律は、第2類型では、会社の後継者になるべき者が会社の支配権を行使することができる可能性を生じさせるのに対して、第1類型では、それと同じ理由から、会社の後継者になるべき者が会社の支配権を行使することができない可能性を生じさせる。このように、各準共有者による不統一行使の主張を認めるという規律は、会社の後継者になるべき者にとって、有利に作用する場合もあれば、不利に作用する場合もある。

　したがって、第2類型、つまり、会社の後継者になるべき者が共同相続人の中で少数派であるという類型に該当する事案の方が多い場合には、各準共有者による不統一行使の主張を認めるという規律の方が、より円滑な事業承継を実現するという観点から望ましいということになる。逆に、第1類型に

該当する事案の方が多い場合には、準共有者の指図を多数決等によって決定するという規律の方が、より円滑な事業承継を実現するという観点から望ましいということになる。しかし、第1類型に該当する事案と第2類型に該当する事案のどちらが多いのかは明らかではない。よって、この分岐点からは、どちらの規律がより望ましいのかについての結論を導くことはできない。

　　c　第三株主の判断という分岐点

　ところが、各準共有者による不統一行使の主張を認めるという規律が、会社の後継者になるべき者にとって有利に作用するのか不利に作用するのかを決定する要素は、もう1つ存在する。それは、第三株主の判断である。確かに、各準共有者による不統一行使の主張を認めるという規律を採用した場合に、第1類型においては、抽象的には、会社の後継者になるべき者が会社の支配権を行使することができない可能性が生じる。しかし、その可能性が現実化するのは、第三株主が、会社の後継者になるべき者に反対するときである。他方で、各準共有者による不統一行使の主張を認めるという規律を採用した場合に、第2類型においては、抽象的には、会社の後継者になるべき者が会社の支配権を行使することができる可能性が生じる。その可能性が現実化するのは、第三株主が、会社の後継者になるべき者に賛成するときである。このように、各準共有者による不統一行使の主張を認めるという規律が、会社の後継者になるべき者にとって有利に作用するのか不利に作用するのかは、最終的には、第三株主の判断に依存する。

　したがって、各準共有者による不統一行使の主張を認めるという規律を採用した場合において、第三株主が、会社の後継者になるべき者に賛成する可能性が高いということができるときには、第1類型において懸念されるような会社の後継者になるべき者にとって不利な結果が生じる可能性は低く、逆に、第2類型において望ましいとされるような会社の後継者になるべき者にとって有利な結果が生じる可能性は高い。よって、第三株主が、会社の後継者になるべき者に賛成する可能性が高いということができる場合には、各準共有者による不統一行使の主張を認めるという規律の方が、全体として会社の後継者になるべき者にとって有利に作用する可能性が高く、より円滑な事業承継を実現するという観点から望ましいということになる。

　第三株主が会社の後継者になるべき者に賛成する可能性が高いのかは、必

ずしも明らかではない。なぜならば、いわゆる同族会社においては、その定義上、第三株主も、共同相続人の親族である可能性が高いので、親族間の関係を重視する等の理由から、会社の価値を最大化することができる者（会社の後継者になるべき者）に賛成するという判断をするとは限らないからである。

しかし、ここでいう第三株主には、会社の後継者になるべき者も含まれ得る。なぜならば、ここでいう第三株主とは、準共有株式以外の株式を有している株主であるからである。したがって、ここでいう第三株主には、共同相続によらずにその会社の株式を有している共同相続人自身も含まれる。そして、一般的に、会社の後継者になるべき者は、従前からその会社に関与しており、後継者として処遇されていることも多いので[293]、他の共同相続人等よりも、共同相続によらずに既にその会社の株式を多く有している可能性が高いと考えられる。

このように、会社の後継者になるべき者が共同相続によらずにより多くの株式を有している場合には、その者は、第三株主として、その株式についての議決権を自己に有利に行使することができる。このことは、第三株主が、会社の後継者になるべき者に賛成するということを意味する。すなわち、各準共有者による不統一行使の主張を認めるという規律を採用した場合には、会社の後継者になるべき者は、共同相続した準共有株式についての議決権のうちその準共有持分の割合に相当する数と共同相続によらずに有している株式についての議決権の数を合わせた数の議決権を行使することができることになる。

以上のように、会社の後継者になるべき者が共同相続によらずに既にその会社の株式を多く有している可能性が高いと考えられるということを前提とすると、そのような者を含む第三株主が、会社の後継者になるべき者に賛成する可能性も高いということができる。よって、第1類型および第2類型においては、各準共有者による不統一行使の主張を認めるという規律の方が、より円滑な事業承継を実現するという観点から望ましいと考えられる。

　イ　第3類型について

(4)における分析によると、会社の後継者になるべき者とそうでない者がい

---

293)　前掲注273)を参照。

ずれも共同相続人の中で多数派を形成していないという類型（第3類型）においては、どちらの規律を採用した場合であっても、第三株主が、会社に対して強い影響力を有することになる。すなわち、どちらの規律を採用した場合であっても、会社の後継者になるべき者が会社の支配権を行使することができるかどうかは、第三株主の判断に依存する。

よって、この類型についての分析および検討からは、権利行使者に対する指図を多数決等によって決定するという規律と、各準共有者による不統一行使の主張を認めるという規律のうち、どちらの方が、より円滑な事業承継を実現するという観点から望ましいのかについての結論を導出することはできない[294]。

　ウ　第4類型について

(5)における分析によると、会社の後継者になるべき者が複数存在しており、その意見が対立しているという類型（第4類型）において、どちらの規律を採用するのかによって変わることは、第三株主の関与の可能性である。すなわち、準共有者の指図を多数決等によって決定するという規律を採用した場合には、準共有株式の数がその会社の発行済株式の半数を超えているならば、共同相続人の中での多数派が、会社の支配権を行使することができる。よって、この規律を採用した場合には、第三株主は、会社の支配権の帰趨の決定に関与することができない可能性が高い。これに対して、各準共有者による不統一行使の主張を認めるという規律を採用した場合には、ある共同相続人が会社の支配権を取得するためには、第三株主の賛成が必要になることが多いと考えられる。よって、この規律を採用した場合には、第三株主は、会社の支配権の帰趨の決定に関与することができる可能性が高い。

会社の後継者になるべき者が複数存在しているというこの類型において、

294）　もっとも、前掲注288）で指摘したように、準共有者の指図を多数決等によって決定するという規律を採用した場合には、第三株主がその議決権によって株主総会決議の定足数を満たさないときに、その会社の株主総会は、定足数が定められている決議をすることができない（なお、前掲注193）も参照）。これに対して、各準共有者による不統一行使の主張を認めるという規律を採用した場合には、このような事態は生じない。よって、このような事態を回避するという観点からは、各準共有者による不統一行使の主張を認めるという規律の方が望ましい。ただし、このような事態を回避することが、会社の後継者になるべき者が会社の支配権を行使することができる状況を確保することにつながるかどうかは、最終的には、本文で述べたように第三株主の判断に依存する。

第三株主が会社の支配権の帰趨の決定に関与することが、より円滑な事業承継を実現するという観点から望ましいのかは、必ずしも明らかではない。よって、この類型についての分析および検討からは、権利行使者に対する指図を多数決等によって決定するという規律と、各準共有者による不統一行使の主張を認めるという規律のうち、どちらの方が、より円滑な事業承継を実現するという観点から望ましいのかについての結論を導出することはできない。

　エ　結　論

　以上の分析および検討によると、第1類型および第2類型においては、会社の後継者になるべき者が共同相続によらずに既にその会社の株式を多く有している可能性が高いと考えられるということを前提とすると、各準共有者による不統一行使の主張を認めるという規律の方が、より円滑な事業承継を実現するという観点から望ましいと考えられる（ア）。

　これに対して、第3類型および第4類型においては、その分析および検討からは、権利行使者に対する指図を多数決等によって決定するという規律と、各準共有者による不統一行使の主張を認めるという規律のうち、どちらの方が、より円滑な事業承継を実現するという観点から望ましいのかについての結論を導出することはできない（イ、ウ）。このことは、第3類型および第4類型においては、各準共有者による不統一行使の主張を認めるという規律を採用することを肯定する理由も否定する理由もないということを意味する。

　そうであるならば、全体としては、第1類型および第2類型においてより円滑な事業承継を実現するという観点から望ましい規律である、各準共有者による不統一行使の主張を認めるという規律が、そのような観点からより望ましいと考えられる。

4　本項のまとめ

(1)　問題の所在

　本項では、各準共有者による不統一行使の主張を認める従来の見解がもう1つの実質的な理由として挙げるように、共同相続人間の利害対立の妥当な解決にとって、各準共有者による不統一行使の主張を認めることが有用であるのかを検討した。この検討は、次のように、実質的には、より円滑な事業承継の実現にとって、各準共有者による不統一行使の主張を認めることが有

用であるのかを検討するものである。

　まず、検討の前提として、本書では、特に共同相続によって株式が準共有されている場合を念頭に置いて、「妥当な解決」の内容として、会社の価値を最大化することができる者が会社の支配権を行使することができるということを想定することとした。なぜならば、このことが、円滑な事業承継を実現するために必要であると考えられるからである。よって、そのような「妥当な解決」を実現することができる可能性がより高い規律が、より円滑な事業承継を実現するための規律としてより望ましいものであると評価される（1(1)）。

　本書における第2の検討課題は、より円滑な事業承継を実現するために望ましい規律を探究することである。そこで、本項では、そのような規律を探究するために、権利行使者に対する指図を多数決等によって決定するという規律と、各準共有者による不統一行使の主張を認めるという規律のうち、どちらの方が、「妥当な解決」を実現することができる可能性が高いのかを分析することとした。そのうえで、この分析を踏まえて、より円滑な事業承継を実現するという観点からより望ましい規律がどのようなものであるのかを検討することとした。

　そして、この「妥当な解決」を実現することができる可能性がより高い規律がどのようなものであるのかを分析して検討するためには、具体的には、次の2点について分析して検討する必要がある（1(2)）。第1に、会社の価値を最大化することができる者は誰であるのか、という点である。第2に、どのような規律を採用すれば、その者が会社の支配権を行使することができる状況を確保できる可能性が高くなるのか、という点である。

(2)　会社の価値を最大化することができる者の確定

　まず、第1の点について、本書では、従前からその会社に関与している共同相続人が、会社の価値を最大化することができる者（「会社の後継者になるべき者」という）に該当するということを前提とすることとした（2）。なぜならば、従前からその会社に関与していない共同相続人は、原則として、会社の価値を最大化することができる者であるとは想定されないからである。

(3) 共同相続人間の利害関係の類型ごとの分析および検討

そのうえで、第2の点、つまり、どのような規律を採用すれば、会社の後継者になるべき者が会社の支配権を行使することができる状況を確保できる可能性が高くなるのか、という点を分析した。具体的には、権利行使者に対する指図を多数決等によって決定するという規律と、各準共有者による不統一行使の主張を認めるという規律のうち、どちらの方が、会社の後継者になるべき者が会社の支配権を行使することができる状況を確保できる可能性が高いのかを分析した（3）。その際には、共同相続人間の利害関係を類型化した上で、それぞれの類型において、それぞれの規律を採用した場合に生じる結果を分析した。そのうえで、それらの分析を踏まえて、より円滑な事業承継を実現するという観点からより望ましい規律がどのようなものであるのかを検討した。

その分析によると、会社の後継者になるべき者が共同相続人の中で多数派であるという類型（第1類型）においては、準共有者の指図を多数決等によって決定するという規律の方が、会社の後継者になるべき者が会社の支配権を行使することができる状況を確保できる可能性が高い（3(2)）。これに対して、逆に、会社の後継者になるべき者が共同相続人の中で少数派であるという類型（第2類型）においては、各準共有者による不統一行使の主張を認めるという規律の方が、会社の後継者になるべき者が会社の支配権を行使することができる状況を確保できる可能性が高い（3(3)）。このように、各準共有者による不統一行使の主張を認めるという規律は、会社の後継者になるべき者にとって、有利に作用する場合もあれば、不利に作用する場合もある。

そのような状況の下において、各準共有者による不統一行使の主張を認めるという規律が、会社の後継者になるべき者にとって有利に作用するのか不利に作用するのかを決定する分岐点の1つは、第三株主の判断である。各準共有者による不統一行使の主張を認めるという規律を採用した場合において、第三株主が、会社の後継者になるべき者に賛成する可能性が高いということができるときには、第1類型において懸念されるような会社の後継者になるべき者にとって不利な結果が生じる可能性は低く、逆に、第2類型において望ましいとされるような会社の後継者になるべき者にとって有利な結果が生じる可能性は高い。よって、第三株主が、会社の後継者になるべき者に賛成

する可能性が高いということができる場合には、各準共有者による不統一行使の主張を認めるという規律の方が、より円滑な事業承継を実現するという観点から望ましいということになる。

　ここでいう第三株主には、共同相続によらずにその会社の株式を有している共同相続人自身も含まれる。そして、一般的に、会社の後継者になるべき者は、従前からその会社に関与しており、従前から後継者として処遇されていることも多いので、他の共同相続人等よりも、共同相続によらずに既にその会社の株式を多く有している可能性が高いと考えられる。このように、会社の後継者になるべき者が共同相続によらずにより多くの株式を有している場合には、その者は、その株式についての議決権を自己に有利に行使することができる。したがって、そのような者を含む第三株主が、会社の後継者になるべき者に賛成する可能性は高いということができる。

　よって、第1類型および第2類型においては、会社の後継者になるべき者が共同相続によらずに既にその会社の株式を多く有している可能性が高いと考えられるということを前提とすると、各準共有者による不統一行使の主張を認めるという規律の方が、より円滑な事業承継を実現するという観点から望ましい（3(6)ア）。

　これに対して、会社の後継者になるべき者とそうでない者がいずれも共同相続人の中で多数派を形成していないという類型（第3類型）、および、会社の後継者になるべき者が複数存在しており、その意見が対立しているという類型（第4類型）においては、権利行使者に対する指図を多数決等によって決定するという規律と、各準共有者による不統一行使の主張を認めるという規律のうち、どちらの方が、より円滑な事業承継を実現するという観点から望ましいのかについての結論を導出することはできない（3(6)イ、3(6)ウ）。このことは、第3類型および第4類型においては、各準共有者による不統一行使の主張を認めるという規律を採用することを肯定する理由も否定する理由もないということを意味する。

(4) 結 論

　以上の分析および検討によると、全体としては、第1類型および第2類型においてより円滑な事業承継を実現するという観点から望ましい規律である、

各準共有者による不統一行使の主張を認めるという規律の方が、より円滑な事業承継を実現するという観点からより望ましい（3⑹エ）。

四　相続人等に対する株式売渡請求制度の運用にとっての不統一行使の必要性

1　序

　最後に、本項では、相続人等に対する株式売渡請求制度の運用にとっての各準共有者による不統一行使の主張を認める必要性について検討する。この制度の目的は、会社にとって好ましくない者が相続によってその会社の株主になることを防止することであって[295]、この制度は、相続によって株式が承継された場面を主に念頭に置いている。したがって、共同相続によって株式が準共有されている場面でも、この制度が利用されることが想定される。そこで、本項では、このような場面でこの制度が利用される場合を念頭に置いて、この制度の運用にとって各準共有者による不統一行使の主張を認める必要性があるのかについて検討する。

　なお、この制度については、まだ検討するべき点があるように思われるが、本項での検討は、現行法の下での相続人等に対する株式売渡請求制度を前提としている。この制度についての検討は、残された課題である[296]。

(1)　相続人等に対する株式売渡請求制度の概要

　まずは、検討の前提として、相続人等に対する株式売渡請求制度の概要を確認する。

　会社は、相続によりその会社の株式（譲渡制限株式に限る）を取得した者に対し、その株式をその会社に売り渡すことを請求することができる旨を定款で定めることができる（会社法174条）。この制度の目的は、会社にとって好ましくない者が相続によってその会社の株主になる（譲渡制限株式を取得する）ことを防止することである[297]。そして、会社は、具体的にその売渡請求をしようとする場合には、その都度、株主総会決議によって、会社法175条

295）　後掲注297）。
296）　第5章第3節も参照。

1項各号に掲げる事項を定めなければならない（会社法175条1項）。この株主総会において、その決議によって売渡請求の対象とされている株式を有する者は、その議決権を行使することができない（会社法175条2項）。

この株式売渡請求制度において、共同相続によって株式が準共有されている場合には、会社は、共同相続人全員ではなく一部の共同相続人のみを相手方として、その準共有持分の売渡請求をすることができると考えられている[298]。また、共同相続人全員に対して準共有株式の全部の売渡しを求める場合であっても、会社は、各共同相続人を相手方として、それぞれの準共有持分について個別的に売渡請求をしなければならないと考えられている[299]。よって、一部の共同相続人のみに対して準共有株式（の準共有持分）の売渡しを求める場合であっても、共同相続人全員に対して準共有株式の売渡しを求める場合であっても、この売渡請求は、各共同相続人ごとにその準共有持分について個別的になされなければならない[300]。

(2) 検討の順序

もっとも、このように各共同相続人ごとに売渡請求がなされなければならないと考えることに反対する見解も存在する[301]。そこで、本項では、まず、2において、各共同相続人ごとに売渡請求がなされなければならないという解釈論を基礎づける。そして、3において、この解釈論に反対する見解を考察して、一部の共同相続人のみを相手方とする売渡請求を認めた場合に生じる技術的な困難を明らかにする。そのうえで、4において、この技術的な困難を解決するために、各準共有者による不統一行使の主張を認める必要性があることを示す。

---

297) 岩原紳作「自己株式取得、株式の併合、単元株、募集新株等」ジュリスト1295号（2005年）41頁、酒巻＝龍田編集代表・前掲注10) 457-458頁〔伊藤靖史〕、相澤哲『一問一答新・会社法〔改訂版〕』（商事法務、2009年）43頁、山下友信編『会社法コンメンタール4――株式(2)』（商事法務、2009年）119-120頁〔伊藤雄司〕。
298) 松本真＝清水毅「譲渡制限株式の相続人等に対する売渡請求（下）」登記情報544号（2007年）24頁、東京地判平成24年9月10日資料版商事法務356号34頁、東京高判平成24年11月28日資料版商事法務356号30頁。
299) 松本＝清水・前掲注298) 24頁。
300) なお、このことに反対する見解として、後掲注306)。
301) 後掲注306)。

2 各共同相続人ごとに売渡請求がなされなければならないという解釈論の基礎づけ

共同相続によって株式が準共有されている場合において、1(1)で述べたように、各共同相続人を相手方として個別的に売渡請求がなされなければならないという解釈論は、次の2点から基礎づけられる。

(1) 株式売渡請求制度の目的の達成にとっての必要性

第1に、会社が各共同相続人ごとに売渡請求をすることができるということは、この制度の目的から基礎づけられる。この制度の目的は、会社にとって好ましくない者が相続によってその会社の株主になることを防止することである[302]。これは、株主を人的な信頼関係のある者に限定するという株式譲渡制限制度の趣旨を、株式が一般承継される場合に及ぼすということを意図している。

まず、この人的な信頼関係があるかどうかは、通常は、各共同相続人ごとに異なっているはずであるので、各共同相続人ごとに判断される。

また、ある共同相続人が会社にとって好ましくない者であると同時に、他の共同相続人が会社にとって好ましい者である場合において、会社にとって好ましくない共同相続人のみを相手方として売渡請求をすることができないならば、会社が採ることのできる選択肢は、好ましくない共同相続人が株主であることを甘受するか、または、好ましくない共同相続人とともに会社にとって好ましい共同相続人をも相手方として売渡請求をするかというものになる。しかし、これらの選択肢によっては、この制度の目的を十分に達成することができない[303]。

よって、この制度の目的を達成するためには、株式が準共有されている場合においても、会社が各共同相続人ごとに売渡請求をすることができる必要がある[304]。

---

302) 前掲注297)。
303) 原田國夫『会社法174条――中小企業の総務部長として知っておきたいこと』(同友館、2014年) 41頁も参照。また、会社は、分配可能額の範囲内でしか株式を買い取ることができない (会社法461条1項5号) ので、共同相続人全員を売渡請求の相手方とすることができない場合も生じ得る (松尾健一「判批 (東京高決平成19年8月16日)」商事法務1931号 (2011年) 101頁も参照)。

第5節 より円滑な事業承継を実現するための規律の検討

(2) 会社の判断による議決権排除の防止にとっての必要性

　第2に、共同相続人全員に対して準共有株式の売渡しを求める場合であっても、会社は、共同相続人全員を相手方として一括して売渡請求をしてはならず、各共同相続人を相手方として個別的に売渡請求をしなければならない。このことは、次のように基礎づけられる。すなわち、会社が共同相続人全員を相手方として一括して売渡請求をしてもよいと考える場合には、会社がそのような売渡請求をしようとすることによって、共同相続人全員が、その売

---

304)　なお、松本＝清水・前掲注 298) 24 頁は、遺産分割前に一部の共同相続人を相手方としてその準共有持分の売渡請求がされた場合であっても、売渡請求の対象とならなかった株式の準共有持分がなお遺産を構成することになるので、売渡請求の相手方となった共同相続人も、なお当該準共有持分について相続分を有する結果になり得る、という（松尾・前掲注 303）101 頁も、実質的には同旨のことを指摘していると考えられる。原田・前掲注 303) 42 頁も参照）。

　ある共同相続人が準共有株式の準共有持分を第三者（会社）に移転させた場合には、当該共同相続人は、その株式の準共有持分を有しないことになる（最判昭和 53 年 7 月 13 日判時 908 号 41 頁、小粥太郎「判批（最判昭和 53 年 7 月 13 日）」水野紀子＝大村敦志編『民法判例百選Ⅲ　親族・相続〔第 2 版〕』（有斐閣、2018 年）139 頁）。したがって、遺産分割前においては、当該共同相続人は、その株式についての権利の行使に関与することができないと考えられる。このような意味において、遺産分割前になされた売渡請求は実際に意味を持つ。しかし、少なくともその他の共同相続人の株式の準共有持分は、依然として遺産の一部であって、それを含めた遺産分割には、売渡請求の相手方となった共同相続人も参加することになる（例えば、小山昇「判批（最判昭和 50 年 11 月 7 日）」民商法雑誌 74 巻 6 号（1976 年）113 頁、川口冨男「判解（最判昭和 50 年 11 月 7 日）」『最高裁判所判例解説民事篇　昭和 50 年度』（法曹会、1979 年）512 頁、鈴木禄弥『相続法講義〔改訂版〕』（創文社、1996 年）198-199 頁、内田貴『民法Ⅳ　親族・相続〔補訂版〕』（東京大学出版会、2004 年）400 頁。また、平成 30 年法律第 72 号による改正後の民法 906 条の 2 も参照）。したがって、その遺産分割の結果として、売渡請求の相手方となった共同相続人に、遺産であった株式が帰属する可能性もある（このことを理論的に説明したものとして、道垣内弘人＝大村敦志『民法解釈ゼミナール 5　親族・相続』（有斐閣、1999 年）147-148 頁〔道垣内弘人〕）。このような可能性が現実化した場合には、遺産分割前になされた売渡請求は、その限りにおいて意味がないことになる。

　しかし、売渡請求後の遺産分割によってこのような結果になることは、4(3)で述べるように遺産分割前の売渡請求に係る株主総会決議についてその相手方となっていない共同相続人に議決権の行使を認めることによって、ある程度回避することができると考えられる。なぜならば、売渡請求の相手方となっていない共同相続人が当該売渡請求に賛成した場合には、その共同相続人は、遺産分割においても、売渡請求の相手方となった共同相続人に株式が帰属することに反対すると考えられ、また、裁判所も、売渡請求がなされたという事実やそのような共同相続人の反対を考慮して株式の帰属を決定すると考えられるからである。

渡請求に係る株主総会決議に関する議決権を行使することができなくなる（会社法175条2項）。

　(1)で述べたように、この制度の目的に鑑みると、株主間に人的な信頼関係があるかどうかは、各共同相続人ごとに判断される。そして、会社法175条2項によると、ある共同相続人を相手方とする売渡請求に係る株主総会決議について、他の共同相続人は、議決権を行使することができる。したがって、少なくとも現行法の下では[305]、会社が共同相続人全員に対して準共有株式の売渡しを求める場合であっても、全ての共同相続人について各共同相続人ごとに個別的に売渡請求がなされていたならば、各共同相続人は、他の共同相続人を相手方とする売渡請求に係る株主総会決議については、その議決権を行使することができたはずである。

　それにもかかわらず、会社が共同相続人全員を相手方として一括して売渡請求をしようとすることによって、各共同相続人は、他の共同相続人を相手方とする売渡請求についても、その議決権を行使することができないことになる。その結果として、その議決権が行使されていたならば可決されなかったであろう株主総会決議であっても、可決されてしまう可能性がある。このように、会社が共同相続人全員を相手方として一括して売渡請求をすることができると考える場合には、会社は、そのような売渡請求をしようとすることによって、その売渡請求に係る株主総会決議について議決権を行使することができる者の範囲に影響を及ぼし、その結果としてその決議の成否にも影響を及ぼすことができることになる。このように、共同相続人全員に対して準共有株式の売渡しを求めるという結果は同一であるにもかかわらず、会社が、その判断で議案の構成を変更することによって、特定の株主の議決権を排除することができるということは、適切ではないように思われる。

　よって、共同相続人全員に対して準共有株式の売渡しを求める場合であっても、会社は、共同相続人全員を相手方として一括して売渡請求をしてはならず、各共同相続人を相手方として個別的に売渡請求をしなければならない。

---

305)　もっとも、一般的に、各共同相続人が、他の共同相続人を相手方とする売渡請求に係る株主総会決議についてはその議決権を行使することができるということを積極的に基礎づけることは容易ではない（山下編・前掲注297）125頁〔伊藤雄司〕参照）。これに対して、原田・前掲注303）49頁も参照。

3　一部の共同相続人のみを相手方とする売渡請求を認めた場合に生じる技術的な困難

2で検討したように、共同相続された準共有株式の売渡しを求める場合には、各共同相続人を相手方として個別的に売渡請求がなされなければならないという解釈論を採用する必要性が認められる。それにもかかわらず、このような解釈論に反対する見解も存在する[306]。この見解は、次のような3つの技術的な困難を挙げて、そのような売渡請求を認めることが困難である、という。

第1に、売渡請求の対象として会社法が認めているのは、株式である[307]。すなわち、会社法175条1項1号は、株主総会決議において定める事項として、売渡「請求をする株式の数」を挙げている。したがって、会社法は、売渡請求の対象として株式しか認めていない。

第2に、一部の共同相続人のみを相手方とする売渡請求に係る株主総会決議について、その相手方となっていない共同相続人の議決権の扱いに窮する[308]。例えば、売渡請求の相手方となっている共同相続人が権利行使者である場合において、その権利行使者が、その売渡請求に係る株主総会決議について、会社法175条2項によって準共有株式の全部についての議決権を行使することができないと考えるならば、他の共同相続人の利益が無視されることになる。また、売渡請求の相手方となっていない共同相続人が権利行使者である場合において、その権利行使者が、その売渡請求に係る株主総会決議について、準共有株式の全部についての議決権を行使することができると考えるならば、会社法175条2項の趣旨が没却されることになる。

第3に、会社法は、会社と当該会社以外の者によって株式が準共有されることを想定していない[309]。会社が一部の共同相続人のみを相手方として株式の準共有持分の売渡請求をした場合には、会社は、他の共同相続人とその株式を準共有することになる。このときに、自己株式の権利停止等に関する

---

306)　加藤貴仁「事業承継の手段としての種類株式――株式の評価の問題を中心に」ジュリスト1377号（2009年）69頁、来住野究「判批（東京高判平成24年11月28日）」法学研究87巻12号（2014年）130-132頁。
307)　加藤・前掲注306) 69頁、来住野・前掲注306) 130-131頁。
308)　来住野・前掲注306) 132頁。
309)　来住野・前掲注306) 131-132頁。

規定（会社法202条2項、同308条2項、同453条等）をどのように適用するのかについて解決することができない。したがって、会社法は、会社が当該会社以外の者とその株式を準共有することを想定していない。

4　技術的な困難の解決にとっての不統一行使の必要性
(1)　より望ましい解決

3の見解が挙げた理由（特に第2および第3の点[310]）は、一部の共同相続人のみを相手方とする売渡請求を認めた場合に生じる技術的な困難を指摘するものである。まず、第2の点は、一部の共同相続人のみを相手方とする売渡請求をする場合において、会社法175条2項による議決権排除を適用する際に、技術的な困難が生じるということを指摘する。また、第3の点は、株式の準共有持分の売渡請求の結果として会社が他の共同相続人とその株式を準共有する場合において、会社法308条2項による自己株式の議決権排除等を適用する際に、技術的な困難が生じるということを指摘する。これらの点が指摘する技術的な困難は、いずれも、株式の準共有者の一部が議決権排除の対象となっている場合において、議決権排除の対象となっていない準共有者の議決権の適切な扱いに窮するということである。3の見解は、このような困難が生じるという理由から、会社法が、各共同相続人を相手方とする個別的な売渡請求を想定していない、という。

しかし、株式の準共有者の一部が議決権排除の対象となるという状況は、各共同相続人を相手方として個別的に売渡請求をした場合にのみ生じるわけではない。例えば、会社法140条3項は、会社が譲渡等承認請求に係る譲渡制限株式を買い取る場合における株主総会において、譲渡等承認請求者が議決権を行使することができないと規定している。この譲渡等承認請求者がある株式を譲渡しようとしている場合において、この者が同時に別の株式を準

---

310)　これに対して、第1の点は必ずしも決定的ではない。すなわち、株式の準共有持分も株式そのものであって（舟橋・前掲注173) 374-376頁、我妻・前掲注75) 320頁参照）、株式の譲渡制限が株式の準共有持分の譲渡に対しても及ぶと考えられるように、会社法の文言上「株式」という語が用いられているということから、その中に株式の準共有持分が含まれないということが導出されるわけではない（葉玉匡美編著『新・会社法100問〔第2版〕』（ダイヤモンド社、2006年）231-232頁は、一般原則として、株式の準共有持分の譲渡については、株式の規律に従うべきである、という）。

共有しているときには、株式の準共有者の一部が議決権排除の対象となるという状況が生じることになる。そして、このような状況が生じることを事前に防止することは難しい。このように、株式の準共有者の一部が議決権排除の対象となるという状況は、各共同相続人を相手方とする個別的な売渡請求を認めるかどうかにかかわらず生じ得る。

したがって、各共同相続人を相手方とする個別的な売渡請求を認めないと考えることによって、このような状況における技術的な困難の発生を完全に回避することができるわけではない。むしろ、このような技術的な困難は、その他の場合にも生じる可能性があって、事前に防止することが難しい場合もあるので、このような技術的な困難を解決するための方策を検討する必要があると考えられる。

また、3の見解は、その根拠として、このような技術的な困難を挙げるにとどまっている。したがって、2で検討したような各共同相続人ごとに売渡請求がなされなければならないという解釈論を採用する必要性まで否定しているわけではない。

よって、より望ましい解決は、3の見解により指摘された技術的な困難を回避しつつ、各共同相続人を相手方として個別的に売渡請求がなされなければならないという解釈論を採用することである。

(2) ドイツにおける見解についての検討

株式の準共有者の一部が議決権排除の対象となるという状況における技術的な困難の解決策として、ドイツでは、第3章第5節第5款二3(2)[311]で考察したように、次のような見解がある。すなわち、一部の共同相続人が有限会社法47条4項によって社員総会での議決権行使を禁止されている場合において、議決権行使の禁止の趣旨から共同関係全体の議決権行使の禁止が要請されるときにのみ、共同関係全体の議決権行使が禁止されるという見解や、その禁止の対象となっている共同相続人だけが共同相続関係内部における意思決定から排除されるべきであるという見解がある。

しかし、これらの見解は適切ではない。まず、前者の見解によると、議決

---

311) 第3章の注331)も参照。

権行使の禁止の対象となっていない共同相続人による議決権行使も禁止されることになる。しかし、そのような共同相続人が議決権行使を禁止される理由はない。また、後者の見解によると、議決権行使の禁止の対象となっていない共同相続人が、その対象となっている共同相続人の相続分に相当する議決権をも行使することができることになる。しかし、議決権行使の禁止の対象となっていない共同相続人が、他の共同相続人の相続分に相当する議決権まで行使することができることとする理由はない[312]。よって、これらの見解は適切ではない。

(3) 各準共有者による不統一行使の主張を認める見解による解決

むしろ、3の見解により指摘された技術的な困難は、各準共有者による不統一行使の主張を認める見解を採用することによって解決することができる。この見解を採用した場合には、準共有者間の内部関係において、各準共有者は、その準共有持分の割合に応じた不統一行使を主張することができる。そして、権利行使者は、各準共有者によるその準共有持分の割合に応じた不統一行使の指図に従って、議決権を行使しなければならない。

この場合には、議決権排除の対象となっている準共有者による指図に基づく議決権行使と、その対象となっていない準共有者による指図に基づく議決権行使とを区別することができる。よって、議決権排除の対象となっている準共有者による指図に基づく議決権行使だけを排除することができる。すなわち、権利行使者は、議決権排除の対象となっていない準共有者による指図に基づく議決権行使のみを有効にすることができる[313]。

このように、各準共有者による不統一行使の主張を認める見解を採用することによって、議決権排除の対象となっていない準共有者の議決権の適切な扱いに窮することはなくなると考えられる。よって、3の見解により指摘された技術的な困難を回避しつつ、各共同相続人を相手方として個別的に売渡請求がなされなければならないという解釈論を採用するためには、各準共有者による不統一行使の主張を認める見解を採用することが必要である。

---

312) 本款二における検討も参照。

5　本項のまとめ

　本項では、相続人等に対する株式売渡請求制度の運用にとっての各準共有者による不統一行使の主張を認める必要性について検討した。

　まず、前提として、準共有株式の売渡しを求める場合には、一部の共同相続人のみに対して求める場合であっても、共同相続人全員に対して求める場合であっても、会社は、各共同相続人を相手方として、それぞれの準共有持分について個別的に売渡請求をしなければならない（1(1)）。このような解釈論を採用する必要性は、次の2点によって基礎づけられる。第1に、会社にとって好ましくない者が相続によってその会社の株主になることを防止するという株式売渡請求制度の目的を達成するためには、各共同相続人ごとに、その者が会社にとって好ましくない者であるかどうかを判断する必要がある（2(1)）。第2に、共同相続人全員を相手方として一括して売渡請求をしてもよいと考える場合には、会社がそのような売渡請求をしようとすることによって、各共同相続人は、他の共同相続人を相手方とする売渡請求についても、その議決権を行使することができないことになる（2(2)）。よって、共同相続によって株式が準共有されている場合には、各共同相続人を相手方として個別的に売渡請求がなされなければならないという解釈論を採用することが必要である。

　このような解釈論に対しては、それに反対する見解によって、主として次のような技術的な困難が指摘される（3）。まず、一部の共同相続人を相手方とする売渡請求をする場合において、会社法175条2項による議決権排除を

313）　このように考える場合には、会社は、議決権排除の対象となっている準共有者による指図に基づく議決権行使と、その対象となっていない準共有者による指図に基づく議決権行使とを区別しなければならないことになり得る。そのような区別のためには、各準共有者の準共有持分の割合についての情報が必要である。しかし、会社がそのような情報を知ることは容易ではないと考えられるので、原則として、会社は、権利行使者が行う区別を信じることで足りる（それが真実と異なるものであった場合であっても、そのことが株主総会決議の瑕疵になることはない）と考えられる（このことは、会社法106条の目的の1つである準共有者間の内部関係の不明確性からの会社の保護（本章第2節第5款二）とも整合的である）。ただし、権利行使者が行う区別が真の準共有持分の割合に従ったものではないことを会社が知っていた場合には、そのことが株主総会決議の効力に影響を及ぼし得ることになると考えられる。そして、相続人等に対する株式売渡請求制度が利用されるような公開会社でない会社においては、共同相続人間の関係について会社が知っていることも多いように思われる（本章第4節第3款二を参照）。

適用する際に、その相手方となっていない共同相続人の議決権の適切な扱いに窮する。また、株式の準共有持分の売渡請求の結果として会社が他の共同相続人とその株式を準共有する場合において、会社法308条2項による自己株式の議決権排除等を適用する際に、会社以外の準共有者の議決権の適切な扱いに窮する。

　しかし、このように、株式の準共有者の一部が議決権排除の対象となるという状況は、各共同相続人を相手方として個別的に売渡請求をした場合にのみ生じるわけではなく、その他の場合にも生じ得る。したがって、各共同相続人を相手方とする個別的な売渡請求を認めないと考えることによって、このような状況における技術的な困難の発生を完全に回避することができるわけではない。むしろ、その他の場合にも生じ得るこのような技術的な困難を解決するための方策を検討する必要がある。また、各共同相続人を相手方として個別的に売渡請求がなされなければならないという解釈論に反対する見解は、その根拠として、前述のような技術的な困難を挙げるにとどまっている。したがって、そのような解釈論を採用する必要性まで否定しているわけではない。よって、より望ましい解決は、前述のような技術的な困難を回避しつつ、各共同相続人を相手方として個別的に売渡請求がなされなければならないという解釈論を採用することである（4(1)）。

　このような技術的な困難は、各準共有者による不統一行使の主張を認める見解を採用することによって解決することができる。この見解を採用した場合には、議決権排除の対象となっている準共有者による指図に基づく議決権行使と、その対象となっていない準共有者による指図に基づく議決権行使とを区別することができる。したがって、議決権排除の対象となっている議決権行使だけを排除することができる。このように、各準共有者による不統一行使の主張を認める見解を採用することによって、議決権排除の対象となっていない準共有者の議決権の適切な扱いに窮することはなくなる。

　よって、前述のような技術的な困難を回避しつつ、各共同相続人を相手方として個別的に売渡請求がなされなければならないという解釈論を採用するためには、各準共有者による不統一行使の主張を認める見解を採用することが必要である（4(3)）。

五　本款のまとめと結論

　本款では、各準共有者による不統一行使の主張を認める必要性があるのかという点を検討した。この検討は、そもそも第4節で検討したように権利行使者に関する一般的な規律として多数決説を採用した場合に生じ得る弊害を緩和する必要があるのか、また、より円滑な事業承継を実現するために各準共有者による不統一行使の主張を認める必要があるのかといった点にも関係するものであった。

　具体的には、次の3点、つまり、会社経営のリスク負担に応じた議決権配分の実現にとっての不統一行使の必要性（1）、より円滑な事業承継の実現にとっての不統一行使の有用性（2）、および、相続人等に対する株式売渡請求制度の運用にとっての不統一行使の必要性（3）について検討した。

1　会社経営のリスク負担に応じた議決権配分の実現にとっての不統一行使の必要性

　第1に、会社経営のリスク負担に応じた議決権配分の実現にとっての不統一行使の必要性（二）について、一般論としては、株式が準共有されている場合において、会社経営のリスク負担に応じた議決権配分の必要性を否定する理由はなく、そのような議決権配分の実現のために不統一行使を認める必要性を否定する理由もない。

　しかし、株式の準共有が主として問題になる同族会社を念頭に置く場合には、次のように、そもそも会社経営のリスク負担（株主としての限界損益）に応じた議決権配分が望ましいということを積極的に基礎づけることは難しい。すなわち、同族会社においては、株主としてのより大きな限界損益（剰余金の配当等）が帰属する株主ほど、会社の価値を向上させるように議決権を行使するインセンティブをより強く有する、ということは必ずしもできない。なぜならば、同族会社では、各株主の株式所有割合（議決権割合）に応じて分配される剰余金の配当等の利益よりも、役員でもある株主に帰属する私的利益の方が大きいからである。

　以上のように、一般論としては、株式が準共有されている場合において、会社経営のリスク負担に応じた議決権配分の実現のために各準共有者による

不統一行使の主張を認める必要性を否定する理由はない。しかし、株式の準共有が主として問題になる同族会社を念頭に置く場合には、会社経営のリスク負担に応じた議決権配分の実現という観点から、各準共有者による不統一行使の主張を認める必要性を積極的に基礎づけることは難しい。

2　より円滑な事業承継の実現にとっての不統一行使の有用性

第2に、より円滑な事業承継の実現にとっての不統一行使の有用性（三）について、より円滑な事業承継を実現するという観点からは、権利行使者に対する指図を多数決等によって決定するという規律よりも、各準共有者による不統一行使の主張を認めるという規律の方がより望ましい。

特に、会社の後継者になるべき者が共同相続人の中で多数派または少数派のどちらかである（デッドロックの事案や後継者になるべき者が複数存在する事案ではない）という類型において、次のように、そのことが妥当する。すなわち、このような類型において、各準共有者による不統一行使の主張を認めるという規律が、会社の後継者になるべき者にとって有利に作用するのか不利に作用するのかは、第三株主の判断に左右される。そして、この第三株主の判断は、会社の後継者になるべき者にとって有利になる可能性が高い。なぜならば、会社の後継者になるべき者は、共同相続によらずに（自身が第三株主として）既にその会社の株式を多く有している可能性が高いと考えられるからである。すなわち、そのような会社の後継者になるべき者は、第三株主として、その株式についての議決権を自己に有利に行使することができる。したがって、そのような者を含む第三株主は、会社の後継者になるべき者に賛成する可能性が高いということができる。よって、各準共有者による不統一行使の主張を認めるという規律は、会社の後継者になるべき者にとって有利に作用する可能性がより高いと考えられる。

なお、その他の類型（デッドロックの類型や後継者になるべき者が複数存在する類型）においては、各準共有者による不統一行使の主張を認めるという規律を採用することを肯定する理由も否定する理由もない。

以上のように、より円滑な事業承継の実現にとって、各準共有者による不統一行使の主張を認めることが望ましい。

3 相続人等に対する株式売渡請求制度の運用にとっての不統一行使の必要性

第3に、相続人等に対する株式売渡請求制度の運用にとっての各準共有者による不統一行使の主張を認める必要性（四）について、その制度の運用上の技術的な困難を回避しつつ、各共同相続人を相手方として個別的に売渡請求がなされなければならないという解釈論を採用するためには、各準共有者による不統一行使の主張を認める見解を採用することが必要である。

前提として、まず、この株式売渡請求制度の目的を達成するためには、各共同相続人ごとにその者が会社にとって好ましくない者であるかどうかを判断する必要がある。また、会社が共同相続人全員を相手方として一括して売渡請求をしようとすることによって、各共同相続人は、他の共同相続人を相手方とする売渡請求についても、その議決権を行使することができないことになる。したがって、準共有株式の売渡しを求める場合には、会社は、各共同相続人を相手方として、それぞれの準共有持分について個別的に売渡請求をしなければならない。

ところが、そのような個別的な売渡請求を認めた場合には、株式の準共有者の一部（売渡請求の相手方となっている一部の共同相続人（会社法175条2項）や売渡請求によって株式の準共有持分を取得した会社（会社法308条2項））が議決権排除の対象となるので、その際に、議決権排除の対象となっていない準共有者の議決権の適切な扱いに窮する。そこで、より望ましい解決は、このような技術的な困難を回避しつつ、各共同相続人を相手方として個別的に売渡請求がなされなければならないという解釈論を採用することである。

そして、このような技術的な困難は、各準共有者による不統一行使の主張を認める見解を採用することによって解決することができる。この見解を採用した場合には、議決権排除の対象となっている準共有者による指図に基づく議決権行使と、その対象となっていない準共有者による指図に基づく議決権行使とを区別することができるので、議決権排除の対象となっている議決権行使だけを排除することができる。

以上のように、相続人等に対する株式売渡請求制度の運用にとっての技術的な困難を解決するためには、各準共有者による不統一行使の主張を認める必要がある。

4 結論

　以上のような本款における検討によると、各準共有者による不統一行使の主張を認める実質的な必要性が存在すると考えられる。このことは、本款で検討した次の3点から基礎づけられる。第1に、会社経営のリスク負担に応じた議決権配分の実現という観点からは、同族会社を念頭に置く場合には、各準共有者による不統一行使の主張を認める必要性を積極的に基礎づけることは難しいが、一般論としては、その必要性を否定する理由はない。第2に、より円滑な事業承継の実現にとって、各準共有者による不統一行使の主張を認めることが望ましい。第3に、相続人等に対する株式売渡請求制度の運用にとっての技術的な困難を解決するためには、各準共有者による不統一行使の主張を認める必要がある。

第4款　各準共有者による不統一行使の主張を認めるための法的構成

一　序──問題の所在

1　理論構成の困難性

　本款では、各準共有者による不統一行使の主張を認めるための法的構成について検討する。第3款で検討したように、各準共有者による不統一行使の主張を認める実質的な必要性は存在する。また、各準共有者によるその準共有持分の割合に応じた不統一行使の主張を認める方が直観的に「公平」であるようにも感じられる。それにもかかわらず各準共有者による不統一行使の主張を認める見解が採用されてこなかった（理論面での）要因は、次のように、そのための理論構成が困難であるという点にあると考えられる。

　第2款四4で確認したこの見解に対する第2の批判は、この点を指摘していると考えられ、次のように理解することができる。すなわち、株式の準共有関係は、1株の株式ごとに成立している[314]。このことを議決権の取扱いに単純にあてはめるならば、準共有株式についての議決権は、1株の準共有関係を単位として、1個ずつ別々に取り扱われることになる。その結果として、準共有者間の内部関係における意思決定も、理論上は、1株の準共有関係ごとに、つまり、1個の議決権ごとになされることになる。したがって、複数の

株式が準共有されている場合においても、このような意思決定の単位となる1株の準共有関係が、準共有株式の数だけ存在していることになる。

そして、この意思決定の単位となる1株の準共有関係の中では、議決権の不統一行使の決定をすることはできない。なぜならば、その1株の準共有関係における意思決定は、あくまでもそこで準共有関係の対象とされている1株の株式についての1個の議決権の行使に関する意思決定であるところ、その1個の議決権を不統一的に行使することは不可能であるからである[315]。このことは、複数の株式が準共有されている場合において、その複数の株式についての議決権の行使に関する意思決定が、実際には単一の決定によってなされるときであっても変わらない。なぜならば、そのときであっても、理論上は、その単一の決定によって、意思決定の単位となる1株の準共有関係ごとの意思決定が、複数（準共有株式の数だけ）なされていると考えられるからである。

このように、複数の準共有株式についての議決権の行使に関する意思決定を、1株の準共有関係ごとの意思決定の集積であると考える場合には、議決権を不統一的に行使することは理論的に不可能である。よって、各準共有者による不統一行使の主張も、少なくとも準共有者間の合意や決定等がない限り[316]認めることができない。このように、各準共有者による不統一行使の主張を認める見解が採用されてこなかった（理論面での）要因は、そのための理

---

[314] このことを明示的に指摘するものは多くはないが、この点を明示的に指摘して1株の株式に着目するものとして、竹田省「判批（大判大正10年6月8日）」法学論叢10巻4号（1923年）118頁、野間・前掲注208）75頁、大森政輔「株式の相続に伴う法律問題（二）――株主の死亡から遺産の分割まで」商事法務948号（1982年）51-53頁（稲葉ほか・前掲注212）『株式の相続に伴う法律と税務』7頁所収）、篠原勝美「判解（最判平成2年12月4日）」『最高裁判所判例解説民事篇 平成2年度』（法曹会、1992年）445頁、岡野谷知広「判批（最判平成2年12月4日）」法学研究65巻3号（1992年）112頁、鷹巣信孝「株式の『共有』――共有と合有・補論二」佐賀大学経済論集28巻3号（1995年）56-57頁、滝澤孝臣「相続と株主権の行使」味村最高裁判事退官記念『商法と商業登記――法曹生活五十年を顧みて』（商事法務研究会、1998年）632-633頁、高田晴仁＝久保田安彦編著『人間ドラマから会社法入門』（日本評論社、2015年）69頁〔横尾亘〕、冨上・前掲注234）32頁。投資信託の受益権について、福岡高判平成22年2月17日金法1903号89頁も参照。

[315] 例えば、岩原編・前掲注61）231頁〔松尾健一〕は、会社法313条1項が、「株主が複数の株式を有する場合」に株主が議決権を不統一的に行使することができることを明らかにするものである、という。

論構成が困難であるという点にあると考えられる。

2 従来の見解の法的構成についての検討

第2款四3で確認したように、各準共有者による不統一行使の主張を認めるための法的構成として、従来の見解によって、次のような2つの考え方が主張されている。

第1に、準共有持分の割合に応じた議決権の行使は、準共有者が本来的に享受する権利であるという考え方である[317]。すなわち、準共有者がその準共有持分の割合に応じた議決権を行使することは、例えば準共有持分の割合に応じて配当を受領する権利と同様に、準共有者が本来的に享受する権利である（民法249条参照）。よって、各準共有者は、自己の準共有持分に対応する個数の議決権について、自己の指図に従って行使することを権利行使者に対して請求する権利がある。

第2に、民法249条が優先的に適用されるという考え方である[318]。すなわち、民法249条は、共有という制度の最も基底的なルールとして、他の規定に優先して適用される。なぜならば、民法249条は、民法の共有に関する諸規定の冒頭に置かれており、また、共有という所有形態において、共有持分に応じた使用はその根幹に関わる本質的ルールであると考えられるからである。よって、準共有者の一部が自己の準共有持分の割合に応じた議決権行使を主張する場合には、他の準共有者は、そのような議決権行使の方法を容認しなければならない。

しかし、これらの考え方は、1で指摘した理論構成の困難性を解決するものではない。これらの考え方は、その暗黙の前提として、複数の株式が準共有されている場合に、その複数の株式についての議決権が全体として集合的

---

316) 準共有者が、その合意等によって、一部の準共有株式についての議決権とその他の準共有株式についての議決権とを不統一的に行使することを決めることはできる。この場合には、理論的には、各準共有者が、複数の準共有株式についての議決権のうち、自己の準共有持分に相当する数の議決権については、自己の意思に従った行使を主張することができ、他の準共有者の準共有持分に相当する数の議決権については、その準共有者の意思に従った行使を容認するという合意等がなされていると説明することになると考えられる。
317) 前掲注229)。
318) 前掲注230)。

第5節　より円滑な事業承継を実現するための規律の検討　　339

に取り扱われると考えている。すなわち、株式の準共有関係が1株の株式ごとに成立していると考えられるにもかかわらず、なぜ準共有株式についての議決権が、1株の準共有関係を単位として1個ずつ別々に取り扱われるのではなく、全体として集合的に取り扱われると考えることができるのかについては、何も説明されていない。これらの考え方は、暗黙の裡に、複数の株式についての議決権が全体として集合的に取り扱われるという前提に立った上で、そのように集合的に取り扱われる複数の議決権の行使が、準共有者間の内部関係においてどのように規律されるのかに焦点を当てて検討しているにすぎない。このように、従来の見解によっても、1で指摘した理論構成の困難性は解決されていない。

3 問題の所在

1および2で指摘したことを踏まえると、各準共有者による不統一行使の主張を認めるための説得的な法的構成を構築するためには、次の2点を示す必要がある。第1に、株式が準共有されている場合において、その複数の株式についての議決権が（1株の準共有関係ごとにではなく）全体として集合的に取り扱われるということである（複数の株式についての議決権の集合的な取扱いに関する問題）。第2に、複数の議決権が全体として集合的に取り扱われると考えた場合に、準共有者間の内部関係において、各準共有者がその準共有持分の割合に応じた不統一行使の主張をすることができるということである（各準共有者による不統一行使の主張の法的根拠に関する問題）。

そこで、まず、二において、これらを検討するための手がかりを得るために、ドイツにおける各共同相続人による不統一行使の主張を認める見解を考察して分析する。そのうえで、三において、第1の問題、つまり、複数の株式についての議決権の集合的な取扱いに関する問題を検討する。そして、四において、第2の問題、つまり、各準共有者による不統一行使の主張の法的根拠に関する問題を検討する。また、四5において、議決権について各準共有者による不統一行使の主張を認めるための法的構成を採用した場合に、その法的構成によると、議決権以外の権利の行使がどのように規律されることになるのかについて若干の検討を行う。

最後に、五において、それまでに検討した準共有者間の内部関係の規律と

会社法の関係について検討する。すなわち、それまでの検討の結果として、準共有者間の内部関係において各準共有者による不統一行使の主張を認める場合において、準共有者がそのような内部関係の規律に基づいて会社に対してその権利を行使する際に、会社法106条や会社法313条3項がどのように適用されるのかについて検討する[319]。

二 ドイツにおける各共同相続人による不統一行使の主張を認める見解の考察および分析

1 序

まず、本項では、一3で示した問題を検討するための手がかりを得るために、ドイツにおける各共同相続人による不統一行使の主張を認める見解を考察して分析する。具体的には、2において、Bartholomeyczikの問題意識を確認した上で、3において、Bartholomeyczikの基本的な考え方を考察する。そして、4において、日本法への示唆を得るために、具体的にBartholomeyczikの考え方を分析する。

2 Bartholomeyczikの問題意識

本書では、既に第3章第5節第5款三において、会社法の平面と相続法の平面の関係について次のように分析した[320]。すなわち、ドイツにおいては、従来、会社法の平面と相続法の平面の厳格な区別が当然のものであると考えられてきた。しかし、近時、このような会社法の平面と相続法の平面の厳格な区別に対して疑問を呈する見解も現れている。これは、従来は当然視されてきた会社法の平面と相続法の平面の厳格な区別が、当然のものではないということを示唆している。そして、会社法が相続法の平面に影響する際の態様としては、4種の態様（事実考慮型、解釈内包型、重畳適用型、代替適用型）があり得ると考えられる。

もっとも、このような会社法の平面と相続法の平面の関係が問題になり得るということは、既に1970年に、Bartholomeyczikによって、次のように指

---

319) 本節第1款、前掲注236）も参照。
320) 第3章第6節第3款も参照。

摘されていた[321]。すなわち、法的秩序は、閉じられた自明の制度ではない。実際に規定された仕組みで十分な解決に至るためには、あてはめを可能にするための演繹によって、実在する規範を検討することだけでは十分ではない。特に、個々の制度のうちの目的論的に決定されるべき統合要素は、相互に照合されて結びつけられるべきである。それによって、境界が定められた特定の領域として歴史的に発達してきた各規範群の間の継ぎ目が縫い合わせられる。それらの規範群がどのように相互に調和させられるべきなのかは、法が規定された時点ではまだ意識されていなかった。現在においては、試された実定法制定の絶対主義によって自己目的的な境界設定のために規定された境界の厳格さは排除されなければならない。衝突する制度の対立は、弁証法的な和解を模索する。

　そのうえで、Bartholomeyczik は、相続法上の遺産管理における規律である多数決原則が会社に影響を与え得るということを指摘する[322]。具体的には、その相続法上の規律によって、次のように、会社への資本参加の大きさと会社への影響力の大きさが釣り合っていない多数派が、会社の機関を変更することができることになり得る、という。すなわち、共同相続人の多数決によって選任された共同代理人が、共同相続人の多数派の指図に従ってその権限を行使する場合には、このような共同相続関係における意思決定が介在することによって、会社への資本参加と会社への影響力との間に不一致が生じる。例えば、発行済株式の51％が共同相続関係に属しており、その共同相続関係の中で、ある（または複数の）共同相続人が51％の相続分を有する場合には、会社に実質的に約26.0％（Bartholomeyczik は25.6％と表記している）しか資本参加していない株主（共同相続人）が、会社全体を支配することができることになる。これは、実質的には、第3款二で検討した議決権の帰属と株主としての限界損益の帰属の分離を指摘するものとして理解することもできる。

　そして、Bartholomeyczik は、このような問題が生じる原因が、相続法の領域と会社法の領域の重複によって生じる不調和にあると指摘する[323]。その

---

321) *Bartholomeyczik*, Das Aktienpaket der Miterbengemeinschaft, in：Festschrift für Heinrich Lange zum 70. Geburtstag, 1970, S. 344.
322) *Bartholomeyczik*, a. a. O.（Fn. 321), S. 347 f.
323) *Bartholomeyczik*, a. a. O.（Fn. 321), S. 349.

うえで、それを解消する手段として議決権の不統一行使を可能にするために、株式法および相続法の解釈を提示する。そこで、以下では、議決権の不統一行使を可能にするためにBartholomeyczikが提示した相続法の解釈[324]を考察する[325]。

3 Bartholomeyczikの基本的な考え方

ドイツ民法2038条2項1文が適用を規定する同745条1項1文によると、共同相続関係における多数決によって決定される措置は、「通常の管理（ordnungsmäßige Verwaltung）」に該当しなければならない[326]。Bartholomeyczikは、ここでいう「通常の管理」に該当するためには、当該措置が、共同相続人相互の配慮義務および平等原則を遵守していなければならない、という[327]。

(1) 配慮義務および平等原則の基礎づけ

Bartholomeyczikは、共同相続人相互の配慮義務および平等原則を、それぞれ次のように基礎づける。

まず、共同相続人相互の配慮義務は、次の3点から基礎づけられる[328]。第1に、ドイツ民法2038条1項2文前段によると、各共同相続人は、他の共同

---

324) Bartholomeyczikが提示した株式法の解釈は、本書では扱わない。Bartholomeyczikがその解釈を提示した理由は、当時のドイツにおいて、1人の株主が複数の株式を有する場合に株式法上議決権を不統一的に行使することができるのかについて、見解の対立があったからである。この見解の対立を念頭に置いて、Bartholomeyczikは、議決権の不統一行使が株式法上許されていると主張した（*Bartholomeyczik*, a. a. O.（Fn. 321）, S. 360 ff.）。現在の日本においては、一般的に議決権の不統一行使が法律上許されていると考えられるので（本節第2款二）、本書では、Bartholomeyczikが提示した株式法の解釈は扱わない。

325) もっとも、Bartholomeyczikが提示する解釈論には、必ずしも論旨が明確ではないように思われる部分もあるため、以下では、その解釈論の要点であると思われる部分に絞って考察する。

326)「通常の管理」に該当しない措置を多数決によって決定した場合には、当該決定は無効であるので、その管理については多数決によって決定されていない状態になる。よって、この場合には、各持分権者は、ドイツ民法745条2項に基づいて、衡平な判断に照らして全ての持分権者の利益に適合する管理および利用（通常の管理）を請求することができる。

327) *Bartholomeyczik*, a. a. O.（Fn. 321）, S. 354.

328) *Bartholomeyczik*, a. a. O.（Fn. 321）, S. 353 f.

相続人に対して、通常の管理に必要な措置について協力する義務を負う。すなわち、各共同相続人は、他の共同相続人に対して、通常の管理に必要な措置について協力することを請求することができる。このような関係は、ドイツ民法241条にいう債権債務関係であって、信義誠実の原則を規定するドイツ民法242条が適用される。第2に、ドイツ民法2038条2項1文が適用を規定する同745条2項は、通常の管理が、衡平な判断に照らして全ての持分権者の利益に適合するものであることを前提としている[329]。第3に、共同相続関係は、その構成員の自由意思によってではなく、法律によって強行的に形成される。したがって、共同相続関係の場合には特に、法律が衡平な調整を目指す必要がある。以上の3点から、各共同相続人は、他の共同相続人に対して信義誠実の原則（ドイツ民法242条）の下で行為しなければならない。そして、このことは、共同相続人相互の配慮義務につながる。

次に、共同相続人の平等原則も、次の2点から基礎づけられる[330]。第1に、法律は、明示的にこの原則に言及しているわけではない。しかし、ドイツ民法2038条2項1文が適用を規定する同745条2項は、この共同相続人の平等原則にとっても手がかりとなる。すなわち、この規定は、通常の管理が、衡平な判断に照らして全ての持分権者の利益に適合するものであることを前提としている[331]。第2に、共同相続関係は、その構成員の自由意思によってではなく、法律によって強行的に形成される。以上の2点から、各共同相続人は、各共同相続人が平等に支配権に影響を与えて、必要な法的制限も平等に負担するような方法でのみ、各共同相続人の持分を利用することを要求される。

(2) 配慮義務および平等原則の具体化

そのうえで、Bartholomeyczik は、共同相続人相互の配慮義務および平等原則から、次のような各共同相続人のより具体的な義務を導出する[332]。すなわち、共同相続関係の意思決定において、会社における意思決定に関するど

---

329) 第3章の注221) も参照。
330) *Bartholomeyczik*, a. a. O. (Fn. 321), S. 354 f.
331) 第3章の注221) も参照。
332) *Bartholomeyczik*, a. a. O. (Fn. 321), S. 356 f.

の共同相続人の意思も完全に排除されることがないように、また、その意思決定に関する過剰な影響力が特定の共同相続人に与えられることがないように、各共同相続人は、その支配を、共同相続関係全体における相続分の割合の限度に限定しなければならない。つまり、共同相続人相互の配慮義務および平等原則は、各共同相続人に対して、法的に正当化されない遺産の権利行使を放棄することを義務づける。

よって、各共同相続人は、他の共同相続人に対して、議決権の不統一行使のために共同関係に服している株式を分配（aufteilen）することを請求することができる[333]。この請求によって、共同相続関係は、その共同相続人に対して、その相続分の割合に相当する株式に基づいて議決権を行使する権限を与えなければならない。

(3) 理論的な懸念についての検討

もっとも、Bartholomeyczik は、共同相続関係に服している複数の株式を、まとめて集合物（Sachinbegriff）ないし包括財産（Vermögensinbegriff）であると捉えている[334]。そのうえで、Bartholomeyczik は、このように複数の株式をまとめて 1 個の集合物ないし包括財産であると捉える場合には、その 1 個の財産の分配を観念することができないのではないか、ということを懸念していると考えられる。

しかし、議決権の不統一行使のための株式の分配は、次のような 2 つの理由によって、このように複数の株式を集合的に捉えることと矛盾しない、と

---

[333] なお、Bartholomeyczik は、議決権の不統一行使のための株式の分配は、次のように、共同相続関係が合有関係であることと矛盾しない、という。すなわち、共同相続関係は、合有関係である。つまり、遺産の個々の対象については、全ての共同相続人が、全員一致によってのみ処分することができ（ドイツ民法 2040 条 1 項）、各共同相続人は、遺産の個々の対象についての持分を処分することができない（ドイツ民法 2033 条 2 項）。これらの規律によって、遺産の対象の処分により相続債権者および相続人が害されることを防止するという合有の目的が一定程度達成される。このような合有の目的は、議決権の不統一行使のための株式の分配によっては害されない。なぜならば、この株式の分配は、あくまでも議決権の不統一行使のためになされるだけであって、その株式の終局的な帰属先を決定するという株式の処分としての意味を有していないからである。よって、議決権の不統一行使のための株式の分配は、共同相続関係が合有関係であることと矛盾しない（*Bartholomeyczik*, a. a. O.（Fn. 321）, S. 355 f.）。

[334] *Bartholomeyczik*, a. a. O.（Fn. 321）, S. 356.

いう[335]。第1に、同じ会社の同じ種類の株式は、全て同等である。このことは、株式の分配を容易にする。第2に、現物分割に関する考え方は、株式の分配にも類推することができる。現物分割について規定したドイツ民法752条1文は、「その価値を減ずることなく、持分権者の持分に応じて同種の部分に分割することができる」という条件の下で、共同関係に服する複数の対象を現物分割することができるということも規定している。複数の株式を1個の分割不可能な対象として考える場合には、この規定も意味を有しないが、現物分割は、物理的な分割可能性のみに関係するわけではない。むしろ、現物分割は、目的論的に、共同相続人の平等取扱いが達成されて同時に対象の競売が防止されるように、つまり、対象の総価値が維持されるように解釈されるべきである。

　この部分に関するBartholomeyczikの論旨は必ずしも明確ではないが、おそらくBartholomeyczikは、1個の対象を物理的に分割することができないという理由によって直ちに現物分割が否定されるわけではなく、その対象の価値を維持した上で共同相続人の相続分の割合に応じた分割をすることができる場合には、そのような現物分割は認められる、ということを重視していると考えられる。そして、このことは、複数の株式の分配にも妥当する。すなわち、複数の株式をまとめて1個の集合物ないし包括財産であると捉える場合であっても、その価値を減少させることなくその複数の株式を分配することができるので、そのような分配が、複数の株式を集合的に捉えることと矛盾するわけではない。

4　Bartholomeyczikの考え方についての分析――日本法への示唆
(1)　会社法の平面と相続法の平面の関係についてのBartholomeyczikの態度

　まず、会社法の平面と相続法の平面の関係についてのBartholomeyczikの態度を分析しておく。2で考察したように、Bartholomeyczikは、会社法の平面と相続法の平面の関係が問題になり得るということ、そして、両者は相互に照合されて結びつけられるべきであるということを指摘していた。しかし、

---

335) *Bartholomeyczik*, a. a. O. (Fn. 321), S. 358 f.

それを解決するための解釈論では、Bartholomeyczik は、会社法の解釈論と相続法の解釈論を厳格に区別している。実際に、3 で考察した Bartholomeyczik による相続法の解釈論は、相続法の論理で完結しており、会社法の規律は、直接的にはその相続法の解釈論に影響を及ぼしていない。

もっとも、Bartholomeyczik による相続法の解釈論は、実質的には、会社への資本参加と会社への影響力との間の不一致を防止するという会社法上の必要性によって基礎づけられている。このような意味において、Bartholomeyczik の考え方は、会社法が相続法の平面に影響する際の態様としては、事実考慮型と解釈内包型の中間類型（相続法の解釈に際して会社法の規律自体ではなく会社法上の要請を考慮する類型）であると理解することができる。

(2) 日本法への示唆

次に、日本法への示唆を得るために、具体的に Bartholomeyczik の考え方を分析する。一 3 で示したように、各準共有者による不統一行使の主張を認めるための説得的な法的構成を構築するためには、複数の株式についての議決権の集合的な取扱いに関する問題、および、各準共有者による不統一行使の主張の法的根拠に関する問題を検討する必要がある。そこで、Bartholomeyczik の考え方から日本法への示唆を得るために、これら 2 点のそれぞれについて Bartholomeyczik がどのように考えているのかを確認して分析する。

　　ア　複数の株式についての議決権の集合的な取扱いについて

まず、複数の株式についての議決権の集合的な取扱いについて、Bartholomeyczik は、そもそも、共同相続関係に服している複数の株式を、まとめて集合物ないし包括財産であると捉えている[336]。このように考える場合には、その複数の株式についての議決権も、全体として集合的に取り扱われると考えられる。

このように複数の株式を集合的に捉えることが比較的容易に認められることの背景には、ドイツにおいて、共同相続関係が合有的拘束に服するものであって、その合有という法的制度によって、遺産の（複数の）対象が物権的に拘束された特別財産として統合されると考えられている[337]、ということが

---

336) 本款二 3(3)を参照。
337) 第 3 章第 2 節第 3 款二。

あると考えられる。また、ドイツでは、共同関係を規律するドイツ民法742条以下が主に当事者の債権法上の権利義務を規定しており、複数の対象について1個の共同関係が成立するということが認められている[338]。実際に、ドイツ民法752条は、「複数の共同関係の対象」、つまり、複数の対象が同一の共同関係に服することがあり得るということを前提としている。

よって、ドイツでは、そもそも、1株の株式ごとに共同関係が成立しているということが、通常は想定されない。そして、その結果として、共同相続関係に服している複数の株式についての議決権の行使に関する意思決定を、1株の共同関係ごとの意思決定の集積であると考えなければならないような場面も、ほとんど想定されない[339]。もっとも、このようにドイツと日本とでは前提が異なっているが、Bartholomeyczik の考え方から日本法への示唆を全く得ることができないというわけではない。この考え方からの日本法への具体的な示唆については、具体的な問題意識の下でそれを明らかにするために、日本法についての具体的な検討の中（三2）で扱う。

イ　各準共有者による不統一行使の主張の法的根拠について

次に、各準共有者による不統一行使の主張の法的根拠について、Bartholomeyczik は、各共同相続人がその相続分の割合に応じた不統一行使の主張をすることができるということを、共同相続人相互の配慮義務および平等原則から基礎づける[340]。そして、この共同相続人相互の配慮義務および平等原則を基礎づけるために、次のようなドイツ民法の規定の存在を指摘する[341]。すなわち、ドイツでは、民法2038条1項2文前段が、通常の管理に必要な措置について各共同相続人が協力する義務を明示的に規定しており、民法745条2項が、通常の管理が衡平な判断に照らして全ての持分権者の利益に適合するものであることを前提としている。

このように、ドイツでは、共同相続人相互の配慮義務および平等原則を導

---

338) BGH, Urteil vom 16.11.1998-Ⅱ ZR 68/98, BGHZ 140, 63；*Proff,* in：Staudingers Kommentar zum Bürgerlichen Gesetzbuch, 2015, § 741 Rdn. 157 ff.

339) Bartholomeyczik は、むしろ、議決権の不統一行使のための株式の分配が、このように複数の株式を集合的に捉えることと矛盾しないかを懸念している（本款二3(3)。前掲注333）も参照)。

340) 本款二3(2)。

341) 本款二3(1)。

出するための手がかりとなる法律上の規定が存在している。これに対して、日本では、そのような規定が十分に存在しているというわけではなく、共同相続人相互の配慮義務および平等原則を導出するための手がかりは乏しいと考えられる。実際に、民法252条本文に基づく共有物の管理に関する意思決定の際に共有者間の協議が要求されるのかという点についてすら、十分に議論されていないようであり、必ずしも明らかではない[342]。よって、日本において、少なくとも現在の民法の規定や民法学説の状況を前提とする場合には、ドイツのように共同相続人相互の配慮義務および平等原則を基礎づけることは容易ではない[343]。

　もっとも、Bartholomeyczikの考え方から日本法への示唆を全く得ることができないというわけではない。まず、Bartholomeyczikは、共同相続人相互の配慮義務および平等原則を基礎づける際に、共同相続関係が、その構成員の自由意思によってではなく法律によって強行的に形成される、ということも重視している。このような共同相続関係の性質は、日本においても妥当する。また、Bartholomeyczikは、集合物ないし包括財産として捉えられる複数の株式を分配することができるということを基礎づける際に、同じ会社の同じ種類の株式が全て同等であって、その分配によってその価値が減少することもないということを指摘する。このような株式の性質は、日本において各準共有者による不統一行使の主張の法的根拠について検討する際にも参考になり得ると考えられる。

---

342)　前掲注204)。
343)　もっとも、共有者間の法律関係や共同相続人間の法律関係を更に検討して解明することによって、その中で、共同相続人相互の配慮義務および平等原則が基礎づけられるという可能性は十分に存在すると考えられる（ドイツにおいて共同相続人間の法律関係について詳細に検討したものとして、例えば、*Ann*, Die Erbengemeinschaft, 2001 ; *Hellfeld*, Treuepflichten unter Miterben, 2010)。

三 複数の株式についての議決権の集合的な取扱い──複数の株式についての具体的権利が同一の準共有関係の下で集合的に取り扱われるという法的構成

1 序

本項では、複数の株式についての議決権の集合的な取扱いに関する問題、つまり、株式が準共有されている場合において、その複数の株式についての議決権が（1株の準共有関係ごとにではなく）全体として集合的に取り扱われるのかについて検討する。

一1で確認したように、各準共有者による不統一行使の主張を認める見解に対する批判は、複数の準共有株式についての議決権の行使に関する意思決定を、1株の準共有関係ごとの意思決定の集積であると理解している。その背景には、複数の株式が準共有されている場合であっても、株式の準共有関係が1株の株式ごとに成立しているので、準共有株式についての議決権が、1株の準共有関係を単位として、1個ずつ別々に取り扱われるという理解がある。その結果として、準共有者間の内部関係における意思決定も、理論上は、1株の準共有関係ごとになされることになる。そして、この1株の準共有関係の中においては、その1株の株式についての1個の議決権を不統一的に行使することはできない。したがって、複数の株式が準共有されている場合であっても、各準共有者がその準共有持分の割合に応じて不統一的に議決権を行使することはできないことになる。

しかし、株式の準共有関係が1株の株式ごとに成立していると考える場合であっても、複数の株式についての議決権が全体として集合的に取り扱われると考えることができないというわけではない。本項では、複数の株式についての具体的権利が同一の準共有関係の下で集合的に取り扱われるという法的構成の成否を検討することによって、複数の準共有株式についての議決権が全体として集合的に取り扱われると考えることができるのかを検討する。

具体的には、まず、2において、Bartholomeyczikの考え方からの示唆を確認する。そして、3において、複数の株式についての具体的権利が同一の準共有関係の下で集合的に取り扱われるという法的構成と類似する法的構成として、松田二郎が主張する考え方を、4において、その考え方に対する批判をそ

れぞれ考察する。その考察の結果を踏まえて、5において、複数の株式についての具体的権利が同一の準共有関係の下で集合的に取り扱われるという法的構成の成否を検討する。

2　Bartholomeyczikの考え方からの示唆

二3(3)で考察したように、Bartholomeyczikは、そもそも、共同相続関係に服している複数の株式を、まとめて集合物ないし包括財産であると捉えている。このように考える場合には、その複数の株式についての議決権の行使に関する意思決定も、集合物ないし包括財産として捉えられる複数の株式全部についての集合的な意思決定であると考えることができる。しかし、このような考え方の背景には、日本法とは異なるドイツ法における遺産の合有関係や共同関係についての考え方が存在している[344]。したがって、このような考え方が直ちに日本法に妥当するというわけではない。

もっとも、Bartholomeyczikが、共同相続関係に服している複数の株式をまとめて集合物ないし包括財産であると捉えることによって、その複数の株式についての議決権も全体として集合的に取り扱われると考えているという点は、日本法の検討にとっても参考になる。このような考え方を参考にすると、複数の株式についての議決権が全体として集合的に取り扱われるということを説明するための法的構成として、同一の準共有関係の下において、複数の株式についての具体的権利が集合的に取り扱われるという法的構成が考えられる。そして、このような構成と類似する法的構成として、松田二郎が主張する考え方がある。そこで、3以降では、松田が主張する考え方を考察して検討することを通じて、複数の株式についての具体的権利が同一の準共有関係の下で集合的に取り扱われるという法的構成が成立するのかについて検討する。

3　松田二郎が主張する考え方

松田二郎は、ある株主が有する株式の数にかかわらず、その株主が有する株主としての地位は単一であると主張する[345]。この考え方によると、ある株

---

[344] 本款二4(2)ア。

主が有する複数の株式についての具体的権利も、その株主に集合的に（単一のものとして）帰属しているということになると考えられる。このような主張は、株式社員権説を批判する文脈において、次のようになされている[346]。

　株式社員権説によると、株式（という割合的単位）が株主としての地位（社員権）であるので、株主が複数の株式を有している場合には、当該株主はその株式の数に応じて株主としての地位（社員権）を複数有していると考えることになる[347]。このことを推し進めると、株主は、その有する株式の数に応じて、議決権、株主総会決議取消請求権、会社設立無効請求権のような単独株主権や各種の少数株主権を有することになる。しかし、このような株式社員権説の考え方は、次のように維持することができない。

　第1に、少数株主権について、各株式がそれぞれ独立して株主としての地位（社員権）を意味すると考える場合には、各株式の中に、少数株主権も内在しているはずである。しかし、少数株主権については、株主が発行済株式総数に対する一定の比率の株式を有すること等によって初めて、株主がこれを有することができる。よって、各株式の中に、少数株主権が含まれているということはできない[348]。

　第2に、議決権以外の単独株主権について、株式社員権説によると、各株式の中に、株主総会決議無効請求権のような権利がそれぞれ1個ずつ内在し

---

345)　松田二郎『株式会社法の理論』（岩波書店、1962年）64頁。田中耕太郎『改正會社法概論』（岩波書店、1939年）434-435頁も参照。

346)　松田・前掲注345) 56-65頁。松田二郎「株主の共益権と自益権（二）――株式を持分視する見解に対して」法曹時報6巻9号（1954年）32-38頁、西原ほか・前掲注208) 21-26頁〔松田発言〕も参照。

347)　実際に、例えば、石井＝鴻・後掲注359) 165頁（「一人で複数の株式を有することはもちろん可能であり、この場合には、株主は株式数に応じた複数の地位の統合者とみるべきであって（通説）、社員として一個の地位を有し、その内容が量的に株式数に応じて異なるのみとみる（田中・松田）べきではない」）、鈴木＝竹内・前掲注51) 92頁（「株主はこのように単位化された複数の株主の地位を有することができる」）、大隅＝今井・後掲注363) 293頁（「数個の株式が一人の手に集中されている場合においては、社員の地位はその株式数だけ数個集積的に存在する」）、森本・前掲注218) 107頁（「株主は持株数に応じて株主としての地位（持分）を有する」）を参照。

348)　各株式の中に少数株主権は内在しないが、少数株主権を行使し得ることになる可能性は内在しているという考え方も考えられるが、そのような可能性は、単に可能性であるにすぎず、それを権利ということはできない。

ているはずである。例えば、10株の株式を有する株主は、10個の株主総会決議無効請求権を有することになる。このことを推し進めると、株主がその有する株式のうちの1株の株式に基づいて株主総会決議無効の訴えを提起してその請求棄却判決が確定した場合であっても、その株主は、その有する株式のうちの別の株式に基づいて（別の株式に基づく権利であるから、訴訟物が前訴とは異なることになり、前訴判決の既判力が及ばないので）実質的に同様の請求原因によって株主総会決議無効の訴えを提起することができるはずである[349]。それにもかかわらず、株式社員権説を採用する論者も、株主がその有する株式の数にかかわらず1個の株主総会決議無効請求権のみを有するということを当然であると考えている。このように考えるのであれば、議決権以外の単独株主権が、各株式の中に1個ずつ含まれているのではなく、1人の株主が、その有する株式の数にかかわらず1個の権利を有していると考えることになる[350]。

第3に、議決権について、確かに、（当時の）商法の条文は、「各株主ハ一株ニ付一個ノ議決権ヲ有ス」（商法241条1項）と規定しており、各株式の中に1個ずつ議決権が内在するような観を呈している。しかし、議決権以外の単独株主権について、1人の株主がその有する株式の数にかかわらず1個の権利を有すると考える場合には、同じく単独株主権である議決権についても、1人の株主が、その有する株式の数にかかわらず1個の権利を有すると考えるべきである[351]。

以上のことから、松田は、株主が有する株式の数にかかわらず、その株主

---

[349] このことは、同一の債務者に対する1万円の債権を2個有する債権者が、そのうち1個の債権について訴えを提起して敗訴した場合であっても、その判決の既判力が、他の1個の債権に影響しないことと同様である。松田・前掲注345）16頁も参照。

[350] 本文で挙げた株主総会決議無効請求権の他に、松田は、株主総会の招集通知についての例を挙げる。すなわち、株主の地位が各株主が有する株式の数に応じて複数であると考える場合には、会社は、株主に対して、その有する株式の数に応じて、数百ないし数千の招集通知を発しなければならないことになる。

[351] また、別の文脈ではあるが、松田は、11株以上の株式を有する株主の議決権が定款によって制限されている場合において、そのような制限に服する株主がその株式のうちの1株を他人に譲渡したときに、その譲受人が完全な議決権を有することになる理由は、議決権の原始取得によってのみ理解することができる、という（松田・前掲注208）634頁）。この理由も、株式社員権説から説明することは難しいと考えられる。

が有する株主としての地位は単一であると主張する。そして、この主張によって、松田は、株式社員権説に対する株式債権説の優位性を示そうとしていると考えられる。すなわち、前述のように、株式社員権説からは、複数の株式を有する株主が、その有する株式の数に応じてではなく1個だけその株式についての権利を行使することができる、ということを説明することが困難である。これに対して、株式債権説は、株式とは剰余金配当請求権を意味しており[352]、株式には共益権は含まれないと考える[353]。したがって、株式債権説によると、1人の株主が複数の株式を有しているということから、その株主が複数の共益権を有することが導出されることにはならない[354]。この説によると、共益権については、株式を取得した者が、その有する株式の数にかかわらず「株主」になって、これに基づいて1個の共益権を取得すると説明することができる[355]。このようにして、松田は、株式社員権説に対する株式債権説の優位性を示そうとしていると考えられる。

4 株式債権説に対する反論

もっとも、松田二郎は、3で挙げたような点を主たる理由として、株式債権説を主張しているわけではない[356]。むしろ、松田が株式債権説の主たる理由として挙げるものは、株式の債権化の現象や、共益権の倫理的性質および人格権的性質等である[357]。したがって、株式債権説に対する反論も、これらの点を中心に展開されており[358]、3で挙げたような点に対する株式社員権説からの直接的な応答はほとんどない。そのような中で、石井照久＝鴻常夫は、

---

352) 松田・前掲注345) 71頁。
353) 松田・前掲注345) 54頁。
354) 松田・前掲注345) 63頁。
355) 松田・前掲注345) 63頁。松田・前掲注346) 37-38頁も参照。なお、議決権の「分量」は、株式会社が資本団体であるので、その株主が有する株式の数に比例する、という。
356) 実際に、3で挙げたような点は、松田・前掲注208) および松田二郎「社員権否認論に反對する新説に就て——鈴木教授の所論に對して」法学協会雑誌62巻11号（1944年）46頁・同12号（1944年）33頁においては、ほとんど言及されていない。
357) 服部榮三「株式の本質」田中耕太郎編『株式會社法講座　第二卷』（有斐閣、1956年）393-396頁、中村一彦「株式の性質」北沢正啓＝浜田道代編『商法の争点Ⅰ』（有斐閣、1993年）44-45頁、江頭憲治郎「鈴木竹雄博士の会社法理論」ジュリスト1102号（1996年）46-47頁を参照。

3で挙げたような点に対して、次のような2点の反論をしている[359]。

　第1に、単独株主権について、共益権の中には、次のような2種類の権利がある。一方で、議決権のように、会社の生理現象の展開を可能にするための社員としての地位の基本的な内容をなしており、したがって各株式ごとに1個ずつ認められる権利である。他方で、会社法上の訴訟の提起に関する権利のように、会社における病理現象の排除のために各株式に政策的に認められるものであって、各株主が有する株式の数にかかわらず株主に認められる権利である。この後者の権利については、「その性質上持株数には関係なく、したがって数株の株式を有する株主についても、その権利の重畳を生じ得ない性質のものとして（その権利の行使にあたっても、どの株式による権利の行使かを具体化する必要もない）、『株主としては』一個の権利を、その判断と責任とにおいて行使しうるにすぎない」。第2に、少数株主権について、少数株主権は、各株式に完全かつ独自に与えられている共益権ではなく、他の株式との結束を条件として各株式に与えられている共益権（分子共益権）にすぎない。

　このような2点を挙げて、石井＝鴻は、株主としての地位がその有する株式の数にかかわらず単一であって、剰余金配当請求権や議決権の分量がその有する株式の数に比例するだけである、と解することは妥当ではない、という。そして、1人で複数の株式を有する場合には、株主は、その株式の数に応じた複数の地位の統合者とみるべきである（通説）、という[360]。

---

358) 例えば、鈴木竹雄「共益権の本質——松田博士の所説に對する一批判」法学協会雑誌62巻3号（1944年）1頁〔鈴木竹雄『商法研究Ⅲ　会社法(2)』（有斐閣、1971年）1頁所収〕、大隅健一郎「いわゆる株主の共益権について」松本先生古稀記念『会社法の諸問題』（有斐閣、1951年）143頁、服部・前掲注357) 395-406頁。中村・前掲注357) 45頁も参照。
359) 石井照久＝鴻常夫『会社法　第一巻（商法Ⅱ-1)』（勁草書房、1977年）160-163頁。西原ほか・前掲注208) 22頁〔西原発言〕も参照。その他に、3で挙げたような点に対して反論するものとして、岡部行男「議決権の不統一行使」松田判事在職40年記念『会社と訴訟（上）』（有斐閣、1968年）241-243頁がある。また、少数株主権についての松田の指摘に対する反論として、服部・前掲注357) 386頁も参照。
360) 石井＝鴻・前掲注359) 165頁。石井＝鴻は、これが「通説」である、という。

5 検討

(1) 松田二郎が主張する考え方に対する応答

ア 基本的な考え方

　4で挙げたような株式社員権説からの反論は、株主が、複数の株式を有するにもかかわらず、その有する株式の数に応じてではなく1個だけその株式についての権利を行使することができるということを、その権利の「性質」であると述べているだけであって、説得的な説明をすることはできていない。松田二郎も、石井照久＝鴻常夫のいう「統合者」という観念はどこから生じたのか、そのような観念を突然持ち出して説明する必要があるということは、株主の地位がその有する株式の数にかかわらず「統合」されていること、つまり「単一」であることを示すものである、と再反論している[361]。このように、株式社員権説は、現在では通説になっているが、その細部においては、複数の株式を有する株主が、その有する株式の数に応じてではなく1個だけその株式についての権利を行使することができる、ということを説得的に説明することができていない。

　しかし、現在の通説である株式社員権説の下においても、次のように、このことを説得的に説明することができると考えられる。すなわち、株式の定義としての「会社に対する社員の法律上の地位」または株式に直接的に含まれるとされる「株主権（社員権）」とは、あくまでも株式についての抽象的権利であって、実際に株式についての権利が行使される際に、その抽象的権利自体が直接的に行使されるわけではない。むしろ、実際に行使される権利は、株主の下でその抽象的権利に基づいて発生する株式についての具体的権利である。そして、この株式についての具体的権利は、具体的な権利行使の対象として、株主を単位として発生する。株式社員権説の下においても、このように考えることによって、複数の株式を有する株主が、その有する株式の数に応じてではなく1個だけその株式についての権利を行使することができる、ということを説明することができる。

イ 抽象的権利と具体的権利の区別

　このような説明は、従来の学説においてもその端緒が見られる[362]。例えば、

---

361) 松田・前掲注345) 64頁、西原ほか・前掲注208) 26頁〔松田発言〕。

大隅健一郎＝今井宏は、次のように述べている[363]。すなわち、剰余金配当請求権、残余財産分配請求権、議決権のような権利義務は、団体とその構成員との間の団体法的法律関係を基礎として生ずる。この法律関係は、主観的に社員に即していえば、社員の会社に対する法律上の地位ということができる。この会社と社員との間の法律関係または会社に対する社員の法律上の地位を社員権という。社員権とは多数の権利義務を包括する一個単一の権利であるとする見解もあるが、権能だけではなく義務をも包含する権利の観念を認めることは疑問であって、これを認める必要性もない。むしろ、それらの権利義務発生の基礎たる法律関係こそ、社員権と呼ぶにふさわしい、という。このような説明は、会社に対する社員の法律上の地位（社員権）とそれを基礎として発生する権利義務とを区別している。これは、アで述べた抽象的権利と具体的権利の区別にも通ずるものであると理解することもできる。

　また、鈴木竹雄も、松田二郎の主張に対する反論として、次のように述べている[364]。まず、鈴木の反論の前提として、松田は、例えば、株主総会決議の取消しの訴えを提起した株主がその株式を他人に譲渡した場合、その譲受人はその取消請求権を承継しないので、譲受人は、株主総会決議取消請求権

---

362) 本文で挙げたものの他にも、例えば、ドイツにおいて株式社員権説を確立したとされるルノーも、社員権は、各種の個別的権利の集合物ではなく、それらの権利を発生せしめる統一的基礎であると指摘していたようである（服部・前掲注357）388頁）。また、投資信託の受益権（および抽象的元本償還金等債権）と具体的元本償還金等債権との区別に言及するものとして、岩藤美智子「判批（最判平成26年12月12日）」ジュリスト1492号（平成27年度重要判例解説）（2016年）83-84頁。さらに、様々な権利を包含する法律上の地位、それに含まれる抽象的権利（基本権）とそれから生じる具体的権利（支分権）との3段階の区別に言及するものとして、村田大樹「遺産から生じた果実の遺産分割対象性をめぐる議論――最高裁平成26年12月12日判決がもたらしうる影響」同志社法学68巻7号（2017年）895-900頁。株式についても、より厳密に考える場合には、このような3段階の区別をすることができると考えられる。本書の検討との関係では、このような3段階の区別をすることまでは必要がないように思われるので、本書では、そのような区別をしていない。しかし、より厳密に考えてそのような3段階の区別をした場合であっても、本書の検討の結論は変わらないと考えられる。

363) 大隅健一郎＝今井宏『会社法論 上巻〔第3版〕』（有斐閣、1991年）42頁。西原ほか・前掲注208）17-18頁〔大隅発言、西原発言〕も同旨。服部・前掲注357）388頁も、この大隅健一郎（＝今井宏）の見解を引用して、この見解が「通説的地位を占めている」とした上で、この見解の方が優れている、という。松本・前掲注48）『日本會社法論』58頁、大森忠夫「株式・株券」大隅忠夫＝星野孝＝西原寛一『株主 経営法学全集 4』（ダイヤモンド社、1966年）8-9頁も参照。

を原始取得すると考えざるを得ないと主張する。これに対して、鈴木は、次のように反論する。すなわち、社員としての地位に包含されて移転されるものは、抽象的な取消請求権であって、具体的に行使されている取消請求権ではない[365]。後者は、具体化された剰余金配当請求権や出資義務等と同じように、株主としての地位から分離したものにすぎない。よって、具体的な取消請求権が承継されないと考える場合であっても、そのことから抽象的な取消請求権の移転性を否定することはできない、という。この説明は、まさに、株式の内容としての抽象的権利とそれに基づいて発生する具体的権利とを区別している。

以上のように、株式の内容としての抽象的権利とそれに基づいて発生する具体的権利とは区別することができる[366]。

　ウ　具体的権利の単位としての株主

そのうえで、実際に行使の対象となる具体的権利は、株主を単位として発生すると考えられる。実際に、例えば、株主総会決議によって確定した具体的な剰余金配当支払請求権については、その株主が有する株式の数に対応する個数の請求権が発生するのではなく、株主を単位として1個の請求権が発生すると考えられる[367]。株主として会社訴訟を提起する権利についても、その有する株式の数にかかわらず株主を単位として1個の請求権（例えば、ある株主総会決議を対象とする当該決議の取消しの訴えを提起する権利）が発生すると考えられる。このように考えることによって、松田二郎が指摘する[368]ように、例えば10株の株式を有する株主が10個の株主総会決議無効請求権を有する、ということを回避することができる。

そして、このように実際に行使の対象となる具体的権利が株主を単位として発生するということは、次のように議決権についても妥当すると考えられる。まず、会社法308条1項は、「株主……は、株主総会において、その有する株式一株につき一個の議決権を有する。」と規定している。この規定は、株

---

364) 鈴木・前掲注358) 20頁。もっとも、西原ほか・前掲注208) 17頁〔大隅発言〕は、本文のような鈴木の理論構成には賛成することができないというが、その理由を明らかにしていない。

365) なお、石井＝鴻・前掲注359) 162頁は、本文のように考えることに対して留保を付しているが、その理由は明らかではない。

主を主体として規定しており、株主を単位として規定していると理解することもできる。また、単元株制度が採用されている場合には、単元株式数の株式が1人の株主の下で「統合」されて初めて、具体的な議決権が発生する（会社法308条1項ただし書）。これらのことは、具体的権利が、株式を単位としてではなく、株主を単位として発生するということを表している。つまり、株主は、このような意味において複数の株式の「統合者」[369]であるということができる。

　もっとも、このことは、1人の株主の下で発生する具体的な議決権が、その

---

366) このような抽象的権利と具体的権利の区別は、従来は、主に剰余金配当請求権に関連して言及されている（例えば、石井＝鴻・前掲注359）164頁、大隅＝今井・前掲注363）340-341頁、江頭・前掲注14）122頁）。すなわち、株主総会決議によって確定した剰余金配当支払請求権は、その時点の株主を債権者として具体化した権利であって、株式から独立して処分の対象になる。この具体的な剰余金配当支払請求権と株主総会決議前の抽象的な剰余金配当請求権とは区別される。そして、松田は、このことを指摘して、本文のように考えることに対して次のように再反論している（松田・前掲注345）48頁）。すなわち、本文のように考える場合には、具体的な株主総会決議取消請求権は、具体化された剰余金配当支払請求権と同様に、株主としての地位から分離したものとなる。よって、この場合には、株主は、株主としてではなく第三者として取消請求権を行使することになる。ところが、株主は株主であることに基づいて取消請求権を有して行使するはずであるから、本文のように考えることは不自然である。

　しかし、このような再反論は必ずしも説得的ではない。確かに、具体化された剰余金配当支払請求権は、その時点の株主を債権者として具体化した権利であって、株式から独立して処分の対象になる。これに対して、具体的な株主総会決議取消請求権は、株主がその基礎となる株式を有していることを前提として発生するものである。株主総会決議取消請求権が具体化されることによって、当然にその権利が株主としての地位から分離されるというわけではない。このように、権利行使の内容が具体的に確定してその権利を行使することができるようになるという意味で具体化されるということは、その権利が株主としての地位から分離されるということを直ちに意味するわけではない。よって、松田の再反論は必ずしも説得的ではない。

　なお、本文のように抽象的権利と具体的権利とを区別する場合には、ある権利がどの程度具体化された場合にそれが具体的権利であると認められるのかについて、なお検討する必要がある。この点については、本書では検討することができない。

367) 例えば、1株につき20円の剰余金配当が株主総会決議によって決定された場合には、100株の株式を有する株主は、20円の剰余金配当支払請求権を100個有することになるのではなく、2,000円の剰余金配当支払請求権を1個有することになると考えられる。もっとも、このことに明示的に言及するものは見当たらない。なお、東京地判平成24年3月7日 Westlaw Japan 文献番号 2012WLJPCA03078011 も参照。

368) 本款三3。

369) 前掲注360）を参照。

有する株式の数にかかわらず1個であるということを意味するわけではない。松田は、石井照久＝鴻常夫が主張した「統合者」という観念に対して、このような観念は、その有する株式の数にかかわらず株主の地位が「単一」であることを示すものであると批判している[370]。しかし、少なくとも本書でいうような意味において、株主が複数の株式の「統合者」であるということが、株主の地位が単一であることを必然的に意味するわけではない。本書において、株主が複数の株式の「統合者」であるということは、株主が具体的権利の単位であるということを意味するにすぎない。したがって、1人の株主が、複数の株式（「会社に対する社員の法律上の地位」ないし「株主権」）を有することはあり得る。また、株主を単位として発生する具体的権利が1個であるのか複数であるのかは、その具体的権利の性質によって決定される[371]。例えば、具体的な剰余金配当支払請求権や株主総会決議の取消しの訴えを提起する権利は、株主を単位として1個の権利が発生する[372]。他方で、具体的な議決権は、株主を単位としてその株主が有する株式の数に応じて発生する（会社法308条1項）。

　エ　持分複数主義との関係

　実質的にも、株式の内容としての抽象的権利とそれに基づいて発生する具体的権利とを区別して、実際に行使の対象となる具体的権利は株主を単位として発生すると考えることによって、弊害が生じるわけではない。

　株式社員権説の論者は、松田二郎が、各株主が有する株主の地位は1個であってその有する株式の数に応じて量的差異があると考えていることを批判して、持分複数主義として、株主は単位化された複数の株主の地位を有することができる、という[373]。そして、このように考える理由は、株主の地位を証券化して取引所での取引の目的物とすることを可能にして、また、極めて

370）　前掲注361）。
371）　西原ほか・前掲注208）17-18頁〔西原発言〕も参照。
372）　松田は、このような通常1人の株主につき1個しか発生しないと考えられている権利が存在するということから、1人の株主に複数の株主の地位が帰属することを認める株式社員権説を維持することができないということを基礎づけようとしている。しかし、「通常1人の株主につき1個しか発生しないと考えられている権利」は具体的権利であるのに対して、1人の株主に帰属する複数の「株主の地位」は、会社に対する社員の法律上の地位ないし株主権（抽象的権利）であって、両者は別次元のものであるから、両者の個数が必ず一致しなければならないわけではない。

多数の社員によって構成されることが予定される株式会社の法律関係を簡明に処理することを可能にするためである[374]。

　本書のように考える場合であっても、このことが害されるわけではない。すなわち、本書のように考える場合には、株式の内容としての抽象的権利とそれに基づいて発生する具体的権利とが区別される。したがって、ある具体的権利が株主を単位として1個しか発生しないと考えるときであっても、取引の目的物となるのは、あくまでも、それと区別される抽象的権利、つまり、株式自体（「会社に対する社員の法律上の地位」ないし「株主権」）である。そして、株主は、このような意味における株式を複数有することはでき、そのような意味における株式が、取引や法律関係の基礎となる。よって、本書のように考える場合であっても、持分複数主義の趣旨が害されるわけではない[375]。

　　オ　まとめ

　松田二郎は、株式債権説を主張する中において、株式社員権説が、複数の株式を有する株主がその有する株式の数に応じてではなく1個だけその株式についての権利を行使することができるということを説得的に説明することができていない、ということを指摘している。しかし、以上の検討によると、現在の通説である株式社員権説の下においても、次のように、このことを説得的に説明することができると考えられる。すなわち、株式の定義としての「会社に対する社員の法律上の地位」または「株主権（社員権）」とは、あくまでも株式についての抽象的権利であって、実際に株式についての権利が行使される際に、その抽象的権利自体が直接的に行使されるわけではない。むし

---

373)　上柳克郎＝鴻常夫＝竹内昭夫編集代表『新版　注釈会社法(3)　株式(1)』（有斐閣、1986年）3-4頁〔前田庸〕、鈴木＝竹内・前掲注51）92頁、大隅＝今井・前掲注363）293頁。

374)　上柳ほか編集代表・前掲注373）3頁〔前田庸〕、大隅＝今井・前掲注363）293頁。田中・前掲注184）14-15頁も参照。

375)　松岡和生「形式株主の議決権の不統一行使」田中誠二先生古稀記念『現代商法学の諸問題』（千倉書房、1967年）589頁は、議決権の不統一行使は一般的に許されないという主張の文脈においてではあるが、次のように指摘している。すなわち、「各株式ごとに独立した社員対会社の法律関係があるということは、株式会社の内部構造を合理的に整序し、かつ株主地位の均一化、画一化を通して、その譲渡流通を可能ならしめるための技術的、客観的な構成にすぎず、それによってその現実の担い手としての株主という『人』の存在自体まで捨象されたり、また株主という人がその技術的・客観的な株式という物的な関係に没入せしめられたりすることを意味するものではない。株主は人としては独自の存在を保ち、均一化、画一化された株式の所有者となるものである」。

ろ、実際に行使される権利は、株主の下でその抽象的権利に基づいて発生する株式についての具体的権利である。そして、この株式についての具体的権利は、具体的な権利行使の対象として、株主を単位として発生する[376]。

(2) 株式が準共有されている場合への応用

(1)で検討したような、株式の内容としての抽象的権利とそれに基づいて発生する具体的権利とを区別して、実際に行使の対象となる具体的権利は株主を単位として発生するということは、株式が準共有されている場合にも妥当する。そして、この場合には、具体的権利の単位となる株主は、同一の人的範囲に属する者による同一の会社の同一の種類の株式を対象とする準共有関係（本書では「同一の準共有関係」という）全体であると考えられる。これらのことは、次の2点によって基礎づけられる。

第1に、株式が準共有されている場合には、次のように、具体的権利の基礎として、同一の準共有関係に服する（複数の）株式を一体的に捉える必要がある。すなわち、(1)ウで述べたように、単元株制度が採用されている場合には、単元株式数の株式が1人の株主の下で「統合」されて初めて具体的な議決権が発生する（会社法308条1項ただし書）。このことは、株式が準共有されているときにも妥当するはずである。ここで、具体的権利の単位となる株主を、（複数の株式の）同一の準共有関係全体であると考えるのではなく、1株の準共有関係ごとであると分析的に考えるのであれば[377]、その準共有関係単体に服する株式の数は1株であるから、1株の準共有関係単体では単元株式数を満たしていないことになる。したがって、同一の準共有関係全体では単元株式数以上の数の株式を有しているときであっても、具体的な議決権は発生しないことになる。

しかし、このような結論は、従来から採用されておらず、また実質的な意味のない権利制約であって、採用されるべきでもないと考えられる。そこで、このような結論を回避するためには、具体的権利の基礎として、同一の人的

---

[376] なお、この株主を単位として発生する具体的権利が1個であるのか複数であるのかは、その具体的権利の性質によって決定される（本款三5(1)ウ）。

[377] 各準共有者による不統一行使の主張を認める見解に対する批判は、このように考えていると理解することができる（本款一1を参照）。

範囲に属する者によって準共有されている同一の会社の同一の種類の（複数の）株式を一体的に捉える必要がある。したがって、株式が準共有されている場合には、同一の人的範囲に属する者による同一の会社の同一の種類の株式を対象とする準共有関係（同一の準共有関係）全体を単位として、そのような同一の準共有関係に服する（複数の）株式から具体的権利が発生すると考えられる。このように考えることによって、単元株制度の下であっても、同一の準共有関係に服する株式の数に応じて1単元につき1個の具体的な議決権が発生するという結論を説明することができる。また、ほぼ同じことが少数株主権についても妥当すると考えられる。

第2に、このように同一の準共有関係全体を単位として具体的権利が発生するという考え方は、比較的自然なものであると考えられる。例えば、株主総会決議によって確定した具体的な剰余金配当支払請求権は、1株の準共有関係ごとを単位としてではなく、（複数の）株式についての同一の準共有関係全体を単位として発生すると考える方が自然である。また、株主として会社訴訟を提起する権利も、1株の準共有関係ごとを単位としてではなく、（複数の）株式についての同一の準共有関係全体を単位として発生すると考える方が自然である。逆に、このように考えなければ、例えば、10株の株式が同一の準共有関係に服している場合であっても、1株の準共有関係ごとを単位として合計10個の具体的権利が、同一の準共有関係の下で発生することになる。

これら2点に鑑みると、株式が準共有されている場合においても、株式の内容としての抽象的権利とそれに基づいて発生する具体的権利とは区別されて、実際に行使の対象となる具体的権利は、1株の準共有関係ごとを単位としてではなく、（複数の）株式についての同一の準共有関係全体を単位として発生する。そして、このように（複数の）株式についての同一の準共有関係全体を単位として発生した具体的権利は、当該準共有関係に属する準共有者全員によって集合的に取り扱われると考えられる。例えば、同一の準共有関係に服する複数の株式に基づいて発生した複数の具体的な議決権は、当該準共有関係に属する準共有者全員によって集合的に取り扱われる[378]。このように、複数の株式についての議決権は、同一の準共有関係の下で全体として集合的に取り扱われると考えられる。

以上のように、複数の株式についての具体的権利が同一の準共有関係の下

で集合的に取り扱われるという法的構成は成立する。

6　本項のまとめと結論

本項では、複数の株式についての議決権の集合的な取扱いに関する問題、つまり、株式が準共有されている場合において、その複数の株式についての議決権が（1株の準共有関係ごとにではなく）全体として集合的に取り扱われるのかについて検討した。

まず、Bartholomeyczik の考え方を参考にすると、複数の株式についての議決権が全体として集合的に取り扱われるということを説明するための法的構成として、同一の準共有関係の下において、複数の株式についての具体的権利が集合的に取り扱われるという法的構成が考えられる（2）。そして、このような構成と類似する法的構成として、松田二郎が主張する考え方がある。そこで、本項では、松田が主張する考え方を考察して検討することを通じて、複数の株式についての具体的権利が同一の準共有関係の下で集合的に取り扱われるという法的構成が成立するのかについて検討することとした。

松田二郎は、ある株主が有する株式の数にかかわらず、その株主が有する株主としての地位は単一であると主張する（3）。この考え方によると、ある株主が有する複数の株式についての具体的権利も、その株主に集合的に（単一のものとして）帰属しているということになる。松田によると、株式社員権

378）　なお、確かに、本書のように具体的権利が（複数の）株式についての同一の準共有関係全体を単位として発生すると考える場合であってもなお、そのように発生した複数の具体的権利（例えば、複数の具体的な議決権）が、1個ずつ別々の準共有関係に服すると考える余地は残る。しかし、そのように考えることに実質的な意味はほとんどないように思われる（なお、端数処理の問題については、本款四4を参照）。

　　また、各準共有者による不統一行使の主張を認める見解に対する批判は、株式の準共有関係が1株の株式ごとに成立しているということから直ちに、準共有株式についての議決権も、1株の準共有関係を単位として、1個ずつ別々に取り扱われることになるという結論を導出している（本款一1を参照）。しかし、本文で述べたように、株式の内容としての抽象的権利とそれに基づいて発生する具体的権利（議決権）とは区別される。そのうえで、具体的権利（議決権）は、1株の準共有関係ごとを単位としてではなく、（複数の）株式についての同一の準共有関係全体を単位として発生する。よって、株式（抽象的権利）の準共有関係が1株の株式ごとに成立しているということが、具体的権利である議決権も1株の準共有関係を単位として1個ずつ別々に取り扱われるということを意味するわけではない。

説からは、複数の株式を有する株主が、その有する株式の数に応じてではなく1個だけその株式についての権利（例えば、株主総会決議無効請求権等）を行使することができる、ということを説明することは困難である。このことを指摘することによって、松田は、株式社員権説に対する株式債権説の優位性を示そうとしている。

もっとも、松田は、この指摘を主たる理由として、株式債権説を主張しているわけではない。したがって、この指摘に対しては、株式債権説から説得的な反論がなされているわけではない（4、5(1)ア）。すなわち、株式社員権説は、現在では通説になっているが、その細部においては、複数の株式を有する株主が、その有する株式の数に応じてではなく1個だけその株式についての権利を行使することができる、ということを説得的に説明することができていない。

しかし、現在の通説である株式社員権説の下においても、次のように、このことを説得的に説明することができると考えられる（5(1)）。すなわち、株式の定義としての「会社に対する社員の法律上の地位」または株式に直接的に含まれるとされる「株主権（社員権）」とは、あくまでも株式についての抽象的権利であって、実際に株式についての権利が行使される際に、その抽象的権利自体が直接的に行使されるわけではない。むしろ、実際に行使される権利は、株主の下でその抽象的権利に基づいて発生する株式についての具体的権利である。そして、この株式についての具体的権利は、具体的な権利行使の対象として、株主を単位として発生する[379]。

そして、これらのことは、株式が準共有されている場合においても妥当する（5(2)）。すなわち、株式が準共有されている場合において、株式の内容としての抽象的権利とそれに基づいて発生する具体的権利とは区別されて、実際に行使の対象となる具体的権利は、1株の準共有関係ごとを単位としてではなく、（複数の）株式についての同一の準共有関係全体を単位として発生する。そして、このように（複数の）株式についての同一の準共有関係全体を単位として発生した具体的権利は、当該準共有関係に属する準共有者全員によって集合的に取り扱われる。例えば、同一の準共有関係に服する複数の株

---

[379] なお、この株主を単位として発生する具体的権利が1個であるのか複数であるのかは、その具体的権利の性質によって決定される（5(1)ウ）。

式に基づいて発生した複数の具体的な議決権は、当該準共有関係に属する準共有者全員によって集合的に取り扱われる。このように、複数の株式についての具体的権利が同一の準共有関係の下で集合的に取り扱われるという法的構成は成立する。

このような法的構成によると、各準共有者による不統一行使の主張を認める見解に対する批判が指摘するような、準共有者間の内部関係における意思決定が1株の準共有関係ごとになされるということにはならない。すなわち、このような法的構成によると、同一の準共有関係に服する複数の株式に基づいて発生した複数の具体的な議決権は、その準共有関係の下で全体として集合的に取り扱われる。

四　各準共有者による不統一行使の主張の法的根拠

1　序

本項では、各準共有者による不統一行使の主張の法的根拠に関する問題、つまり、複数の準共有株式についての議決権が全体として集合的に取り扱われると考えた場合に、準共有者間の内部関係において、各準共有者がその準共有持分の割合に応じた不統一行使の主張をすることができるのかについて検討する。三で検討したように、複数の準共有株式についての具体的な議決権は、同一の準共有関係の下で全体として集合的に取り扱われる。そして、各準共有者による不統一行使の主張を認めるための説得的な法的構成を構築するためには、この三における結論を前提とした上で、準共有者間の内部関係において、各準共有者がその準共有持分の割合に応じた不統一行使の主張をすることができるということが必要である[380]。そこで、本項では、このように準共有者間の内部関係において、各準共有者がその準共有持分の割合に応じた不統一行使の主張をすることができるのかについて検討する。

具体的には、2において、この点に関する従来の見解について検討する。そのうえで、3および4において、民法の共有に関する規律を分析して、その規律が株式の準共有についてもそのまま適用されるべきなのかという観点から、

---

[380]　本款一3。

各準共有者による不統一行使の主張の法的根拠を検討する。最後に、5において、それまでに検討した法的構成を採用した場合に、その法的構成によると、議決権以外の権利の行使がどのように規律されることになるのかについて若干の検討を行う。

2 従来の見解についての検討

各準共有者による不統一行使の主張を認める従来の見解[381]は、各準共有者がその準共有持分の割合に応じた不統一行使の主張をすることができる法的根拠として、次のような2つの考え方を主張している。まず、この2では、この2つの考え方をそれぞれ確認した上で検討する。

(1) 準共有持分の割合に応じた議決権の行使は準共有者が本来的に享受する権利であるという考え方

第1に、準共有持分の割合に応じた議決権の行使は、準共有者が本来的に享受する権利であるという考え方である[382]。すなわち、準共有者がその準共有持分の割合に応じた議決権を行使することは、例えば準共有持分の割合に応じて配当を受領する権利と同様に、準共有者が本来的に享受する権利である（民法249条参照）。よって、各準共有者は、自己の準共有持分に対応する個数の議決権について、自己の指図に従って行使することを権利行使者に対して請求する権利がある、という。

しかし、この考え方は、準共有持分の割合に応じた議決権の行使が準共有者の本来的に享受する権利であるということが、民法の共有に関する規律からどのように導出されるのかを説得的に説明することができていない。民法は、民法264条によって、民法249条以下の規定を、数人で所有権以外の財産権を有する場合について準用すると規定している。したがって、数人で株式を有する場合についても、民法249条以下の規定が準用される。そして、その準用される規定の中には、共有物の使用や管理に関するものとして、民法249条の他にも民法252条も存在する。それにもかかわらず、この考え方を主張する田中亘は、民法の規定について「（民249条参照）」と記するだけで

---

381) 本節第2款四3を参照。
382) 前掲注229）。

あって[383]、株式についての議決権の行使について、なぜ民法252条ではなく民法249条が適用されてこの結論が導出されるのかを説得的に説明することができていない。

または、この考え方の別の理解として、ドイツ法の考察によって分析した会社法が相続法の平面に影響する際の態様としての代替適用型[384]を採用するものであるという理解があり得る。すなわち、準共有持分の割合に応じた議決権の議決権の行使が準共有者の本来的に享受する権利であるという会社法の規律が、民法の平面において、民法の規律に代わって適用されるという態様である。しかし、ドイツにおいても、このような態様が積極的に認められているわけではない[385]。実質的にも、会社法の規律が民法の規律に代わって適用されるということを基礎づけるためには一定の理由づけが必要であると考えられる。しかし、この考え方は、「準共有持分の割合に応じた議決権の行使が準共有者の本来的に享受する権利である」ということ以上に明示的に理由づけを示していない。

(2) 民法249条が優先的に適用されるという考え方

これに対して、第2の考え方は、第1の考え方に欠如していた点、つまり、なぜ民法252条等ではなく民法249条が適用されるのかという点を説明しようとしている。この第2の考え方は、次のような理由から、民法249条が優先的に適用されるという[386]。すなわち、民法249条は、共有という制度の最も基底的なルールとして、他の規定に優先して適用される。なぜならば、民法249条は、民法の共有に関する諸規定の冒頭に置かれており、また、共有という所有形態において、共有持分の割合に応じた使用はその根幹に関わる本質的ルールであると考えられるからである。よって、準共有者の一部が自己の準共有持分の割合に応じた議決権行使を主張する場合には、他の準共有者は、そのような議決権行使の方法を容認しなければならない、という。

このように、この考え方は、民法の一般的な解釈として、民法249条が、

---

383) 伊藤ほか・前掲注225) 125頁〔田中亘〕。
384) 第3章第6節第3款三を参照。
385) 第3章第5節第5款二を参照。
386) 前掲注230)。

共有という制度の最も基底的なルールとして他の規定に優先して適用される、という[387]。しかし、これが民法の一般的な解釈であるのかについて、少なくとも明示的には検証されていない。この考え方の論者は、この主張をする際に民法に関する文献を明示的には引用していない[388]。

また、この考え方の論者の1人である久保田安彦は、実質論として、準共有者の指図に従った議決権の不統一行使によって他の準共有者に特段の不利益が生じることはないので、そのような不統一行使のために準共有者間の内部的手続を要求する必要はない、という[389]。すなわち、民法249条に関する民法学説が一般的に想定する利益状況とは異なって、準共有株式は、各準共有者の準共有持分に応じた「分割使用」が困難ではないので、当然に一体的に使用される状況にあるわけではなく、また、「分割使用」を認めることが望ましいので、一体的使用が基本とされるべき状況にあるわけでもない、という[390]。このように民法が一般的に想定する状況と株式が準共有されている場合に想定される状況との差異に着目するという点においては、久保田の主張は、本書が3(2)および4で主張する考え方とほぼ同様の方向性を有している。

しかし、久保田の主張は、次の3点において、十分なものであるということができない[391]。第1に、株式について、株式以外の共有物と異なった扱いをすることができることを根拠づける実定法上の根拠が示されていない。民法249条がそのことについての実定法上の根拠になると考えているのかもしれないが[392]、民法249条は、株式だけではなく共有物一般に適用されるものであるので、なぜ株式についてのみ異なった扱いをすることができるのかについてまでこの規定によって説明することができるわけではない。第2に、準共有株式が当然に一体的に使用される状況にないことの理由として、「そ

---

387) 吉本・前掲注225) 39-40頁、久保田・前掲注225) 96頁（ただし、会社法106条ただし書に基づく会社の同意がある場合に関する記述である）、久保田・前掲注183) 176頁。
388) 吉本・前掲注225) 39-40頁、久保田・前掲注225) 96頁、久保田・前掲注183) 176頁、同169頁。
389) 久保田・前掲注183) 176-177頁。久保田・前掲注225) 96-97頁（ただし、会社法106条ただし書に基づく会社の同意がある場合に関する記述である）も参照。
390) 久保田・前掲注183) 177頁、同170-172頁。
391) 本文で挙げたものの他に、後掲注398) も参照。
392) 久保田・前掲注183) 176頁、同169頁を参照。

の性質上、各準共有株主の持分に応じた『分割使用』が困難というわけではない」ということが挙げられているだけであって、どのような「性質」からそのような結論が導出されるのかが明らかにされていない。第3に、久保田は、準共有者間の内部関係において、一部の準共有者が、自己の準共有持分の割合に応じた株式についての権利の行使を主張する場合であっても、同時に、別の準共有者が、準共有株式の全部についての権利の行使を多数決によって主張するということを認めるようである[393]。この両者の主張は両立し得ないように思われるが、このような結論がどのような理論によって認められるのかについて説明がなされていない。

3　民法249条と民法252条の関係とその背景
(1)　民法249条と民法252条の関係

2で検討したように、各準共有者による不統一行使の主張を認める従来の見解は、各準共有者がその準共有持分の割合に応じた不統一行使の主張をすることができる法的根拠を十分に説明することができていない。具体的には、各準共有者による不統一行使の主張の法的根拠として民法249条を援用するが、株式についての議決権の行使について、なぜ民法252条ではなく民法249条が適用されるのかというような点を十分に説明することができていない。

確かに、民法249条は、各共有者による「その持分に応じた使用」を明示的に規定しているので、各準共有者によるその持分の割合に応じた議決権の不統一行使の根拠となり得る。そこで、この(1)では、株式についての議決権の行使について、なぜ民法252条ではなく民法249条が適用されるのかを検討するための前提として、民法249条と民法252条の関係を考察する。

前述のように、民法249条は、各共有者によるその持分に応じた使用を規定している。すなわち、各共有者は、共有物についてその持分に応じた使用をする権利を有している。他方で、民法252条は、共有物の管理に関する事項について多数決によって決すると規定している。

この民法249条と民法252条はその沿革が異なっているということが指摘

---

393)　久保田・前掲注183) 185頁。久保田・前掲注225) 96-97頁も参照。

されているが[394]、現在、これらの2つの規律の関係について、次のような説明がなされている[395]。すなわち、民法249条に基づいて、各共有者は、共有物の全部について持分に応じた使用ないし収益をすることができる。この民法249条は、共有者の使用収益権の基礎と割合を定めている。そして、具体的な共有物の利用方法は、民法251条および同252条に基づいて決定される。

(2) 民法252条による調整が必要になる背景

このような利用方法の具体化が必要になる背景には、次のような事情がある[396]。すなわち、共有物の使用収益が基本的に事実的な行為に関わる一方で、各共有者の権利は抽象的には共有物の全部に及ぶとされているので、各共有

---

[394] 山田誠一「共有者間の法律関係(二)——共有法再構成の試み」法学協会雑誌102巻1号(1985年)132頁。

[395] 例えば、星野・前掲注204) 134-135頁、原田純孝「判批(最判昭和63年5月20日)」判例タイムズ682号(1989年)59頁、本田ほか・前掲注77) 146頁、山野目・前掲注78) 169頁、松岡久和=中田邦博編『新・コンメンタール 民法(財産法)』(日本評論社、2012年) 368頁〔松岡久和〕、松岡・前掲注204) 47頁、石田剛=武川幸嗣=占部洋之=田髙寛貴=秋山靖浩『民法Ⅱ 物権〔第2版〕』(有斐閣、2017年) 155頁〔秋山靖浩〕。もっとも、民法249条と民法252条の関係は、十分に明らかにされているということができず、なお検討の余地があるように思われる。

なお、我妻・前掲注75) 322頁、鈴木・前掲注173) 39頁、石田穣『物権法』(信山社、2008年) 381頁は、次のように説明している。すなわち、民法249条に基づいて、各共有者は、共有物の全部について持分に応じた使用ないし収益をすることができる。ただし、使用方法・収益分配の方法等について協議をした場合には、その取決めに従わなければならない。この協議は、共有物の管理に該当するので、民法252条本文に従ってなされなければならない。

また、末弘厳太郎『物権法 上巻』(有斐閣、1921年) 423-425頁、舟橋・前掲注173) 383-384頁、谷田貝三郎「判批(最判昭和41年5月19日)」民商法雑誌56巻1号(1967年) 113頁は、次のように「使用」と「利用」とを明確に区別する。すなわち、民法252条本文にいう「管理」とは、「利用」および「改良」であって、この「利用」行為とは、各共有者自身の個人的需要の満足を目的とせずに共有物を有利に使用することをいう。民法249条にいう「使用」と「利用」の区別は、各共有者自身の個人的需要のみを目的とするかどうか、共有物を全体としてどのように利用するべきかについての問題に関係しないかどうかによってなされる。例えば、共有者が協定した上で各自ら共有物たる家屋に居住することは「使用」であるのに対して、それを他人に賃貸するのかまたは共有者らそれに居住するのか等の利用問題を決定することは「利用」である。

[396] 谷口知平=加藤一郎『民法演習Ⅱ(物権)』(有斐閣、1958年) 118-119頁〔川村泰啓〕、原田・前掲注395) 59頁、佐久間毅『民法の基礎2 物権』(有斐閣、2006年) 194頁。

者による具体的な使用収益についての調整が必要になる。そこで、民法252条は、共有物の具体的な利用方法に関する事項を多数決によって決めることとしている。

　そして、そもそもこのような民法252条による調整が必要になることの前提には、共有の対象として念頭に置かれている有体物の性質があると考えられる。すなわち、共有の対象は1個の有体物であるところ、各共有者が調整を要することなく共有持分の割合に応じて等価値的に分けて同時に使用することが通常は困難であるという性質である。具体的には、次のような2つの性質である。

　第1に、1個の有体物は、各共有者で分けて同時に使用することに適していない。例えば、1台の自動車が共有されている場合には、その1台の自動車は、そもそも物理的に分けて同時に使用することができない。各共有者は、ある時間帯にその1台の自動車を誰が使用するのかについて調整するしかない。

　第2に、各共有者で分けて同時に使用することができる1個の有体物であっても、調整を要することなく共有持分の割合に応じて等価値的に使用することは通常は困難である。例えば、複数の部屋を有する1戸の建物の場合には、各共有者は、各部屋をそれぞれ使用することによって、1戸の建物を分けて同時に使用することもできる[397]。しかし、1戸の建物が、各共有者の共有持分の割合に応じた等価値（例えば、共有持分の割合に応じた広さ）の部屋を常に有しているわけではない。このような1戸の建物は、調整することなく共有持分の割合に応じて等価値的に使用することが困難である。また、1筆の土地の場合には、各共有者は、その土地を持分の割合に応じて区切ることによって、その土地を分けて同時に使用することもできる。しかし、土地の価値は、その面積のみによって決まるわけではなく、例えばその形状、接道の有無等というような事情によっても影響を受ける。したがって、調整することなく単に面積のみを単位として共有持分の割合に応じて区切ることによって、各共有者が、その共有持分の割合に応じて等価値的に1筆の土地を使用することができるわけではない[398]。

397）　もっとも、厳密には、区分所有建物の共用部分のように、各部屋以外の部分をどのように使用するのかという点については、なお調整が必要であるように思われる。

以上のように、共有の対象として想定されているのは、物理的に1個の有体物であるところ、1個の有体物は、各共有者が調整を要することなく等価値的に分けて同時に使用することが通常は困難である。共有者が1個の有体物を使用する場合には、このような有体物の性質を前提として、類型的に民法252条による調整が必要になる。

4 議決権を行使する場合に対する民法の規定の「準用」

　これに対して、株式が準共有されている場合における準共有の対象は、株式という財産権である。民法264条は、このような所有権以外の財産権を数人で有する場合についても、所有権についての共有に関する規定を「準用」することを規定している。よって、株式を数人で有する場合についても、所有権についての共有に関する規定を、その財産権の性質によって必要な修正を加えつつ適用することになる[399]。そこで、以下では、株式についての議決

---

[398] 本文では、各共有者が土地や建物を分けて同時に使用する場合であっても、それぞれの共有持分の割合に応じて等価値的に使用するためには、民法252条による調整が必要になる、という点に着目している。これに対して、久保田・前掲注183) 171頁は、各共有者が共有物を分割して使用する場合には、共有物全体の価値が低下したり、当該財産を共有に属させたことの意味が失われたりして、共有者全体の利益に悪影響が及び得るので、共有者の持分の多数決による決定が必要になる、という点に着目している。

　しかし、分割使用によって共有物全体の価値が低下したり当該財産を共有に属させたことの意味が失われたりすることがなく、共有者全体の利益に悪影響が及ばない場合であっても、各共有者の共有持分の割合に応じて等価値的に（分割）使用することができないときには、そのような分割使用を認めるべきではなく、民法252条による調整が必要になると考えられる。なぜならば、共有者の使用収益権の基礎と割合が民法249条によって規定されているからである（本款四3(1)）。例えば、本文で挙げたような複数の部屋を有する1戸の建物を分割使用する場合には、通常はその分割使用によって共有物全体の価値が低下したりすることはないように思われる。しかし、そのような場合であっても、本文で述べたように、調整することなく共有持分の割合に応じて等価値的に使用することは困難であるので、民法252条による調整が必要になると考えられる（民法252条による調整によって実際に各共有者の共有持分に応じた等価値的な使用が保障されるのかは、民法252条等の解釈に依存するが、そのことが、そのような調整が不要であることを意味するわけではない）。よって、民法252条による調整が必要になることの前提を考える際には、本文のような点にも着目するべきである。

　もっとも、このように考える場合であっても、久保田・前掲注183) 171頁が着目している点を考慮することが不要であるというわけではない。本文のように考える場合には、分割使用によって共有者全体の利益に悪影響が及ぶことになるような共有物は、各共有者で分けて同時に使用することに適していないということができる。

権の性質を分析して、民法249条や民法252条をそのまま適用する必要があるのかについて検討する。

その結論としては、次のように、株式についての複数の議決権は、民法の所有権の共有に関する規律が想定する1個の有体物とは異なって、3(2)で分析したような民法252条による調整が必要になるような性質を、原則として有していないと考えられる。Bartholomeyczikも、共同相続関係に服している複数の株式について、同じ会社の同じ種類の株式は、全て同等であって、その分配によってその価値が減少することもない、と指摘している[400]。このことをこの文脈にあてはめると、次のように考えることができる。

第1に、複数の議決権は、各準共有者で分けて同時に使用することに適している。1個の有体物は、各共有者で分けて同時に使用することに適していない。例えば、1台の自動車は、そもそも物理的に分けて同時に使用することができない。すなわち、1台の自動車を分解してしまうと、各共有者は、それによって自動車としての効用を得ることはできない。これに対して、複数の議決権は、基本的に分配することができる。すなわち、複数の議決権は、各準共有者に分配したとしても、各準共有者は、ある株主総会の議題について票を投じるという議決権の基本的な効用を得ることができる[401]。そして、分配されたそれぞれの議決権は、各準共有者が同時に使用することができる。むしろ、具体的な議決権は、特定の株主総会における特定の議題についてのみ行使することができるので、曜日ごとに分けて自動車を使用するというような同時でない形によって使用することはできない。したがって、複数の議決権は、各準共有者で分けて同時に使用することに適している[402]。

第2に、複数の議決権は、基本的には、調整を要することなく準共有持分

---

399) 川島＝川井編・前掲注75) 494頁〔川井〕、松岡＝中田編・前掲注395) 376頁〔松岡久和〕（「〔民法264〕条は、共有の一般の規定が性質の許す限りで準用している」という）。法令用語研究会編『有斐閣 法律用語辞典〔第4版〕』（有斐閣、2012年）575頁は、「準用」とは、「ある事項に関する規定を、他の類似事項について、必要な修正を加えつつ、あてはめること」である、という。角田禮次郎＝茂串俊＝工藤敦夫＝大森政輔＝津野修＝秋山收＝阪田雅裕＝宮﨑礼壹＝梶田信一郎＝山本庸幸＝横畠裕介編『法令用語辞典〔第10次改訂版〕』（学陽書房、2016年）400頁は、「準用」の場合においては、それに伴い、当然必要な読替えその他の修正を加えて解釈しなければならない、という。このことが、本書が原則として株式の「共有」とは表記せずに株式の「準共有」と表記する理由である。

400) 本款二4(2)イを参照。

の割合に応じて等価値的に分配することができる。1個の有体物は、調整を要することなく共有持分の割合に応じて等価値的に使用することが通常は困難である。例えば、3(2)で指摘したように、複数の部屋を有する1戸の建物は、各共有者が各部屋をそれぞれ使用することによって1戸の建物を分けて同時に使用することもできる。しかし、1戸の建物が、各共有者の共有持分の割合に応じた等価値の部屋を常に有しているわけではない。このような1戸の建物は、調整することなく共有持分の割合に応じて等価値的に使用することが困難である。これに対して、複数の議決権は、その1個ずつが均一的であって、そのような均一的な議決権が複数集まって構成されている。それゆえ、そのような複数の均一的な議決権を準共有持分の割合に応じて分配する際に

---

401) もっとも、同一の準共有関係に服する株式の数が多い場合には、そのようなまとまった数の株式の価格には支配権プレミアムが含まれているところ、その株式の帰属が分けられたときには、それに応じてその支配権プレミアムが失われることになる。しかし、本文で想定しているような議決権の行使の場面においては、準共有株式が売買取引等の対象となっているわけではないので、株式の価格自体が重要であるわけではない。また、本文のように議決権を各準共有者に分配する場合であっても、株式自体は同一の準共有関係に服しているので、このような議決権の分配によってその株式の支配権プレミアムが失われるわけではない。

また、同一の準共有関係に服する株式の数が多い場合には、その株式についての議決権がまとまっていることによって、その株主が会社に対して大きな影響力を有しているとも考えられる。このような影響力は、本文のようにその議決権を各準共有者に分配することによって失われることになる。しかし、議決権を各準共有者に分配した場合であっても、本文で述べたように、ある株主総会の議題について票を投じるという議決権の基本的な効用は維持される。それを越えて、一定程度まとまった議決権に特別な影響力があるとしても、そのような影響力の存在は、ここで議決権を各準共有者に分配しない理由にはならない。このことは、次のように理由づけられる。前提として、第3款で検討したように、統一的に議決権を行使することを準共有者に強制するよりも、各準共有者による不統一行使の主張を認める方が望ましい。そして、そのように考えて議決権を各準共有者に分配した場合であっても、各準共有者が一致してそのような影響力を得ることを望むのであれば、各準共有者は、それぞれが自らの判断で同調して統一的に議決権を行使することによって、そのような影響力を得ることができる。

402) このように、1台の自動車と複数の議決権とを比較することに対しては、そもそも個数が異なるものを比較している点で不正確であって、より正確には複数の自動車と複数の議決権とを比較するべきであるという批判も考えられる。しかし、本款三で検討したように、複数の準共有株式についての議決権は、同一の準共有関係の下で全体として集合的に取り扱われる。このように考える場合には、1台の自動車と複数の議決権は、同一の準共有関係の下で(全体として集合的に)取り扱われるという点で共通しているので、むしろ、これらを比較することが適切である。

は、特定の議決権を誰に分配するべきかというような調整をする必要がない。したがって、このような複数の議決権は、基本的には、調整を要することなく準共有持分の割合に応じて等価値的に分配することができる。

　以上のように、各準共有者は、議決権を、調整を要することなく準共有持分の割合に応じて等価値的に分配して同時に行使することができる。したがって、株式についての議決権は、民法の所有権の共有に関する規律が本来的に想定している有体物が有するような性質を有していない。よって、株式についての議決権は、原則として、民法252条による調整を必要とすることなく、民法249条に基づいて準共有持分の割合に応じた使用をすることができる。つまり、この議決権については、民法264条による準用の際に、原則として、民法252条は適用されず、各準共有者は、民法249条に基づいてその準共有持分の割合に応じた不統一行使の主張をすることができる。このような結論は、形式的には、民法249条に基づく持分に応じた使用収益権によって基礎づけられ、実質的には、第3款で示したような各準共有者による準共有持分の割合に応じた不統一行使の主張を認める必要性によって基礎づけられる。

　もっとも、議決権についても、民法252条による調整が必要になる場合がある。それは、（複数の）議決権が準共有持分の割合に応じて完全に分配することができない場合、つまり、議決権の個数を準共有持分の割合で割り切ることができずに端数が生じる場合である。この場合には、割り切ることができなかった端数分の議決権は、更に細分化することができないので、準共有持分の割合に応じて等価値的に分配して同時に行使することもできない。よって、準共有持分の割合に応じて割り切ることができなかった端数分の議決権をどのように行使するのかは、民法252条に基づいて決定される[403]。

　また、各準共有者による不統一行使の主張は、民法249条に基づくものであるから、各準共有者は、この規定に基づく「使用」の範疇を越えることになるような不統一行使の主張をすることはできない。すなわち、準共有株式についての議決権の行使をもって直ちに株式を処分し、または株式の内容を変更することになるような場合には、そのような議決権の行使は、「使用」の範疇を越えているものであるから、処分行為または変更行為として、準共有者全員の同意を必要とする（民法251条）と考えられる[404]。

5 議決権以外の権利を行使する場合についての若干の検討

この5では、ここまでで検討したような議決権について各準共有者による不統一行使の主張を認めるための法的構成を採用した場合に、その法的構成によると、議決権以外の権利の行使がどのように規律されることになるのかについて若干の検討を行う。

(1) 基本的な考え方

4で検討したように、株式についての権利の行使について民法の所有権の共有に関する規定を準用する際に、株式についての議決権の行使について民法252条が適用されるのかは、その議決権が民法252条による調整を必要とするような性質を有しているかどうかによって決定される。このことは、議決権以外の株式についての権利にも妥当すると考えられる。すなわち、議決権以外の株式についての権利の行使について民法252条が適用されるのかは、

---

403) この端数分の議決権をどのように行使するのかについては、原則として準共有者の全員一致ではなく多数決によって決定することができると考えられる。もっとも、この端数分の議決権が、株主総会決議の成否を決めるキャスティング・ボートとなる可能性がないわけではない。例えば、ある会社の発行済株式の全部（100株）が準共有されている場合において、3分の2の準共有持分を有する準共有者と3分の1の準共有持分を有する準共有者が対立しているときには、本書の考え方によると、前者が66個の議決権を行使することができ、後者が33個の議決権を行使することができる。このとき、端数である最後の1個の議決権がどのように行使されるのかによって、株主総会の特別決議の成否が変わる。しかし、その議決権の行使が処分行為ないし変更行為に該当するかどうかは、その株主総会決議の内容等によって異なると考えられる。よって、端数分の議決権がキャスティング・ボートであるということから直ちに、その議決権の行使について準共有者の全員一致を必要とすることにはならないように思われる。

404) 山田・前掲注218）382頁、山田泰彦・前掲注225）196頁、久保田・前掲注183）172頁、同177-178頁。もっとも、本文で挙げたような場合とは具体的にどのような場合であるのかについては、本書では検討することができない。しかし、本節第3款三における検討によると、議題の内容が取締役の選任または解任である場合における議決権の行使には、準共有者全員の同意が必要であると考えるべきではない。また、議題の内容が準共有者（共同相続人）を相手方とする株式の準共有持分の売渡請求である場合における議決権の行使にも、準共有者全員の同意が必要であると考えるべきではない（本節第3款四も参照）。この場合には、当該議決権の行使が株式の処分に関わるようにも見えるが、当該議決権の行使によって売渡請求を受け得るのは、株式の準共有持分であって、株式自体ではない。株式の準共有持分の処分は、各準共有者が他の準共有者の同意を得ることなく行うことができて（例えば、松岡・前掲注204）45頁）、準共有の対象である株式自体の処分とは区別される。

その権利が民法252条による調整を必要とするような性質を有しているかどうかによって決定される。

そこで、(2)および(3)において、株式についての権利の行使について民法の所有権の共有に関する規定を準用する際に、剰余金配当支払請求権の行使および議決権以外のいわゆる共益権の行使についてそれぞれ民法252条が適用されるのかについて若干の検討を行う[405]。

(2) 剰余金配当支払請求権

具体的な剰余金配当支払請求権は、通常の金銭債権であって、株式と別個独立に処分の対象となる[406]。一般的に、数人で金銭債権を有することになった場合には、金銭債権は、可分債権であるので、原則として、民法264条ただし書にいう「特別の定め」として民法427条が適用されて、各共有者は、各自単独でその分割債権を取得する[407]。また、具体的な剰余金配当支払請求権は準共有株式から生じる収益として捉えられるところ、共有物から生じる収益は、民法249条の類推によって持分の割合に応じて各共有者に帰属する[408]。最高裁判所も、平成17年9月8日の判決[409]において、共同相続による共有の事案についてではあるが、共有されている不動産から生じる金銭債権である賃料債権は、遺産とは別個の財産であって、各共同相続人がその相続分に応じて分割単独債権として確定的に取得する、と判断している。このような考え方によると、準共有株式についての具体的な剰余金配当支払請求権も、前述のように金銭債権であって可分債権であるから、各準共有者が、

---

[405] 株式についての権利としてその他に、例えば、株式買取請求権等がある。株式買取請求権は、準共有株式の処分をその内容とするものであるから、その行使のためには準共有者全員の同意が必要である（民法251条）。もっとも、株式買取請求権の対象を各準共有者が有する株式の準共有持分であると考えて、各準共有者は、それぞれの準共有持分に係る株式買取請求権を行使するかどうかを別々に決定することができると考える可能性もある。このような可能性については、なお検討の余地がある。

[406] 例えば、江頭・前掲注14) 122頁。

[407] 例えば、川島＝川井編・前掲注75) 596頁〔川井〕。ただし、最大決平成28年12月19日民集70巻8号2121頁等も参照。

[408] 例えば、川島＝川井編・前掲注75) 449頁〔川井〕。なお、川島＝川井編・前掲注75) 449頁〔川井〕は、収益が可分債権である場合には、民法249条の類推適用を待つまでもなく、民法427条が適用されて、各共有者は分割債権を取得する、という。

[409] 最判平成17年9月8日民集59巻7号1931頁。

その準共有持分の割合に応じて分割単独債権として取得することになると考えられる[410]。そして、このように具体的な剰余金配当支払請求権は準共有されないので、この請求権については、民法252条を含む民法の共有に関する規律がそもそも適用されないことになる。

これに対して、最高裁判所は、平成26年12月12日の判決[411]において、共同相続の事案についてではあるが、共同相続された委託者指図型投資信託の受益権について、相続開始後に収益分配金が発生して、それが預り金として当該受益権の販売会社における被相続人名義の口座に入金された場合にも、当該預り金の返還を求める債権は、当然に相続分に応じて分割されることはない、と判断している。そして、その理由として、共同相続された委託者指図型投資信託の受益権は、相続開始と同時に相続分に応じて分割されることはないところ、収益分配金の交付を受ける権利は、当該受益権の内容を構成するものであるということを挙げている。このような理由づけに照らすと、最高裁判所は、この預り金の返還を求める債権だけではなく収益分配金請求権自体も、当然に相続分に応じて分割されることはないということを前提としていると考えられる[412]。この考え方を株式が（共同相続によって）準共有されている場合に単純にあてはめると、（共同相続された株式は相続開始と同時に相続分に応じて分割されることはないところ、）剰余金配当請求権は、準共有株式の内容を構成するものであるから、具体的な剰余金配当支払請求権も、当然に準共有持分の割合に応じて分割されることはないということになると考えられる。したがって、この請求権は当該株式の準共有者によって準共有されており、この請求権を行使するためには、準共有者全員による行使が必要であるということになる[413]。

しかしながら、前述のように、具体的な剰余金配当支払請求権は、通常の金銭債権であって、株式と別個独立に処分の対象となる[414]。したがって、こ

---

410) 島津一郎＝安倍正三＝田中恒朗編『新版 相続法の基礎』（青林書院新社、1981年）111頁〔阿部徹〕、名古屋高判平成23年5月27日金判1381号55頁。津地判昭和38年1月24日下民集14巻1号60頁、松並重雄「判解（最判平成17年9月8日）」『最高裁判所判例解説民事篇 平成17年度（下）（7月～12月分）』（法曹会、2008年）573-574頁も同旨であると理解することができる。
411) 最判平成26年12月12日集民248号155頁。
412) 匿名記事「判批（最判平成26年12月12日）」判例時報2251号（2015年）36頁。

の具体的な剰余金配当支払請求権は、株式の内容を構成しているわけではない[415]。よって、このことを重視するならば、少なくとも平成26年12月12日の判決の理由づけだけでは、具体的な剰余金配当支払請求権が当然に準共有持分の割合に応じて分割されることはないということを説得的に基礎づけることは難しいように思われる[416]。そして、具体的な剰余金配当支払請求権は、前述のように株式とは別個独立の財産であって金銭債権であるから、分割することができないような性質を有しておらず、可分債権であると考えられる。そうすると、結局、各準共有者は、その準共有持分の割合に応じて具体的な剰余金配当支払請求権を分割単独債権として取得することになる[417]。よって、具体的な剰余金配当支払請求権については、民法252条を含む民法の共有に関する規律がそもそも適用されない。

(3) 議決権以外の共益権

三で検討したように、株式が準共有されている場合において、株式の内容としての抽象的権利とそれに基づいて発生する具体的権利とは区別されて、実際に行使の対象となる具体的権利は、1株の準共有関係ごとを単位として

---

[413] 佐久間毅「投資信託受益権の共同相続」金融法務事情2023号（2015年）62頁、潮見佳男「判批（最判平成26年12月12日）」金融法務事情2025号（2015年）57頁、中田裕康「共同型の債権債務について」星野英一先生追悼『日本民法学の新たな時代』（有斐閣、2015年）403-404頁を参照。最大決平成28年12月19日・前掲注407）も参照。また、中田・前掲420-421頁も参照。なお、喜多川篤典「判批（津地判昭和38年1月24日）」ジュリスト346号（1966年）96頁は、各準共有者が単独で支払いを請求することができるが、その支払いは、遺産（準共有者全員）に対してなされるべきである、という。

[414] 例えば、江頭・前掲注14）122頁。

[415] 本款三5⑴イも参照。

[416] 原恵美「判批（最判平成26年12月12日）」新・判例解説Watch18号（2016年）77頁も参照。投資信託受益権についての収益分配金請求権に関しても、次のような指摘がなされている（松尾弘「判批（最判平成26年12月12日）」法学セミナー727号（2015年）118頁、橋本伸「判批（最判平成26年12月12日）」北大法学論集67巻2号（2016年）128頁。松本光一郎「判批（福岡高判平成22年2月17日）」金融法務事情1912号（2010年）63頁、堂園昇平「判批（最判平成26年2月25日）」銀行法務21 773号（2014年）15頁、大阪地判平成23年8月26日金法1934号114頁も参照）。すなわち、投資信託受益権が満期となって収益分配金と元本償還金の支払請求権に転化した時点で、当該受益権が当然分割されない理由として最高裁判所が挙げること（当該受益権が口数単位であることおよび監督的権限を含むこと）が妥当しなくなる。よって、収益分配金請求権等が当該受益権の内容を構成するものであるという平成26年12月12日の判決の理由づけは説得的ではない。

ではなく、（複数の）株式についての同一の準共有関係全体を単位として発生する。そして、このような具体的権利が1個であるのか複数であるのかは、その具体的権利の性質によって決定される。

その具体的権利が具体的な議決権である場合には、同一の準共有関係に服する株式の数に応じた数の具体的な議決権が、当該準共有関係を単位として発生する。これに対して、具体的権利が議決権以外の共益権である場合には、同一の準共有関係に服する株式の数にかかわらず、1個の具体的権利が当該

---

417) もっとも、共同相続による準共有の特殊性等に鑑みて、本文で述べたことと異なる考え方を採用する余地もあるが（最大決平成28年12月19日・前掲注407）を参照）、本書では、この点についてまで検討することはできない。

なお、投資信託受益権についての収益分配金は、元本の一部払戻しとみなされる特別分配金も存在すること等に照らせば、投資信託受益権を元物とする果実に当たらないので、平成26年12月12日の判決の対象は、平成17年9月8日の判決の対象とは異なると指摘されている（匿名記事・前掲注412）35-36頁。宮本誠子「判批（最判平成26年12月12日）」民商法雑誌151巻2号（2014年）46頁、山下純司「共同相続における財産権帰属の判例法理」金融法務事情2009号（2015年）54頁、潮見・前掲注413）58頁、橋本・前掲注416）128頁も参照。なお、平成17年9月8日の判決と平成26年12月12日の判決との関係等について踏み込んで検討するものとして、例えば、村田・前掲注362）863頁）。よって、具体的な剰余金配当支払請求権が株式を元物とする果実に当たらないと考える場合には、この請求権についても、本文で述べたような平成17年9月8日の判決の考え方ではなく、平成26年12月12日の判決の考え方が妥当すると考える余地がある。

しかし、従来の見解によると、株式の剰余金配当は果実であると考えられてきた（例えば、高木多喜男「遺産より生ずる果実と遺産分割」山木戸克己教授還暦記念『実体法と手続法の交錯 下』（有斐閣、1978年）393-394頁、松並・前掲注410）576頁、谷口＝久貴編・前掲注173）309-310頁〔潮見〕。平田厚「判批（最判平成26年12月12日）」私法判例リマークス52号（2016年）72頁も参照。もっとも、戦前にはこの点について争いがあったようである（林良平＝前田達明編『新版 注釈民法(2) 総則(2)』（有斐閣、1991年）646-647頁〔田中整爾〕））。また、いずれにせよ、ある権利が共有物の果実ではないということから、その権利が当然には分割されないという結論が直ちに導出されるというわけではない（水野貴浩「判批（最判平成26年12月12日）」民事判例11号（2015年）111頁）。よって、具体的な剰余金配当支払請求権が株式を元物とする果実に当たらないということから直ちに、この請求権について平成26年12月12日の判決の考え方が妥当すると考えることはできない。

なお、具体的な剰余金配当支払請求権が完全に通常の金銭債権として取り扱われるというわけではないということについて、本款五3(2)を参照。田中誠二『新会社法論（上巻）』（勁草書房、1951年）177頁も、株主のいわゆる債権者的権利とは、広義においては、株主が会社に対して有する権利であるが社員たる資格を離れて第三者として有する権利をも含んでいるのに対して、狭義においては、社員たる資格に原因しておりかつこれと離れて独立に有する権利のみをいう、と指摘する。

準共有関係を単位として発生する。このように同一の準共有関係の下で発生する具体的権利は1個であるから、各準共有者がその1個の具体的権利を、調整を要することなく準共有持分の割合に応じて等価値的に分配して同時に行使することは困難である[418]。よって、このような具体的権利の個数という観点からは、議決権以外の共益権は、民法252条による調整を必要とするような性質を有している。

　もっとも、議決権以外の共益権の中には、例えば具体的な各種文書の閲覧等請求権のように、その行使に競合性がない権利、つまり、ある準共有者による行使が他の準共有者による行使を妨げない権利がある。そのような性質を有する共益権は、その行使に競合性がないので、調整を要することなく行使することができる。

　実際に、特許法73条2項は、特許権の各準共有者が自由に（他の準共有者の同意を得る必要もその対価を支払う必要もなく）その特許発明の実施をすることができると規定している。そして、その理由として、情報財の非競合性、つまり、有体物の使用とは異なって、情報財の使用については量的な限界を観念することができず、ある準共有者による特許発明の実施が他の準共有者による実施を妨げない、ということが挙げられている[419]。

　このことと同様に考えると、その行使に競合性がない共益権について、各準共有者がその権利を自由に行使することができると考える場合であっても、そのような権利行使が、他の準共有者によるその権利の行使を妨げることはない。よって、その行使に競合性がない共益権は、その具体的権利の個数が

---

[418] このような意味において、この株式についての1個の具体的権利は、民法の所有権の共有に関する規律が本来的に想定している有体物が有するような性質（本款4 3(2)）を有している。

[419] 例えば、中山信弘『特許法〔第3版〕』（弘文堂、2016年）311-312頁。もっとも、ある準共有者の実施が他の準共有者の実施を物理的には妨げない場合であっても、その実施が経済的には他の準共有者に影響を与えるので、特許権の準共有者が他の準共有者にその対価を支払うこともなく実施をすることができるということは正当化されない、ということが指摘されている（金子敏哉「共有特許権者による自己実施――ドイツの議論からの示唆」知的財産法政策学研究21号（2008年）256-257頁、金子敏哉「知的財産権の準共有（特許権を中心に）」日本工業所有権法学会年報34号（2010年）13頁）。これに対して、株式についての共益権の行使は、他の準共有者に対して少なくとも直ちに実際に影響を与えるということはないように思われる。

1個であっても、民法252条による調整を必要とするような性質を有していないと考えられる。

以上の検討によると、株式についての権利の行使について民法の所有権の共有に関する規定を準用する際には（民法264条）、一方で、その行使に競合性がない共益権を行使する場合については民法252条が適用されず、他方で、その行使に競合性がある共益権を行使する場合については民法252条が適用されることになる。そして、その行使に競合性がない共益権については、準共有者間の内部関係において、各準共有者は、民法249条に基づいて各々その権利の行使を主張することができると考えられる。ただし、いずれの場合であっても、その権利の行使をもって直ちに株式を処分し、または株式の内容を変更することになるようなときには、そのような権利の行使は、民法249条に基づく「使用」の範疇を越えているものであるから、処分行為または変更行為として、準共有者全員の同意を必要とする[420]（民法251条）。

そのうえで、具体的にどのような共益権がその行使に競合性を有するのかまたは有しないのかについては、共益権ごとに検討することが必要である。また、民法252条が適用される場合において、その共益権の行使が多数決によって決定されなければならないのか、各準共有者が保存行為として単独でその共益権の行使を主張することができるのかについては、共益権ごとにどちらが適切であるのかを検討することが必要である。本書では、これらの点については検討することができないが[421]、少なくとも方向性としては、各準共有者による議決権の不統一行使の主張を認める本書の法的構成によると、議決権以外の共益権の行使については前述のように規律されることになる。

6　本項のまとめと結論

本項では、各準共有者による不統一行使の主張の法的根拠に関する問題、つまり、複数の準共有株式についての議決権が全体として集合的に取り扱われると考えた場合に、準共有者間の内部関係において、各準共有者がその準共有持分の割合に応じた不統一行使の主張をすることができるのかについて検討した。

---

420)　前掲注404) も参照。
421)　第5章第2節二も参照。

各準共有者による不統一行使の主張を認める従来の見解は、各準共有者による不統一行使の主張の法的根拠として民法249条を援用するが、株式についての議決権の行使について、なぜ民法252条ではなく民法249条が適用されるのかというような点を十分に説明することができていない（2）。そこで、本項では、このような点についてより深く検討した。

民法249条と民法252条の関係については、民法249条は共有者の使用収益権の基礎と割合を定めており、具体的な共有物の利用方法は民法252条に基づいて決定されると説明されている（3(1)）。このような民法252条による調整が必要になる背景には、共有の対象として念頭に置かれている1個の有体物の性質、つまり、各共有者が調整を要することなく共有持分の割合に応じて等価値的に分けて同時に使用することが通常は困難であるという性質がある（3(2)）。

株式が準共有されている場合については、民法264条によると、所有権についての共有に関する規定が「準用」される、つまり、その財産権の性質によって必要な修正を加えつつ適用される。そこで、株式についての議決権の性質を分析した。まず前提として、三で検討したように、複数の具体的な議決権は、同一の準共有関係の下で全体として集合的に取り扱われる。そして、そのような複数の議決権は、多くの有体物とは異なり、各準共有者で分けて同時に使用することに適していて、また、その1個ずつが均一的であるので、準共有者間での分配に際して調整をする必要がない。したがって、各準共有者は、議決権を、調整を要することなく準共有持分の割合に応じて等価値的に分配して同時に行使することができる。すなわち、株式についての複数の議決権は、民法の所有権の共有に関する規律が想定する1個の有体物とは異なって、民法252条による調整が必要になるような性質を原則として有していない。

よって、株式についての議決権は、原則として、民法252条による調整を必要とすることなく、民法249条に基づいて準共有持分の割合に応じた使用をすることができる。つまり、議決権については、民法264条による準用の際に、原則として、民法252条は適用されず、各準共有者は、その準共有持分の割合に応じた不統一行使の主張をすることができる（4）。このような結論は、形式的には、民法249条に基づく持分に応じた使用収益権によって基

礎づけられ、実質的には、第3款で示したような各準共有者による準共有持分の割合に応じた不統一行使の主張を認める必要性によって基礎づけられる。

ただし、準共有持分の割合に応じて割り切ることができなかった端数分の議決権をどのように行使するのかは、民法252条に基づいて決定される。また、議決権の行使をもって直ちに株式を処分し、または株式の内容を変更することになるような場合には、そのような議決権の行使は、処分行為または変更行為として、準共有者全員の同意を必要とする（民法251条）。

なお、このような本書の法的構成によると、議決権以外の権利の行使は、次のように規律されることになる（5）。第1に、具体的な剰余金配当支払請求権は可分債権であるので、各準共有者は、その準共有持分の割合に応じてこの請求権を分割単独債権として取得することになる。よって、具体的な剰余金配当支払請求権については、民法252条を含む民法の共有に関する規律がそもそも適用されない。第2に、その行使に競合性がある共益権を行使する場合については、その具体的な共益権は1個であってその行使に競合性があるから、その行使に関する調整が必要であるので、民法252条が適用される。これに対して、その行使に競合性がない共益権を行使する場合については、各準共有者は他の準共有者の権利行使を妨げることなくその共益権を行使することができるので、民法252条が適用されず、各準共有者は、民法249条に基づいて各々そのような権利の行使を主張することができる。ただし、いずれの場合であっても、共益権の行使をもって直ちに株式を処分し、または株式の内容を変更することになるようなときには、そのような共益権の行使は、処分行為または変更行為として、準共有者全員の同意を必要とする（民法251条）。

五　会社法との関係——会社に対する権利行使の実行に関わる規律

最後に、本項では、四までで検討した準共有者間の内部関係の規律と会社法の関係について検討する。すなわち、四までで検討したように、準共有者間の内部関係において各準共有者がその準共有持分の割合に応じた不統一行使を主張することができると考える場合において、準共有者がそのような内部関係の規律に基づいて会社に対してその権利を行使する際に、会社法106

条や会社法313条3項がどのように適用されるのかについて検討する。

1　基本的な考え方

ここまで本款で検討してきたことは、準共有者間の内部関係の規律である。その規律に基づいて準共有者が会社に対して権利を行使する際には、それに加えて、会社法106条が適用される[422]。すなわち、準共有者は、原則として権利行使者を通じて権利を行使しなければならない。その際に、権利行使者は、準共有者間の内部関係の規律に基づく指図に従って、会社に対して権利を行使しなければならない。

このことについて、本項では、議決権を行使する場合（2）と、議決権以外の権利を行使する場合（3）とに分けて検討する。

2　議決権を行使する場合

四までで検討したように、議決権を行使する場合には、各準共有者は、準共有者間の内部関係においては、その準共有持分の割合に応じた不統一行使の主張をすることができる。このような規律を会社に対する権利行使の実行の場面にも妥当させるならば、各準共有者は、会社に対して、その準共有持分の割合に応じた議決権を個別的に行使することができることになる。しかし、第3節第2款で検討したように、会社に対する権利行使の実行には、会社法106条が適用されて、会社に対する議決権行使は、原則として権利行使者が行わなければならない。この場合において、各準共有者はその内部関係においては議決権の不統一行使の主張をすることができるので、その権利行使者は、各準共有者による不統一行使の指図に従わなければならない。権利行使者がこれに従わずに議決権行使をした場合において、そのことを会社が知っていたときには、そのような議決権行使は、会社との関係でも無効である[423]。

また、権利行使者が議決権を不統一的に行使する場合には、会社法106条の他に、会社法313条も適用される[424]。そして、会社は、（各準共有者の指図に従った）権利行使者による議決権の不統一行使を、会社法313条3項に基

422）　本章第3節第2款。本節第1款も参照。
423）　本章第4節第3款二。

づいて拒むことはできないと考えられる。なぜならば、実質的には、第3款で検討したように各準共有者による不統一行使の主張を認める必要性があり、そのような必要性は、権利行使者が名義上の株主のように各準共有者（実質上の株主）の意思に従って不統一的に議決権を行使するべきである[425]ということを基礎づけるからである。また、形式的にも、各準共有者の準共有持分は、確かに準共有株式全体に及ぶが、他の準共有者の権利による制約を受けるのであるから、その意味において、各準共有者（権利行使者）は「他人のために株式を有する者」に該当すると考えられる。

3　議決権以外の権利を行使する場合
(1)　基本的な考え方

また、四5で検討したような議決権以外の権利についても、準共有者が会社に対してその権利を行使する際には、会社法106条が適用されて、準共有者は、原則として権利行使者を通じてそれらの権利を行使しなければならない。

(2)　剰余金配当支払請求権

具体的な剰余金配当支払請求権は可分債権であるので、各準共有者は、その準共有持分の割合に応じて具体的な剰余金配当支払請求権を分割単独債権として取得することになる[426]。しかし、会社法106条の目的に照らすと、各準共有者が会社に対してその請求権を行使する際には、会社法106条が適用

---

424) 本節第2款五も参照。このように考える場合には、取締役会設置会社においては、株主総会の日の3日前までに、会社に対して不統一行使をする旨およびその理由を通知しなければならない（会社法313条2項）。しかし、本書のように、株式が準共有されている場合に、議決権が不統一的に行使されることがデフォルト・ルールであると考えるのであれば、会社は、株式が準共有されていることを把握した時点で、当該株式が不統一的に行使されることを予見することができる。よって、複数の者が株式を準共有している旨の株主名簿の名義書換請求がなされた時点（または、遅くとも権利行使者の通知がなされた時点）で、会社法313条2項に規定されている通知がなされたものと考えることができる。このように考えたとしても、会社に事前に知らせてその不統一行使を拒むかどうかを検討する機会を与えるという本項の趣旨（岩原編・前掲注61）237頁〔松尾健一〕）が害されることはないと考えられる。

425) 岩原編・前掲注61）237頁〔松尾健一〕を参照。
426) 本款四5(2)。

されて、各準共有者は、原則として権利行使者を通じてその請求権を行使しなければならない。

　なぜならば、会社法106条の目的の1つは、準共有者による一体的な権利行使の確保であって[427]、各準共有者がそれぞれの剰余金配当支払請求権を個別に行使することができると考える場合には、その目的を達成することができないからである。また、会社が、具体的な剰余金配当支払請求権の分割の基準である各準共有者の準共有持分の割合を知ることは、通常は難しいと考えられる。したがって、準共有者間の内部関係の不明確性からの会社の保護という会社法106条のもう1つの目的[428]からも、権利行使者を通じてこの請求権を行使することが要請される。

(3) 議決権以外の共益権

　四5(3)で検討したように、その行使に競合性がある共益権を行使する場合については、その具体的な共益権は1個であってその行使に競合性があるから、その行使に関する調整が必要であるので、準共有者間の内部関係においては、民法252条が適用される。そして、準共有者が民法252条の下で決定された権利行使を会社に対して実行する際には、会社法106条が適用されて、準共有者は、原則として権利行使者を通じてその権利を行使しなければならない。

　これに対して、その行使に競合性がない共益権を行使する場合には、各準共有者は、準共有者間の内部関係においては、民法249条に基づいて各々そのような権利の行使を主張することができる。このような規律を会社に対する権利行使の実行の場面にも妥当させるならば、各準共有者は、会社に対して個別的にその権利を行使することができることになる。しかし、第3節第2款で検討したように、会社に対する権利行使の実行には、会社法106条が適用される。準共有者による一体的な権利行使の確保という会社法106条の目的[429]に鑑みると、このような権利も、会社に対しては、原則として権利行使者を通じて一体的に行使しなければならない。すなわち、準共有者は、そ

---

427)　本章第2節第5款一。
428)　本章第2節第5款二。
429)　本章第2節第5款一。

の行使に競合性がない共益権を、権利行使者の下で統一体として行使しなければならない。そして、この場合には、その1個の共益権を統一体としてどのように行使するのかを決定しなければならないので、そのような決定をするためには、民法252条による調整が必要になる。よって、結局のところ、その行使に競合性がない共益権を行使する場合であっても、準共有者は、原則として、民法252条の下でその行使内容を決定した上で[430]、権利行使者を通じてその権利を行使しなければならない[431]。

4　会社法の平面と民法の平面の関係

なお、四における検討は、準共有者間の内部関係の規律と会社法とを厳格

---

[430]　本文のように考える場合には、その行使に競合性がない共益権を行使する場合に、準共有者間の内部関係において、各準共有者が民法249条に基づいて各々そのような権利の行使を主張することができると考えることの実際上の意味は少なくなる。しかし、まさにこのような個別的な権利行使を防止することこそが会社法106条の目的の1つ（本章第2節第5款一）であるから、このような結論になることもやむを得ない。また、本文のように考える場合であっても、会社法106条ただし書に基づく会社の同意があるときには、各準共有者は、会社に対して、その行使に競合性がない共益権を個別的に行使することができる。その限りにおいて、各準共有者が各々そのような権利の行使を主張することができると考えることも実際上の意味を有する。

[431]　本文のように考えることは、準共有者間の内部関係においては、各準共有者がどのように権利を行使するのか（または行使しないのか）を各々決定することができるにもかかわらず、会社に対しては、準共有者間でその決定を統一しなければならない、つまり、準共有者間で権利行使の内容を同じにしなければならない、ということを意味する。このことに着目すると、会社法106条が、一体的な権利行使を越えて統一的な権利行使を要求しているようにも見える（両者の違いについては、前掲注3）を参照）。

しかしながら、議決権以外の共益権の場合には、議決権の場合とは異なって、同一の準共有関係に服する株式の数にかかわらず、1個の具体的権利が当該準共有関係を単位として発生する（本款四5(3)）。このように具体的共益権は1個しかないので、そのような1個の権利を一体的に（統一体として）行使するということは、直ちにその権利を統一的に行使するということを意味する（これに対して、複数の具体的な議決権を一体的に（統一体として）行使するということは、必ずしもその複数の議決権を統一的に行使するということを意味しない）。よって、会社法106条は、あくまでも一体的な権利行使を要求しているだけであって、1個の具体的な共益権の性質上、それが結果として統一的な権利行使につながるにすぎない。実質的にも、株式が単独所有されている場合には、複数の具体的な議決権を不統一的に行使することができても、1個の具体的な共益権を複数行使することはできないのであるから、株式が準共有されている場合において、1個の具体的な共益権を統一体として行使することが要求されているときに、その権利を複数行使することを認める理由はないと考えられる。

に区別しているという点において、ドイツ法の考察によって示した会社法の平面と相続法の平面の厳格な区別を認める立場[432]に通ずるものであるが、近時のドイツではこのような立場に対して疑問も呈されている[433]。確かに、四においては、各準共有者による不統一行使の主張の法的根拠を検討する際に、会社法の規律ではなく、株式についての権利の性質を、民法の規律の下で考慮しているにすぎない。しかし、四における結論は、実質的には、第3款で示したような各準共有者による不統一行使の主張を認める会社法上の必要性によって基礎づけられる。このような意味において、本書の考え方は、会社法が民法の平面に影響する際の態様としては、**第3章第6節第3款三**で示した事実考慮型と解釈内包型の中間類型（民法の解釈に際して会社法の規律自体ではなく会社法上の要請を考慮する類型）であると理解することができる[434]。

六　本款のまとめ

本款では、各準共有者による不統一行使の主張を認めるための法的構成について検討した。各準共有者による不統一行使の主張を認める見解が従来採用されてこなかった（理論面での）要因は、そのための理論構成が困難であるという点にある（一1）。すなわち、複数の準共有株式についての議決権の行使に関する意思決定を、1株の準共有関係ごとの意思決定の集積であると考える場合には、議決権を不統一的に行使することは理論的に不可能である。なぜならば、その1株の準共有関係ごとの意思決定それぞれは、あくまでも1個の議決権の行使に関する意思決定であるところ、その1個の議決権を不統一的に行使することは不可能であるからである。

そこで、各準共有者による不統一行使の主張を認めるための説得的な法的構成を構築するためには、次の2点を示す必要がある（一3）。第1に、株式が準共有されている場合において、その複数の株式についての議決権が（1株の準共有関係ごとにではなく）全体として集合的に取り扱われるということである。第2に、複数の議決権が全体として集合的に取り扱われると考えた

---

432)　**第3章第6節第3款二**。
433)　**第3章第6節第3款二**。
434)　本款二 4(1)も参照。

場合に、準共有者間の内部関係において、各準共有者がその準共有持分の割合に応じた不統一行使の主張をすることができるということである。

　第1の点について（三）、まず、前提として、株式という抽象的権利に基づいて発生する具体的権利は、抽象的権利とは区別されて、実際の権利行使の対象として株主を単位として発生する[435]。そして、株式が準共有されている場合においても、同様に、その具体的権利は、1株の準共有関係ごとを単位としてではなく、（複数の）株式についての同一の準共有関係全体を単位として発生する。そして、このように（複数の）株式についての同一の準共有関係全体を単位として発生した具体的権利は、当該準共有関係に属する準共有者全員によって集合的に取り扱われる。すなわち、同一の準共有関係に服する複数の株式に基づいて発生した複数の具体的な議決権は、当該準共有関係に属する準共有者全員によって集合的に取り扱われる。このように考えると、準共有者間の内部関係における意思決定が1株の準共有関係ごとになされることにはならない。以上のように、同一の準共有関係に服する複数の株式に基づいて発生した複数の具体的な議決権は、その準共有関係の下で全体として集合的に取り扱われる。

　第2の点について（四）、株式が準共有されている場合については、所有権についての共有に関する規定がその財産権の性質によって必要な修正を加えつつ適用される（「準用」（民法264条））。第1の点について述べたように、複数の具体的な議決権は、同一の準共有関係の下で全体として集合的に取り扱われる。そして、そのような複数の議決権は、多くの有体物とは異なり、各準共有者で分けて同時に使用することに適していて、また、その1個ずつが均一的であるので、準共有者間での分配に際して調整をする必要がない。したがって、各準共有者は、議決権を、調整を要することなく準共有持分の割合に応じて等価値的に分配して同時に行使することができる。すなわち、株式についての複数の議決権は、民法の所有権の共有に関する規律が想定する1個の有体物とは異なって、民法252条による調整が必要になるような性質を原則として有していない。よって、このような議決権については、民法264条による準用の際に、原則として、民法252条は適用されず、民法249条に

---

435)　なお、この株主を単位として発生する具体的権利が1個であるのか複数であるのかは、その具体的権利の性質によって決定される。

基づいて準共有持分の割合に応じた使用をすることができる。つまり、準共有者は、準共有者間の内部関係において、多数決によって議決権行使の内容を決定するのではなく、その準共有持分の割合に応じて議決権の不統一行使の主張をすることができる。このような結論は、形式的には、民法249条に基づく持分の割合に応じた使用収益権によって基礎づけられ、実質的には、第3款で示したような各準共有者による準共有持分の割合に応じた不統一行使の主張を認める必要性によって基礎づけられる。

ただし、準共有持分の割合に応じて割り切ることができなかった端数分の議決権をどのように行使するのかは、民法252条に基づいて決定される。また、議決権の行使をもって直ちに株式を処分し、または株式の内容を変更することになるような場合には、そのような議決権の行使は、処分行為または変更行為として、準共有者全員の同意を必要とする（民法251条）。

なお、議決権以外の株式についての権利について（四5）、まず、具体的な剰余金配当支払請求権は可分債権であるので、各準共有者は、その準共有持分の割合に応じて具体的な剰余金配当支払請求権を分割単独債権として取得することになる。よって、具体的な剰余金配当支払請求権については、民法252条を含む民法の共有に関する規律がそもそも適用されない。次に、議決権以外の共益権について、その行使に競合性がある共益権を行使する場合には、民法252条による調整が必要になるので、その権利をどのように行使するのかは、民法252条に基づいて決定される。これに対して、その行使に競合性がない共益権を行使する場合には、民法252条による調整が必要にならないので、民法252条が適用されず、準共有者間の内部関係においては、各準共有者が民法249条に基づいて各々その権利の行使を主張することができる。ただし、いずれの場合であっても、共益権の行使をもって直ちに株式を処分し、または株式の内容を変更することになるようなときには、そのような共益権の行使は、処分行為または変更行為として、準共有者全員の同意を必要とする（民法251条）。

最後に、四までに本款で検討したことは、準共有者間の内部関係の規律である。会社に対して権利を行使する際には、それに加えて、会社法106条が適用される（五）。すなわち、準共有者は、原則として権利行使者を通じて権利を行使しなければならない。その際に、権利行使者は、準共有者間の内部

関係の規律に基づく指図に従って、会社に対して権利を行使しなければならない。また、権利行使者が議決権を不統一的に行使する場合には、会社法313条も適用される。そして、会社は、その権利行使者による議決権の不統一行使を、会社法313条3項に基づいて拒むことはできない。

第5款　小　括

　本節では、第4節で検討したように権利行使者の指定に関する規律として多数決説を採用した場合に生じ得る弊害を緩和して、より円滑な事業承継を実現するための規律として、各準共有者による不統一行使の主張を認めるという規律について、議決権行使の場面を中心に検討した。

　まず、第2款において、この検討の前提として、準共有株式についての議決権の不統一行使に関する従来の議論を整理して、問題の所在を明らかにした。そこで明らかになった問題は、次の2点である。第1に、準共有者間の内部関係において、各準共有者がその準共有持分の割合に応じた不統一行使を主張することができるのか、という問題である。第2に、会社法313条3項に基づいて、会社がそのような不統一行使を拒むことができるのか、という問題である。さらに、第1の問題は、次の2点に分けることができる。まず、そのような各準共有者による不統一行使の主張を認める必要性があるのか、という点である。次に、そのような必要性がある場合に、どのような法的構成によって各準共有者による不統一行使の主張が可能になるのか、という点である。そして、従来の議論では、特にこれら第1の問題について、十分な検討がなされていなかった。

　そこで、まず、第3款において、各準共有者による不統一行使の主張を認める必要性があるのかという点を検討した。そして、その検討によると、そのような必要性が存在すると考えられる。このことは、具体的には次の3点から基礎づけられる。第1に、会社経営のリスク負担に応じた議決権配分の実現という観点からは、同族会社を念頭に置く場合には、各準共有者による不統一行使の主張を認める必要性を積極的に基礎づけることは難しいが、一般論としては、その必要性を否定する理由はない。第2に、より円滑な事業承継の実現にとって、各準共有者による不統一行使の主張を認めることが望

ましい。第3に、相続人等に対する株式売渡請求制度の運用にとっての技術的な困難を解決するためには、各準共有者による不統一行使の主張を認める必要がある。

　そのうえで、第4款において、各準共有者による不統一行使の主張を認めるための法的構成について検討した。

　まず、前提として、複数の準共有株式についての議決権の行使に関する意思決定を、1株の準共有関係ごとの意思決定の集積であると考える場合には、議決権を不統一的に行使することは理論的に不可能である。したがって、各準共有者による不統一行使の主張を認めるための説得的な法的構成を構築するためには、次の2点を示す必要がある。第1に、株式が準共有されている場合において、その複数の株式についての議決権が（1株の準共有関係ごとにではなく）全体として集合的に取り扱われるということである。第2に、複数の議決権が全体として集合的に取り扱われると考えた場合に、準共有者間の内部関係において、各準共有者がその準共有持分の割合に応じた不統一行使の主張をすることができるということである。そこで、第4款では、これらの点について検討した。

　その検討によると、第1に、株式が準共有されている場合において、その複数の株式についての議決権は、同一の準共有関係の下で全体として集合的に取り扱われる。なぜならば、同一の準共有関係に服する（複数の）株式に基づいて発生する具体的な議決権は、1株の準共有関係ごとを単位としてではなく、（複数の）株式についての同一の準共有関係全体を単位として発生するからである。

　そのうえで、第2に、そのような複数の議決権は、多くの有体物とは異なり、各準共有者で分けて同時に使用することに適していて、また、その1個ずつが均一的であるので、準共有者間での分配に際して調整をする必要がない。したがって、各準共有者は、議決権を、調整を要することなく準共有持分の割合に応じて等価値的に分配して同時に行使することができるので、議決権の行使については、民法252条による調整が不要である。よって、株式についての議決権に関しては、民法264条による準用の際に、原則として、民法252条は適用されず、民法249条に基づいて準共有持分の割合に応じた使用をすることができる。つまり、準共有者は、準共有者間の内部関係にお

いて、多数決によって議決権行使の内容を決定するのではなく、その準共有持分の割合に応じて議決権の不統一行使の主張をすることができる[436]。

ただし、準共有持分の割合に応じて割り切ることができなかった端数分の議決権をどのように行使するのかは、民法252条に基づいて決定される。また、議決権の行使をもって直ちに株式を処分し、または株式の内容を変更することになるような場合には、そのような議決権の行使は、準共有者全員の同意を必要とする（民法251条）。

最後に、第4款五において、それまでに検討した準共有者間の内部関係の規律と会社法の関係について検討した。会社に対して権利を行使する際には、以上のような準共有者間の内部関係の規律に加えて、会社法106条が適用される。すなわち、準共有者は、原則として権利行使者を通じて権利を行使しなければならない。その際に、権利行使者は、準共有者間の内部関係の規律に基づく指図に従って、会社に対して権利を行使しなければならない。また、権利行使者が議決権を不統一的に行使する場合には、会社は、その権利行使者による議決権の不統一行使を、会社法313条3項に基づいて拒むことはできない。

---

[436] なお、第4款四5において、議決権以外の株式についての権利について、それまでの検討を踏まえて若干の検討を行った。まず、可分債権として各準共有者に分割される具体的な剰余金配当支払請求権には、民法252条を含む民法の共有に関する規律がそもそも適用されない。また、議決権以外の共益権について、その行使に競合性がある共益権の場合には、その権利をどのように行使するのかは、民法252条に基づいて決定される。他方、その行使に競合性がない共益権の場合には、民法252条が適用されず、準共有者間の内部関係においては、各準共有者が民法249条に基づいて各々その権利の行使を主張することができる。ただし、いずれの場合であっても、共益権の行使をもって直ちに株式を処分し、または株式の内容を変更することになるようなときには、そのような共益権の行使は、準共有者全員の同意を必要とする（民法251条）。

第 5 章

本書の結論と残された課題

第 1 節

本書の結論

　本節では、**第2章第9節で提示した検討課題**[1)]に対する結論、および、**第1章一で掲げた本書の目的**に対する結論を示す。まず、第1款において、第1の検討課題であった、会社法106条の目的およびその目的に照応した同条の規律内容についての検討の結論を示す。そして、第2款において、第2の検討課題であった、より円滑な事業承継を実現するために望ましい規律についての検討の結論を示す。そのうえで、最後に、第3款において、**第1章一で掲げた本書の目的**に対する結論を示す。

第1款　会社法106条の目的およびその目的に照応した同条の規律内容

　本書における第1の検討課題は、会社法106条の目的は何であるのかを検討し、そこで明らかになった会社法106条の目的に照らして会社法106条の規律内容がどのようなものと理解されるべきなのかを検討することであった。その課題に対する検討の結論は、次の通りである。

一　会社法106条の目的

　まず、会社法106条の目的は何であるのかという課題は、具体的には、会社法106条の解釈論の根拠としてしばしば援用される本条の目的である会社の事務処理上の便宜とは何であるのか、という課題である。ドイツの株式法

---

1) 第1の検討課題について、同節第1款。第2の検討課題について、同節第2款。

69 条 1 項および有限会社法 18 条 1 項の目的についての理解を参考にすると、会社法 106 条の目的としてあり得る可能性として、内部関係明確化型、一体性確保型、重畳型という 3 つの可能性がある[2]。そして、会社法 106 条の前身となった商法の規定の明治期の沿革を考察すると、この規定は、株式の分割禁止（株式の不可分性）と密接に関連しており、各共有者が個別的に権利を行使する可能性を前提として、共有者による一体的な権利行使を確保するためのものであると理解されていた、ということが明らかになる[3]。

これらのことを踏まえて会社法 106 条の目的を検討すると[4]、会社法 106 条の第 1 の目的は、準共有者による一体的な権利行使の確保であると考えられる。そして、これは、1 株の株式の実質的な分割の防止という側面と、会社の負担増加の防止という側面の 2 つの側面によって構成されている。また、会社法 106 条の第 2 の目的は、準共有者間の内部関係の不明確性からの会社の保護であると考えられる。ただし、この第 2 の目的は、実際には副次的なものにとどまる。

もっとも、これらの目的に鑑みると、公開会社では、これらの目的を達成する必要性が高いのに対して、公開会社でない会社では、その必要性はそれほど高いわけではなく、むしろ、会社法 106 条の規律を適用しない方が望ましい場合もあり得る。このことを重視するのであれば、立法論としては、公開会社においてのみ、会社法 106 条の規律を適用するという判断もあり得るように思われる[5]。

二　その目的に照応した会社法 106 条の規律内容

そのうえで、このような会社法 106 条の目的に照らして、会社法 106 条の規律内容がどのようなものと理解されるべきなのかを検討した。その前提として、会社法 106 条本文は、会社に対する共有関係内部の決定の実行に関わ

---

2) 第 4 章第 2 節第 2 款。
3) 第 4 章第 2 節第 4 款。
4) 第 4 章第 2 節第 5 款。
5) ただし、この場合であっても、1 株の株式の実質的な分割の防止は維持される必要がある。

る民法の共有に関する規律にとってのみ、民法264条ただし書にいう「特別の定め」として位置づけられる[6]。よって、会社法106条本文が適用される場合であっても、準共有関係内部における意思決定については、民法の共有に関する規律が適用される。

　このことを踏まえて会社法106条に関する具体的な解釈論を検討すると、まず、会社法106条の適用範囲について[7]、会社法106条にいう「株式についての権利」には、株主として会社訴訟を提起する権利を除く株式についての全ての権利が含まれる[8]。他方で、株主として会社訴訟を提起する権利は、会社法106条にいう「株式についての権利」には含まれない。なぜならば、この権利は裁判所を介して行使されることが本来的に予定されているので、会社法106条による会社の保護が必要ではないからである。なお、準共有者が株主として会社訴訟を提起する権利を適法に行使するためには、当該準共有者が準共有者間の内部関係においてその権利を行使する権限を有していることが必要である[9]。

　次に、会社の同意による会社法106条本文の例外について検討すると[10]、会社法106条の目的のうち、準共有者による一体的な権利行使の確保における会社の負担増加の防止という側面、および、準共有者間の内部関係の不明確性からの会社の保護は、会社のためのものである。よって、会社がそれらの保護を受けることを自ら放棄した場合には、その会社に対してそのような保護を与える必要はない。このことを反映した規律が、会社法106条ただし書の規定である。ただし、会社法106条の目的のうち、準共有者による一体

---

[6]　第4章第3節第2款。

[7]　第4章第3節第3款。

[8]　もっとも、個別具体的な事案において、少数派の準共有者自身による権利行使によって準共有者の少数派の利益を保護する必要性が大きいのに対して、会社法106条によって会社の利益を保護する必要性が大きくないような場合には、少数派の準共有者が、権利行使者を通すことなくその権利を行使することができると考える余地があるように思われる。

[9]　さらに、会社法106条がない場合には各準共有者が個別的に権利を行使することができると考える場合を中心として、準共有者が個別的にその権利を行使するときには、当該準共有者の準共有持分の割合が1株以上の株式に相当していることも必要である。もっとも、準共有者が保存行為として単独で権利を行使する場合には、当該準共有者の準共有持分の割合が1株以上の株式に相当している必要はないと考えられる。

[10]　第4章第3節第4款。

的な権利行使の確保における 1 株の株式の実質的な分割の防止という側面は、株式の不可分性という株式の性質に由来するものであって、必ずしも会社のためだけのものであるというわけではない。よって、会社が同意した場合であっても、株式の不可分性を侵害することは許されず、本来その権利を行使することができない程度（例えば、1 株（または 1 単元）未満）の出資しかしていない準共有者は、個別的にはその権利を行使することができない。

　最後に、会社の同意以外の条件による会社法 106 条本文の例外について検討すると[11]、準共有者全員が同時に一体的に権利を行使する場合には（会社の同意がないときであっても）、会社法 106 条の目的が害されることがないので、会社法 106 条本文の例外が認められる。

第 2 款　より円滑な事業承継を実現するために望ましい規律

　本書における第 2 の検討課題は、より円滑な事業承継を実現するために望ましい規律はどのようなものであるのか、であった。その課題に対する検討の結論は、次の通りである。

一　権利行使者に関する一般的な規律

　この課題を検討するための前提として、まず、準共有者の権利行使に密接に関連する規律である、権利行使者に関する一般的な規律について検討した。
　まず、権利行使者の指定に関する規律を検討した[12]。その中で考察した Buchanan & Tullock による分析の枠組みによると、外部費用と意思決定費用の総和を最小にするという観点からは、権利行使者の指定に関する規律として、多数決説を採用するべきである[13]。なぜならば、全員一致説を採用した場合には、意思決定費用が非常に高くなるのに対して、多数決説を採用した場合には外部費用が発生するが、この外部費用は他の手段によって一定程度

---

11) 第 4 章第 3 節第 5 款。
12) 第 4 章第 4 節第 2 款。
13) このように考える場合には、権利行使者の指定解除も、準共有者の準共有持分の過半数によってすることができると考えるべきである。

抑えることが可能であるからである。

　もっとも、それゆえに、多数決説を採用した場合における外部費用は、他の手段によって抑えられるべきである。そこで、権利行使者の指定に関する規律として多数決説を採用した場合に生じ得る弊害（外部費用）の緩和策について、従来の主な考え方を中心に検討した[14]。しかし、多数決説を採用した場合に害され得る準共有者の少数派の利益は、権利行使者に対する指図の場面（についての議論）においても十分に考慮されていない。そして、一部の裁判例や多くの論者は、権利行使者を指定する際の準共有者全員の参加の機会または協議の保障を要求するが、これも、準共有者の少数派の利益を保護する手段としては適切なものではない。

二　より円滑な事業承継を実現するために望ましい規律──各準共有者による不統一行使の主張を認めるという規律

　そこで、そのような多数決説を採用した場合に生じ得る弊害を緩和して、より円滑な事業承継を実現するための規律として、各準共有者による不統一行使の主張を認めるという規律について、議決権行使の場面を中心に検討した。

　その際に検討するべき問題は、次の２点である[15]。第１に、準共有者間の内部関係において、各準共有者がその準共有持分の割合に応じた不統一行使を主張することができるのか、という問題である。第２に、会社法313条３項に基づいて、会社がそのような不統一行使を拒むことができるのか、という問題である。さらに、第１の問題は、次の２点に分けることができる。まず、そのような各準共有者による不統一行使の主張を認める必要性があるのか、という点である。次に、そのような必要性がある場合に、どのような法的構成によって各準共有者による不統一行使の主張が可能になるのか、とい

---

[14]　第４章第４節第３款。なお、権利行使者の権限については、権利行使者が準共有者の指図に基づかずに権利を行使した場合であっても、その権利行使は、会社との関係では有効である。ただし、会社が、その権利行使が準共有者の指図に基づいていないことを知っていたときには、その権利行使は、会社との関係でも無効である（同款二）。

[15]　第４章第５節第２款五。

う点である。そして、従来の議論では、特にこれら第1の問題について、十分な検討がなされていなかった。

そこで、まず、各準共有者による不統一行使の主張を認める必要性があるのかという点を検討した[16]。そして、その検討によると、そのような必要性が存在すると考えられる。このことは、具体的には次の3点から基礎づけられる。第1に、会社経営のリスク負担に応じた議決権配分の実現という観点からは、同族会社を念頭に置く場合には、各準共有者による不統一行使の主張を認める必要性を積極的に基礎づけることは難しいが、一般論としては、その必要性を否定する理由はない。第2に、より円滑な事業承継の実現にとって、各準共有者による不統一行使の主張を認めることが望ましい。第3に、相続人等に対する株式売渡請求制度の運用にとっての技術的な困難を解決するためには、各準共有者による不統一行使の主張を認める必要がある。

そのうえで、各準共有者による不統一行使の主張を認めるための法的構成について検討した[17]。

まず、前提として、複数の準共有株式についての議決権の行使に関する意思決定を、1株の準共有関係ごとの意思決定の集積であると考える場合には、議決権を不統一的に行使することは理論的に不可能である。したがって、各準共有者による不統一行使の主張を認めるための説得的な法的構成を構築するためには、次の2点を示す必要がある。第1に、株式が準共有されている場合において、その複数の株式についての議決権が（1株の準共有関係ごとにではなく）全体として集合的に取り扱われるということである。第2に、複数の議決権が全体として集合的に取り扱われると考えた場合に、準共有者間の内部関係において、各準共有者がその準共有持分の割合に応じた不統一行使の主張をすることができるということである。そこで、これらの点について検討した。

その検討によると、第1に、株式が準共有されている場合において、その複数の株式についての議決権は、同一の準共有関係の下で全体として集合的に取り扱われる[18]。なぜならば、同一の準共有関係に服する（複数の）株式に

---

16) 第4章第5節第3款。
17) 第4章第5節第4款。
18) 第4章第5節第4款三。

第1節　本書の結論　403

基づいて発生する具体的な議決権は、1株の準共有関係ごとを単位としてではなく、（複数の）株式についての同一の準共有関係全体を単位として発生するからである。

そのうえで、第2に、そのような複数の議決権は、多くの有体物とは異なり、各準共有者で分けて同時に使用することに適していて、また、その1個ずつが均一的であるので、準共有者間での分配に際して調整をする必要がない。したがって、各準共有者は、議決権を、調整を要することなく準共有持分の割合に応じて等価値的に分配して同時に行使することができるので、議決権の行使については、民法252条による調整が不要である。よって、株式についての議決権に関しては、民法264条による準用の際に、原則として、民法252条は適用されず、民法249条に基づいて準共有持分の割合に応じた使用をすることができる。つまり、準共有者は、準共有者間の内部関係において、多数決によって議決権行使の内容を決定するのではなく、その準共有持分の割合に応じて議決権の不統一行使の主張をすることができる[19]。

ただし、準共有持分の割合に応じて割り切ることができなかった端数分の議決権をどのように行使するのかは、民法252条に基づいて決定される。また、議決権の行使をもって直ちに株式を処分し、または株式の内容を変更することになるような場合には、そのような議決権の行使は、準共有者全員の同意を必要とする（民法251条）。

最後に、以上のような準共有者間の内部関係の規律と会社法の関係について検討した[20]。会社に対して権利を行使する際には、以上のような準共有者間の内部関係の規律に加えて、会社法106条が適用される。すなわち、準共

---

19) 第4章第5節第4款四。なお、議決権以外の株式についての権利についても、以上の検討を踏まえて若干の検討を行った。まず、可分債権として各準共有者に分割される具体的な剰余金配当支払請求権には、民法252条を含む民法の共有に関する規律がそもそも適用されない。また、議決権以外の共益権について、その行使に競合性がある共益権の場合には、その権利をどのように行使するのかは、民法252条に基づいて決定される。他方、その行使に競合性がない共益権の場合には、民法252条が適用されず、準共有者間の内部関係においては、各準共有者が民法249条に基づいて各々その権利の行使を主張することができる。ただし、いずれの場合であっても、共益権の行使をもって直ちに株式を処分し、または株式の内容を変更することになるようなときには、そのような共益権の行使は、準共有者全員の同意を必要とする（民法251条）。

20) 第4章第5節第4款五。

有者は、原則として権利行使者を通じて権利を行使しなければならない。その際に、権利行使者は、準共有者間の内部関係の規律に基づく指図に従って、会社に対して権利を行使しなければならない。また、権利行使者が議決権を不統一的に行使する場合には、会社は、その権利行使者による議決権の不統一行使を、会社法313条3項に基づいて拒むことはできない。

第3款　本書の目的に対する結論

　本書の目的は、会社法106条についての検討を行った上で、より円滑な事業承継を実現するためにはどのような規律が望ましいのか、その規律はどのような法的構成によって実現することができるのか、を検討して明らかにすることであった[21]。この目的に対する結論は、次の通りである。

　まず、会社法106条についての検討の結果は、第1款および第2款一でまとめた通りである。この検討の結果は、事業承継の場面に限らず、会社法106条が適用される場面に一般的に妥当するものである。

　そして、より円滑な事業承継を実現するために望ましい規律についての検討の結果は、第2款二でまとめたように、次のようなものである。すなわち、より円滑な事業承継を実現するために望ましい規律として、準共有者間の内部関係において、各準共有者による議決権の不統一行使の主張を認めるべきである。このような規律は、次のような法的構成によって実現することができる。すなわち、複数の準共有株式についての議決権が、同一の準共有関係の下で全体として集合的に取り扱われることを前提として、そのような議決権については、民法264条による準用の際に、原則として、民法252条は適用されず、民法249条に基づいて準共有持分の割合に応じた使用をすることができる。そして、各準共有者は、このような準共有者間の内部関係の規律に基づいて権利行使者に対して不統一行使の指図をすることによって、権利行使者を通じて会社に対して議決権を不統一的に行使することができる。

---

21)　第1章一。

第 2 節

本書の検討において十分に扱うことができていない事項

　もっとも、本書の検討については、本来であればその中で扱うことが望ましいにもかかわらず、十分に扱うことができていない事項として、少なくとも次の3点を挙げることができる[22]。

一　共同相続以外の事由によって株式が準共有されている場合についての検討

　第1に、本書は、特に会社法106条以外の規律についての検討においては[23]、共同相続以外の事由によって株式が準共有されている場合について、十分には検討することができていない。

　まず、本書は、権利行使者の指定に関する規律として多数決説を採用した場合に生じ得る弊害を緩和する方法として、各準共有者による不統一行使の主張を認めるという規律を位置づけている。しかし、そのような弊害を緩和

---

22)　本文で挙げたものの他に、例えば、フランス法を比較法的考察の対象としていないという点が挙げられる。民法249条の前身となった規定は、ボアソナードが起草したものであって、民法の共有に関する研究においてはしばしばフランス法も参照されている（例えば、山田誠一「共有者間の法律関係（二）——共有法再構成の試み」法学協会雑誌102巻1号（1985年）132-133頁を参照）。したがって、フランス法を参照することによっても本書の検討課題にとって有益な示唆を得ることができる可能性があるが、本書では、フランス法を比較法的考察の対象とすることはできていない。その他に、準共有株式についての権利の行使に関する規律についても、その細部において検討することができていない点が存在する（例えば、**第2章の注17**）、同章の注85）、**第4章の注193**）、同章の注366）、同章の注404）、後掲注29）を参照）。

23)　これに対して、本書における会社法106条についての検討は、共同相続以外の事由によって株式が準共有されている場合にも妥当するものである。**第1章二2**も参照。

406　第5章　本書の結論と残された課題

する方法としては、その他に、株式の準共有関係を解消するという方法が考えられる[24]。この方法は、共同相続によって株式が準共有されている場合には、民法907条に基づく遺産の分割の方法によらなければならず、その分割には時間がかかる可能性が高いので、実効的ではないと考えられる。これに対して、共同相続以外の事由によって株式が準共有されている場合には、その準共有関係の解消という方法も、準共有者の少数派の保護の手段となり得ると考えられる。よって、共同相続以外の事由によって株式が準共有されている場合をも想定する場合には、このような準共有関係の解消という方法が存在するということも考慮して、各準共有者による不統一行使の主張を認める必要性等について検討する必要がある。ところが、本書は、そのような検討をすることができていない。

　また、**第4章第5節第3款**で提示した各準共有者による不統一行使の主張を認める必要性のうち、特に第2の必要性と第3の必要性は、共同相続によって株式が準共有されている場合を念頭に置いている。そして、本書は、それらの必要性を前提として、各準共有者による不統一行使の主張を認めるための法的構成を、株式が準共有されている場合に一般的に妥当するデフォルト・ルールとして提示している[25]。その背後にある考慮は、Bartholomey-czikも重視しているように[26]、共同相続による準共有関係は、準共有者の自由意思によってではなく法律によって強行的に形成されるので、通常はデフォルト・ルールがそのまま適用されるのに対して、それ以外の準共有関係は、通常は準共有関係が形成される前に準共有者間でその利害を調整することができると考えられるので、準共有者が必要に応じてデフォルト・ルールを変更することができるという考えである。

　しかし、共同相続以外の場合に準共有者が必要に応じてデフォルト・ルールを変更することができるということは、その場合に適用されるデフォルト・ルールがどのようなものであってもよいということを意味しない。デフォルト・ルールがどのようなものであるのかは、準共有関係を形成しようとする者の取引費用やインセンティブ等に対して影響を与える[27]。よって、ある

---

24) この点に関して、**第4章の注173)** も参照。
25) **第4章第5節第4款**。
26) **第4章第5節第4款二4(2)イ**。

デフォルト・ルールが最適なものであるのかを検討するためには、そのデフォルト・ルールが、準共有関係を形成しようとする者に対してどのような影響を与えるのかについても検討する必要がある。ところが、本書は、共同相続以外の場合についてそのような検討を行わずに、各準共有者による不統一行使の主張を認めるための法的構成を、株式が準共有されている場合に一般的に妥当するデフォルト・ルールとして提示している。

もっとも、実際に生じる株式の準共有関係の多くが共同相続によるものであるという認識が正しいのであれば、そのような場面を中心として検討した本書の結論も、全体としては比較的適切なものであると考えられる。

二　議決権以外の権利についての個別具体的な検討

第2に、本書は、その中で示したような各準共有者による不統一行使の主張を認めるための法的構成が、議決権以外の権利について個別具体的にどのように妥当することになるのかを提示しきれていない。例えば、議決権以外の共益権について本書が提示したことは、民法264条による準用の際に、その行使に競合性がない共益権を行使する場合については民法252条が適用されないが、その行使に競合性がある共益権を行使する場合については民法252条が適用される、ということにとどまる[28]。本書では、具体的にどのような共益権がその行使に競合性を有するのかまたは有しないのかについては検討することができていない。また、その検討の結果として民法252条が適用される場合には、その共益権の行使が多数決によって決定されなければならないのか、それとも各準共有者が保存行為として単独でその共益権の行使を主張することができるのかについても検討する必要がある。

これらの検討の中でも特に、株主として会社訴訟を提起する権利がどのように扱われるのかが重要である。なぜならば、会社を事実上支配している共同相続人が遺産分割までに株主総会決議等の既成事実を作り上げてしまうと

---

27)　例えば、松田貴文「契約法における任意法規の構造――厚生基底的任意法規の構想へ向けた一試論」神戸法學雜誌63巻1号（2013年）171頁を参照。

28)　**第4章第5節第4款四5(3)**。この他に、例えば、剰余金配当支払請求権や株式買取請求権についても、なお検討の余地がある（**第4章**の注405）、同章の注417））。

いうことを防止するためには、その他の共同相続人が株主として会社訴訟を提起する必要があることが多いと考えられるからである。

　これらの検討を行うためには、共有関係において各共有者が共有物の使用または管理についてどのような権利または権限を有しているのかというような民法の共有物の管理一般にも通ずる検討も必要である[29]。このような検討は、共有という物権法の概念によって結びつけられた人と人との関係をどのように理解するのかというような共有に関する基礎的な理解にも関わると考えられる[30]。本書では、このような検討をすることができていない。

三　相続財産一般の管理に関する議論を包含した検討

　第3に、本書は、相続財産一般の管理に関する議論について考慮することができていない。本書は、株式が共同相続されて、その管理について共同相

---

29) この点に関するものとして、例えば、新田敏「共有の対外的関係についての一考察」法学研究59巻12号（1986年）143頁、七戸克彦「共有者の一人による不実登記の抹消登記請求（一）・（二・完）」民商法雑誌131巻2号（2004年）43頁・同3号（2004年）66頁、石田穣『物権法』（信山社、2008年）382-383頁、伊藤栄寿「ドイツにおける共有者間の法律関係」名古屋大学法政論集254号（2014年）183頁、松下朋弘「共有持分権論――保存行為の権限からの再検討」慶應法学36号（2016年）409頁。民事訴訟法の観点からこの点も検討するものとして、例えば、鶴田滋『共有者の共同訴訟の必要性――歴史的・比較法的考察』（有斐閣、2009年）、鶴田滋「共有者を原告・被告とする訴訟における固有必要的共同訴訟の成否」法律時報85巻9号（2013年）10頁。

　　この検討は、会社法106条にいう権利行使者がどのような法的性質の権限を有しているのかという点にも関係する（徳島地判昭和46年1月19日下民集22巻1・2号18頁、東京地判平成27年10月13日 Westlaw Japan 文献番号 2015WLJPCA10138005、東京地判平成27年10月13日 Westlaw Japan 文献番号 2015WLJPCA10138006 も参照）。本書は、この点についても踏み込んで検討することができていない（第4章第4節第3款二を参照）。また、この点は、権利行使者の資格についての議論にも関係する（第2章の注33）も参照）。その他にこの検討に関係するものとして、第4章の注104）も参照。

30) この点に関するものとして、例えば、鈴木禄弥「共同所有の状況の多様性について（下）」民事研修484号（1997年）11頁、松本恒雄「団体法理・共有法理・契約法理」池田真朗＝吉村良一＝松本恒雄＝高橋眞『マルチラテラル民法』（有斐閣、2002年）56頁、古積健三郎「共有における持分権の独立性――総論をかねて」法律時報85巻9号（2013年）4頁、伊藤栄寿「共同所有理論の現状と課題」民事研修674号（2013年）2頁、武川幸嗣「共同所有論」吉田克己＝片山直也編『財の多様化と民法学』（商事法務、2014年）712頁。また、第4章の注343）も参照。

続人間で争いが生じた場面を中心として検討を行った。しかし、相続財産の管理についての共同相続人間の争いは、株式以外の財産が共同相続された場面においても生じ得る。したがって、相続財産の管理に関するより適切な規律についての検討が必要になる場面は、株式が共同相続された場面に限られない。このことを踏まえると、共同相続された株式の管理についてだけではなく、相続財産一般の管理について、どのような規律がより適切であるのかを検討する必要があるということになる。

しかし、本書は、相続財産一般の管理に関する現行の規律を前提として、株式が共同相続された場面に限定してその管理に関する規律を検討したにすぎず、相続財産一般の管理に関する議論について考慮することができていない[31]。したがって、共同相続によって準共有されている株式の管理について共同相続人間で争いが生じた場面における対応策としては、相続財産一般の管理に関する規律をより適切なものに改善することによって対応するという可能性も残されている[32]。よって、相続法の分野において相続財産一般の管理に関する規律がより適切なものに改善された場合には[33]、それに伴って本書の検討も再考する必要があると考えられる。

---

31) もっとも、次の2点に鑑みると、本書のように、株式が共同相続された場面に限定してその管理に関する規律を検討することが不要であるわけではない。第1に、様々な財産を含み得る相続財産一般の管理に関する規律を検討することは容易ではないので、財産の種類ごとにその管理に関する規律を検討した方が、その種類の財産にとって適切な規律を見出すことができる可能性が高い。第2に、会社の発行済株式総数のうちの大きな割合の株式が共同相続された場合には、その株式の管理は、その会社にも大きな影響を与え得ることになり、さらにはその会社の従業員や取引先等の利害関係者にも大きな影響を及ぼし得る。このように、共同相続された株式の管理は、株式以外の財産に比べるとより多くの利害関係者に対して大きな影響を及ぼす可能性がある。これら2点に鑑みると、株式が共同相続された場面を特に対象として、その管理に関する規律を検討することにも意味があるように思われる。

32) 第4章の注274）も参照。

33) この点に関する近時の研究として、例えば、金子敬明「相続財産論」吉田克己＝片山直也編『財の多様化と民法学』（商事法務、2014年）727頁、金子敬明「相続財産の性質論再考」私法77号（2015年）199頁。

第 3 節

残された課題

　本書の検討自体には第 2 節で挙げたような不十分さが内在するが、本節で挙げる課題は、本書がそもそも検討の対象としなかったものである。その課題とは、主に、同族会社の株主（経営者）が死亡する前における事業承継対策に関する問題である[34]。

　本書は、事業承継の場面を中心に、準共有株式についての権利の行使に関する規律についての検討を行うことによって、より円滑な事業承継を実現するために望ましい規律について検討したものである。会社法 106 条が適用される場面は、株式が準共有されている場面であって、既に株式が共同相続されている場面である。このような場面は、同族会社の株主が死亡する前に事業承継対策を講じていない場合に生じることが多いが、より円滑に事業承継を行うためには、そもそも株主が死亡する前に対策を講じておくことが望ましいと考えられる。本書は、そのような事前の事業承継対策については検討していない。そのような対策に利用することができる法的手段は、会社法上のものに限定されず、様々なものが考えられる[35]。また、そのような手段に関連する制度として、遺留分制度[36]や贈与税制ないし相続税制[37]等が挙げられる。これらのような事前の事業承継対策に関連する法的手段や制度については検討の余地があるように思われる。

　事前の事業承継対策にも利用することができる会社法上の制度としては、種類株式および株主ごとの属人的定めや、相続人等に対する株式売渡請求制度が挙げられる。種類株式については、事業承継のための活用例が一定程度示されている[38]。しかし、特に株主ごとの属人的定めについては、それを事業承継対策としてどのように利用することができるのか、その限界はどこにあるのか、というような点について検討の余地があるように思われる[39]。ま

た、相続人等に対する株式売渡請求制度についても、会社の後継者になるべき者が、相続により取得した株式の売渡しを請求される可能性がある、というような点が既に指摘されており[40]、この制度の規律が適切なものであるのかについて検討の余地がある。

また、本書は、会社の後継者になるべき者が被相続人の共同相続人であることを主に想定して検討を行ったが、そもそも会社の後継者になるべき者が存在しない会社も多いと考えられる[41]。このような会社が採用するべき事前の事業承継対策は、親族以外の者にその事業を承継させることであって、実

---

34) 本文で挙げたものの他に残された課題として、少なくとも次の3点が挙げられる。

第1に、会社法106条と同様の規定は、株式以外の財産権が準共有されている場合についても存在する（例えば、新株予約権について会社法237条、社債について会社法686条、相続により承継された持分会社の持分について会社法608条5項、相続により承継された清算持分会社の持分について会社法675条、受益証券発行信託の受益権について信託法193条）。よって、本書の検討がそれらの規定にも妥当するのかについて検討の余地がある。

第2に、立法論の1つとして、裁判所による仮の権利行使者の指定の制度について検討する余地がある。この点については、**第4章**の注192）を参照。この検討を行う際には、本章第2節三で述べたように相続財産一般の管理に関する制度との関係も意識する必要があるように思われる。なお、この他にも、会社法106条に関する立法論としてあり得る選択肢が存在する可能性がないわけではなく、なお検討の余地がある。

第3に、同族会社の株式が共同相続された場合において最終的にその株式の帰趨を決することになる問題として、同族会社の株式の遺産分割の基準および方法をどのように考えるべきかという問題がある。この問題について、東京高決平成26年3月20日判時2244号21頁は、同族会社の経営の安定のためには「株主の分散」を避けることが望ましいという事情が、民法906条にいう「遺産に属する物又は権利の種類及び性質」「その他一切の事情」に当たる、という。このような考え方は、遺産分割において遺産の社会的・経済的な価値を維持するという要請から導出されるものであると考えられる。しかし、このような要請を実現することだけが遺産分割の目的であるというわけではない。遺産分割においては、このような要請だけではなく、各共同相続人にふさわしい財産が分配されるという共同相続人間の実質的な公平を実現するという要請も存在する。よって、同族会社の株式の遺産分割においては、遺産の社会的・経済的な価値の維持という観点から、同族会社の経営の安定にとってどのような株式の遺産分割が望ましいのかという点を検討するだけではなく、共同相続人間の実質的な公平を実現するという観点から、各共同相続人にとってどのような株式の遺産分割が望ましいのかという点をも検討するべきである。そして、この後者のような観点からは、共同相続人が従前からその同族会社で働いていたというような事情が、民法906条にいう各相続人の「職業」として考慮されることになる。もっとも、このような遺産分割の指針が具体的な事案においてどのように適用されるのか等については検討の余地がある。以上については、さしあたり、仲卓真「同族会社の株式の遺産分割の基準および方法［東京高決平成26年3月20日］」商事法務2177号（2018年）46頁を参照。

際にそのような事案も一定数存在する[42]。このような事案では、親族以外の者に対して株式や事業の譲渡を行うこともあり得る。その場合に適用される規律は、抽象的には、一般的な M&A に関するものと同じであるが、具体的な適用場面においては、事業承継に特有な考慮が必要である場合もあると考えられる。また、会社の後継者になるべき者が存在しない会社に対して、親族以外の者にその事業を承継させるという選択肢を実効的に提供する制度の整備等も必要である。

　もっとも、このような事案においても、本書で検討したような会社法や相続法の規律が関係する可能性がないわけではない。例えば、親族以外の者に

---

35) 事前の事業承継対策のための法的手段を紹介するものとして、例えば、日本公認会計士協会東京会編『中小企業のための事業承継ハンドブック——事業承継スキームと関連法規・税制、各種評価方法』（清文社、2016 年）、野村資産承継研究所編＝品川芳宣編著『資産・事業承継対策の現状と課題——円滑な資産・事業承継のための対応指針と問題提起』（大蔵財務協会、2016 年）、中村廉平編著『中小企業の事業承継』（有斐閣、2017 年）、日本弁護士連合会＝日弁連中小企業法律支援センター編『事業承継法務のすべて』（金融財政事情研究会、2018 年）、森・濱田松本法律事務所＝ MHM 税理士事務所編『設例で学ぶオーナー系企業の事業継承・M&A における法務と税務』（商事法務、2018 年）。

36) 事業承継との関連で遺留分制度について検討したものとして、例えば、青竹美佳「事業と遺留分の対立構造」私法 72 号（2010 年）162 頁、青竹美佳「事業承継の妨害を正当化する遺留分権の根拠——ドイツの遺留分権論を参考に」修道法学 33 巻 2 号（2011 年）583 頁。中小企業における経営の承継の円滑化に関する法律も参照。この遺留分制度について、平成 30 年法律第 72 号によって民法が改正されて、遺留分減殺請求権の行使によって当然に物権的効果が生じるとされていた改正前の規律が見直されて、遺留分に関する権利の行使によって遺留分侵害額に相当する金銭債権が生じるものとされた（平成 30 年法律第 72 号による改正後の民法 1046 条 1 項）。この見直しは、遺留分制度が円滑な事業承継を妨げないようにすることを目的の 1 つとしている（法務省民事局参事官室「民法（相続関係）等の改正に関する中間試案の補足説明」（2016 年）55 頁を参照）。

37) 事業承継との関連で贈与税制ないし相続税制について検討したものとして、例えば、平野秀輔『非上場株式に関する相続税・贈与税の問題点——応能負担原則からの考察と分離型の導入』（白桃書房、2014 年）。

38) 例えば、前掲注 35）に挙げた文献を参照。その他に、加藤貴仁「事業承継の手段としての種類株式——株式の評価の問題を中心に」ジュリスト 1377 号（2009 年）67 頁、森田果「種類株式」江頭憲治郎編『株式会社法大系』（有斐閣、2013 年）151-152 頁も参照。これらが指摘するように、種類株式の評価も問題になり得る。

39) 事業承継協議会事業承継関連会社法制等検討委員会「事業承継関連会社法制等検討委員会中間報告」（2006 年）26 頁。これらの点について検討したものとして、例えば、松井智予「いわゆる VIP 株と後継ぎ遺贈信託について」水野紀子編著『信託の理論と現代的展開』（商事法務、2014 年）101 頁。

とっても魅力的な事業を行っている会社において、その後継者になるべき者が存在しないままにその経営者が死亡したような事案では、共同相続人がその会社の事業の価値を維持しつつ、親族以外の者にその事業を譲渡することが必要になることも考えられる。このような場合には、会社法だけではなく相続法も関係することになる。そして、本書の検討が関係することもあり得ると考えられる。

　以上で指摘したように、同族会社の株主が死亡する前における事業承継対策に関する問題は、なお残されている課題である。

---

40)　事業承継協議会事業承継関連会社法制等検討委員会・前掲注39) 26頁、来住野究「新会社法における株式譲渡制限法制の評価」山本爲三郎編『新会社法の基本問題』（慶應義塾大学出版会、2006年) 44頁、平野敦士「相続人等に対する株式の売渡しの請求の問題点」立命館経営学47巻5号（2009年) 99頁、山下友信編『会社法コンメンタール4——株式(2)』（商事法務、2009年) 126頁〔伊藤雄司〕、来住野究「判批（東京高決平成19年8月16日)」法学研究82巻10号（2009年) 96頁、齋藤孝一「特別利害関係人の議決権排除——会社法175条2項『株式の相続人等に対する売渡請求を決定する株主総会決議における議決権排除』にかかる問題とその解決策」NUCB Journal of Economics and Information Science 54巻2号（2010年) 63頁、中村信男「譲渡制限株式の売渡請求制度と判例に見る問題点等の検討」早稲田商学438号（2013年) 100頁、山下眞弘『会社事業承継の実務と理論——会社法・相続法・租税法・労働法・信託法の交錯』（法律文化社、2017年) 116頁、同143頁、福島洋尚「判批（鳥取地判平成29年9月15日)」私法判例リマークス57号（2018年) 102頁、吉本健一「判批（広島高松江支判平成30年3月14日)」金融・商事判例1551号（2018年) 6頁も参照。

41)　例えば、中小企業庁「事業承継ガイドライン」（2016年) 8-9頁。**第4章の注275)** も参照。

42)　例えば、中小企業庁編『2013年版中小企業白書』（2013年) 136頁、中小企業庁編『2014年版中小企業白書』（2014年) 253頁、中小企業庁編『2016年版小規模企業白書』（2016年) 91頁、中小企業庁・前掲注41) 11頁、中小企業庁編『2017年版中小企業白書』（2017年) 233-234頁。

●事項索引

アルファベット

Bartholomeyczik の考え方
　……………………… 341, 351, 374, 407
Buchanan & Tullock による集団的意思決定
　ルールについての分析………………… 250
empty voting ………………………… 294, 301
Wiedemann の見解 ……………………… 138

あ 行

アメリカ法………………………………… 64
遺産分割………… 259, 292, 304, 326, 407, 412
意思決定費用（decision-making costs）
　……………………… 252, 255, 268, 272
イタリア法………………………………… 64
一時取締役または代表取締役の職務を行う
　べき者の選任……………………………… 269
一体的な権利行使………………… 78, 193, 389
　――の確保: 80, 102, 109, 177, 179, 182, 193,
　206, 207, 223, 228, 238, 239, 241, 388, 389, 399
遺留分制度………………………………… 413
円滑な事業承継……………………… 4, 304
大野正道の見解……………………… 111, 124
岡野敬次郎………………………………… 201

か 行

会計帳簿等閲覧等請求権
　→各種文書の閲覧等請求権
会社……………………………………………… 2
会社経営のリスク負担に応じた議決権配分
　……………………… 286, 288, 291, 293, 403
会社条例編纂委員会……………………… 197
会社訴訟……………………………………… 19
　――を提起する権利……… 19, 231, 400, 408
　株主として提起する――…………………… 19
会社に関する非訟を申し立てる権利…… 233
会社の価値を最大化することができる者
　……………………………………… 304, 305
会社の後継者になるべき者…… 306, 317, 412

会社の構造を変更する決議に関する議決権
　の行使………………………………… 143
会社の同意……………………… 50, 226, 237, 400
会社法
　――174 条……………………………… 323
　――175 条 2 項……………………… 327, 328
　――237 条……………………………… 412
　――310 条 1 項………………………… 213
　――313 条 1 項………………………… 280
　――313 条 2 項………………………… 387
　――313 条 3 項………… 281, 289, 386, 405
　――608 条 5 項………………………… 412
　――675 条……………………………… 412
　――686 条……………………………… 412
会社法 106 条………………………………… 4
　――ただし書…………… 52, 55, 226, 237, 400
　――の位置づけ……… 57, 221, 386, 399, 404
　――の適用範囲………………… 19, 228, 400
　――の目的……………… 8, 16, 61, 192, 398
　――本文の例外…… 50, 59, 237, 240, 400, 401
会社法が相続法の平面に影響する際の態様
　……………………… 171, 186, 347, 368, 390
会社法制の現代化に関する要綱………… 52
会社法の平面と相続法の平面の関係
　………………… 156, 158, 169, 184, 341, 346, 389
解説請求権および閲覧権の行使………… 142
外的組合（Außen-Gesellschaft bürger-
　lichen Rechts）…………………………… 74
外部費用（external costs） ……… 252, 255
外務省法律取調委員会…………………… 199
各種文書の閲覧等請求権………………… 382
果実………………………………………… 381
家督相続…………………………………… 197
株式
　――の均一性…………………………… 375
　――の定義……………………………… 356
　――の不可分性（分割禁止）
　………………… 199, 201, 203, 205, 207, 239
株式買取請求権……………………… 378, 408

株式債権説·····················351
株式社員権説·············352, 354, 356
株式についての権利··········19, 228, 400
株主権（社員権）············356, 357, 360
株主名簿の名義書換··················8
仮の権利行使者の指定············269, 412
間接的な一体的権利行使を許容する見解
　（Lehre von der mittelbar einheitlichen
　Rechtsausübung）···············97
監督是正権······················24
管理（Verwaltung）··············133
管理行為·············30, 44, 55, 56, 133, 285
議決権
　──コンソーシアム（Stimmrechtskon-
　sortium）·················163, 295
　──の集合的な取扱い
　　→集合的な取扱い
　──の不統一行使
　　→不統一行使
　──排除·················169, 329
議決権以外の共益権········380, 388, 404, 408
議決権以外の権利···········377, 387, 404, 408
義務的な集団的代理（obligatorische Gruppen-
　vertretung）·················113
共益権
　→議決権以外の共益権
協議
　→準共有者間の協議
競合性·····················382, 383
共同権利者（Mitberechtigten）········73
　──間の内部関係·················131
　──自身による共同の権利行使·········94
共同相続関係（Erbengemeinschaft）
　·······················84, 131
　──に関する一般的な規律········64, 133
共同相続人間の利害関係の類型··········307
共同代理人（gemeinschaftlicher Vertreter）
　··························98
　──による共同の権利行使···········104
　──の権限··············88, 107, 108
　──の選任················88, 105
　──の選任の通知·················105

業務執行者の選解任に関する議決権の行使
　······················143, 144, 145
共有物分割請求·················259
具体的権利············356, 362, 380, 381
　──の単位·················358, 362
経営資源の承継·················306
限界損益······················293
権利行使者······················5
　──に対する指図
　　············43, 226, 235, 266, 285, 386, 405
　──の権限········38, 262, 386, 402, 405, 409
　──の資格···················27, 409
　──の指定··············5, 27, 246, 401
　──の指定解除···············27, 261, 401
国立銀行条例··················197
個別的な権利行使·····78, 81, 177, 182, 193, 194,
　204, 206, 218, 386, 388

さ　行

財産の管理者（家事事件手続法200条1
　項）·······················269
残余財産分配請求権の行使（ドイツ）··142
事業承継······················3, 6
事業承継対策··················411
　──のための法的手段··········411, 413
私的利益（private benefit）··········300
司法省法律取調委員会··············199
社員決議の瑕疵に関する訴訟の提起······142
社員権
　→株主権（社員権）
社員総会の招集に関する少数社員権·····143
社債の準共有··················412
集合的な取扱い
　············339, 340, 347, 350, 363, 403, 405
受益証券発行信託の受益権の準共有·····412
出資単位に関する会社の自治··········209
種類株式······················411
準共有株式···················4, 374
　──の準共有持分···············329
準共有株式についての権利の行使に関する
　規律·······················4
準共有関係の解消···············259, 407

準共有者
　——の少数派…………………………… 19
　——の多数派…………………………… 19
準共有者が本来的に享受する権利
　…………………………………… 286, 339, 367
準共有者間の協議………… 33, 56, 63, 270, 402
準共有者間の内部関係の不明確性からの会
　社の保護…… 79, 102, 103, 109, 177, 179, 181,
　183, 212, 224, 229, 238, 242, 263, 388, 399
準共有持分……………………………………… 28
準用………………………………………… 374
商事会社条例原案……………………… 198
少数株主権…………………………… 208, 363
商法再調査案……………………………… 199
情報財の非競合性……………………… 382
商法修正案………………………………… 202
商法修正案参考書………………… 17, 202
商法修正案理由書………………………… 202
剰余金配当支払請求権……… 378, 387, 404, 408
昭和41年商法改正……………………… 280
処分行為…… 31, 44, 45, 55, 56, 285, 376, 383, 404
新株予約権の準共有…………………… 412
親族以外の者への事業承継…………… 412
信託法193条……………………………… 412
スペイン法…………………………………… 64
清算持分会社の持分の相続準共有…… 412
全員一致説
　……… 31, 111, 124, 248, 255, 256, 261, 269
相互依存費用（interdependence costs）
　……………………………………………… 251
相続財産一般の管理に関する議論… 409, 412
相続税制…………………………………… 413
相続人等に対する株式売渡請求制度
　…………………………………… 323, 377, 403, 412
贈与税制…………………………………… 413
属人的定め……………………………… 411
組織再編等に関する議決権の行使……… 45
その行使に競合性がない権利………… 382

た　行

第三株主…………………………… 309, 317
退社および解約告知の決定…………… 142

代理人条項（Vertreterklausel）………… 110
　義務的な集団的代理を規定する——… 113
　ドイツ有限会社法18条1項の下で
　　の——………………………………… 110
多数決……………………………………… 28
多数決説……… 28, 248, 256, 258, 262, 401, 406
妥当な解決………………………………… 303
他人のために株式を有する者……… 281, 387
単元………………………………………… 208
単元株制度……………………… 209, 359, 363
単独所有の場合との比較………… 91, 183, 213
抽象的権利…………………………… 356, 362
直接的な一体的権利行使に限定する見解
　（Lehre von der unmittelbar einheitlichen
　Rechtsausübung）………………… 95, 234
通常の管理（ordnungsmäßige Verwaltung）
　…… 88, 95, 97, 105, 107, 134, 135, 141, 142, 143,
　144, 148, 152, 343
定足数……………………………………… 270
デッドロック……………………………… 312
デフォルト・ルール……………………… 407
ドイツ1971年有限会社法政府草案…… 94
ドイツ1973年有限会社法政府草案…… 94
ドイツ株式法69条1項……… 65, 68, 87, 108
ドイツ株式法69条1項および有限会社法
　18条1項の目的………… 70, 79, 102, 106,
　108, 125, 176, 193
ドイツ商法116条……………………… 152, 155
ドイツ民法
　——745条1項……88, 95, 97, 105, 134, 343
　——745条3項…… 135, 139, 140, 143, 144, 148
　——2038条
　………… 88, 95, 97, 105, 133, 134, 137, 223, 343
ドイツ有限会社法
　——18条1項……………………… 65, 68, 93
　——18条3項………………………………… 104
統一的な権利行使
　…………… 78, 117, 125, 180, 193, 243, 389
同一の準共有関係……………………… 362
投資信託の受益権………………… 357, 379
同族会社………………… 263, 300, 305, 317, 412
　——の株式の遺産分割の基準および方法

.... 412
同族の資産管理................................ 305
特段の事情論........................... 21, 236
特別の定め.................. 55, 57, 221, 225, 400
取締役の選解任に関する議決権の行使
.... 46, 63, 267, 377

は 行

配当請求権の行使（ドイツ）.............. 142
端数分の議決権......................... 376, 404
非公開会社の例外............... 211, 217, 399
1 株の準共有関係.............. 289, 337, 350, 362
ピラミッド型株式所有構造.............. 297
不統一行使........................... 78, 193
　各準共有者による――の主張
　........... 9, 44, 63, 278, 284, 289, 402, 405, 406
　――に対する会社による拒否
　........................... 281, 289, 387, 405
　――の許否............................. 279
　――の主張の法的根拠.... 340, 348, 366, 404
　――の主張を認めるための法的構成
　........................ 10, 63, 286, 289, 337, 403, 407
　――の主張を認める必要性
　........................ 10, 63, 286, 289, 291, 376, 387, 403, 407
　――の通知............................. 387
フランス法.......................... 64, 269, 406
平成 17 年会社法制定...................... 52
平成 17 年会社法制定前有限会社法 22 条‥4
平成 17 年改正前商法
　――203 条 2 項......................... 4, 51
　――239 条ノ 4 第 1 項.................. 280
変更行為......... 44, 45, 55, 56, 285, 376, 383, 404
法典調査会............................. 201
保存行為........... 230, 234, 235, 240, 383, 408
保存に必要な行為（die zur Erhaltung not-
　wendigen Maßregeln）............... 137, 142
本質的な変更（wesentliche Veränderung）
　................ 135, 140, 141, 142, 143, 144, 148

ま 行

松田二郎が主張する考え方........... 351, 356
民法
　――249 条....... 287, 288, 339, 367, 368, 370, 374, 376, 383, 404, 405
　――249 条と民法 252 条の関係....... 370
　――251 条..... 43, 288, 371, 376, 378, 383, 404
　――252 条..... 30, 43, 288, 370, 374, 376, 377, 383, 389, 404, 405
　――252 条による調整
　..................... 371, 374, 378, 382, 389
　――264 条..... 367, 373, 376, 383, 404, 405
　――264 条ただし書..... 55, 57, 221, 225, 400
　――906 条............................. 412
　――の共有に関する規律..... 5, 221, 222, 254
　――の所有権の共有に関する規定の準用
　.................. 373, 376, 378, 383, 404, 405
明治 8 年会社条例草案.................. 197
明治 14 年会社条例草案................. 197
明治 15 年商法案....................... 197
明治 23 年商法......................... 196
　――177 条....................... 199, 201
明治 32 年商法......................... 201
　――146 条............. 16, 196, 203, 205, 207
持分会社の持分の相続準共有.......... 412
持分複数主義......................... 360
本尾敬三郎....................... 197, 198

や 行

より円滑な事業承継
　――の実現....................... 303, 403
　――を実現するために望ましい規律
　............ 4, 9, 62, 246, 278, 304, 401, 402, 405

ら 行

立法論................... 211, 217, 269, 399, 412
ロエスレル商法草案.................. 197

● 判例索引（日本）

〔最高裁判所〕

最判昭和39年2月25日民集18巻2号329頁 …………………………………………………… 223
最判昭和53年4月14日民集32巻3号601頁 …………………………………………… 40, 247
最判平成2年12月4日民集44巻9号1165頁 …………………………………………… 16, 22
最判平成3年2月19日判時1389号140頁 ……………………………………………… 16, 22
最判平成9年1月28日判時1599号139頁 ………………………………… 16, 22, 28, 30, 31
最判平成11年12月14日判時1699号156頁 …………………………………………… 28, 51
最判平成16年7月1日民集58巻5号1214頁 ………………………………………………… 311
最判平成17年9月8日民集59巻7号1931頁 ………………………………………………… 378
最判平成26年2月25日民集68巻2号173頁 ………………………………………………… 288
最判平成26年12月12日集民248号155頁 …………………………………………… 288, 379
最判平成27年2月19日民集69巻1号25頁 ………… 44, 47, 55, 222, 225, 237, 239, 305, 306, 312
最大決平成28年12月19日民集70巻8号2121頁 …………………………………… 378, 380

〔高等裁判所〕

高松高判昭和52年5月12日民集32巻3号609頁 ……………………………………… 28, 29
大阪高決平成3年4月11日判時1400号117頁 ………………………………………… 22, 312
東京高判平成7年12月25日D1-Law.com判例体系判例ID28161630 …………………… 32, 51
名古屋高判平成8年1月31日判例集未登載 ……………………………………………… 28, 30
大阪高判平成10年1月22日判例集未登載 …………………………………………………… 32
東京高決平成13年9月3日金判1136号22頁 ……………………………………………… 28
東京高判平成15年3月12日民集58巻5号1263頁 ………………………………………… 34
東京高決平成17年6月28日判時1911号163頁 …………………………………………… 40
大阪高決平成19年8月8日判例集未登載（大阪高等裁判所平成19年(ラ)第673号）……… 47
大阪高判平成20年11月28日判時2037号137頁 ……………………………… 16, 33, 306, 311
福岡高判平成22年2月17日金法1903号89頁 …………………………………………… 338
名古屋高判平成23年5月27日金判1381号55頁 ………………………………………… 379
東京高判平成24年11月28日判タ1389号256頁 ……………………………………… 34, 53, 54
東京高判平成24年11月28日資料版商事法務356号30頁 ……………………………… 324
東京高決平成26年3月20日判時2244号21頁 ………………………………………… 311, 412
東京高判平成28年1月21日判例集未登載（東京高等裁判所平成27年(ネ)第5122号ほか）
　………………………………………………………………………………………… 22, 34
東京高判平成29年2月22日Westlaw Japan 文献番号2017WLJPCA02226014 ………… 33, 236
東京高判平成29年3月8日Westlaw Japan 文献番号2017WLJPCA03086006 ………… 28, 29
東京高判平成30年7月10日Westlaw Japan 文献番号2018WLJPCA07106002 …………… 22

〔地方裁判所〕

津地判昭和38年1月24日下民集14巻1号60頁 …………………………………………… 379
東京地判昭和45年11月19日下民集21巻11・12号1447頁 …………………………… 21
徳島地判昭和46年1月19日下民集22巻1・2号18頁 ……………………… 32, 39, 59, 409
東京地判昭和60年6月4日判時1160号145頁 ………………………………… 20, 28, 30, 310
東京地判昭和60年10月17日 D1-Law.com 判例体系判例 ID28150759 …………… 28, 30
名古屋地判平成7年5月22日判例集未登載 …………………………………… 28, 30, 34
東京地判平成8年8月26日判タ941号264頁 ……………………………………………… 309
大阪地判平成9年4月30日判時1608号144頁 ……………………………………………… 33
東京地決平成13年3月8日金判1140号49頁 ……………………………………………… 28
東京地判平成16年7月29日 Westlaw Japan 文献番号 2004WLJPCA07290009 ……… 28, 40
東京地決平成17年11月11日金判1245号38頁 ……………………………………………… 33
東京地判平成18年3月28日 Westlaw Japan 文献番号 2006WLJPCA03288002 ……… 28, 34
京都地判平成20年5月28日金判1345号53頁 ………………………………… 28, 34, 40
東京地判平成21年2月10日 Westlaw Japan 文献番号 2009WLJPCA02108005 ……… 33
東京地判平成21年10月27日 Westlaw Japan 文献番号 2009WLJPCA10278007 ……… 22
東京地判平成22年3月3日 Westlaw Japan 文献番号 2010WLJPCA03038007 ……… 22
東京地判平成22年9月15日 Westlaw Japan 文献番号 2010WLJPCA09158006 ……… 22
大阪地判平成23年8月26日金法1934号114頁 …………………………………………… 380
東京地判平成23年11月15日 Westlaw Japan 文献番号 2011WLJPCA11158003 …… 28, 309
横浜地川崎支判平成24年6月22日金判1464号37頁 …………………………………… 54
東京地判平成24年9月10日資料版商事法務356号34頁 ……………………………… 324
東京地判平成25年6月12日 Westlaw Japan 文献番号 2013WLJPCA06128006 ……… 22
東京地判平成26年10月21日 Westlaw Japan 文献番号 2014WLJPCA10218011 ……… 22
東京地判平成26年11月26日 Westlaw Japan 文献番号 2014WLJPCA11268018 ……… 22
東京地判平成27年10月13日 Westlaw Japan 文献番号 2015WLJPCA10138005 …… 55, 409
東京地判平成27年10月13日 Westlaw Japan 文献番号 2015WLJPCA10138006 …… 238, 409
東京地判平成27年12月25日 Westlaw Japan 文献番号 2015WLJPCA12258019 ‥ 28, 29, 34, 44, 47
東京地判平成28年5月16日 Westlaw Japan 文献番号 2016WLJPCA05168002 ……… 22, 55, 270
東京地判平成28年5月31日 Westlaw Japan 文献番号 2016WLJPCA05318031 ……… 33
東京地判平成28年5月31日 Westlaw Japan 文献番号 2016WLJPCA05318032 ……… 33
東京地判平成28年6月8日 Westlaw Japan 文献番号 2016WLJPCA06088001 ……… 22, 55
東京地判平成28年7月6日 Westlaw Japan 文献番号 2016WLJPCA07068004 … 22, 33, 226, 272
東京地判平成28年9月14日 Westlaw Japan 文献番号 2016WLJPCA09148009 ……… 59
東京地判平成28年10月14日 Westlaw Japan 文献番号 2016WLJPCA10146006 ……… 28
東京地判平成29年1月25日 Westlaw Japan 文献番号 2017WLJPCA01258022 ……… 33
東京地判平成29年10月20日 Westlaw Japan 文献番号 2017WLJPCA10208008 ……… 22
東京地判平成29年12月22日 D1-Law.com 判例体系判例 ID29047512 ……………… 33, 305
東京地判平成30年1月30日 Westlaw Japan 文献番号 2018WLJPCA01308009 ……… 34
東京地判平成30年2月23日 Westlaw Japan 文献番号 2018WLJPCA02238013 ……… 22
東京地判平成30年4月26日 D1-Law.com 判例体系判例 ID29048448 ………………… 34

●判例索引（ドイツ）

BGH, Urteil vom 12.12.1966 - Ⅱ ZR 41/65, BGHZ 46, 291 ･･････････････････ 114, 116, 117, 120, 121
BGH, Urteil vom 14.12.1967 - Ⅱ ZR 30/67, BGHZ 49, 183 ････････････････････････ 105, 131, 169
BayObLG, Beschluss vom 25.04.1968 - 2 Z 56/67, AG 1968, 330 ･････････････ 87, 88, 140, 144
KG, Beschluss vom 20.11.1971 - 1 W 1990/71, AG 1972, 49 ･････････････････････････････ 87
BGH, Urteil vom 17.10.1988 - Ⅱ ZR 18/88, GmbHR 1989, 120 ･･････････････････････････ 94
BGH, Urteil vom 12.06.1989 - Ⅱ ZR 246/88, BGHZ 108, 21 ･･･････････････････････ 97, 98, 142
OLG München, Urteil vom 11.10.1991 - 23 U 2812/91, OLGR München 1993, 7 ･･････････ 117
BGH, Beschluss vom 06.10.1992 - KVR 24/91, BGHZ 119, 346 ･････････････････ 120, 122, 123
OLG Karlsruhe, Urteil vom 15.04.1994 - 15 U 143/93, GmbHR 1995, 824 ･･････････ 97, 146
OLG Nürnberg, Urteil vom 11.06.2008 - 12 U 1646/07, ZEV 2008, 604 ･･･････････････ 142
BGH, Urteil vom 24.11.2008 - Ⅱ ZR 116/08, BGHZ 179, 13,
　„Schutzgemeinschaftsvertrag Ⅱ" ･･ 162
OLG Jena, Urteil vom 18.04.2012 - 2 U 523/11, DB 2012, 1322 ･･･････ 94, 97, 141, 142, 143, 144
OLG Thüringen, Urteil vom 25.04.2012 - 2 U 520/11, GmbHR 2013, 149 ･･････ 141, 142, 143, 144
OLG Rostock, Beschluss vom 15.05.2013 - 1 AktG 1/13, AG 2013, 768 ･･････････････ 87
OLG Karlsruhe, Beschluss vom 16.12.2013 - 7 W 76/13, GmbHR 2014, 254 ･･･････ 97, 99, 142
BGH, Urteil vom 13.05.2014 - Ⅱ ZR 250/12, BGHZ 201, 216 ････････････････････････ 160
OLG Nürnberg, Urteil vom 16.07.2014 - 12 U 2267/12, GmbHR 2014, 1147 ･･･････････ 105
OLG Stuttgart, Beschluss vom 09.09.2014 - 14 U 9/14, GmbHR 2015, 192 ･････････････ 145
FG Baden-Württemberg, Urteil vom 31.01.2018 - 1 K 2444/16, GmbHR 2018, 589 ･･･････ 144
LG München I, Beschluss vom 30.05.2018 - 5 HK O 10044/16, juris ････････････････････ 85

●著者略歴

仲　卓真（なか・たくま）

- 2013年　京都大学法学部卒業
- 2014年　司法試験合格
- 2015年　京都大学大学院法学研究科法曹養成専攻（法科大学院）修了
  法務博士（専門職）
- 2018年　京都大学大学院法学研究科法政理論専攻博士後期課程修了
  博士（法学）
- 2018年　京都大学大学院法学研究科特定助教
  現在に至る

準共有株式についての権利の行使に関する規律
——事業承継の場面を中心に

2019年3月15日　初版第1刷発行

著　者	仲　　卓　真
発行者	小　宮　慶　太
発行所	株式会社　商　事　法　務

〒103-0025　東京都中央区日本橋茅場町3-9-10
TEL 03-5614-5643・FAX 03-3664-8844〔営業部〕
TEL 03-5614-5649〔書籍出版部〕
http://www.shojihomu.co.jp/

落丁・乱丁本はお取り替えいたします。
印刷／三報社印刷㈱
Ⓒ 2019 Takuma Naka　Printed in Japan
Shojihomu Co., Ltd.
ISBN978-4-7857-2702-4
＊定価はカバーに表示してあります。

JCOPY＜出版者著作権管理機構　委託出版物＞
本書の無断複製は著作権法上での例外を除き禁じられています。複製される場合は、そのつど事前に、出版者著作権管理機構（電話 03-5244-5088、FAX 03-5244-5089、e-mail：info@jcopy.or.jp）の許諾を得てください。